U0856198

2016

国家统计局河南调查总队　编

Compiled by Survey Office of the National Bureau of Statistics in Henan

中国统计出版社
China Statistics Press

图书在版编目（CIP）数据

河南调查年鉴 = Henan Survey Yearbook. 2016 /
国家统计局河南调查总队编. -- 北京 : 中国统计出版社,
2016.12
ISBN 978-7-5037-8057-8

Ⅰ. ①河… Ⅱ. ①国… Ⅲ. ①统计资料—河南—2016—年鉴 Ⅳ. ①C832.61-54

中国版本图书馆 CIP 数据核字（2016）第 311067 号

河南调查年鉴-2016

作　　者 / 国家统计局河南调查总队
责任编辑 / 郭　栋
封面设计 / 李雪燕
出版发行 / 中国统计出版社
通信地址 / 北京市丰台区西三环南路甲 6 号　邮政编码 / 100073
电　　话 / 邮购（010）63376909　书店（010）68783171
网　　址 / http://www.zgtjcbs.com/
印　　刷 / 河北鑫宏源印刷包装有限责任公司
经　　销 / 新华书店
开　　本 / 880mm×1230mm　1/16
字　　数 / 850 千字
印　　张 / 26　彩页 0.25 印张
版　　别 / 2016 年 12 月第 1 版
版　　次 / 2016 年 12 月第 1 次印刷
定　　价 / 280.00 元

本书附同版本 CD-ROM 一张，光盘内容以书面文字为准。
如有印装差错，由本社发行部调换。

《河南调查年鉴-2016》
编委会和编辑人员

编者说明

一、《河南调查年鉴—2016》是一部全面反映河南省经济社会发展情况的抽样调查资料年刊。本书收录了全省和市、县（区）2015年经济和社会发展有关方面大量的调查统计数据，以及重要历史年份的全省主要调查统计数据。

二、本年鉴正文内容分为12个部分，即1. 综合；2. 农业；3. 畜牧业；4. 规下工业和规下服务业；5. 消费价格；6. 生产价格；7. 农产品价格；8. 人民生活；9. 县域经济；10. 城市经济；11. 中原经济；12. 全国及分省（市、区）指标。主要篇末附有《主要统计指标解释》。

三、资料中所使用的度量衡单位均采用国际统一标准计量单位。

四、本年鉴部分数据合计数或相对数，由于单位取舍不同产生的计算误差未作机械调整。

五、本年鉴各表中，有关对全表的注解均在该表上方，对表中部分指标的注解则在该表下方。凡带续表的资料，对部分指标的注解一律在最后续表的下方。

六、本年鉴表中的符号使用说明："空格"表示该项统计指标数据不详或无该项数据；"#"表示其中的主要项。

七、本年鉴的编辑出版，得到了国家统计局和河南省统计局的大力支持和帮助，值此出版之际，特致谢忱！

八、由于编者水平所限，加之编辑时间仓促，本年鉴中不当之处，敬请读者批评指正。

河南调查年鉴编辑部

二〇一六年十月

目　录

一、综　　合

1-1　全省行政区划(2015 年底)……2
1-2　各市、县(市、区)名称(2015 年底)……3
1-3　自然资源……4
1-4　河南省主要统计指标居全国位次……5
1-5　河南省主要统计指标占全国比重……5
1-6　国民经济和社会发展总量和速度指标……6
1-7　国民经济和社会发展结构指标……12
1-8　主要社会经济指标人均水平……14
1-9　国民经济和社会发展比例和效益指标……15
主要统计指标解释……17

二、农　　业

2-1　农村基本情况(年底数)……20
2-2　各市农村基本情况(2015 年底)……21
2-3　历年农业生产情况……22
2-4　主要农作物播种面积……23
2-5　主要农作物播种面积构成……24
2-6　主要农作物产品产量……25
2-7　主要农作物单位面积产量……26
2-8　各市农作物播种面积和产量(2015 年)……27
2-9　茶叶、水果产量和面积……35
2-10　各市水果产量(2015 年)……36
2-11　各市果园面积(2015 年)……37
2-12　林业生产情况……38
2-13　主要农产品产量与历史最高年份比较……39
2-14　历年农业生产条件……40
2-15　主要农业机械和农产品加工机械年末拥有量……41
2-16　各市农业机械和农产品加工机械年末拥有量(2015 年)……42
2-17　农业机械化、能源、主要物资消耗及水利建设情况……47
2-18　各市气候情况(2015 年)……48
2-19　各月份气候情况(2015 年)……49
2-20　104 个粮食大县粮食生产情况(2015 年)……52

主要统计指标解释 …… 58

三、畜牧业

3-1 主要畜产品产量 …… 63
3-2 主要畜禽年末存栏数量 …… 64
3-3 各市主要畜禽出栏数量和畜产品产量(2015年) …… 64
3-4 各市主要畜禽存栏数量(2015年) …… 65
3-5 生猪大县生产情况 …… 66
3-6 分品种(生猪)生产情况(2015年) …… 70
3-7 分品种(牛)生产情况(2015年) …… 71
3-8 分品种(羊)生产情况(2015年) …… 71
3-9 分品种(家禽)生产情况(2015年) …… 72
3-10 各市水产品产量(2015年) …… 72
3-11 历年牧渔业产量 …… 73
主要统计指标解释 …… 74

四、规下工业和规下服务业

4-1 历年规模以下工业主要经济指标 …… 77
4-2 规下服务业企业调查主要经济指标(2015年) …… 77
4-3 铁路运输业主要经济指标(2015年) …… 78
4-4 道路运输业主要经济指标(2015年) …… 78
4-5 水上运输业主要经济指标(2015年) …… 79
4-6 航空运输业主要经济指标(2015年) …… 79
4-7 管道运输业主要经济指标(2015年) …… 80
4-8 装卸搬运和运输代理业主要经济指标(2015年) …… 80
4-9 仓储业主要经济指标(2015年) …… 81
4-10 邮政业主要经济指标(2015年) …… 81
4-11 电信、广播电视和卫星传输服务业主要经济指标(2015年) …… 82
4-12 互联网和相关服务业主要经济指标(2015年) …… 82
4-13 软件和信息技术服务业主要经济指标(2015年) …… 83
4-14 物业管理业主要经济指标(2015年) …… 83
4-15 房地产中介业主要经济指标(2015年) …… 84
4-16 租赁业主要经济指标(2015年) …… 84
4-17 商务服务业主要经济指标(2015年) …… 85
4-18 研究和试验发展业主要经济指标(2015年) …… 85
4-19 专业技术服务业主要经济指标(2015年) …… 86
4-20 技术推广和应用服务业主要经济指标(2015年) …… 86
4-21 水利管理业主要经济指标(2015年) …… 87
4-22 生态保护和环境治理业主要经济指标(2015年) …… 87

4-23　公共设施管理业主要经济指标(2015 年)……88
4-24　居民服务业主要经济指标(2015 年)……88
4-25　机动车、电子产品和日用产品修理业主要经济指标(2015 年)……89
4-26　其他服务业主要经济指标(2015 年)……89
4-27　教育业主要经济指标(2015 年)……90
4-28　卫生业主要经济指标(2015 年)……90
4-29　社会工作业主要经济指标(2015 年)……91
4-30　新闻和出版业主要经济指标(2015 年)……91
4-31　广播、电视、电影和影视录音制作业主要经济指标(2015 年)……92
4-32　文化艺术业主要经济指标(2015 年)……92
4-33　体育业主要经济指标(2015 年)……93
4-34　娱乐业主要经济指标(2015 年)……93
4-35　分地市营业收入(2015 年)……94
主要统计指标解释……95

五、消费价格

5-1　历年居民消费、商品零售及农业生产资料价格总指数……101
5-2　居民消费、商品零售及农业生产资料价格总指数(2015 年)……102
5-3　居民消费价格分类指数……103
5-4　历年商品零售价格指数……104
5-5　历年农业生产资料价格指数……105
5-6　居民消费价格分月指数(2015 年)……106
5-7　居民消费价格分月指数(2015 年)……122
5-8　城市居民消费价格分月指数(2015 年)……138
5-9　农村居民消费价格分月指数(2015 年)……142
5-10　商品零售价格分月指数(2015 年)……146
5-11　城市商品零售价格分月指数(2015 年)……150
5-12　农村商品零售价格分月指数(2015 年)……154
5-13　农业生产资料价格分月指数(2015 年)……158
5-14　26 个调查市县居民消费价格指数(2015 年)……160
5-15　26 个调查市县商品零售价格指数(2015 年)……162
主要统计指标解释……164

六、生产价格

6-1　历年工业生产者出厂及购进价格指数……166
6-2　主要年份分类工业生产者出厂价格指数……167
6-3　主要年份分类工业生产者购进价格指数……169
6-4　各月分类工业生产者出厂价格同比指数(2015 年)……170
6-5　各月分大类(新行业)工业生产者出厂价格同比指数(2015 年)……174

6-6　各月分大中类(新行业)工业生产者出厂价格同比指数(2015 年)……176
6-7　各月分类工业生产者出厂价格环比指数(2015 年)……188
6-8　各月分大类(新行业)工业生产者出厂价格环比指数(2015 年)……192
6-9　各月分大中类(新行业)工业生产者出厂价格环比指数(2015 年)……194
6-10　各月分类工业生产者出厂价格定基指数(2015 年)……206
6-11　各月分大类(新行业)工业生产者出厂价格定基指数(2015 年)……210
6-12　工业生产者出厂价格完整(新行业)同比指数(2015 年)……212
6-13　各月分类工业生产者购进价格同比指数(2015 年)……228
6-14　各月分类工业生产者购进价格环比指数(2015 年)……228
6-15　各月分类工业生产者购进价格定基指数(2015 年)……230
6-16　工业生产者购进价格完整(新行业)同比指数(2015 年)……232
6-17　历年固定资产投资价格指数……244
6-18　分季度固定资产投资价格指数(2015 年)……245
6-19　郑州市分月住宅销售价格指数(2015 年)……246
6-20　洛阳市分月住宅销售价格指数(2015 年)……248
6-21　平顶山市分月住宅销售价格指数(2015 年)……250
6-22　郑州、洛阳、平顶山市住宅销售价格定基指数(2015 年)……252
主要统计指标解释……254

七、农产品价格

7-1　历年农产品生产者价格指数……258
7-2　分季度农产品生产者价格指数(2015 年)……259
7-3　各月农产品集贸市场平均价格(2015 年)……260
主要统计指标解释……262

八、人民生活

8-1　居民家庭基本情况(2015 年)……265
8-2　居民可支配收入(2015 年)……266
8-3　居民现金可支配收入(2015 年)……266
8-4　居民生活消费支出(2015 年)……267
8-5　居民现金生活消费支出(2015 年)……267
8-6　居民主要食品消费量(2015 年)……268
8-7　居民每百户年末主要耐用消费品拥有量(2015 年)……268
8-8　历年城镇居民家庭基本情况……269
8-9　历年城镇居民家庭平均每人消费支出……270
8-10　城镇居民家庭居住情况(2015 年)……271
8-11　城镇居民家庭人口情况(2015 年)……272
8-12　城镇居民家庭人均收入(2015 年)……273
8-13　城镇居民家庭人均支出(2015 年)……274

8-14　城镇居民家庭人均购买生活消费品及服务现金支出(2015 年)……275
8-15　城镇居民家庭平均每人购买食品数量(2015 年)……281
8-16　城镇居民家庭购买非食品数量(2015 年)……282
8-17　城镇居民家庭平均每百户主要消费品年末拥有量(2015 年)……283
8-18　历年农村居民收支……284
8-19　农民家庭人口与劳动力状况……285
8-20　农民家庭劳动力就业情况……285
8-21　农民家庭居住情况……286
8-22　农民家庭土地经营情况……287
8-23　农民家庭生产经营情况……288
8-24　农民家庭出售产品情况……288
8-25　农民家庭主要食品消费量……289
8-26　农民家庭平均每百户主要耐用消费品年末拥有量……289
8-27　农民家庭平均每人总收入……290
8-28　农民家庭平均每人总收入构成……290
8-29　农民家庭平均每人总支出……291
8-30　农民家庭平均每人总支出构成……291
8-31　农民家庭平均每人生活消费支出……292
8-32　农民家庭平均每人生活消费支出构成……292
8-33　农民家庭平均每人可支配收入……293
8-34　农民家庭平均每人可支配收入构成……293
8-35　农民家庭平均每人现金收入……294
8-36　农民家庭平均每人现金收入构成……294
8-37　农民家庭平均每人现金支出……295
8-38　农民家庭平均每人现金支出构成……295
8-39　农民家庭平均每人生活消费现金支出……296
8-40　农民家庭平均每人生活消费现金支出构成……296
8-41　按收入分组的农民家庭人口与劳动力状况(2015 年)……297
8-42　按收入分组的农民家庭劳动力就业情况(2015 年)……297
8-43　按收入分组的农民家庭居住情况(2015 年)……298
8-44　按收入分组的农民家庭土地经营情况(2015 年)……299
8-45　按收入分组的农民家庭生产经营情况(2015 年)……300
8-46　按收入分组的农民家庭出售产品情况(2015 年)……300
8-47　按收入分组的农民家庭主要食品消费量(2015 年)……301
8-48　按收入分组的农民家庭平均每百户主要耐用消费品年末拥有量(2015 年)……301
8-49　农民家庭平均每户年末生产性固定资产原值……302
8-50　农民家庭平均每百户拥有主要生产性固定资产数量……302
8-51　按收入分组的农民家庭平均每户年末生产性固定资产原值(2015 年)……303
8-52　按收入分组的农民家庭平均每百户拥有主要生产性固定资产数量(2015 年)……303
8-53　按收入分组的农民家庭平均每人总收入(2015 年)……304
8-54　按收入分组的农民家庭平均每人总支出(2015 年)……304

8-55　按收入分组的农民家庭平均每人可支配收入(2015 年)……305
8-56　按收入分组的农民家庭平均每人现金可支配收入(2015 年)……305
8-57　按收入分组的农民家庭平均每人现金支出(2015 年)……306
8-58　按收入分组的农民家庭平均每人生活消费支出(2015 年)……306
8-59　按收入分组的农民家庭平均每人生活消费现金支出(2015 年)……307
8-60　贫困地区农民家庭平均每人总收入……307
8-61　贫困地区农民家庭平均每人总支出……308
8-62　贫困地区农民家庭平均每人可支配收入……309
8-63　贫困地区农民家庭平均每人现金收入……309
8-64　贫困地区农民家庭平均每人现金支出……310
8-65　主要年份农村农户固定资产投资情况……311
8-66　农村劳动力外出从业情况构成……312
主要统计指标解释……313

九、县域经济

9-1　各县(市)人口及从业人员(2015 年)……321
9-2　各县(市)生产总值和指数(2015 年)……324
9-3　各县(市)固定资产投资、建筑业及规模以上工业主要指标(2015 年)……330
9-4　各县(市)城镇从业人员和工资(2015 年)……333
9-5　各县(市)农业增加值、城乡居民收入和社会消费品零售总额(2015 年)……336
9-6　各县(市)农业生产条件(2015 年)……339
9-7　各县(市)主要农作物播种面积(2015 年)……342
9-8　各县(市)主要农作物产量(2015 年)……345
9-9　各县(市)牧渔业生产情况(2015 年)……348
9-10　各县(市)财政、金融主要指标(2015 年)……351
9-11　各县(市)教育主要指标(2015 年)……354
9-12　各县(市)卫生主要指标(2015 年)……357
9-13　各县(市)社会保险和低保参保人数(2015 年)……360
9-14　各市区主要统计指标(2015 年)……363

十、城市经济

10-1　城市社会经济主要指标……369
10-2　省辖市市区社会经济主要指标(2015 年)……370
10-3　城市建设基本情况……372
10-4　城市市政公用设施水平情况(2015 年)……373
10-5　城市供、排水情况(2015 年)……375
10-6　城市天然气、石油液化气供应情况(2015 年)……376
10-7　城市道路、园林和绿化情况(2015 年)……377
10-8　城市市容环境卫生情况(2015 年)……378

主要统计指标解释 ······379

十一、中原经济

11-1 中原经济区主要经济指标······382

十二、全国及分省（市、区）指标

12-1 全国及各省市区生产总值(2015 年)······393
12-2 全国及各省市区主要农产品产量(2015 年)······394
12-3 全国及各省市区分城乡居民消费、商品零售、农资价格指数(2015 年) ······395
12-4 全国及各省市区主要价格指数(2015 年)······397
12-5 全国及各省市区分月工业生产者出厂价格指数(2015 年)······398
12-6 全国及各省市区分月工业生产者购进价格指数(2015 年)······400
12-7 全国 70 个大中城市住宅销售价格指数(2015 年) ······402
12-8 全国及各省市区固定资产投资价格指数(2015 年) ······404
12-9 全国及各省市区人均可支配收入和消费支出(2015 年) ······405

综　合

资料整理：赵　宝

1-1 全省行政区划(2015年底)

单位：个

市	市	省辖市	县级市	县	市辖区	镇	乡	街道办事处	居民委员会	村民委员会
全省	**38**	**17**	**21**	**86**	**51**	**1105**	**703**	**625**	**5418**	**46115**
郑州市	6	1	5	1	6	73	16	85	658	2196
开封市	1	1		4	5	31	48	37	395	2130
洛阳市	2	1	1	8	6	99	31	58	506	2729
平顶山市	3	1	2	4	4	50	36	56	236	2553
安阳市	2	1	1	4	4	61	30	43	365	3151
鹤壁市	1	1		2	3	14	5	23	166	810
新乡市	3	1	2	6	4	75	43	35	231	3539
焦作市	3	1	2	4	4	33	19	56	169	1816
濮阳市	1	1		5	1	38	37	13	105	2965
许昌市	3	1	2	3	1	55	23	25	374	2069
漯河市	1	1		2	3	38	10	3	78	1262
三门峡市	3	1	2	2	2	29	33	12	130	1343
南阳市	2	1	1	10	2	144	60	39	401	4517
商丘市	2	1	1	6	2	90	79	27	236	4609
信阳市	1	1		8	2	83	88	37	535	2887
周口市	2	1	1	8	1	93	76	34	390	4608
驻马店市	1	1		9	1	88	69	37	371	2478
济源市	1		1			11		5	72	453

1-2　各市、县(市、区)名称(2015年底)

市	县(市、区)数(个)	市辖县	市辖区	县级市
郑州市	12	中牟	中原区、二七区、管城回族区、金水区、上街区、惠济区	巩义市、荥阳市、新郑市、登封市、新密市
开封市	9	杞县、通许、尉氏、兰考	龙亭区、顺河回族区、鼓楼区、禹王台区、祥符区	
洛阳市	15	孟津、新安、栾川、嵩县、汝阳、宜阳、洛宁、伊川	老城区、西工区、瀍河回族区、涧西区、吉利区、洛龙区	偃师市
平顶山市	10	宝丰、叶县、鲁山、郏县	新华区、卫东区、湛河区、石龙区	汝州市、舞钢市
安阳市	9	安阳、汤阴、滑县、内黄	文峰区、北关区、殷都区、龙安区	林州市
鹤壁市	5	浚县、淇县	鹤山区、山城区、淇滨区	
新乡市	12	新乡、获嘉、原阳、延津、封丘、长垣	红旗区、卫滨区、凤泉区、牧野区	卫辉市、辉县市
焦作市	10	修武、博爱、武陟、温县	解放区、中站区、马村区、山阳区	沁阳市、孟州市
濮阳市	6	清丰、南乐、范县、台前、濮阳	华龙区	
许昌市	6	许昌、鄢陵、襄城	魏都区	禹州市、长葛市
漯河市	5	舞阳、临颍、	源汇区、郾城区、召陵区	
三门峡市	6	渑池、卢氏	湖滨区、陕州区	义马市、灵宝市
南阳市	13	南召、方城、西峡、镇平、内乡、淅川、社旗、唐河、新野、桐柏	卧龙区、宛城区	邓州市
商丘市	9	虞城、民权、宁陵、睢县、夏邑、柘城	梁园区、睢阳区	永城市
信阳市	10	息县、淮滨、潢川、光山、固始、商城、罗山、新县	浉河区、平桥区	
周口市	10	扶沟、西华、商水、太康、鹿邑、郸城、淮阳、沈丘	川汇区	项城市
驻马店市	10	确山、泌阳、遂平、西平、上蔡、汝南、平舆、新蔡、正阳	驿城区	
济源市	1			济源市

1-3 自然资源

项　目	2005	2010	2014	2015
地理位置				
东经	110°21′～116°391′	110°21′～116°391′	110°21′～116°391′	110°21′～116°391′
北纬	31°23′～36°23′	31°23′～36°23′	31°23′～36°23′	31°23′～36°23′
矿产资源(保有储量)				
煤炭(亿吨)	260.00	279.74	303.11	346.58
铁矿(矿石,亿吨)	10.60	16.35	20.27	20.70
铝矿(铝土矿矿石,亿吨)	4.59	7.84	7.42	10.70
钼矿(钼,万吨)	374.60	365.05	565.86	575.85
金矿(金,吨)	353.58	379.15	626.73	641.99
炼镁白云岩(矿石 亿吨)	0.32	1.45	3.19	3.31
钨矿(VO3 万吨)	56.63	43.86	27.06	27.39
蓝晶石(万吨)	416.60	355.26	376.78	376.65
红柱石(万吨)	1016.89	995.38	995.38	995.38
天然碱(矿物,万吨)	8384.90	8830.11	13568.36	13498.67

1-4　河南省主要统计指标居全国位次

指　标	2000	2005	2010	2014	2015
生产总值	5	5	5	5	5
生产总值增速	14	5	21	13	13
固定资产投资	11	6	4	3	3
#房地产开发	18	15	10	8	5
居民消费价格指数	26	9	13	17	20
一般公共预算收入	9	8	9	9	8
一般公共预算支出	7	7	5	5	5
规模以上工业增加值增速	17	4	14	7	7
社会消费品零售总额	5	5	5	5	5
进出口总额	18	16	16	12	11
进口	21	18	19	11	10
出口	14	13	17	12	11
居民可支配收入				24	24
城镇				23	24
农村				17	17
在岗职工平均工资	30	30	26	31	31

注：2010年以前固定资产投资为城镇口径；居民可支配收入为城乡一体化调查结果(下表同)。

1-5　河南省主要统计指标占全国比重

单位：%

指　标	1952	1978	1990	2000	2010	2014	2015
生产总值	5.3	4.5	5.0	5.1	5.6	5.5	5.4
第一产业	6.6	6.3	6.4	7.9	8.1	7.1	6.9
第二产业	5.8	4.0	4.3	5.1	6.8	6.6	6.4
第三产业	2.8	3.3	4.7	4.0	3.9	4.2	4.3
人均生产总值		60.9	66.4	69.0	80.5	79.5	79.3
全社会固定资产投资总额		2.7(1980年)	4.6	4.5	6.0	6.0	6.3
#固定资产投资		3.1(1980年)	3.8	3.6	5.8	6.0	6.3
一般公共预算收入	2.5	3.5	4.3	3.8	3.4	3.6	3.6
一般公共预算支出	1.0	4.7	4.3	4.3	4.6	4.7	4.5
粮食产量	6.3	6.9	7.4	8.9	9.9	9.5	9.8
社会消费品零售总额	3.9	4.6	3.8	4.8	5.1	5.2	5.2
进出口总额	0.1(1957年)	0.6	0.9	0.5	0.6	1.5	1.9
#出口	0.3(1957年)	1.0	1.4	0.6	0.7	1.7	1.9
居民可支配收入						77.8	78.0
城镇						82.1	82.0
农村						95.0	95.0

1-6 国民经济和社会

指　标	1978	2000	2005	2010	2014
人口与就业					
人口(万人)					
年底总人口	7067	9488	9768	10437	10662
#城镇人口	963	2201	2994	4052	4819
常住人口			9380	9405	9436
就业(万人)					
年底从业人员	2807	5572	5662	6042	6520
#在岗职工	420	718	681	723	1058
城镇登记失业人数	15.74	21.40	33.02	38.20	40.01
宏观经济					
国民核算					
生产总值(亿元)	162.92	5052.99	10587.42	23092.36	34938.24
第一产业	64.86	1161.58	1844.05	3192.41	4160.01
第二产业	69.45	2294.15	5485.12	12822.81	17816.56
第三产业	28.61	1597.26	3258.25	7077.14	12961.67
人均生产总值(元)	232	5450	11346	24446	37072
固定资产投资(亿元)					
全社会固定资产投资总额		1475.72	4378.69	14124.69	30782.17
#固定资产投资		1176.76	3928.49	13338.05	30012.28
#工业投资		446.77	1938.66	6800.63	15378.16
#房地产开发投资		77.87	388.52	2114.08	4375.71
对外贸易					
进出口总额(亿元)	1.99	188.36	626.54	1204.40	3994.36
进口额	0.27	64.71	213.42	491.27	1575.55
出口额	1.72	123.65	413.12	713.13	2418.81
利用外资(万美元)					
实际利用外商直接投资		53999	122960	624670	1492688
能源(万吨标准煤)					
能源生产总量	4434	6591	14522	17438	11796
能源消费总量	3353	7919	14625	18594	22890
财政(亿元)					
一般公共预算收入	33.73	246.47	537.65	1381.32	2739.26
一般公共预算支出	27.67	445.53	1116.04	3416.14	6028.69
物价总指数(以上年为100)					
居民消费价格总指数	100.1	99.2	102.1	103.5	101.9
商品零售价格总指数	100.1	98.5	101.7	103.7	101.0
农业生产资料价格总指数	97.9	99.6	107.9	103.1	97.9
人民生活					
居民可支配收入(元)				9520	15695
城镇				15463	23672
农村				5846	9966
居民消费支出(元)					11000
城镇					16184
农村					7277
在岗职工平均工资(元)	590	6930	14282	30303	42670

发展总量和速度指标

2015	2015年为以下各年%					年均增长速度(%)		
	1978	2000	2005	2010	2014	1979-2015	2001-2015	2011-2015
10722	151.7	113.0	109.8	102.7	100.6	1.1	0.8	0.5
5023	521.6	228.2	167.8	124.0	104.2	4.6	5.7	4.4
9480			101.1	100.8	100.5			0.2
6636	236.4	119.1	117.2	109.8	101.8	2.4	1.2	1.9
1077	256.4	150.0	158.1	149.0	101.8	2.6	2.7	8.3
42.46	269.8	198.4	128.6	111.2	106.1	2.7	4.7	2.1
37002.16	4784.7	498.6	290.7	158.5	108.3	11.0	11.3	9.6
4209.56	754.7	204.0	156.5	122.4	104.4	5.6	4.9	4.1
17917.37	9376.0	656.9	335.0	162.9	107.7	13.1	13.4	10.2
14875.23	8751.3	488.3	293.8	166.8	110.9	12.8	11.2	10.8
39123	3484.5	488.2	286.4	158.2	107.9	10.1	11.1	9.6
35660.34	143791.7	2416.5	814.4	252.5	115.8	21.9	26.2	21.6
34951.28		2970.1	889.7	262.0	116.5		26.7	22.5
17023.35		3810.3	878.1	250.3	110.7		29.9	22.8
4818.93		6188.1	1240.3	227.9	110.1		33.8	19.7
4600.19	231210.0	2442.3	734.2	381.9	115.3	23.3	23.7	30.7
1916.16	707554.9	2961.3	897.8	390.0	121.9	27.1	25.3	31.3
2684.03	156156.9	2170.6	649.7	376.4	111.0	22.0	22.8	30.4
1608637		2979.0	1308.3	257.5	107.8		25.4	20.8
11231	253.3	170.4	77.3	64.4	95.2	2.5	3.6	-8.4
23161	690.8	292.5	158.4	124.6	101.2	5.4	7.4	4.5
3016.05	8941.7	1223.7	561.0	218.3	110.1	12.9	18.2	16.9
6799.35	24573.0	1526.1	609.2	199.0	112.8	16.0	19.9	14.8
101.3								
99.8								
100.3								
17125				179.9	109.1			12.5
25576				165.4	108.0			10.6
10853				185.6	108.9			13.2
11835					107.6			
17154					106.0			
7887					108.4			
45920	1521.2	479.4	255.9	141.5	107.6	7.6	11.0	7.2

1-6 续表 1

指　　标	1978	2000	2005	2010	2014	2015
城市概况						
供水总量(万立方米)		191706	183436	179122	191001	196709
排水管道长度(公里)		6070	10201	14733	19348	20467
城市煤气、天然气家庭用量(万立方米)		30100	31384	63663	99356	110929
公共汽(电)车总数(标台)		12514	12514	18912	25257	27355
道路长度(公里)		4920	7090	9413	11627	12318
公园绿地面积(公顷)		6286	12644	18361	23834	25201
产　业						
农林牧渔业						
主要农产品产量						
粮食(万吨)	2097.40	4101.50	4582.00	5437.10	5772.30	6067.10
#粮食生产核心区				5296.50	5561.00	5778.20
棉花(万吨)	22.42	70.38	67.70	44.72	14.70	12.64
油料(万吨)	24.16	392.55	449.60	540.72	584.33	599.74
烟叶(万吨)	29.95	27.60	28.84	28.75	29.99	28.85
园林水果(万吨)	47.11	364.73	555.69	795.99	896.00	915.76
年底大牲畜存栏头数(万头)	515.03	1445.73	1508.80	1044.80	943.85	955.31
年底生猪存栏头数(万头)	1724.90	3787.69	4439.00	4547.00	4420.00	4376.00
年底羊存栏只数(万只)	989.70	2961.40	3988.00	1895.40	1886.00	1926.00
肉类(万吨)	45.64	517.00	689.00	638.40	719.00	711.10
工业						
规模以上工业增加值增速(%)		11.6	23.3	19.0	11.2	8.6
主要工业产品产量						
原煤(万吨)	5845	7578	18761	21349	14416	13548
原油(万吨)	167.44	562.18	507.16	497.90	470.46	412.05
发电量(亿千瓦小时)	130.68	694.93	1414.68	2283.84	2722.27	2615.00
生铁(万吨)	109.72	508.88	973.00	2073.92	2779.61	2903.60
粗钢(万吨)	54.22	404.84	1226.62	2327.35	2882.16	2897.41
成品钢材(万吨)	30.94	405.62	1337.40	3196.42	4704.14	4766.83
农用化肥(折纯量)(万吨)	51.92	258.56	396.64	439.25	536.32	561.52
水泥(万吨)	352.85	3723.00	6210.70	11479.73	16975.34	16565.00
平板玻璃(万重量箱)	184.20	2425.41	3894.92	2414.41	1455.97	1178.40
主营业务收入(亿元)		3297.78	10114.21	36163.12	68037.47	73365.96
利润总额(亿元)		139.97	643.39	3302.22	4946.19	4900.60
建筑业						
建筑业总产值(亿元)		**357.34**	**1066.15**	**4400.61**	**7911.89**	**8047.65**
施工房屋面积(万平方米)		5308.29	10813.15	28677.13	48825.35	53132.48
竣工房屋面积(万平方米)		2629.33	4787.12	13156.03	19818.32	18026.91
交通运输、仓储、邮政业						
客运量(万人)	11177	83912	98099	167804	141780	146066
#铁路	4319	4727	5842	8399	12400	13068
公路	6781	79017	91920	158630	128279	131788
货运量(万吨)	18206	60678	78827	202470	200626	211854
#铁路	6722	10172	14806	14224	11577	9802
公路	11321	50133	62684	183291	179680	191572
邮电业务总量(亿元)	0.71	130.06	556.50	486.11	1011.06	1317.28
批发和零售业、住宿和餐饮业						
社会消费品零售总额(亿元)	71.79	1869.80	3380.88	8004.15	14004.95	15740.43

2015年为以下各年%					年均增长速度(%)		
1978	2000	2005	2010	2014	1979-2015	2001-2015	2011-2015
	102.6	107.2	109.8	103.0		0.2	1.9
	337.2	200.6	138.9	105.8		8.4	6.8
	368.5	353.5	174.2	111.6		9.1	11.7
	218.6	218.6	144.6	108.3		5.4	7.7
	250.4	173.7	130.9	105.9		6.3	5.5
	400.9	199.3	137.3	105.7		9.7	6.5
289.3	147.9	132.4	111.6	105.1	2.9	2.6	2.2
			109.1	103.9			1.8
56.4	18.0	18.7	28.3	86.0	-1.5	-10.8	-22.3
2482.4	152.8	133.4	110.9	102.6	9.1	2.9	2.1
96.3	104.5	100.0	100.3	96.2	-0.1	0.3	0.1
1943.9	251.1	164.8	115.0	102.2	8.3	6.3	2.8
185.5	66.1	63.3	91.4	101.2	1.7	-2.7	-1.8
253.7	115.5	98.6	96.2	99.0	2.5	1.0	-0.8
194.6	65.0	48.3	101.6	102.1	1.8	-2.8	0.3
1558.1	137.5	103.2	111.4	98.9	7.7	2.1	2.2
	1061.7	463.4	185.1	108.6		17.1	13.1
231.8	178.8	72.2	63.5	94.0	2.3	3.9	-8.7
246.1	73.3	81.2	82.8	87.6	2.5	-2.0	-3.7
2001.1	376.3	184.8	114.5	96.1	8.4	9.2	2.7
2646.4	570.6	298.4	140.0	104.5	9.3	12.3	7.0
5343.8	715.7	236.2	124.5	100.5	11.4	14.0	4.5
15406.7	1175.2	356.4	149.1	101.3	14.6	17.9	8.3
1081.5	217.2	141.6	127.8	104.7	6.6	5.3	5.0
4694.6	444.9	266.7	144.3	97.6	11.0	10.5	7.6
639.7	48.6	30.3	48.8	80.9	5.1	-4.7	-13.4
	2224.7	725.4	202.9	107.8		23.0	15.2
	3501.1	761.7	148.4	99.1		26.7	8.2
	2252.1	**754.8**	**182.9**	**101.7**		**23.1**	**12.8**
	1000.9	491.4	185.3	108.8		16.6	13.1
	685.6	376.6	137.0	91.0		13.7	6.5
1306.8	174.1	148.9	87.0	103.0	7.2	3.8	-2.7
302.6	276.5	223.7	155.6	105.4	3.0	7.0	9.2
1943.5	166.8	143.4	83.1	102.7	8.3	3.5	-3.6
1163.6	349.1	268.8	104.6	105.6	6.9	8.7	0.9
145.8	96.4	66.2	68.9	84.7	1.0	-0.2	-7.2
1692.2	382.1	305.6	104.5	106.6	7.9	9.3	0.9
425641.7	2849.1	665.9	245.8	130.3	25.3	25.0	19.7
21925.7	841.8	465.6	196.7	112.4	15.7	15.3	14.5

1-6　续表 2

指　　标	1978	2000	2005	2010	2014	2015
金融业（亿元）						
金融机构人民币年底存款余额	45.71	4753.41	10003.96	23148.83	41374.91	47629.91
金融机构人民币年底贷款余额	99.99	4356.94	7434.53	15871.32	27228.27	31432.62
租赁和商务服务业						
接待旅游者人数(万人次)		32.50	60.05	146.84	227.20	268.29
旅游外汇收入(万美元)		12390	21604	49877	72530	84948
科学研究、技术服务和地质勘查业						
研究与试验发展(R&D)						
经费内部支出(亿元)		24.80	55.61	211.38	400.01	435.04
技术市场成交额(亿元)		21.16	26.37	27.69	41.64	45.56
三种专利授权量(项)		2766	3748	16539	33366	47766
水利、环境和公共设施管理业						
水资源总量(亿立方米)		669.95	558.56	534.89	283.37	287.17
环境污染治理投资总额(亿元)		8.06	82.34	132.25	333.13	360.16
教育						
专任教师数(万人)						
高等学校	0.54	2.02	4.63	7.75	9.51	9.80
普通中学	29.34	30.86	37.30	38.10	41.83	42.87
小学	42.88	45.93	47.55	49.04	46.99	47.21
在校学生数(万人)						
高等学校	2.73	26.24	85.19	145.67	167.97	176.69
普通中学	521.62	638.14	758.22	661.56	588.91	599.12
小学	1140.26	1130.63	986.84	1070.53	928.60	937.05
卫生、社会保障和社会福利业						
卫生机构床位数(万张)	10.20	19.86	21.40	32.76	45.93	48.96
#医院、卫生院	9.73	18.34	20.23	30.44	42.83	45.65
卫生技术人员数(万人)	11.44	26.84	28.92	37.28	49.45	51.96
#医生	4.38	11.11	11.11	15.48	18.93	19.86
文化、体育和娱乐业						
图书出版总印数(万册)		35077	27260	20150	19714	23224
期刊出版总印数(万册)		10721	9323	8524	8674	8602
报纸出版总印数(万份)		129104	197896	214158	210240	204783

注：1. 本表价值量指标除邮电业务总量2001年以来为2000年不变价，1990-2000年按1990年不变价格计算，以前年度按1980年不变价格计算，其他价值量指标均按当年价格计算。(下同)。 生产总值、工业增加值、邮电业务总量、在岗职工平均工资发展(增长)速度均按可比价格计算。
2. 2005年以后生产总值相关数据已按新的行业划分办法和第三次经济普查数据调整(下同)。
3. 1994年始财政收入为分税制后新口径数据(下同)，发展(增长)速度按可比口径计算。

2015年为以下各年%					年均增长速度(%)		
1978	2000	2005	2010	2014	1979-2015	2001-2015	2011-2015
104206.6	1002.02	476.1	205.8	115.1	20.7	16.6	15.5
31434.4	721.4	422.8	198.0	115.4	16.8	14.1	14.6
	825.5	446.8	182.7	118.1		15.1	12.8
	685.6	393.2	170.3	117.1		13.7	11.2
	1754.0	782.3	205.8	108.8		21.0	15.5
	215.3	172.7	164.5	109.4		5.2	10.5
	1726.9	1274.4	288.8	143.2		20.9	23.6
	42.9	51.4	53.7	101.3		-5.5	-11.7
	4471.1	437.4	272.3	108.1		28.8	22.2
1814.8	485.1	211.7	126.5	103.0	8.1	11.1	4.8
146.1	138.9	114.9	112.5	102.5	1.0	2.2	2.4
110.1	102.8	99.3	96.3	100.5	0.3	0.2	-0.8
6472.2	673.4	207.4	121.3	105.2	11.9	13.6	3.9
114.9	93.9	79.0	90.6	101.7	0.4	-0.4	-2.0
82.2	82.9	95.0	87.5	100.9	-0.5	-1.2	-2.6
480.0	246.5	228.8	149.5	106.6	4.3	6.2	8.4
469.2	248.9	225.7	150.0	106.6	4.3	6.3	8.4
454.2	193.6	179.7	139.4	105.1	4.2	4.5	6.9
453.4	178.8	178.8	128.3	104.9	4.2	3.9	5.1
	66.2	85.2	115.3	117.8		-2.7	2.9
	80.2	92.3	100.9	99.2		-1.5	0.2
	158.6	103.5	95.6	97.4		3.1	-0.9

4. 在岗职工、工资1997年及以前年度为职工口径(下同)。
5. 进出口总额1992年及以后年度为海关数，其他为有关部门数(下同)。
6. 2008-2012年客货运输量为公路水路运输量专项调查数据，2013年以后客货运输量按交通部新统计方法测算(下同)。
7. 从2013年起，国家统计局开展了城乡一体化住户收支与生活状况调查，本表及以下相关表格数据来源于此调查，与2013年前的分城镇和农村住户调查的调查范围、方法和口径有所不同。

1-7 国民经济和社会发展结构指标

单位：%

指　　标	2000	2005	2010	2014	2015
人口					
城乡结构					
市镇	23.20	30.65	38.82	45.20	46.85
乡村	76.80	69.35	61.18	54.80	53.15
性别结构					
男	51.6	51.6	51.8	51.8	51.8
女	48.4	48.4	48.2	48.2	48.2
就业					
从业人员产业结构					
第一产业	64.0	55.4	44.9	40.7	39.0
第二产业	17.5	22.1	29.0	30.6	30.8
第三产业	18.5	22.5	26.1	28.7	30.2
国民核算					
生产总值产业结构					
第一产业	23.0	17.4	13.8	11.9	11.4
第二产业	45.4	51.8	55.5	51.0	48.4
第三产业	31.6	30.8	30.6	37.1	40.2
全社会固定资产投资					
全社会固定资产投资产业结构					
第一产业		3.8	4.7	3.9	4.3
第二产业		45.0	48.3	49.9	47.7
第三产业		51.2	47.0	46.2	48.0
能源					
能源生产总量结构					
原煤	83.7	91.3	92.4	89.8	89.3
原油	12.2	5.0	4.1	5.7	5.2
天然气	2.8	1.8	0.5	0.6	0.5
水电	1.4	1.9	3.0	3.9	5.0
财政					
一般公共预算收入结构					
#各项税收	79.1	68.0	73.6	71.2	68.1
一般公共预算支出结构					
#农林水事务	7.7	7.4	11.7	11.0	11.6
教科文卫	24.3	24.2	28.7	32.8	32.0
#科学技术	1.5	1.2	1.3	1.3	1.2
生活					
城镇居民消费结构					
食品烟酒				28.8	28.1
衣着				11.3	10.5
居住				8.6	19.8
生活用品及服务				19.4	8.1
交通通信				10.7	10.9
教育文化娱乐				10.6	11.6
医疗保健				7.4	8.0
其他用品和服务				3.2	3.1

1-7　续表

单位：%

指　　标	2000	2005	2010	2014	2015
农村居民消费结构					
食品烟酒				29.6	29.2
衣着				8.3	8.3
居住				21.2	20.8
生活用品及服务				7.0	7.1
交通通信				11.8	12.3
教育文化娱乐				10.4	10.8
医疗保健				10.1	9.7
其他用品和服务				1.7	1.7
工业					
增加值重点行业比重					
#能源原材料工业	57.1	59.1	51.5	44.2	39.1
#高成长性制造业			36.9	45.0	47.5
#传统支柱产业			55.6	47.6	45.3
运输业					
货运量运输方式结构					
#铁　路	16.8	18.8	7.0	5.8	4.6
公　路	82.6	79.5	90.5	89.6	90.4
水　运	0.6	1.7	2.4	4.7	4.9
客运量运输方式结构					
#铁　路	5.6	6.0	5.0	8.7	8.9
公　路	94.2	93.7	94.5	90.5	90.2
水　运	0.1	0.1	0.2	0.2	0.2
批发零售贸易、住宿和餐饮业					
社会消费品零售总额结构					
批发零售和贸易业	84.9	84.0	84.9	86.2	86.1
住宿和餐饮业	11.7	13.9	13.8	13.8	13.9
国际旅游					
国际旅游人数结构					
外国人	56.0	57.8	65.4	61.5	64.3
港澳台同胞	44.0	42.2	34.6	38.5	35.7
环境					
工业企业污染防治投资结构					
#治理废水		49.2	35.4	11.0	13.4
治理废气		34.2	60.4	83.8	70.9
治理固体废物		11.7	0.7	0.0	2.4
治理噪声		0.2	0.4	0.0	0.0
教育					
专任教师结构					
普通高等学校	2.5	5.0	7.9	9.4	9.6
职业中学	3.1	2.5	3.3	2.6	2.6
普通中学	38.0	40.6	38.8	41.4	41.8
小学	56.5	51.8	50.0	46.5	46.0
在校学生结构					
普通高等学校	1.4	4.5	7.4	9.7	10.1
职业中学	2.6	2.6	4.1	2.7	2.3
普通中学	34.6	40.3	33.8	34.0	34.2
小学	61.3	52.5	54.7	53.6	53.5

1-8 主要社会经济指标人均水平

本表价值量指标均按当年价格计算。

指　　标	2000	2005	2010	2014	2015
人口密度（人/平方公里）	**568**	**585**	**625**	**638**	**642**
生产总值(元)	**5450**	**11346**	**24446**	**37072**	**39123**
全社会固定资产投资额(元)	**1564**	**4494**	**17559**	**32662**	**37704**
人民生活(元)					
在岗职工平均工资	6930	14282	30303	42670	45920
居民人均可支配收入				15695	17125
城镇居民人均可支配收入				23672	25576
城镇居民人均消费性支出				16184	17154
农民人均可支配收入				9966	10853
农民人均生活消费支出				7277	7887
农林牧渔业					
主要农产品产量(千克)					
粮食	435	470	576	612	641
#小麦	237	265	326	353	370
棉花	7	7	5	2	1
油料	42	46	57	62	63
猪、牛、羊肉	48	61	55	62	61
奶类	2	11	31	35	37
禽蛋	29	39	41	43	43
工业					
主要工业产品产量					
原煤(千克)	803	1926	2260	1530	1432
原油(千克)	60	52	53	50	44
发电量(千瓦小时)	736	1452	2418	2889	2765
粗钢(千克)	43	126	246	306	307
成品钢材(千克)	43	137	338	499	504
水泥(千克)	394	637	1215	1801	1751
社会消费品零售总额(元)	1981	3470	8474	14860	16642
财政					
一般公共预算收入(元)	261	552	1462	2907	3189
一般公共预算支出(元)	472	1145	3616	6397	7189
教育					
每万人拥有大学生(含研究生)(人)	28	89	149	220	228
卫生					
每万人拥有卫生机构院床位(张)	20.9	21.9	34.8	48.7	51.6
每万人拥有执业医师(人)	11.7	11.4	16.5	20.1	21.0

1-9　国民经济和社会发展比例和效益指标

本表价值量指标均按当年价格计算。

指　标	2000	2005	2010	2014	2015
人口					
出生率(‰)	13.07	11.55	11.52	12.80	12.70
死亡率(‰)	5.93	6.30	6.57	7.02	7.05
自然增长率(‰)	7.14	5.25	4.95	5.78	5.65
城镇化率(%)	23.20	30.65	38.82	45.20	46.85
就业					
城镇户均就业人口(人)	1.94	1.94	1.95	1.80	1.76
城镇登记失业率(%)	2.60	3.45	3.38	2.97	2.96
国民核算					
经济增长贡献率(%)					
第一产业	10.2	9.8	4.7	5.3	5.8
第二产业	62.6	62.2	68.0	62.4	56.3
第三产业	27.2	28.0	27.3	32.3	37.9
全社会劳动生产率(元/人.年)	9377	18824	38517	54138	56251
第一产业	3382	5776	11658	15955	16071
第二产业	24282	45843	74812	88407	88744
第三产业	15827	26361	45866	70796	76687
固定资产投资					
全社会固定资产投资率(%)	29.2	41.4	71.8	88.1	96.4
对外经济贸易和国际旅游					
进出口总额相当于生产总值比例(%)	3.7	5.9	5.2	11.4	12.4
境外每一来豫游客支出(美元)	381	360	340	319	317
能源					
能源生产弹性系数		0.78	0.20		
能源消费弹性系数	0.70	0.80	0.83		
单位GDP能耗降低率(%)			-3.53	-4.06	-6.57
单位GDP电耗降低率(%)			0.80	-7.53	-8.98
单位工业增加值能耗降低率(%)			-10.75	-11.29	-11.54
财政					
一般公共预算收入占GDP比重(%)	4.9	5.1	6.0	7.8	8.2

1-9 续表

指　　标	2000	2005	2010	2014	2015
家庭					
少儿抚养系数(%)		28.8	29.7	30.5	30.7
老年抚养系数(%)		11.4	11.8	13.5	13.9
生活					
城乡居民收入比例					
(农民人均可支配收入为1)	2.40	3.02	2.90	2.38	2.36
农业					
每公顷播种面积农产量(千克)					
粮食	4542	5006	5582	5654	5912
棉花	903	866	957	959	1053
油料	2630	2800	3457	3656	3747
工业					
规模以上工业企业效益(%)					
成本费用利润率	4.5	6.9	10.2	7.8	7.2
资产负债率	66.4	61.6	55.2	46.9	47.0
总资产贡献率	8.6	15.7	22.4	15.8	13.9
产品销售率	98.0	98.4	98.7	98.3	98.2
全员劳动生产率(元/人)	33643	88950	206596	224089	229637
建筑业					
技术装备率(元/人)	5302	8531	10173	12893	13294
金融保险					
金融机构存款相当于生产总值比例 (%)	94.1	94.5	100.2	118.4	128.7
金融机构贷款相当于生产总值比例 (%)	86.2	70.2	68.7	64.2	84.9
教育					
小学学龄儿童净入学率(%)	99.8	99.7	99.9	100.0	100.0
初中毕业生升学率(%)	41.4	60.2	79.5	93.2	90.0
高中阶段毛入学率(%)				90.3	90.3
学校教师负担系数(人)					
普通高校	13.0	18.4	18.8	17.7	18.0
职业中学	19.4	21.5	24.5	17.6	15.0
普通中学	20.7	20.3	17.4	14.1	14.0
小学生	24.6	20.8	21.8	19.8	19.8

主要统计指标解释

行政区划　指国家对行政区域的划分。根据有关法规规定，我国的行政区域划分如下：（1）全国分为省、自治区、直辖市；（2）省、自治区分为自治州、县、自治县、市；（3）自治州分为县、自治县、市；（4）自治区、自治州、自治县都是民族自治的地方；县、自治县分为乡、民族乡、镇；（5）直辖市和较大的市分为区、县；（6）国家在必要时设立的特别行政区。

可比价格　指计算各种总量指标所采用的扣除了价格变动因素的价格，可进行不同时期总量指标的对比。按可比价格计算总量指标有两种方法：一种是直接用产品产量乘某一年的不变价格计算；另一种是用价格指数进行缩减。

不变价格　指以同类产品某年的平均价格作为固定价格，用于计算各年的产品价值。按不变价格计算的产品价值消除了价格变动因素，不同时期对比可以反映生产的发展速度。新中国成立后，随着工农业产品价格水平的变化，国家统计局先后五次制定了全国统一的工业产品不变价格和农业产品不变价格。从1952年到1957年使用1952年工（农）业产品不变价格，从1957年到1970年使用1957年不变价格，从1971年到1980年使用1970年不变价格，从1981年到1990年使用1980年不变价格，从1991年开始使用1990年不变价格。

平均增长速度　平均增长速度表明社会经济现象在一个较长的时期内逐期平均增长变化的程度，它不能根据各个环比增长速度直接求得，但与平均发展速度之间存在着一定的数量关系：平均增长速度＝平均发展速度－1。

平均发展速度是一种根据环比发展速度计算的序时平均数，由于各时期对比的基础不同，所以计算平均发展速度不能采用一般的序时平均数的计算方法，计算方法分为水平法和累计法。水平法，又称几何平均法，即将环比发展速度按连乘法用几何平均数公式计算。累计法，也称方程法，根据一段时期内各年发展水平总和与基期水平的关系，列出方程式计算平均发展速度。水平法着重考虑最后一年所达到的发展水平；累计法着重考虑整个时期累计发展水平的总量。

本《年鉴》内所列的平均增长速度，除固定资产投资用“累计法”计算外，其余均用“水平法”计算。从某年到某年平均增长速度的年份，均不包括基期年在内。如建国四十三年以来的平均增长速度是以1949年为基期计算的，则写为1950-1992年平均增长速度，其余类推。

国民经济行业分类　自2012年定期报表开始使用新的《国民经济行业分类》（GB/T4754-2011）。该分类是由国家统计局组织修订，国家质量监督检验检疫总局和中国国家标准化管理委员会于2011年4月29日发布。这次修订是在2002年分类标准的基础上，参照联合国《全部经济活动的国际标准产业分类》（ISIC/Rev.4）进行的。修订后的《国民经济行业分类》（GB/T4754-2012）共有门类20个，大类96个，中类432个，小类1094个。

农　　业

资料整理：贾世云

2-1 农村基本情况(年底数)

指　　标	2000年	2005年	2010年	2011年	2012年	2013年	2014年	2015年
农村基层组织(个)								
乡镇	2129	1907	1878	1863	1841	1840	1821	1808
#镇	844	841	949	1011	1014	1085	1103	1105
村民委员会	48206	48064	47311	47347	47140	46997	46938	46115
农村基础设施（个）								
自来水受益村数	13252	17369	26329	28214	29882	31284	33797	36528
通有线电视村数							43194	43591
通宽带村数							45764	46079
乡村户数(万户)	1972	2026	2061	2062	2066	2049	2039	2046
乡村劳动力资源数(万人)	5069	5167	5338	5353	5367	5334	5309	5307
乡村从业人员(万人)	4712	4752	4915	4911	4905	4851	4807	4798
#男	2493	2517	2630	2626	2066	2591	2570	2567
女	2220	2235	2285	2285	2281	2261	2237	2231
#农业	3559	3128	2698	2655	2611	2541	2621	2553

注：乡镇个数、镇个数、村民委员会个数为民政部门数据。

2-2 各市农村基本情况(2015年底)

地 区	乡村户数(万户)	乡村劳动力资源数(万人)	男	女	乡村从业人员(万人)	男	女	#农业
省辖市								
郑州市	103.81	267.46	144.09	123.37	235.90	128.16	107.74	93.15
开封市	99.35	271.04	143.84	127.19	251.57	132.48	119.09	134.09
洛阳市	126.75	325.42	171.72	153.70	290.74	155.23	135.51	157.30
平顶山市	103.69	267.41	142.59	124.82	242.24	130.47	111.76	149.80
安阳市	120.80	302.20	162.41	139.79	273.14	149.37	123.77	126.70
鹤壁市	26.06	70.27	37.64	32.62	58.99	33.25	25.74	27.23
新乡市	106.36	271.71	145.57	126.14	244.11	131.14	112.96	113.52
焦作市	65.52	166.34	87.51	78.83	149.86	79.58	70.29	71.84
濮阳市	73.90	200.27	106.27	93.99	179.52	97.88	81.64	104.54
许昌市	80.14	211.65	112.68	98.97	194.99	102.74	92.24	113.49
漯河市	54.68	142.86	75.97	66.89	129.29	68.77	60.51	76.88
三门峡市	44.59	105.36	56.19	49.18	94.08	50.46	43.62	61.70
南阳市	246.67	625.73	337.49	288.24	557.00	303.92	253.08	329.08
商丘市	192.53	479.31	252.70	226.61	440.39	230.51	209.89	227.17
信阳市	185.45	455.66	246.48	209.18	410.05	218.74	191.31	219.19
周口市	222.51	589.13	309.07	280.06	550.00	291.91	258.09	301.58
驻马店市	180.48	523.74	275.89	247.85	469.04	247.67	221.37	231.00
济源市	12.30	31.71	16.90	14.81	26.63	14.20	12.43	14.50
省直管县								
巩义市	15.07	35.05	19.19	15.86	33.37	18.65	14.71	10.57
兰考县	16.41	47.25	24.22	23.04	46.41	23.93	22.47	18.71
汝州市	21.99	57.49	30.04	27.45	52.48	27.67	24.81	30.46
滑县	30.88	75.25	37.81	37.44	67.87	34.89	32.98	32.70
长垣县	13.24	35.09	19.54	15.55	32.13	17.86	14.27	7.45
邓州市	36.91	101.40	53.73	47.67	83.87	44.91	38.97	56.11
永城市	34.15	90.43	47.52	42.92	82.65	42.58	40.07	28.71
固始县	40.53	93.97	52.84	41.13	81.43	42.80	38.64	36.29
鹿邑县	26.59	68.68	35.63	33.06	67.67	35.12	32.55	18.98
新蔡县	22.67	67.31	34.32	32.99	67.27	34.31	32.97	20.65

注：省辖市的数据包含省直管县的数据。

2-3 历年农业生产情况

年份	播种面积（千公顷）	#粮食	#棉花	#油料	粮食产量（万吨）	#小麦	棉花产量（万吨）	油料产量（万吨）	园林水果产量（万吨）
1978	10966.70	9123.30	612.00	465.33	2097.40	868.18	22.42	24.16	47.11
1979	10917.00	9066.70	555.33	632.67	2134.50	969.00	19.84	36.87	52.37
1980	10788.20	8858.90	626.67	710.00	2148.68	890.37	40.62	46.20	43.55
1981	11013.00	9029.30	641.33	744.67	2314.50	1083.50	35.50	55.99	52.30
1982	11076.00	8923.30	754.00	709.33	2217.10	1220.10	32.04	44.16	46.63
1983	11326.70	9286.70	794.00	607.33	2904.00	1455.75	63.24	51.52	58.67
1984	11432.70	8996.70	1162.00	579.33	2893.50	1653.00	86.89	52.50	41.01
1985	11685.30	9029.30	814.30	793.70	2710.53	1528.23	54.73	96.18	53.33
1986	11819.50	9372.20	619.33	921.33	2545.67	1567.90	39.86	98.99	61.23
1987	11952.90	9365.20	717.33	977.33	2948.41	1626.00	57.00	136.57	77.84
1988	11930.20	9053.80	916.03	952.84	2663.00	1520.95	63.71	96.17	74.81
1989	11999.40	9262.00	836.15	915.43	3149.44	1695.13	52.72	118.48	76.75
1990	11889.70	9316.10	823.00	876.40	3303.66	1639.86	67.61	152.29	63.92
1991	12001.90	9040.40	1193.20	896.00	3010.30	1554.28	94.77	127.62	63.67
1992	11936.30	8804.70	1247.90	908.60	3109.61	1650.67	65.85	133.63	87.79
1993	12068.00	8969.00	974.00	1075.00	3639.21	1922.13	66.01	204.50	125.12
1994	12087.70	8810.90	966.70	1242.00	3253.80	1798.42	62.81	225.00	170.54
1995	12136.80	8810.00	1000.10	1271.50	3466.50	1754.18	77.00	298.00	211.66
1996	12257.40	8965.30	933.30	1181.10	3839.90	2026.76	73.57	278.46	247.26
1997	12276.74	8879.90	868.30	1208.50	3894.66	2372.35	79.00	276.66	269.26
1998	12567.05	9101.98	800.00	1235.90	4009.61	2073.53	72.84	312.13	312.60
1999	12659.90	9032.30	733.30	1316.10	4253.25	2291.46	70.73	349.25	349.42
2000	13136.91	9029.60	779.33	1492.54	4101.50	2235.95	70.38	392.55	364.73
2001	13127.70	8822.79	858.20	1443.97	4119.88	2299.71	82.77	362.49	399.12
2002	13359.80	8975.10	793.10	1537.00	4209.98	2248.39	76.49	420.68	427.01
2003	13684.40	8923.30	926.67	1569.90	3569.47	2292.50	37.67	309.91	430.38
2004	13805.69	8970.07	951.80	1554.96	4260.00	2480.93	66.67	408.75	507.07
2005	13922.63	9153.41	781.47	1605.83	4582.00	2577.69	67.70	449.60	555.69
2006	13995.39	9455.80	748.20	1489.10	5112.30	2936.50	81.00	460.07	591.78
2007	14087.84	9468.03	700.00	1497.41	5245.22	2980.21	75.00	483.98	663.49
2008	14181.67	9600.00	606.00	1518.32	5365.48	3051.00	66.37	505.34	714.09
2009	14196.59	9683.61	537.33	1541.22	5389.00	3056.00	51.75	532.98	755.90
2010	14248.69	9740.17	467.30	1564.12	5437.10	3082.22	44.72	540.72	795.99
2011	14258.61	9859.87	396.67	1578.91	5542.50	3123.00	38.24	532.36	833.58
2012	14262.17	9985.15	256.67	1573.63	5638.60	3177.35	25.69	569.51	870.43
2013	14323.54	10081.81	186.67	1589.93	5713.69	3226.44	18.97	589.08	888.30
2014	14378.34	10209.82	153.33	1598.21	5772.30	3329.00	14.70	584.33	896.00
2015	14424.94	10267.15	120.00	1600.80	6067.10	3501.00	12.64	599.74	915.76

2-4 主要农作物播种面积

单位：千公顷

指 标	2000年	2010年	2011年	2012年	2013年	2014年	2015年
农作物总播种面积	**13136.91**	**14248.69**	**14258.61**	**14262.17**	**14323.54**	**14378.34**	**14424.94**
粮食作物	**9029.60**	**9740.17**	**9859.87**	**9985.15**	**10081.81**	**10209.82**	**10267.15**
夏收粮食	4997.97	5306.67	5353.33	5366.67	5393.33	5433.33	5452.33
秋收粮食	4031.63	4433.50	4506.54	4618.48	4688.48	4776.49	4814.82
谷物	7743.72	8920.89	9055.35	9152.78	9276.11	9408.47	9499.13
稻谷	459.59	628.00	638.00	648.16	641.33	649.67	656.00
小麦	4922.33	5280.00	5323.33	5340.00	5366.66	5406.67	5425.66
玉米	2201.33	2946.00	3025.00	3100.00	3203.33	3283.86	3343.86
谷子	80.33	36.37	35.87	35.37	35.53	35.68	35.68
高粱	12.87	3.85	3.15	2.58	2.59	5.93	11.26
其他谷物	67.27	26.67	30.00	26.67	26.67	26.66	26.67
#大麦	67.27	26.67	30.00	26.67	26.67	26.66	26.67
豆类	683.43	513.40	505.87	520.45	503.78	453.67	413.67
大豆	564.73	452.98	445.69	460.52	443.85	399.7	366.04
绿豆	90.39	53.31	54.29	55.29	54.07	48.69	43.94
红薯(按折粮薯类计算)	602.45	305.88	298.65	311.92	301.92	347.68	354.35
油料	**1492.54**	**1564.12**	**1578.91**	**1573.63**	**1589.93**	**1598.21**	**1600.8**
花生	984.80	989.49	1010.58	1007.11	1037.27	1058.32	1074.61
油菜籽	248.30	393.26	383.45	380.42	371.33	361.62	348.17
芝麻	254.93	175.96	177.49	180.67	175.80	172.57	172.00
棉花	**779.33**	**467.30**	**396.67**	**256.67**	**186.67**	**153.33**	**120.00**
麻类	**16.52**	**7.44**	**8.13**	**8.1**	**6.54**	**4.68**	**4.56**
黄红麻	15.26	7.35	8.12	6.6	6.54	4.66	4.22
甘蔗	**5.20**	**3.92**	**3.96**	**3.96**	**3.95**	**3.86**	**3.54**
烟叶	**166.35**	**122.15**	**124.70**	**125.42**	**137.15**	**123.80**	**114.27**
烤烟叶	163.29	122.07	124.67	125.42	137.15	123.80	114.27
药材类	**60.55**	**121.87**	**123.10**	**122.73**	**121.20**	**118.81**	**113.58**
蔬菜(含菜用瓜)	**1189.20**	**1704.06**	**1720.10**	**1730.28**	**1745.78**	**1725.62**	**1751.65**
瓜果类(果用瓜)	**305.39**	**341.75**	**329.13**	**330.62**	**336.39**	**326.42**	**325.45**
西瓜	254.66	284.56	265.74	276.59	282.01	274.16	270.10
甜瓜	27.86	49.46	58.58	49.02	49.07	46.98	48.82
草莓		4.80	4.81	5.01	5.31	5.29	6.53
其他农作物	**92.23**	**175.91**	**114.04**	**127.09**	**114.12**	**117.78**	**123.96**
#青饲料	4.25	7.51	5.80	4.18	4.19	4.03	3.16
花卉		83.93	91.20	71.17	70.97	77.43	47.91

注：本表2006年及以后数据已与农普数据衔接(2－5、2－6、2－7表同此)。

2-5 主要农作物播种面积构成

单位：%

指　标	2000年	2010年	2011年	2012年	2013年	2014年	2015年
农作物总播种面积	**100.0**	**100.0**	**100.0**	**100.0**	**100.0**	**100.0**	**100.0**
粮食作物	**68.7**	**68.4**	**69.1**	**70.0**	**70.4**	**71.0**	**71.2**
夏收粮食	38.0	37.2	37.5	37.6	37.7	37.8	37.8
秋收粮食	30.7	31.1	31.6	32.4	32.7	33.2	33.4
谷物	58.9	62.6	63.5	64.2	64.8	65.4	65.9
稻谷	3.5	4.4	4.5	4.5	4.5	4.5	4.5
小麦	37.5	37.1	37.3	37.4	37.5	37.6	37.6
玉米	16.7	20.7	21.2	21.7	22.4	22.8	23.2
谷子	0.6	0.3	0.3	0.2	0.2	0.2	0.2
高粱	0.1	0.0	0.0	0.0	0.0	0.0	0.1
其他谷物	0.5	0.2	0.2	0.2	0.2	0.2	0.2
#大麦	0.5	0.2	0.2	0.2	0.2	0.2	0.2
豆类	5.2	3.6	3.5	3.6	3.5	3.2	2.9
大豆	4.3	3.2	3.1	3.2	3.1	2.8	2.5
绿豆	0.7	0.4	0.4	0.3	0.4	0.3	0.3
红薯(按折粮薯类计算)	4.6	2.1	2.1	2.2	2.1	2.4	2.5
油料	**11.3**	**11.0**	**11.1**	**11.0**	**11.1**	**11.1**	**11.1**
花生	7.5	6.9	7.1	7.1	7.2	7.4	7.4
油菜籽	1.9	2.8	2.7	2.7	2.6	2.5	2.4
芝麻	1.9	1.2	1.2	1.3	1.2	1.2	1.2
棉花	**5.9**	**3.3**	**2.8**	**1.8**	**1.3**	**1.1**	**0.8**
生麻	**0.1**	**0.1**	**0.1**	**0.1**	**0.0**	**0.0**	**0.0**
黄红麻	0.1	0.1	0.1	0.0	0.0	0.0	0.0
甘蔗					0.0	0.0	0.8
烟叶(未加工烟草)	**1.3**	**0.9**	**0.9**	**0.9**	**1.0**	**0.9**	**0.8**
烤烟叶	1.2	0.9	0.9	0.9	1.0	0.9	0.8
药材类	**0.5**	**0.9**	**0.9**	**0.9**	**0.8**	**0.8**	**0.8**
蔬菜及食用菌	**9.1**	**12.0**	**12.0**	**12.1**	**12.2**	**12.0**	**12.1**
瓜果类(果用瓜)	**2.3**	**2.4**	**2.3**	**2.3**	**2.3**	**2.3**	**2.3**
西瓜	1.9	2.0	1.9	1.9	2.0	1.9	1.9
甜瓜	0.2	0.3	0.4	0.3	0.3	**0.3**	**0.3**
其他农作物		**1.2**	**0.8**	**0.9**	**0.8**	**0.8**	**0.9**
#青饲料		0.0	0.0	0.0	0.0	0.0	0.0
花卉		0.6	0.6	0.5	0.5	0.5	0.3

2-6　主要农作物产品产量

单位：万吨

指　　标	2000年	2010年	2011年	2012年	2013年	2014年	2015年
粮食作物	**4101.50**	**5437.10**	**5542.50**	**5638.60**	**5713.69**	**5772.30**	**6067.10**
夏收粮食	2268.05	3090.70	3131.50	3186.00	3235.19	3339.00	3511.80
秋收粮食	1833.45	2346.40	2411.00	2452.60	2478.50	2433.30	2555.30
谷物	3669.73	5207.14	5308.08	5431.43	5522.72	5604.60	5902.56
稻谷	318.82	471.19	474.50	492.55	485.80	528.60	531.52
小麦	2235.95	3082.22	3123.00	3177.35	3226.44	3329.00	3501.00
玉米	1074.97	1634.79	1696.50	1747.75	1796.50	1732.05	1853.65
谷子	7.86	10.11	5.30	4.91	4.97	4.36	4.47
高粱	2.00	0.35	0.28	0.22	0.26	0.59	1.12
其他谷物	30.13	8.48	8.50	8.65	8.75	10.00	10.80
#大麦	30.13	8.48	8.50	8.65	8.75	10.00	10.80
豆类	140.13	93.34	95.15	84.56	78.83	59.00	53.75
大豆	115.78	86.37	88.04	78.13	72.94	54.59	49.90
绿豆	13.11	6.42	6.54	6.01	5.42	4.05	3.62
红薯(按折粮薯类计算)	291.64	136.62	139.27	122.61	112.14	108.70	110.79
油料	**392.55**	**540.72**	**532.36**	**569.51**	**589.08**	**584.33**	**599.74**
花生	335.88	427.61	429.79	454.03	471.37	471.29	485.31
油菜籽	33.76	88.87	77.32	87.61	89.80	86.39	86.10
芝麻	21.99	23.22	24.14	26.76	26.86	25.88	27.34
棉花	**70.38**	**44.72**	**38.24**	**25.69**	**18.97**	**14.70**	**12.64**
生麻	**3.64**	**3.88**	**4.35**	**3.67**	**3.65**	**2.87**	**2.86**
黄红麻	3.29	3.84	4.35	3.67	3.65	2.87	2.68
甘蔗	**32.57**	**26.12**	**26.69**	**26.88**	**28.31**	**27.27**	**24.33**
烟叶(未加工烟草)		**28.75**	**29.25**	**30.67**	**34.65**	**29.99**	**28.85**
烤烟叶	27.18	28.74	29.24	30.67	34.65	29.67	23.34
蔬菜及食用菌	**3981.78**	**6624.26**	**6709.74**	**7011.68**	**7112.51**	**7272.46**	**7456.52**
瓜果类(果用瓜)	**1093.55**	**1598.01**	**1580.54**	**1664.61**	**1711.37**	**1664.23**	**1749.33**
西瓜	919.42	1389.19	1346.71	1467.76	1508.00	1467.54	1565.62
甜瓜	79.98	185.79	219.86	182.00	188.55	182.42	165.67
草莓		12.68	13.97	14.85	14.82	14.27	18.04

2-7 主要农作物单位面积产量

单位：公斤/公顷

指　　标	2000年	2010年	2011年	2012年	2013年	2014年	2015年
粮食作物	**4542**	**5582**	**5621**	**5647**	**5667**	**5654**	**5909**
夏收粮食	4538	5824	5850	5937	5999	6146	6441
秋收粮食	4548	5292	5350	5310	5286	5094	5307
谷物	4739	5837	5862	5934	5954	5957	6213
稻谷	6937	7504	7437	7599	7575	8136	8102
小麦	4542	5838	5867	5950	6012	6158	6453
玉米	4883	5549	5608	5638	5608	5276	5543
谷子	978	2780	1478	1388	1399	1222	1253
高粱	1554	909	889	853	1004	995	995
其他谷物	4479	3180	2833	3243	3281	3751	4049
#大麦	4479	3180	2833	3243	3281	3751	4049
豆类	2050	1819	1881	1625	1565	1300	1299
大豆	2050	1907	1975	1697	1643	1365	1363
绿豆	1450	1204	1205	1087	1002	832	824
红薯(按折粮薯类计算)	4841	4466	4663	3931	3714	3126	3127
油料	**2630**	**3457**	**3372**	**3619**	**3705**	**3656**	**3747**
花生	3411	4322	4253	4508	4544	4453	4516
油菜籽	1360	2260	2016	2303	2418	2389	2473
芝麻	863	1320	1360	1481	1528	1500	1590
棉花	**903**	**957**	**964**	**1001**	**1016**	**959**	**1053**
生麻	**2203**	**5218**	**5351**	**5552**	**5582**	**6132**	**6272**
黄红麻	2156	5221	5357	5562	5582	6159	6351
甘蔗	**62635**	**66622**	**67399**	**67709**	**71678**	**70648**	**68729**
烟叶(未加工烟草)	**1659**	**2353**	**2346**	**2446**	**2527**	**2422**	**2525**
烤烟叶	1665	2353	2375	2446	2526	2397	2043
蔬菜及食用菌	**26641**	**38873**	**39008**	**40523**	**40741**	**42144**	**42569**
瓜果类(果用瓜)	**35808**	**46759**	**48022**	**50348**	**50874**	**50984**	**53751**

2-8　各市农作物播种面积和产量(2015年)

地　区	农作物总播种面积(千公顷)	粮食作物			夏收粮食		
		播种面积(千公顷)	总产量(万吨)	公顷产量(公斤)	播种面积(千公顷)	总产量(万吨)	公顷产量(公斤)
省辖市							
郑州市	469.77	347.70	168.31	4841	172.17	85.59	4971
开封市	809.99	496.53	291.77	5876	301.32	189.62	6293
洛阳市	699.20	520.33	245.14	4711	249.60	124.53	4989
平顶山市	539.32	420.60	211.87	5037	210.00	111.53	5311
安阳市	758.81	571.12	375.60	6577	310.03	206.61	6664
鹤壁市	195.90	172.12	123.64	7184	88.72	65.85	7422
新乡市	816.14	639.27	430.31	6731	343.21	249.52	7270
焦作市	354.47	278.46	208.99	7505	143.44	112.19	7821
濮阳市	507.76	395.14	271.80	6879	220.45	160.18	7266
许昌市	601.93	443.19	291.51	6578	217.96	159.42	7314
漯河市	373.19	270.31	182.60	6755	142.89	106.72	7469
三门峡市	245.89	169.18	71.57	4230	79.82	36.98	4634
南阳市	1889.82	1210.48	662.39	5472	683.34	399.47	5846
商丘市	1386.25	1018.90	692.24	6794	583.05	435.54	7470
信阳市	1269.18	854.30	596.99	6988	319.92	152.75	4775
周口市	1738.69	1245.74	829.56	6659	678.91	518.96	7644
驻马店市	1692.30	1220.93	758.82	6215	687.63	473.65	6888
济源市	55.19	41.82	22.55	5392	19.88	11.59	5832
省直管县							
巩义市	48.38	43.10	16.93	3929	22.52	9.40	4174
兰考县	123.74	93.79	53.94	5751	57.36	34.79	6065
汝州市	116.50	95.52	47.98	5023	45.43	24.69	5434
滑　县	262.84	188.57	148.21	7859	114.88	89.40	7782
长垣县	123.49	96.06	65.64	6834	53.07	40.50	7631
邓州市	342.09	215.50	121.33	5630	138.09	82.37	5965
永城市	239.96	203.60	133.85	6574	106.43	80.36	7551
固始县	240.39	155.78	121.58	7804	39.69	18.66	4702
鹿邑县	170.61	132.75	93.35	7032	68.99	53.66	7778
新蔡县	189.74	138.78	84.51	6090	80.93	54.66	6755

注：省辖市的数据包含省直管县的数据。

2-8 续表 1

地区	秋收粮食			谷物合计					
							稻谷		
	播种面积（千公顷）	总产量（万吨）	公顷产量（公斤）	播种面积（千公顷）	总产量（万吨）	公顷产量（公斤）	播种面积（千公顷）	总产量（万吨）	公顷产量（公斤）
省辖市									
郑州市	175.53	82.72	4712	325.50	158.81	4879	0.11	0.08	7345
开封市	195.21	102.15	5233	461.28	278.01	6027	7.16	4.38	6109
洛阳市	270.73	120.61	4455	461.69	223.72	4846	1.48	0.91	6122
平顶山市	210.61	100.34	4764	393.41	199.79	5078	1.52	0.94	6180
安阳市	261.09	169.00	6473	557.83	368.50	6606	0.40	0.38	9492
鹤壁市	83.40	57.80	6930	169.73	122.52	7219			
新乡市	296.07	180.79	6106	614.48	421.05	6852	31.82	22.02	6920
焦作市	135.01	96.81	7170	272.25	205.96	7565	5.71	4.68	8205
濮阳市	174.69	111.63	6390	375.35	262.92	7004	38.28	25.91	6768
许昌市	225.23	132.10	5865	399.15	273.68	6857			
漯河市	127.42	75.88	5955	253.75	177.24	6985			
三门峡市	89.36	34.58	3870	140.07	62.00	4426			
南阳市	527.14	262.92	4988	1085.28	619.57	5709	38.01	28.57	7517
商丘市	435.85	256.70	5890	946.60	668.29	7060	0.34	0.20	5899
信阳市	534.38	444.24	8313	821.02	588.84	7172	469.27	421.84	8989
周口市	566.83	310.59	5479	1099.35	778.41	7081	0.63	0.57	9048
驻马店市	533.31	285.17	5347	1174.52	740.54	6305	31.15	18.85	6051
济源市	21.94	10.96	4995	39.85	21.96	5512	0.01	0.00	6000
省直管县									
巩义市	20.58	7.53	3660	41.36	16.24	3926			
兰考县	36.43	19.15	5258	90.05	52.01	5776	0.26	0.18	6966
汝州市	50.09	23.29	4650	90.21	45.89	5087	0.03	0.01	3625
滑县	73.69	58.81	7980	186.84	147.14	7875	0.33	0.32	9750
长垣县	42.99	25.15	5850	91.39	63.67	6966	2.27	2.10	9292
邓州市	77.42	38.96	5033	196.35	117.76	5998	1.01	0.62	6179
永城市	97.17	53.49	5505	171.55	124.31	7246			
固始县	116.09	102.91	8865	153.83	120.54	7836	110.54	99.59	9010
鹿邑县	63.75	39.69	6225	116.83	86.58	7411			
新蔡县	57.85	29.85	5160	132.82	82.29	6196	5.43	3.24	5968

2-8 续表 2

地　区	小麦			玉米		
	播种面积（千公顷）	总产量（万吨）	公顷产量（公斤）	播种面积（千公顷）	总产量（万吨）	公顷产量（公斤）
省辖市						
郑州市	172.17	85.59	4971	152.29	72.93	4789
开封市	301.32	189.62	6293	152.78	84.01	5499
洛阳市	249.53	124.52	4990	195.52	93.77	4796
平顶山市	209.85	111.50	5313	181.72	87.26	4802
安阳市	310.03	206.61	6664	241.41	159.48	6606
鹤壁市	88.72	65.85	7422	80.16	56.44	7041
新乡市	343.10	249.47	7271	238.01	148.93	6257
焦作市	143.44	112.19	7821	123.01	89.06	7240
濮阳市	220.45	160.18	7266	116.21	76.62	6593
许昌市	217.96	159.42	7314	180.98	114.22	6311
漯河市	142.85	106.71	7470	110.86	70.52	6361
三门峡市	79.82	36.98	4634	59.04	24.68	4181
南阳市	678.85	400.75	5903	366.68	189.79	5176
商丘市	582.77	434.63	7458	363.36	232.62	6402
信阳市	317.47	152.55	4805	31.83	14.25	4476
周口市	678.91	518.96	7644	419.58	261.86	6241
驻马店市	685.15	472.63	6898	455.71	247.97	5441
济源市	19.88	11.59	5832	19.89	10.34	5198
省直管县						
巩义市	22.51	9.40	4175	18.58	6.80	3662
兰考县	57.36	34.79	6065	32.42	17.04	5255
汝州市	45.43	24.69	5434	44.66	21.16	4739
滑　县	114.88	89.40	7782	71.59	57.40	8018
长垣县	53.03	40.47	7632	35.71	20.82	5831
邓州市	136.99	84.69	6182	58.36	32.45	5561
永城市	106.43	80.36	7551	65.13	43.95	6748
固始县	39.69	18.66	4702	3.60	2.28	6341
鹿邑县	68.99	53.66	7778	47.76	33.32	6978
新蔡县	80.93	54.66	6755	46.42	24.37	5250

2-8 续表 3

地区	豆类合计			大豆		
	播种面积（千公顷）	总产量（万吨）	公顷产量（公斤）	播种面积（千公顷）	总产量（万吨）	公顷产量（公斤）
省辖市						
郑州市	9.99	1.58	1586	8.34	1.42	1702
开封市	16.02	4.72	2948	15.38	4.54	2954
洛阳市	29.67	3.47	1168	21.90	2.26	1032
平顶山市	11.12	3.03	2728	9.78	2.89	2956
安阳市	5.36	1.54	2879	4.88	1.45	2974
鹤壁市	0.89	0.18	2025	0.62	0.14	2228
新乡市	15.61	4.01	2571	15.16	3.99	2633
焦作市	3.68	1.10	3000	3.49	1.04	2975
濮阳市	13.85	3.82	2756	13.39	3.71	2771
许昌市	15.46	3.31	2139	15.16	3.27	2159
漯河市	9.86	2.04	2066	9.86	2.04	2066
三门峡市	22.39	4.80	2144	17.45	3.87	2215
南阳市	71.90	14.75	2052	53.29	10.93	2050
商丘市	53.31	14.90	2794	50.95	13.77	2703
信阳市	15.02	1.57	1042	12.29	1.57	1277
周口市	111.12	29.23	2631	102.56	27.31	2663
驻马店市	27.21	6.74	2478	24.81	6.07	2448
济源市	1.26	0.24	1883	1.19	0.23	1889
省直管县						
巩义市	0.59	0.04	652	0.29	0.02	677
兰考县	1.88	0.56	2995	1.68	0.51	3014
汝州市	1.28	0.22	1724	0.85	0.16	1915
滑县	0.65	0.24	3648	0.63	0.23	3657
长垣县	3.39	0.84	2473	3.18	0.83	2612
邓州市	15.21	3.72	2447	10.93	2.66	2434
永城市	30.20	7.70	2551	30.07	7.67	2550
固始县	0.70	0.26	3712	0.60	0.25	4151
鹿邑县	14.37	5.27	3670	14.09	5.19	3688
新蔡县	2.58	0.65	2533	1.91	0.46	2400

2-8 续表 4

地区	红薯			油料合计					
							花生		
	播种面积（千公顷）	总产量（万吨）	公顷产量（公斤）	播种面积（千公顷）	总产量（万吨）	公顷产量（公斤）	播种面积（千公顷）	总产量（万吨）	公顷产量（公斤）
省辖市									
郑州市	12.21	7.92	6481	43.12	15.38	3568	34.82	13.98	4014
开封市	19.23	9.04	4701	107.33	46.33	4316	101.06	44.50	4403
洛阳市	28.97	18.14	6262	43.96	12.69	2887	25.07	8.94	3566
平顶山市	16.08	8.54	5312	47.91	14.03	2927	26.38	9.68	3670
安阳市	7.93	5.56	7008	58.28	24.11	4138	52.33	22.91	4378
鹤壁市	1.51	0.94	6253	11.17	3.38	3025	10.24	3.24	3170
新乡市	9.19	4.11	4473	82.36	35.17	4271	77.84	33.94	4360
焦作市	2.53	1.93	7617	17.12	7.25	4234	15.89	6.94	4368
濮阳市	5.94	5.07	8545	37.45	16.71	4462	36.49	16.41	4498
许昌市	28.58	14.52	5082	27.57	9.25	3355	17.56	6.72	3826
漯河市	6.70	3.32	4955	13.54	3.94	2909	7.37	2.53	3432
三门峡市	6.71	4.76	7096	15.17	3.61	2382	4.62	1.32	2845
南阳市	53.31	30.76	5770	341.43	136.29	3992	229.27	111.12	4847
商丘市	19.00	8.99	4732	84.06	36.43	4334	72.92	32.86	4506
信阳市	18.26	6.59	3610	243.21	69.00	2837	64.73	28.88	4462
周口市	35.27	21.92	6215	111.97	46.59	4161	69.41	37.50	5402
驻马店市	19.20	11.54	6010	314.01	119.38	3802	227.86	103.73	4552
济源市	0.71	0.35	4916	1.13	0.19	1696	0.76	0.13	1704
省直管县									
巩义市	1.15	0.66	5729	2.80	0.53	1883	1.64	0.35	2126
兰考县	1.87	1.37	7337	17.28	7.36	4260	16.64	7.20	4326
汝州市	4.03	1.87	4639	9.78	3.47	3546	6.95	2.98	4288
滑县	1.08	0.83	7703	26.67	11.06	4148	26.37	10.99	4168
长垣县	1.27	1.14	8945	15.45	5.68	3677	12.90	4.93	3824
邓州市	3.94	2.55	6466	65.74	25.74	3915	45.81	21.37	4665
永城市	1.85	1.85	10000	1.27	0.45	3556	0.45	0.19	4095
固始县	1.26	0.78	6225	46.74	12.70	2717	11.84	4.69	3962
鹿邑县	1.55	1.49	9601	6.47	1.84	2847	1.82	0.73	4035
新蔡县	3.38	1.57	4650	27.46	8.93	3252	15.21	7.30	4800

2-8 续表 5

地区	油菜籽			芝麻			棉花		
	播种面积(千公顷)	总产量(万吨)	公顷产量(公斤)	播种面积(千公顷)	总产量(万吨)	公顷产量(公斤)	播种面积(千公顷)	总产量(万吨)	公顷产量(公斤)
省辖市									
郑州市	7.18	1.29	1797	1.11	0.12	1060	2.75	0.25	909
开封市	5.67	1.70	2999	0.55	0.11	2022	15.77	1.82	1154
洛阳市	11.94	2.83	2367	4.05	0.72	1784	3.97	0.41	1033
平顶山市	17.56	3.77	2145	3.94	0.57	1435	2.43	0.24	988
安阳市	5.54	1.15	2083	0.36	0.04	1121	5.80	0.65	1121
鹤壁市	0.78	0.13	1629	0.15	0.01	470	0.80	0.06	750
新乡市	4.34	1.21	2780	0.17	0.02	1374	4.71	0.48	1019
焦作市	1.15	0.30	2600	0.06	0.01	1438	1.68	0.16	952
濮阳市	0.90	0.29	3195	0.06	0.01	1967	3.07	0.31	1010
许昌市	9.52	2.47	2591	0.49	0.06	1281	3.47	0.32	922
漯河市	4.81	1.25	2593	1.37	0.16	1199	7.02	0.66	940
三门峡市	6.49	1.41	2173	1.18	0.17	1462	1.47	0.11	748
南阳市	54.98	15.09	2744	57.18	10.09	1765	20.54	1.86	906
商丘市	9.40	3.25	3454	1.73	0.32	1844	17.69	1.71	967
信阳市	163.64	38.32	2342	14.85	1.80	1210	1.18	0.11	932
周口市	7.28	2.50	3430	35.27	6.60	1870	22.01	2.28	1036
驻马店市	36.72	9.12	2485	49.43	6.53	1320	5.53	0.54	976
济源市	0.28	0.04	1331	0.07	0.01	773	0.14	0.02	1071
省直管县									
巩义市	0.85	0.15	1764	0.31	0.03	914	0.85	0.08	941
兰考县	0.64	0.16	2567	0.00	0.00	2000	3.24	0.38	1173
汝州市	2.48	0.45	1818	0.35	0.04	1014	0.82	0.08	976
滑县	0.29	0.07	2415	0.01	0.00	2400	2.20	0.22	1000
长垣县	2.55	0.75	2939				0.33	0.04	1212
邓州市	7.85	2.39	3045	12.08	1.98	1637	6.09	0.55	903
永城市	0.77	0.26	3366	0.05	0.01	1489	0.08	0.01	1250
固始县	32.09	7.56	2355	2.81	0.45	1601	0.15	0.01	667
鹿邑县	2.37	0.81	3410	2.29	0.30	1320	3.08	0.32	1039
新蔡县	2.40	0.59	2475	9.85	1.03	1050	2.53	0.26	1028

2-8 续表 6

地　区	烟叶(未加工烟草)			烤烟			蔬菜及食用菌		
	播种面积(千公顷)	总产量(万吨)	公顷产量(公斤)	播种面积(千公顷)	总产量(万吨)	公顷产量(公斤)	播种面积(千公顷)	总产量(万吨)	公顷产量(公斤)
省辖市									
郑州市	0.76	0.17	2212	0.76	0.17	2212	64.54	273.56	42389
开封市							146.62	696.65	47513
洛阳市	23.56	5.51	2337	23.56	5.51	2337	68.68	293.08	42673
平顶山市	13.45	3.29	2444	13.45	3.29	2444	45.87	223.53	48731
安阳市							107.34	584.58	54461
鹤壁市							10.40	56.40	54254
新乡市							69.79	360.75	51693
焦作市							38.39	220.45	57431
濮阳市							64.86	253.33	39056
许昌市	11.93	3.31	2776	11.93	3.31	2776	50.54	202.98	40159
漯河市	9.31	1.71	1831	9.31	1.71	1831	60.09	213.99	35614
三门峡市	17.74	4.17	2350	17.74	4.17	2350	31.95	115.69	36210
南阳市	21.47	6.03	2808	21.47	6.03	2808	239.32	1039.96	43454
商丘市	2.81	1.03	3655	2.81	1.03	3655	191.66	940.21	49055
信阳市	0.94	0.30	3195	0.94	0.30	3195	118.71	383.12	32275
周口市	4.41	1.55	3526	4.41	1.55	3526	247.16	979.40	39626
驻马店市	6.73	1.56	2315	6.73	1.56	2315	117.33	453.75	38672
济源市	1.16	0.23	2014	1.16	0.23	2014	7.15	29.54	41325
省直管县									
巩义市							1.36	5.50	40584
兰考县							7.27	22.35	30763
汝州市	1.72	0.40	2327	1.72	0.40	2327	7.61	34.06	44737
滑县							39.33	195.91	49807
长垣县							9.92	65.78	66341
邓州市	1.67	0.71	4272	1.67	0.71	4272	47.32	235.72	49817
永城市							29.01	153.56	52936
固始县	0.35	0.11	3117	0.35	0.11	3117	26.18	105.09	40140
鹿邑县	1.26	0.40	3157	1.26	0.40	3157	24.32	94.99	39051
新蔡县							13.14	50.15	38164

2-8 续表 7

地区	瓜果类(果用瓜)			西瓜			甜瓜		
	播种面积(千公顷)	总产量(万吨)	公顷产量(公斤)	播种面积(千公顷)	总产量(万吨)	公顷产量(公斤)	播种面积(千公顷)	总产量(万吨)	公顷产量(公斤)
省辖市									
郑州市	9.52	37.52	39415	8.50	34.65	40773	0.28	0.72	25276
开封市	42.48	223.79	52685	39.61	212.51	53648	2.84	11.25	39690
洛阳市	6.31	18.28	28962	5.01	15.39	30686	1.10	2.57	23301
平顶山市	7.07	24.19	34194	5.76	21.41	37195	1.11	2.57	23243
安阳市	14.51	96.71	66651	9.83	64.77	65882	4.61	31.74	68931
鹤壁市	0.37	1.92	51601	0.33	1.79	53655	0.04	0.13	34921
新乡市	6.41	34.45	53792	5.06	30.14	59549	1.32	4.28	32384
焦作市	3.93	20.99	53464	3.75	20.25	53998	0.16	0.72	45513
濮阳市	6.68	25.87	38715	5.22	21.48	41122	1.07	3.44	32045
许昌市	6.57	22.46	34200	5.05	20.42	40417	1.35	1.94	14368
漯河市	12.61	45.58	36151	8.67	34.26	39505	3.74	10.89	29122
三门峡市	4.01	11.83	29538	3.51	10.95	31230	0.37	0.65	17610
南阳市	30.26	175.19	57896	2.45	159.00	64966	5.40	15.68	29063
商丘市	55.10	323.14	58647	47.28	289.56	61247	5.67	25.15	44402
信阳市	23.79	106.65	44836	17.99	87.08	48397	3.73	14.86	39862
周口市	75.49	446.19	59106	56.56	359.34	63531	17.40	56.01	32190
驻马店市	21.30	122.75	57639	17.09	102.04	59703	3.45	17.15	49686
济源市	0.20	0.47	23620	0.16	0.35	21836	0.03	0.11	34219
省直管县									
巩义市	0.19	0.40	21496	0.18	0.37	20835		0.01	30000
兰考县	2.13	9.82	46196	1.96	9.39	47963	0.14	0.42	29021
汝州市	0.87	2.64	30311	0.67	1.86	27623	0.17	0.78	45935
滑县	5.59	38.04	68010	2.44	15.11	61840	3.11	22.81	73369
长垣县	1.74	11.26	64842	1.39	8.75	62953	0.35	2.51	72412
邓州市	4.93	24.34	49398	3.79	21.42	56469	1.00	2.72	27270
永城市	5.90	42.52	72075	5.61	41.29	73840	0.11	1.04	91788
固始县	6.40	34.21	53448	4.70	28.07	59723	1.00	4.81	48050
鹿邑县	1.82	7.78	42810	0.97	5.44	56000	0.83	2.33	28000
新蔡县	7.23	36.88	51042	5.06	24.05	47575	1.73	9.99	57750

2-9　茶叶、水果产量和面积

项　目	2000年	2010年	2011年	2012年	2013年	2014年	2015年
面　积							
茶园面积(千公顷)	20.68	65.15	60.43	87.63	97.69	105.47	114.00
果园面积(千公顷)	355.90	455.26	465.53	466.70	475.70	458.40	455.63
苹果园	206.97	177.63	180.54	178.84	176.65	171.95	170.21
梨园	30.87	47.28	49.55	51.99	52.32	52.97	54.73
葡萄园	16.75	29.90	30.22	29.60	32.39	33.94	36.25
猕猴桃园		9.20	9.61	10.24	10.30	10.82	10.99
桃园	29.11	73.90	75.49	76.27	76.39	70.01	73.82
柑桔园	4.88	10.85	10.78	10.99	11.54	11.75	11.60
其他果园	67.30	106.50	109.34	108.77	116.11	106.96	98.03
产　量							
茶叶产量(吨)	9163	42732	49447	51374	55891	61119	64855
园林水果产量(万吨)	364.73	795.99	833.58	870.43	888.30	895.95	915.76
苹果	238.90	408.96	420.32	436.70	443.15	441.74	449.65
梨	33.30	94.66	100.50	104.39	107.73	112.91	114.83
葡萄	20.83	48.41	40.13	55.20	55.67	58.39	63.78
鲜枣	17.78	39.19	49.60	40.60	41.55	35.64	32.42
柿	15.88	44.38	49.60	54.26	54.63	54.33	51.98
桃	26.63	101.74	108.57	110.61	110.12	113.32	119.35
柑桔	2.12	4.17	3.94	4.04	4.81	4.67	4.94
其他园林水果	9.29	74.48	60.43	64.63	70.64	74.95	78.81
食用坚果产量(吨)							
核桃	17143	55407	80483	109716	130428	107018	165925
板栗	85650	206517	250072	220885	242671	176993	283562

2-10 各市水果产量(2015年)

单位：吨

地区	水果总产量	#苹果	#梨	#葡萄	#枣	#柿	#桃
省辖市							
郑州市	275402	55761	19993	41710	59199	10198	35406
开封市	571031	339965	31862	28261	15936	16430	104487
洛阳市	867595	469868	47727	106956	21698	72996	74098
平顶山市	113929	15164	20021	21413	1635	15066	37341
安阳市	681226	275062	59388	41140	98300	56307	118326
鹤壁市	40525	16260	6391	4736	2689	3934	6425
新乡市	212932	59739	20998	16926	6926	8239	95318
焦作市	179096	60564	27386	16865	4418	11263	52087
濮阳市	282428	187718	32692	14636	9464	2893	18142
许昌市	75329	25229	22117	14688	168	1709	10271
漯河市	111430	3413	16217	61927	165	1643	26710
三门峡市	2282967	1875207	36630	39566	40349	132443	93312
南阳市	888687	46492	70630	22261	24055	44958	163796
商丘市	1777086	953663	562882	106578	12046	33323	98280
信阳市	126966	1773	40138	27708	3187	16640	33391
周口市	492591	88419	87444	50156	20100	80738	159451
驻马店市	148072	10172	42266	21146	3753	6714	60361
济源市	30349	12003	3525	1132	77	4307	6294
省直管县							
巩义市	31102	16120	2240	6567	123	2181	1580
兰考县	195433	157605	10692	2949	9536	379	5438
汝州市	36537	9212	2465	3797	560	10103	9304
滑县	164141	73067	29724	14264	7048	13016	27022
长垣县	22056	4474	1049	9883	5202	5	1271
邓州市	29358	2879	5504	2872	1310	1127	12457
永城市	278098	61491	175392	10935	4200	3400	22680
固始县	28885	195	9778	4994	759	5214	6193
鹿邑县	10517	1948	5100	1045	90	315	1707
新蔡县	22073	1280	6260	4280	290	2560	7403

注：省辖市的数据包含省直管县的数据。

2-11　各市果园面积(2015年)

单位：千公顷

地　区	果园总面积	#苹果园面积	#梨园面积	#葡萄园面积	#柑橘园面积	#猕猴桃园面积	#桃园面积
省辖市							
郑州市	21.45	3.76	1.10	2.21		0.02	2.44
开封市	25.17	15.19	1.59	2.01			4.35
洛阳市	45.19	22.34	3.31	4.25	0.03	0.06	3.42
平顶山市	12.47	1.19	1.66	1.27		0.01	4.96
安阳市	40.69	10.64	2.52	1.88			5.07
鹤壁市	2.40	0.49	0.23	0.29			0.30
新乡市	14.50	4.44	1.98	1.17		0.02	4.07
焦作市	7.77	1.91	1.18	0.68			2.35
濮阳市	11.47	5.99	0.93	0.71			1.36
许昌市	7.37	2.90	0.95	1.52		0.05	1.18
漯河市	3.35	0.11	0.58	1.70		0.03	0.88
三门峡市	69.12	55.10	1.41	2.12		0.01	3.38
南阳市	82.34	9.52	12.73	2.36	11.33	10.68	17.49
商丘市	48.35	28.86	9.10	4.72			3.90
信阳市	16.72	0.33	3.94	3.71	0.25	0.09	5.61
周口市	24.05	4.94	4.96	2.71			5.69
驻马店市	20.82	2.04	6.34	2.86		0.01	6.89
济源市	2.41	0.46	0.21	0.08			0.49
省直管县							
巩义市	2.24	1.41	0.11	0.31			0.17
兰考县	6.54	4.96	0.38	0.17			0.29
汝州市	5.11	0.68	0.21	0.41			2.53
滑　县	5.01	2.01	0.90	0.39			1.02
长垣县	1.79	0.12	0.22	0.48			0.07
邓州市	5.00	0.43	0.87	0.40	0.93		1.62
永城市	5.63	1.50	1.80	0.85			1.20
固始县	1.88	0.10	0.37	0.47	0.13	0.01	0.52
鹿邑县	0.57	0.08	0.18	0.03			0.12
新蔡县	3.24	0.15	0.84	0.83			0.74

注：省辖市的数据包含省直管县的数据。

2-12 林业生产情况

项　目	单　位	2000年	2010年	2011年	2012年	2013年	2014年	2015年
营林情况								
当年造林面积	千公顷	241.32	277.11	237.74	228.29	253.91	260.00	200.01
#竹林面积	千公顷	0.82						
退耕还林面积	千公顷	32.83						
按造林方式分								
人工造林面积	千公顷	206.45	210.92	193.50	205.97	201.21	201.25	154.75
飞机播种造林面积	千公顷	34.87						
按造林用途分								
用材林	千公顷	56.77	69.10	56.85	45.51	55.70	67.18	55.39
速生丰产林		18.97	17.30					
经济林	千公顷	69.10	37.12	28.75	34.54	41.44	49.00	37.37
防护林	千公顷	113.80	170.64	150.57	147.82	156.77	143.08	105.23
薪炭林	千公顷	0.50						
特种用材林	千公顷	1.10						
迹地更新面积	千公顷	10.50						
封山育林面积	千公顷	475.50	367.46	420.24	347.38	362.78	388.34	425.82
零星(四旁)植树	万株	25806	27328	23793	21919	22948	20768	18921
幼林抚育作业面积	千公顷次	978.00	973.16	586.73	514.66	400.73	349.13	217.07
成林抚育面积	千公顷	694.80	951.21	710.16	768.51	323.95	264.57	
当年苗木产量	万株	225347	153503	221244	206152	239485	253022	268911
育苗面积	千公顷	18.20	34.94	84.42	36.51	42.55	53.66	59.15
本年新育面积	千公顷	13.30						
主要林产品产量								
生漆	吨	569	2034	2045	2100	2209	2103	2111
油桐籽	吨	57054	120701	115872	96241	83830	84397	79182
油茶籽	吨	3270	20823	22375	25799	17460	18439	24324
乌桕籽	吨	1157	11631	11075	10052	10825	9765	8235
五倍子	吨	934	3986	4075	4131	4181	4163	4173
竹木采伐								
#村及村以下								
木材	万立方米	306.00	149.67	279.00	278.45	243.13	228.81	228.88
竹材	万根	158.00	76.50	167.50	159.79	125.85	151.44	153.89

2-13　主要农产品产量与历史最高年份比较

指　标	单位	2015年	建国以来历史最高年		2015年为建国以来最高的%
			年份	产量	
农产品					
粮食总产量	万吨	6067.10	2015	6067.10	100.0
夏收粮食	万吨	3511.80	2015	3511.80	100.0
#小麦	万吨	3501.00	2015	3501.00	100.0
秋收粮食	万吨	2555.30	2015	2555.30	100.0
#稻谷	万吨	531.52	2015	531.52	100.0
红薯	万吨	110.79	1973	478.50	23.2
玉米	万吨	1853.65	2015	1853.65	100.0
大豆	万吨	49.90	1981	154.00	32..4
棉花	万吨	12.64	1991	94.77	13.3
油料总产量	万吨	599.74	2015	599.74	100.0
油菜籽	万吨	86.10	2008	97.07	88.7
花生	万吨	485.31	2015	485.31	100.0
芝麻	万吨	25.88	2002	27.64	93.6
生麻	万吨	2.86	1985	43.85	6.5
甘蔗	万吨	24.33	2000	32.57	74.7
烟叶(未加工烟草)	万吨	28.85	1988	51.98	55.5
茶叶	万吨	6.49	2015	6.49	100.0
桑蚕茧	万吨	1.75	2008	2.19	79.9
柞蚕茧	万吨	0.65	2010	0.72	90.2
水果总产量	万吨	915.76	2015	915.76	100.0
苹果	万吨	449.65	2015	449.65	100.0
梨	万吨	114.83	2015	114.83	100.0
葡萄	万吨	63.78	2015	63.78	100.0
鲜枣	万吨	32.42	2013	41.55	78.0
柿子	万吨	51.98	2013	54.63	95.1
畜产品					
大牲畜存栏头数	万头	955.31	2005	1508.80	63.3
牛	万头	934.00	2005	1447.00	64.6
猪存栏头数	万头	4376.00	2012	4587.28	95.4
羊存栏只数	万只	1926.00	2005	3988.00	48.3
山羊	万只	1844.00	2005	3509.00	52.6
绵羊	万只	82.00	2005	479.00	17.1
水产品					
水产品总量	万吨	125.36	2015	125.36	100.0
水产品养殖产量	万吨		—	—	—

2-14 历年农业生产条件

年份	乡村从业人员(万人)	#农、林、牧、渔业	耕地面积(千公顷)	农用机械总动力(万千瓦)	灌溉面积(千公顷)	化肥施用折纯量(万吨)	农村用电量(亿千瓦小时)	农药施用实物量(万吨)	农用塑料薄膜使用量(万吨)
1979	2429	2300	7138.70	1079.30	3636.00	60.05	14.59		
1980	2505	2365	7128.10	1178.00	3536.23	72.52	17.23		
1981	2576	2457	7121.30	1262.10	3388.00	81.90	20.85		
1982	2669	2515	7109.30	1356.30	3265.33	105.50	22.76		
1983	2711	2537	7100.70	1405.90	3210.00	130.67	23.50		
1984	2819	2565	7079.30	1507.00	3278.67	140.16	25.83		
1985	2932	2558	7033.20	1590.00	3189.97	143.58	28.33		
1986	2998	2561	6998.90	1737.90	3212.71	148.73	33.30		
1987	3096	2583	6972.60	1865.90	3250.07	135.58	37.29		
1988	3212	2636	6956.40	2004.20	3358.76	150.57	40.81		
1989	3284	2706	6944.40	2153.40	3438.00	184.25	45.20		
1990	3424	2820	6933.20	2264.00	3550.09	213.18	46.93	3.31	2.75
1991	3511	2913	6920.00	2330.40	3676.59	239.74	52.06	3.88	3.15
1992	3601	2947	6887.80	2424.40	3779.72	251.13	59.58	4.76	3.45
1993	3658	2902	6871.00	2624.00	3868.33	288.21	61.10	5.44	3.84
1994	3717	2859	6830.00	2780.50	3931.30	292.47	70.54	6.53	4.87
1995	3773	2808	6805.80	3115.40	4044.19	322.21	85.07	7.56	5.32
1996	3848	2816	6786.30	4256.40	4191.05	345.33	103.66	8.33	6.17
1997	4015	2903	6773.40	4337.90	4333.06	355.31	118.27	8.49	6.95
1998	4067	2940	6834.00	4764.40	4513.86	382.80	121.21	9.10	7.49
1999	4311	3299	6825.90	5342.90	4648.78	399.85	122.54	9.61	7.94
2000	4712	3559	6875.25	5780.60	4725.31	420.71	125.80	9.55	9.19
2001	4688	3472	6907.30	6078.70	4766.00	441.73	134.61	9.85	9.41
2002	4691	3393	7262.80	6548.20	4802.36	468.83	141.36	10.20	9.86
2003	4695	3321	7187.20	6953.20	4792.22	467.89	144.59	9.87	9.88
2004	4718	3235	7177.50	7519.59	4808.31	493.16	157.69	10.12	10.16
2005	4752	3128	7201.18	7934.23	4864.33	518.14	172.15	10.51	10.84
2006	4777	3039	7202.38	8309.31	4918.80	540.43	188.81	11.16	11.84
2007	4815	2910	7201.87	8718.71	4955.84	569.68	223.89	11.80	12.66
2008	4859	2837	7202.20	9429.30	4989.20	601.68	237.36	11.91	13.07
2009	4882	2754	8192.01	9817.90	5033.00	628.67	257.76	12.14	14.14
2010	4915	2698	8177.45	10195.94	5081.00	655.15	269.41	12.49	14.70
2011	4911	2655	8161.90	10515.80	5150.44	673.71	281.82	12.87	15.16
2012	4905	2611	8156.76	10872.73	5205.63	684.43	290.03	12.83	15.52
2013	4851	2541	8140.71	11150.00	4969.11	696.37	305.42	13.01	16.78
2014	4807	2621	8126.06	11476.81	5101.74	705.75	313.23	12.99	16.35
2015	4798	2553		11710.08	5333.90	716.09	321.01	12.87	16.20

注：1. 耕地面积：2008年及以前年份耕地面积为年底常用耕地面积，2009年数据为第二次全省土地调查数据，2010年以后数据已按2009年数据口径进行了调整。
2. 灌溉面积：2013年及以前年份的数据为农田有效灌溉面积，以后年份的数据为耕地灌溉面积。

2-15　主要农业机械和农产品加工机械年末拥有量

指　　标	单位	2000年	2010年	2011年	2012年	2013年	2014年	2015年
农业机械总动力	**万千瓦**	**5780.60**	**10195.94**	**10515.79**	**10872.73**	**11149.96**	**11476.81**	**11710.08**
柴油发动机动力	万千瓦	4859.20	9029.20	9310.60	9635.65	9887.13	10186.96	10405.41
汽油发动机动力	万千瓦	107.90	56.29	58.63	64.37	66.77	69.59	71.71
电动发动机动力	万千瓦	812.40	1110.30	1146.56	1172.67	1196.01	1220.26	1232.96
大中型拖拉机(混合台)	万台	6.62	27.44	31.07	33.85	35.78	37.81	40.23
	万千瓦	216.80	969.55	1129.08	1283.47	1387.54	1505.01	1639.38
小型(包括手扶)拖拉机	万台	224.67	358.61	355.76	353.94	351.32	346.26	339.62
	万千瓦	2317.70	3797.50	3721.70	3830.16	3801.52	3756.09	3704.77
大中型拖拉机配套农具	万部	11.87	64.26	73.20	80.22	84.99	89.61	94.83
小型拖拉机配套农具	万部	357.32	666.42	673.46	679.87	675.21	670.99	661.37
机引犁	万台	196.23	318.33	319.57	322.28	323.46	322.07	320.51
机引耙	万台	110.17	214.60	215.63	220.46	215.62	219.01	214.62
旋耕机	万台	4.08	18.38	20.23	21.92	23.41	24.07	26.33
农用运输车	万辆	131.24	219.55	219.62	219.32	218.71	218.25	217.15
	万千瓦	1406.07	2744.90	2759.83	2777.65	2793.07	2793.25	2797.01
农用排灌动力机械	万台	125.58	160.05	163.63	164.89	165.58	168.67	168.61
	万千瓦	905.90	1147.75	1229.28	1238.11	1181.04	1191.39	1194.69
柴油机	万台	47.52	54.00	53.98	54.73	54.68	54.58	54.10
	万千瓦	458.70	525.50	527.30	529.14	529.45	529.94	526.74
电动机	万台	78.06	106.06	108.61	109.36	110.05	112.96	113.36
	万千瓦	447.20	622.25	637.09	642.12	647.37	658.33	664.19
节水灌溉机械	万套		17.37	17.98	19.73	20.81	21.30	21.56
农用水泵	万台	175.89	216.29	223.79	222.87	223.63	223.44	223.34
联合收割机	台	26900	143760	157738	177106	200232	221261	241473
机动插秧机	部		1250	2069	2377	2636	2924	3978
机动割晒机	万台	28.38	8.28	7.76	6.69	6.20	5.90	5.80
机动脱粒机	万台	79.15	55.73	54.23	53.67	54.61	54.64	54.59
谷物烘干机	台	100	646	577	646	873	1097	1348
种子加工机械	台	110	643	828	1172	1214	1270	1322
机动喷雾(粉)机	万部	15.58	26.19	26.36	27.66	28.58	29.43	29.53
	万千瓦	24.90	50.15	49.93	53.45	54.61	55.55	55.49
饲草料加工机械	万台	11.53	16.92	18.07	18.25	18.44	18.64	18.71
农产品加工动力机械	万台	67.76	80.24	81.63	82.71	83.19	84.36	85.57
	万千瓦	466.80	582.70	582.91	594.05	598.77	605.37	611.00
柴油机	万台	11.44	15.74	16.29	16.28	16.20	16.25	16.28
	万千瓦	118.70	156.71	147.85	153.31	153.75	154.51	154.84
电动机	万台	53.46	64.50	63.08	66.21	66.87	67.87	68.98
	万千瓦	348.10	426.04	432.79	439.83	443.16	447.26	452.71
农产品加工作业机械	万台	43.18	50.82	52.14	54.47	55.72	56.95	57.59
粮食加工机	万台	32.31	34.80	35.11	34.99	35.28	35.65	35.83
棉花加工机	万台	3.87	4.94	4.72	4.51	4.49	4.49	4.48
油料加工机	万台	6.82	8.88	9.03	8.89	9.22	9.27	9.35

2-16 各市农业机械和农产品加工机械年末拥有量(2015年)

地　区	大中型拖拉机配套农具(部)	小型拖拉机配套农具(万部)	耕整地及种植机械(万台)					
			机引犁	机引耙	旋耕机	机引播种机	化肥深施机	秸秆粉碎还田机
省辖市								
郑州市	32045	16.33	8.12	6.99	1.21	2.87	0.25	0.97
开封市	37310	32.17	18.08	10.67	1.30	5.37	1.11	1.07
洛阳市	20488	29.99	14.73	9.80	2.44	5.95	0.20	0.34
平顶山市	45838	19.38	9.75	4.98	1.41	6.16	0.08	0.79
安阳市	40093	25.98	11.36	8.73	1.25	4.44	0.47	1.11
鹤壁市	20323	19.39	7.52	7.21	0.29	4.15	0.40	0.42
新乡市	43706	28.46	13.00	9.97	1.53	7.56	0.30	1.49
焦作市	31053	6.54	3.01	0.90	0.80	3.58		1.18
濮阳市	26629	16.65	6.73	4.63	0.83	3.89	1.56	1.28
许昌市	21765	9.01	5.80	1.84	0.76	3.06	0.79	0.70
漯河市	16171	20.06	7.22	6.78	0.62	4.71	0.38	0.84
三门峡市	7835	6.56	2.82	1.32	0.49	0.79	0.09	0.09
南阳市	129765	170.49	86.69	60.80	3.06	20.96	0.93	0.91
商丘市	66422	34.95	15.78	4.88	2.61	10.16	1.96	2.06
信阳市	34906	29.08	15.86	9.65	1.97	1.00	0.65	0.12
周口市	52907	61.54	36.16	17.52	2.67	10.91	1.17	1.32
驻马店市	310632	130.52	56.89	47.41	2.60	39.38	0.95	2.53
济源市	10450	4.26	0.98	0.52	0.46	1.15	0.01	0.18
省直管县								
巩义市	3620	1.69	0.86	0.43	0.15	0.36	0.02	0.06
兰考县	3945	2.80	1.23	0.96	0.18	0.53	0.11	0.12
汝州市	7880	5.37	2.45	0.87	0.46	1.73		0.16
滑　县	7630	18.51	7.87	7.27	0.28	2.91	0.22	0.35
长垣县	6816	6.25	3.08	1.73	0.17	2.04	0.05	0.18
邓州市	30596	17.76	10.44	5.31	0.91	1.42	0.32	0.20
永城市	10053	7.64	2.43	0.75	0.42	2.13	0.12	0.20
固始县	5330	4.67	2.64	1.78	0.32	0.01	0.01	
鹿邑县	7600	2.90	1.45	0.85	0.55	0.76	0.02	0.17
新蔡县	31700	12.90	5.31	4.05	0.44	2.69	0.05	0.23

注：省辖市的数据包含省直管县的数据。

2-16　续表 1

地　区	电动机		农用水泵	节　水灌溉机械	联合收割机		水　稻插秧机
	(万台)	(万千瓦)	(万台)	(万套)	(台)	(万千瓦)	(台)
省辖市							
郑州市	7.66	61.50	9.85	1.21	9700.00	64.35	
开封市	9.47	46.68	14.30	3.09	14083.00	76.06	110
洛阳市	5.03	43.13	3.97	1.37	5489.00	26.02	
平顶山市	5.38	30.20	9.05	0.62	8399.00	40.52	4
安阳市	11.42	83.54	16.95	0.06	15853.00	84.28	
鹤壁市	3.15	21.18	4.59	0.14	8225.00	38.72	
新乡市	10.56	50.29	16.97	0.29	18876.00	102.34	83
焦作市	7.77	43.52	7.29	0.04	8418.00	42.80	20
濮阳市	7.33	47.73	14.99	0.15	8835.00	53.34	49
许昌市	8.86	35.87	9.82	0.01	9798.00	50.85	
漯河市	1.82	9.75	6.29	0.29	7432.00	39.35	
三门峡市	1.07	10.44	1.55	0.45	2033.00	9.51	
南阳市	6.94	40.79	21.27	2.03	15857.00	87.97	149
商丘市	10.88	41.87	18.26	2.47	29577.00	147.52	
信阳市	2.49	25.12	9.21	0.40	17143.00	87.72	3555
周口市	7.45	27.15	38.00	1.49	30175.00	168.10	
驻马店市	4.65	33.76	19.78	7.43	29909.00	183.63	8
济源市	1.42	11.69	1.19	0.02	1671.00	8.98	
省直管县							
巩义市	0.43	4.81	0.44	0.01	838.00	3.93	
兰考县	1.41	7.67	2.36	0.28	3231.00	19.57	1
汝州市	1.96	13.59	3.51		2457.00	12.40	
滑　县	4.57	28.22	6.08		5204.00	26.23	
长垣县	0.89	3.99	1.98	0.11	2405.00	13.05	
邓州市	0.58	3.60	5.30	0.28	3748.00	22.33	
永城市	0.58	3.74	2.19	0.71	5318.00	25.31	
固始县	0.62	5.61	2.38	0.01	2582.00	13.89	1279
鹿邑县	2.58	4.85	3.60	0.19	3310.00	21.52	
新蔡县	0.24	1.76	1.49	1.28	2815.00	15.79	2

2-16 续表 2

地　区	机　动割晒机(台)	谷　物烘干机(台)	机动喷雾(粉)机(台)	饲 草 料加工机械(台)	机　动脱粒机(台)
省辖市					
郑 州 市	3973	33534	36	11428	8019
开 封 市	345	41005	402	6710	12852
洛 阳 市	25032	105459	25	13371	9147
平顶山市	1712	17787	5	5897	11508
安 阳 市	250	49855	93	19419	5740
鹤 壁 市	203	5468	4	4591	1377
新 乡 市	4702	14600	11	8849	16578
焦 作 市		11734	65	7199	5392
濮 阳 市	3630	20115	41	11625	4284
许 昌 市		7421	60	7053	16795
漯 河 市		13825	51	2096	660
三门峡市	775	24743	35	8178	4847
南 阳 市	2083	42028	159	54084	13090
商 丘 市	3320	65944	24	37770	22353
信 阳 市	1189	14083	101	14369	6741
周 口 市	4368	41927	71	21445	16985
驻马店市	5500	31391	113	57465	25764
济 源 市	899	5023	52	3734	4929
省直管县					
巩 义 市	44	10586	1	469	1489
兰 考 县		8448	10		1160
汝 州 市	1712	11264	2	3640	6310
滑　　县		10453	4	10490	2373
长 垣 县		2233	4	1352	588
邓 州 市		1493	17	12795	1658
永 城 市	1910	9726		6816	5586
固 始 县		177	8	3550	1255
鹿 邑 县				1800	1230
新 蔡 县		5150	10	7010	6052

2-16 续表 3

地 区	农田基本建设机械		农产品加工动力机械		#柴油机		#电动机	
	(台)	(万千瓦)	(万台)	(万千瓦)	(万台)	(万千瓦)	(万台)	(万千瓦)
省辖市								
郑州市	2838	221667	4.69	37.34	0.08	1.03	4.61	36.31
开封市	1947	95073	5.50	37.45	2.30	13.12	3.20	24.33
洛阳市	2010	122940	7.49	54.75	1.14	12.28	6.34	42.48
平顶山市	930	55293	3.87	25.48	0.31	2.84	3.53	22.38
安阳市	3684	61670	3.57	23.32	0.14	1.39	3.42	21.93
鹤壁市	52	3444	1.05	6.87	0.03	0.78	1.02	6.09
新乡市	1486	92095	5.67	40.07	1.07	5.53	4.60	33.94
焦作市	1140	32299	1.79	11.47	0.01	0.15	1.78	11.31
濮阳市	743	40775	2.27	19.67	0.22	1.67	2.04	17.94
许昌市	823	43787	4.90	30.95	0.39	4.78	4.40	25.14
漯河市	134	7951	1.38	10.37	0.35	4.13	0.99	6.10
三门峡市	564	40779	2.07	13.90	0.31	2.84	1.75	11.06
南阳市	1730	112105	9.77	70.85	1.33	14.00	8.43	56.73
商丘市	1182	52038	9.41	71.89	3.08	29.90	6.33	41.84
信阳市	939	49757	8.21	52.45	2.24	23.17	5.96	28.67
周口市	476	24819	6.69	49.64	1.25	15.22	5.42	34.27
驻马店市	1327	94574	6.71	50.97	2.02	22.01	4.64	28.67
济源市	405	38650	0.51	3.55		0.01	0.51	3.54
省直管县								
巩义市	225	20135	1.05	5.92		0.01	1.05	5.91
兰考县	195	7669	0.87	5.71	0.14	1.51	0.73	4.19
汝州市	279	15857	1.82	13.66	0.14	1.39	1.65	12.01
滑县	298	17460	1.03	6.58			1.03	6.58
长垣县	235	12925	0.49	3.99	0.12	1.26	0.36	2.73
邓州市	360	20358	1.35	13.45	0.05	0.79	1.29	12.66
永城市	135	7814	1.29	8.33	0.44	2.92	0.85	5.41
固始县	239	12694	0.72	7.32	0.30	2.95	0.42	4.37
鹿邑县	90	7400	0.41	3.02			0.41	3.02
新蔡县	208	13681	0.79	6.90	0.15	1.67	0.64	5.23

2-16　续表 4

地　　区	农用运输车		#三轮运输车		农产品加工作业机械（万台）	粮食加工机　械	棉花加工机　械	油料加工机　械
	（万辆）	（万千瓦）	（万辆）	（万千瓦）				
省辖市								
郑州市	11.37	162.17	9.50	110.87	2.94	2.35	0.20	0.37
开封市	19.61	232.33	18.73	214.48	3.05	1.29	0.57	0.66
洛阳市	6.53	107.64	4.84	61.95	4.56	3.29	0.61	0.66
平顶山市	6.88	86.68	5.74	63.76	2.71	2.13	0.19	0.39
安阳市	14.27	197.83	13.42	178.85	3.02	2.21	0.27	0.50
鹤壁市	4.17	44.65	3.84	33.81	0.75	0.57	0.10	0.07
新乡市	17.14	205.16	16.29	178.68	2.65	1.97	0.19	0.39
焦作市	17.24	182.14	16.45	166.36	1.13	0.89	0.08	0.15
濮阳市	11.51	134.23	10.83	122.38	1.83	1.30	0.14	0.38
许昌市	9.81	127.96	8.39	95.92	2.21	1.68	0.27	0.26
漯河市	3.02	42.95	2.90	40.82	0.74	0.52	0.10	0.12
三门峡市	5.73	62.80	5.27	53.48	0.95	0.72	0.06	0.12
南阳市	7.63	111.37	6.02	74.28	5.94	3.78	0.39	1.44
商丘市	36.16	430.12	33.42	365.38	4.68	3.22	0.39	1.05
信阳市	6.66	100.63	4.78	59.11	8.74	3.25	0.16	0.61
周口市	25.41	313.62	23.46	280.96	6.65	2.95	0.49	1.16
驻马店市	10.98	215.94	9.53	167.69	4.73	3.44	0.26	1.01
济源市	3.03	38.79	2.59	26.41	0.31	0.29	0.01	0.01
省直管县								
巩义市	0.55	10.88	0.35	3.83	0.49	0.47	0.01	0.01
兰考县	3.38	36.79	3.27	34.74	0.32	0.19	0.03	0.10
汝州市	2.97	35.90	2.47	25.60	0.62	0.51	0.04	0.07
滑　县	5.39	68.91	5.32	66.56	0.54	0.41		0.12
长垣县	2.03	23.15	2.01	22.24	0.36	0.26	0.02	0.07
邓州市	0.61	10.89	0.29	4.26	0.54	0.39	0.01	0.14
永城市	4.49	54.05	4.29	48.73	0.68	0.50	0.06	0.12
固始县	1.45	28.82	0.96	14.86	0.73	0.52	0.02	0.19
鹿邑县	4.06	52.08	3.80	47.96	2.28	0.13	0.03	0.07
新蔡县	2.07	41.27	1.81	31.93	0.51	0.41	0.01	0.09

2-17 农业机械化、能源、主要物资消耗及水利建设情况

指 标	2000年	2010年	2012年	2013年	2014年	2015年
农业机械化情况						
当年实际机耕面积(千公顷)	5607	8260	8971	8987	9084	9104
当年机械播种面积(千公顷)	4648	9063	9617	9621	10205	10399
为农作物播种面积%	35.4	63.6	67.4	67.2	71.0	72.1
当年机械收获面积(千公顷)	4250	7374	8749	9251	9429	9789
为农作物播种面积(%)	32.4	51.8	61.3	64.6	65.6	67.9
农村能源情况						
农村用电量(亿千瓦小时)	125.80	269.41	290.03	305.42	313.23	321.01
农业主要物资消耗情况						
农用化肥施用折纯量(万吨)	420.71	655.15	684.43	696.37	705.75	716.09
农用塑料薄膜使用量(万吨)	9.19	14.6979	15.52	16.78	16.35	16.20
农药施用实物量(万吨)	9.55	12.4867	12.83	13.01	12.99	12.87
农用柴油使用量(万吨)	79.56	107.92	112.25	113.43	115.95	114.7
农田水利建设情况						
灌溉面积(千公顷)	4785.59	5172.01	5026.93	5088.5	5521.62	5333.9
#耕地灌溉面积(千公顷)	4725.31	5080.96	4922.72	4969.11	5101.74	5210.64
林地灌溉面积(千公顷)	11.21	33.07	56.72	59.91	61.23	63.58
园地灌溉面积(千公顷)	46.43	51.4	33	44.66	45.3	46.39
#节水灌溉面积(千公顷)	949.61	1536.64	1174.31	1295.84	1476.53	1672.16
节水灌溉面积占灌溉面积比重(%)	19.8	29.7	23.4	25.5	28.3	31.4
农业灌溉供水量(万立方米)	1355863	1162144	1382641	1426240	1174899	1106313

2-18 各市气候情况(2015年)

城市	年平均气温(摄氏度)	年极端最高气温(摄氏度)	年极端最低气温(摄氏度)	年平均相对湿度(%)	全年日照时数(小时)	全年降水量(毫米)
省辖市						
郑州	15.9	39.5	-6.2	62.0	1729.5	689.1
开封	15.4	38.2	-7.6	64.0	1766.0	583.6
安阳	14.7	41.6	-8.2	59.0	1585.9	463.2
新乡	15.6	38.3	-6.2	61.0	1932.8	563.5
焦作	16.3	40.2	-5.8	59.0	2205.1	568.6
濮阳	14.1	38.1	-12.0	69.0	2328.4	543.1
许昌	14.2	37.8	-8.8	75.0	1627.7	786.3
漯河	15.2	38.1	-7.4	68.0	1896.2	692.3
三门峡	14.3	38.3	-7.1	64.0	1808.5	722.8
南阳	15.4	37.2	-6.2	71.0	1666.8	703.3
商丘	14.1	37.2	-11.3	74.0	1480.5	774.1
信阳	16.1	36.5	-5.9	73.0	1551.6	957.4
周口	16.3	39.0	-5.9	63.0	1702.6	692.5
驻马店	15.1	37.1	-7.4	74.0	1523.3	821.9
济源	15.4	39.1	-7.1	66.0	1950.1	664.8
省直管县						
巩义	15.3	38.4	-6.7	67.0	1710.1	592.3
兰考	15.1	38.2	-9.0	67.0	1674.6	549.4
汝州	15.3	38.6	-5.5	62.0	1745.4	544.8
滑县	14.5	38.7	-11.8	70.0	1877.2	527.6
长垣	15.3	38.7	-9.8	64.0	1833.1	505.9
邓州	16.2	39.1	-5.9	74.0	1456.1	632.4
永城	15.6	38.3	-7.4	69.0	1608.1	754.6
固始	16.0	35.9	-5.3	79.0	1893.0	1300.8
鹿邑	15.0	36.8	-7.2	69.0	1818.2	727.5
新蔡	14.8	35.8	-8.3	73.0	1856.8	756.1

2-19　各月份气候情况(2015年)

单位：气温：摄氏度；降水量：毫米；日照：小时

站名	项目	1月	2月	3月	4月	5月	6月	7月	8月	9月	10月	11月	12月	全年
郑州市	平均气温	3.5	5.5	11.4	16.2	22.3	26.4	28.0	26.8	22.3	17.2	6.8	4.0	15.9
	最高气温	16.0	18.4	26.6	30.4	32.4	37.6	39.5	36.1	30.0	28.9	20.6	17.1	39.5
	最低气温	-4.3	-4.4	-1.5	3.6	9.1	16.5	19.8	18.9	12.7	5.9	-6.2	-5.0	-6.2
	相对湿度	51.0	50.0	54.0	57.0	57.0	55.0	68.0	75.0	73.0	58.0	83.0	58.0	62.0
	降水量	13.1	1.1	16.0	79.1	82.3	108.2	83.7	142.6	19.8	63.7	78.5	1.0	689.1
	日照时数	111.8	134.8	146.1	202.9	202.4	131.7	195.9	148.4	142.2	159.9	42.2	111.2	1729.5
开封市	平均气温	3.3	5.0	10.7	15.6	21.7	25.8	27.3	26.5	22.3	17.0	6.2	3.6	15.4
	最高气温	15.2	17.4	26.4	28.6	32.3	36.4	38.2	34.9	30.3	28.7	20.7	15.2	38.2
	最低气温	-4.1	-3.3	-1.0	3.2	9.9	17.7	19.9	19.1	14.6	5.8	-7.6	-5.1	-7.6
	相对湿度	53.0	54.0	57.0	62.0	62.0	61.0	72.0	75.0	70.0	58.0	81.0	59	64.0
	降水量	10.2	0.5	6.9	69.1	55.7	139.8	44.3	126.1	29.1	17.7	82.1	2.1	583.6
	日照时数	126.8	130.9	162.2	212.7	226.8	131.4	162.6	168.0	128.9	164.2	42.1	109.4	1766.0
安阳市	平均气温	2	3.8	10.7	15.7	21.3	26.1	26.8	25.6	20.9	16.0	5.1	2.8	14.7
	最高气温	17.0	16.1	26.7	32.7	34.2	37.7	41.6	34.0	31.3	29.1	21.7	15.2	41.6
	最低气温	-6.4	-5.2	-3.0	3.0	8.6	17.2	19.6	18.7	13.1	4.9	-8.2	-5.2	-8.2
	相对湿度	46.0	44.0	41.0	55.0	57.0	53.0	67.0	74.0	72.0	55.0	83.0	57.0	59.0
	降水量	2.7	1.7	6.7	51.2	65.2	66.8	88.4	61.2	28.0	18.8	72.5		463.2
	日照时数	60.5	84.6	143.3	183.4	216.1	156.0	171.1	145.5	141.4	138.8	33.8	111.4	1585.9
新乡市	平均气温	3.0	4.8	11.4	16.0	22.2	26.7	27.8	26.7	22.1	16.5	6.4	3.0	15.6
	最高气温	15.4	18.9	26.2	30.2	33.6	38.3	38.2	35.0	30.8	29.7	20.7	15.6	38.3
	最低气温	-4.7	-4.7	-3.1	4.3	10.8	18.0	19.1	18.9	12.8	4.5	-6.2	-6.0	-6.2
	相对湿度	51.0	51.0	50.0	59.0	57.0	54.0	67.0	73.0	71.0	61.0	80.0	61.0	61.0
	降水量	3.0	0.7	4.1	84.4	57.9	87.7	77.2	115.0	39.6	36.3	57.6	0	563.5
	日照时数	124.3	138.1	162.0	198.6	237.4	160.7	208.4	191.8	167.3	192.1	39.3	112.8	1932.8
焦作市	平均气温	4.1	5.9	11.8	16.8	22.7	27.0	28.6	27.2	22.9	17.4	6.8	4.6	16.3
	最高气温	14.8	19.6	28.7	31.0	33.2	39.4	40.2	36.2	31.8	29.7	20.9	16.7	40.2
	最低气温	-4.0	-3.1	-0.8	4.1	11.3	18.5	20.4	19.5	14.2	7.4	-5.8	-3.6	-5.8
	相对湿度	50.0	48.0	50.0	57.0	56.0	52.0	63.0	68.0	65.0	56.0	83.0	54.0	59.0
	降水量	5.0	0.4	12.2	74.7	70.8	77.0	84.2	63.8	21.3	82.7	76.5		568.6
	日照时数	144.8	166.3	186.5	219.5	244.7	189.9	265.5	226.5	189.7	186.9	49.2	135.6	2205.1

注：因撤站，故无洛阳、平顶山、鹤壁三市资料。

2-19 续表 1

单位：气温：摄氏度；降水量：毫米；日照：小时

站名	项目	1月	2月	3月	4月	5月	6月	7月	8月	9月	10月	11月	12月	全年
濮阳市	平均气温	1.2	3.4	9.5	14.3	20.5	25.5	26.5	25.4	21.1	15.1	5.2	1.9	14.1
	最高气温	15.0	14.5	24.9	28.1	33.3	38.1	38.0	33.7	30.8	28.7	20.6	13.1	38.1
	最低气温	-7.8	-6.3	-5.6	1.7	9.5	16.0	17.5	17.2	9.5	2.0	-12.0	-8.3	-12.0
	相对湿度	61.0	58.0	60.0	67	66.0	60.0	76.0	81.0	77.0	67.0	85.0	68.0	69.0
	降水量	5.3	3.2	6.4	74.9	34.7	103.5	92.5	108.4	12.3	15.4	86.3	0.2	543.1
	日照时数	158.0	148.8	205.4	238.1	276.6	194.8	244.9	253.5	208.8	199.2	45.3	155.0	2328.4
许昌市	平均气温	2.0	3.6	9.2	14.1	20.2	24.5	26.0	25.2	20.8	16.0	6.3	2.9	14.2
	最高气温	15.6	17.6	25.4	28.6	32.1	37.4	37.8	35.0	30.5	29.0	20.3	15.8	37.8
	最低气温	-8.6	-7.7	-3.6	-0.3	9.8	13.4	17.7	18.0	9.7	3.0	-8.8	-6.6	-8.8
	相对湿度	66.0	68.0	70.0	75.0	74.0	70.0	82.0	87.0	82.0	68.0	87.0	68.0	75.0
	降水量	16.5	13.9	25.4	59.6	76.0	156.3	99.4	172.8	34.2	50.4	77.4	4.4	786.3
	日照时数	114.1	117.4	130.3	188.2	172.1	92.4	177.4	188.8	134.7	160.9	37.1	114.3	1627.7
漯河市	平均气温	3.1	4.7	10.5	15.2	21.1	24.7	26.6	26.2	22.0	16.7	7.2	3.8	15.2
	最高气温	15.9	18.1	25.4	29.5	32.7	37.1	38.1	36.5	32.0	30.4	21.9	15.5	38.1
	最低气温	-7.4	-5.1	-1.9	3.0	12.0	15.3	17.8	18.0	12.1	3.9	-7.1	-6.2	-7.4
	相对湿度	60.0	60.0	62.0	64.0	65.0	64.0	74.0	75.0	73.0	63.0	86.0	68.0	68.0
	降水量	13.4	14.9	52.6	72.1	106.9	141.9	73.9	63.2	23.1	29.9	93.6	6.8	692.3
	日照时数	132.1	138.0	161.5	217.3	201.8	121.8	202.9	217.0	171.9	161.0	40.8	130.1	1896.2
三门峡市	平均气温	1.5	4.5	9.8	15.3	20.8	23.6	26.6	24.8	20.8	14.5	7.1	2.3	14.3
	最高气温	12.9	17.1	24.3	31.1	33.7	34.9	38.3	36.1	30.6	26.7	19.0	12.2	38.3
	最低气温	-7.0	-4.7	-2.3	2.8	7.2	14.9	17.7	16.7	11.9	3.4	-3.7	-7.1	-7.1
	相对湿度	55.0	48.0	56.0	60.0	61.0	65.0	65.0	72.0	73.0	70.0	80.0	60.0	64.0
	降水量	4.6	4.9	50.6	74.5	67.8	128.7	32.8	150.8	75.6	93.2	38.3	1.0	722.8
	日照时数	130.6	148.5	130.8	190.4	224.6	138.5	231.9	185.3	107.5	118.5	69.5	132.4	1808.5
南阳市	平均气温	3.8	5.4	10.3	15.2	21.5	24.0	26.4	26.2	22.3	17.6	8.0	4.2	15.4
	最高气温	15.1	17.3	23.8	31.0	32.9	35.4	37.2	35.5	30.5	29.4	20.0	14.9	37.2
	最低气温	-5.9	-5.4	-4.8	2.6	10.8	15.3	15.7	18.1	13.6	3.9	-2.4	-6.2	-6.2
	相对湿度	64.0	64.0	70.0	69.0	69.0	72.0	76.0	76.0	72.0	63.0	85.0	68.0	71.0
	降水量	10.0	10.8	42.4	60.7	140.7	86.5	116.3	104.2	36.3	48.4	45.0	2	703.3
	日照时数	107.6	105.3	120.1	208.4	192.6	114.1	184.2	212.4	118.6	164.4	33.3	105.8	1666.8

2-19　续表 2

单位：气温：摄氏度；降水量：毫米；　日照：小时

站名	项　目	1月	2月	3月	4月	5月	6月	7月	8月	9月	10月	11月	12月	全年
商丘市	平均气温	1.6	3.4	9.0	13.7	20.1	24.4	26.0	25.2	21.0	15.7	6.3	2.2	14.1
	最高气温	14.7	16.4	23.9	27.4	30.7	36.8	37.2	34.3	30.4	28.9	20.3	13.7	37.2
	最低气温	-9.2	-7.7	-4.8	-0.2	9.3	13.2	17.7	16.6	8.3	0.6	-11.3	-9.0	-11.3
	相对湿度	64.0	64.0	68.0	74	76.0	69.0	83.0	86.0	79.0	68.0	84.0	71.0	74.0
	降水量	5.0	21.4	34.9	89.6	58.9	146.1	135.6	89.6	65.4	33.5	92.9	1.2	774.1
	日照时数	106.7	104.6	139.0	166.8	149.5	113.8	139.9	146.4	124.0	160.6	33.6	95.6	1480.5
信阳市	平均气温	5.2	6.2	11.4	15.9	22.0	24.1	26.4	26.8	22.9	18.0	8.8	5.5	16.1
	最高气温	19.3	19.9	29.6	31.9	32.6	33.4	36.5	35.9	30.8	30.5	21.6	17.8	36.5
	最低气温	-5.9	-4.7	-1.4	3.0	12.1	16.9	17.9	18.4	15.4	9.2	-2.8	-3.3	-5.9
	相对湿度	63.0	69.0	67.0	69.0	74.0	79.0	79.0	76.0	74.0	68.0	86.0	68.0	73.0
	降水量	28.2	29.0	62.1	100.8	124.3	236.8	103.0	118.4	32.6	21.7	90.6	9.9	957.4
	日照时数	108.0	91.5	128.1	179.5	149.8	82.4	167.6	202.2	139.0	144.8	56.2	102.5	1551.6
周口市	平均气温	4.5	6.1	11.1	16.0	22.3	25.7	27.9	27.6	23.7	18.4	7.9	4.8	16.3
	最高气温	16.4	17.8	25.8	29.1	34.0	36.8	39.0	37.3	32.2	30.3	21.7	16.5	39.0
	最低气温	-3.1	-2.0	0.3	2.3	12.0	17.1	19.6	20.3	15.5	7.4	-5.9	-2.2	-5.9
	相对湿度	58.0	59.0	62.0	63.0	63.0	61.0	67.0	67.0	62.0	54.0	77.0	62.0	63.0
	降水量	10.2	19.1	67.1	75.2	104.6	150.6	57.8	55.3	26.1	20.9	102.4	3.2	692.5
	日照时数	104.5	102.4	147.9	205.1	184.8	95.6	190.7	212.0	148.5	151.9	49.0	110.2	1702.6
驻马店市	平均气温	3.6	5.3	10.2	14.6	21.1	24.3	26.2	25.7	21.5	16.9	7.6	4.4	15.1
	最高气温	16.8	17.4	24.9	29.1	33.8	36.7	37.1	36.1	30.6	29.3	21.2	16.0	37.1
	最低气温	-7.4	-4.8	-3.4	0.3	10.3	16.8	16.8	17.8	11.3	6.9	-6.6	-6.2	-7.4
	相对湿度	67.0	68.0	71.0	74.0	73.0	73.0	81.0	81.0	79.0	66.0	87.0	68.0	74.0
	降水量	19.1	18.1	42.0	77.0	57.4	214.3	130.6	101.6	49.8	22.4	84.4	5.2	821.9
	日照时数	105.5	110.5	141.1	193.4	175.4	79.8	128.3	183.1	104.8	138.2	45.0	118.2	1523.3
济源市	平均气温	3.2	5.5	10.7	16.0	21.7	25.8	27.6	26.0	22.0	16.3	6.9	3.5	15.4
	最高气温	16.0	20.1	25.1	32.5	34.0	38.6	39.1	36.1	30.7	28.8	19.8	17.2	39.1
	最低气温	-5.3	-5.7	-3.3	1.5	10.2	16.5	19.2	17.9	12.8	3.5	-5.4	-7.1	-7.1
	相对湿度	57.0	51.0	59.0	64.0	64.0	61.0	71.0	78.0	75.0	68.0	87.0	60.0	66.0
	降水量	6.4	1.1	24.6	79.9	56.7	109.1	81.7	80.7	21.0	109.3	94.1	0.2	664.8
	日照时数	124.8	166.6	151.3	217.8	218.2	150.1	235.5	181.3	157.2	157.3	54.3	135.7	1950.1

2-20　104个粮食大县粮食

地　区	乡村户数(万户)	乡村人口(万人)	全年粮食		夏收粮食		秋收粮食	
			播种面积(千公顷)	总产量(万吨)	播种面积(千公顷)	总产量(万吨)	播种面积(千公顷)	总产量(万吨)
郑州市								
中牟县	9.40	40.00	31.24	19.24	12.75	7.78	18.50	11.46
荥阳市	13.46	50.51	61.23	33.64	32.14	17.97	29.10	15.67
新密市	15.61	60.85	56.98	21.88	27.92	11.68	29.07	10.19
新郑市	11.38	43.13	53.13	27.94	26.71	14.41	26.42	13.53
开封市								
杞　县	26.81	101.20	113.66	67.25	65.52	41.68	48.13	25.57
通许县	13.13	54.87	63.13	39.23	39.72	25.74	23.42	13.49
尉氏县	19.11	76.68	102.99	60.92	63.72	40.26	39.27	20.66
开封县	17.10	69.74	102.67	60.11	64.06	40.65	38.61	19.46
洛阳市								
孟津县	10.63	39.66	54.54	26.00	27.89	14.85	26.65	11.15
新安县	11.21	43.15	47.85	21.15	22.59	10.73	25.26	10.42
嵩　县	13.07	49.29	51.86	21.74	23.28	10.34	28.58	11.40
宜阳县	14.11	58.94	87.40	39.76	41.39	20.09	46.00	19.67
洛宁县	10.70	43.02	61.70	25.77	30.27	13.90	31.44	11.88
伊川县	17.05	70.87	79.19	38.96	38.47	19.62	40.73	19.34
偃师市	14.18	53.33	44.41	27.06	22.44	13.36	21.97	13.70
平顶山市								
宝丰县	11.62	43.22	47.39	23.71	24.33	13.61	23.06	10.10
叶　县	20.21	76.26	111.37	62.37	55.95	32.00	55.42	30.37
鲁山县	19.34	76.30	58.50	21.47	29.55	11.05	28.95	10.42
郏　县	13.88	53.09	58.10	32.59	29.87	17.33	28.23	15.26
安阳市								
安阳县	22.61	80.72	106.44	67.69	49.07	31.45	57.37	36.24
汤阴县	10.45	39.67	68.67	45.01	35.30	24.01	33.37	21.01
内黄县	17.65	68.54	85.95	52.92	57.02	36.24	28.93	16.68
林州市	25.90	88.61	80.30	37.82	34.21	13.56	46.09	24.26
鹤壁市								
浚　县	14.87	59.54	100.92	76.00	54.09	41.78	46.83	34.22
淇　县	5.72	23.24	42.41	30.71	20.71	15.44	21.70	15.27
新乡市								
新乡县	7.51	32.13	36.20	27.65	18.62	14.87	17.57	12.78
获嘉县	8.52	36.20	49.16	33.66	20.98	15.78	28.18	17.88
原阳县	13.63	54.22	116.54	75.37	62.95	42.09	53.59	33.28
延津县	10.33	42.42	70.93	46.28	46.02	32.99	24.92	13.30
封丘县	16.56	67.87	96.41	65.95	53.83	42.22	42.58	23.73
卫辉市	9.44	37.69	56.52	37.75	29.23	20.47	27.29	17.27
辉县市	18.94	72.34	89.54	59.28	44.06	30.38	45.48	28.90
焦作市								
修武县	5.54	21.71	30.06	21.51	15.12	10.97	14.93	10.55

生产情况(2015年)

主要粮食品种播种面积(千公顷)				主要粮食品种总产量(万吨)			
稻谷	小麦	玉米	大豆	稻谷	小麦	玉米	大豆
	12.75	15.88	1.25		7.78	10.01	0.31
	32.14	26.18	0.70		17.97	14.51	0.07
	27.92	24.91	1.71		11.68	9.32	0.21
	26.71	24.03	0.86		14.41	12.55	0.22
	65.52	38.66	4.30		41.68	21.72	1.19
	39.72	20.42	1.37		25.74	12.01	0.45
	63.72	29.82	4.71		40.26	16.54	1.60
4.32	64.06	26.72	2.65	2.81	40.65	14.91	0.67
0.70	27.87	24.11	0.30	0.40	14.85	9.03	0.03
	22.58	19.79	1.51		10.73	8.17	0.25
0.02	23.28	19.78	2.82	0.01	10.34	8.89	0.41
0.15	41.39	29.85	3.11	0.11	20.09	13.37	0.45
0.02	30.27	16.00	8.51	0.02	13.90	9.45	0.67
0.57	38.47	24.27	2.13	0.35	19.62	12.42	0.10
	22.44	20.23	0.65		13.36	13.06	0.12
	24.33	22.42	0.18		13.61	9.94	0.02
	55.95	50.51	3.08		32.00	26.99	1.16
0.65	29.45	25.02	0.50	0.44	11.02	8.90	0.10
	29.86	17.95	3.08		17.33	10.58	0.78
	49.07	55.30	0.37		31.45	35.17	0.13
	35.30	31.49	0.82		24.01	20.13	0.28
	57.02	27.81	0.20		36.24	15.98	0.06
0.07	34.21	34.74	2.75	0.06	13.56	19.13	0.70
	54.09	46.21	0.15		41.78	33.91	0.04
	20.71	21.11	0.05		15.44	14.81	0.01
0.41	18.62	16.90	0.26	0.16	14.87	12.55	0.07
5.05	20.98	22.67	0.42	3.87	15.78	13.83	0.16
20.18	62.95	25.52	7.42	13.98	42.09	17.12	1.96
	46.02	23.05	0.44		32.99	12.55	0.15
3.90	53.81	30.73	3.04	1.89	42.20	18.10	0.68
	29.19	26.78			20.47	17.14	
0.02	44.06	43.62	0.09	0.01	30.38	28.41	0.03
	15.12	14.12	0.69		10.97	10.30	0.17

2-20 续表 1

地 区	乡村户数(万户)	乡村人口(万人)	全年粮食		夏收粮食		秋收粮食	
			播种面积(千公顷)	总产量(万吨)	播种面积(千公顷)	总产量(万吨)	播种面积(千公顷)	总产量(万吨)
博爱县	7.93	32.22	24.68	19.11	12.21	9.90	12.47	9.21
武陟县	14.47	62.06	67.83	53.58	35.56	28.93	32.28	24.64
温 县	10.61	40.52	38.96	31.07	21.60	17.75	17.37	13.32
沁阳市	9.52	39.66	45.48	34.44	22.04	17.47	23.44	16.97
孟州市	8.65	32.62	41.73	31.02	21.76	16.89	19.97	14.13
濮阳市								
清丰县	14.91	60.32	77.37	57.61	48.75	37.35	28.62	20.26
南乐县	11.39	38.35	62.68	47.00	34.42	26.87	28.26	20.13
范 县	11.12	42.94	55.84	36.11	27.50	18.07	28.34	18.04
濮阳县	22.51	93.02	141.99	95.66	79.29	56.23	62.70	39.44
许昌市								
许昌县	14.45	55.87	102.88	68.90	51.67	38.95	51.21	29.96
鄢陵县	12.12	39.90	76.18	55.17	41.15	31.47	35.03	23.70
襄城县	16.55	60.67	86.76	56.32	41.85	31.62	44.91	24.70
禹州市	22.53	86.61	97.46	55.85	44.57	28.10	52.89	27.75
长葛市	14.50	52.62	77.98	55.35	37.68	28.56	40.30	26.79
漯河市								
郾城区	8.37	34.09	43.13	28.70	23.65	17.56	19.48	11.14
召陵区	9.29	38.11	43.33	29.19	24.27	17.72	19.06	11.46
舞阳县	14.35	54.04	83.84	55.62	41.21	30.08	42.63	25.54
临颍县	16.74	66.96	75.87	52.97	41.13	31.94	34.75	21.03
三门峡市								
灵宝市	15.25	62.08	55.94	23.38	26.33	11.90	29.61	11.48
南阳市								
宛城区	12.27	41.42	59.00	36.01	35.16	23.94	23.84	12.07
卧龙区	15.36	60.30	65.70	32.56	35.38	17.43	30.33	15.12
方城县	25.71	97.87	127.12	63.40	66.08	35.39	61.04	28.02
镇平县	23.12	89.03	98.41	52.50	51.63	28.55	46.78	23.95
内乡县	15.67	55.59	65.22	32.98	29.43	15.77	35.79	17.21
淅川县	14.63	56.88	64.30	26.15	35.49	13.96	28.81	12.19
社旗县	15.96	64.45	92.41	54.77	52.92	33.28	39.49	21.50
唐河县	30.28	119.51	230.23	131.60	136.41	89.37	93.81	42.23
新野县	17.31	70.40	79.08	52.13	51.00	37.82	28.08	14.31
桐柏县	9.58	35.99	45.08	24.70	20.45	9.12	24.63	15.59
商丘市								
梁园区	8.93	38.34	62.39	42.24	34.73	25.69	27.66	16.55
睢阳区	17.29	67.39	77.58	53.08	48.27	35.40	29.32	17.68
民权县	19.37	75.78	98.40	67.79	68.33	50.02	30.07	17.77
睢 县	18.78	72.05	97.28	65.34	58.28	42.70	39.00	22.64
宁陵县	15.43	60.56	68.60	46.74	43.07	31.65	25.53	15.09
柘城县	20.60	76.21	108.09	75.48	62.76	47.33	45.33	28.15
虞城县	25.01	94.55	129.13	88.09	72.93	54.37	56.20	33.72
夏邑县	29.89	109.41	155.81	106.85	80.00	60.00	75.81	46.85

主要粮食品种播种面积(千公顷)				主要粮食品种总产量(万吨)			
稻谷	小麦	玉米	大豆	稻谷	小麦	玉米	大豆
	12.21	11.67	0.40		9.90	8.81	0.12
5.71	35.56	24.46	1.52	4.68	28.93	18.86	0.49
	21.60	16.65	0.12		17.75	12.92	0.02
	22.04	22.26	0.66		17.47	16.33	0.22
	21.76	19.61			16.89	13.96	
	48.75	26.29	1.21		37.35	19.28	0.24
	34.42	25.82	0.55		26.87	17.83	0.23
16.97	27.50	8.86	2.05	12.27	18.07	4.96	0.51
20.84	79.29	33.32	6.10	13.17	56.23	22.24	2.10
	51.67	40.55	7.62		38.95	26.73	1.46
	41.15	34.55	0.30		31.47	23.45	0.12
	41.85	26.13	3.08		31.62	15.76	0.75
	44.57	40.26	2.97		28.10	21.79	0.56
	37.68	38.57	1.19		28.56	26.00	0.38
	23.65	15.77	3.14		17.56	10.16	0.71
	24.23	16.53	2.07		17.71	10.84	0.42
	41.21	38.92	0.99		30.08	24.10	0.21
	41.13	27.84	3.52		31.94	18.94	0.58
	26.33	21.71	4.44		11.90	9.38	0.79
0.90	35.03	16.13	3.49	0.78	23.93	9.36	0.83
1.14	35.04	22.50	1.89	0.84	17.33	11.39	0.44
0.06	65.89	42.38	10.84	0.04	35.35	22.87	1.76
0.59	51.04	42.60	0.95	0.35	28.39	22.23	0.23
0.79	29.43	28.71	0.20	0.55	15.77	13.05	0.03
3.68	34.26	17.64	0.06	2.66	13.60	7.39	0.01
	52.85	23.45	9.37		33.25	15.58	2.24
3.71	135.91	70.76	7.25	2.71	89.12	30.20	1.24
	51.00	23.66	2.16		37.82	12.79	0.59
16.65	20.36	2.42	3.46	13.27	9.09	1.19	0.39
	34.73	27.46	0.15		25.69	16.29	0.08
	48.14	22.51	4.43		34.61	16.11	1.08
0.34	68.33	25.25	1.63	0.20	50.02	14.84	1.02
	58.26	32.33	3.81		42.69	20.66	0.69
	43.07	21.89	1.60		31.65	13.86	0.52
	62.76	44.08	0.61		47.33	27.57	0.21
	72.85	49.80	2.40		54.31	31.72	0.72
	79.92	65.37	6.19		59.97	43.69	1.78

2-20 续表 2

地区	乡村户数(万户)	乡村人口(万人)	全年粮食		夏收粮食		秋收粮食	
			播种面积(千公顷)	总产量(万吨)	播种面积(千公顷)	总产量(万吨)	播种面积(千公顷)	总产量(万吨)
信阳市								
平桥区	17.65	66.19	76.36	52.20	32.67	14.55	43.69	37.65
罗山县	17.44	67.38	98.49	73.83	27.91	11.80	70.59	62.03
光山县	16.59	69.49	75.89	59.41	19.39	8.26	56.51	51.15
商城县	16.73	66.66	46.57	33.63	11.88	4.94	34.69	28.69
潢川县	17.53	70.84	100.70	70.67	37.25	16.09	63.41	54.58
淮滨县	15.57	63.72	101.28	59.42	54.02	27.68	47.26	31.75
息　县	23.18	97.56	163.27	98.49	91.17	48.68	72.09	49.81
周口市								
扶沟县	16.59	67.18	90.08	59.63	59.83	45.66	30.25	13.98
西华县	20.32	86.59	119.51	75.24	68.01	51.91	51.50	23.33
商水县	26.41	106.37	153.76	105.24	73.87	56.39	79.89	48.86
沈丘县	20.86	91.27	135.32	91.14	67.73	51.72	67.59	39.42
郸城县	25.99	106.41	152.19	100.26	82.01	62.61	70.17	37.65
淮阳县	29.29	122.91	149.77	100.19	78.55	59.95	71.23	40.23
太康县	31.66	134.03	173.98	115.56	100.70	76.87	73.28	38.69
项城市	20.77	88.73	125.57	83.29	69.68	53.19	55.89	30.10
驻马店市								
驿城区	11.48	43.45	85.43	48.28	44.20	28.10	41.23	20.17
西平县	19.35	78.32	138.47	95.91	68.12	51.69	70.35	44.22
上蔡县	30.53	123.87	166.06	106.52	87.87	65.48	78.19	41.04
平舆县	20.05	81.98	123.19	79.51	70.51	51.66	52.68	27.85
正阳县	18.11	65.62	144.75	86.38	105.12	65.55	39.62	20.83
确山县	10.95	40.86	92.66	55.07	48.31	31.95	44.36	23.12
泌阳县	16.55	68.19	112.01	62.73	60.05	36.07	51.96	26.66
汝南县	18.79	73.42	119.91	77.42	73.42	52.80	46.49	24.62
遂平县	11.98	47.83	99.67	62.49	49.10	35.69	50.56	26.80
济源市	12.30	48.98	41.82	22.55	19.88	11.59	21.94	10.96
省直管县								
兰考县	16.41	66.94	93.79	53.94	57.36	34.79	36.43	19.15
汝州市	21.99	87.85	95.52	47.98	45.43	24.69	50.09	23.29
滑　县	30.88	109.00	188.57	148.21	114.88	89.40	73.69	58.81
长垣县	13.24	53.55	96.06	65.64	53.07	40.50	42.99	25.15
邓州市	36.91	158.28	215.50	124.03	138.09	85.07	77.42	38.96
永城市	34.15	131.62	203.60	133.85	106.43	80.36	97.17	53.49
固始县	40.53	151.09	155.78	121.58	39.69	18.66	116.09	102.91
鹿邑县	26.59	107.41	132.75	93.35	68.99	53.66	63.75	39.69
新蔡县	22.67	96.15	138.78	84.51	80.93	54.66	57.85	29.85

主要粮食品种播种面积(千公顷)				主要粮食品种总产量(万吨)			
稻谷	小麦	玉米	大豆	稻谷	小麦	玉米	大豆
35.08	32.33	4.26	1.83	33.64	14.54	2.41	0.32
66.73	27.33	0.11	1.66	61.61	11.77	0.03	0.15
53.17	19.17		1.75	50.50	8.22		0.10
31.97	11.88	0.09	1.45	28.40	4.94	0.04	0.08
62.14	36.86	0.13	0.37	54.40	16.08	0.06	0.02
34.29	53.79	5.36	1.92	28.56	27.66	1.88	0.05
48.67	90.81	17.90	2.26	41.02	48.66	7.30	0.20
0.63	59.83	18.77	10.58	0.54	45.66	10.39	2.90
	68.01	39.96	9.56		51.91	20.46	1.71
	73.87	57.95	17.14		56.39	40.26	5.95
	67.73	55.00	8.01		51.72	34.27	2.46
	82.01	47.12	7.98		62.61	28.30	1.94
	78.55	55.67	6.20		59.95	34.41	1.38
	100.70	60.86	9.05		76.87	34.85	2.38
	69.68	35.47	17.44		53.19	24.61	3.66
0.36	44.05	38.25	0.90	0.17	28.07	18.71	0.16
	68.12	70.00	0.24		51.69	44.12	0.05
	87.86	69.62	7.57		65.48	38.31	2.00
	70.32	43.17	6.52		51.58	24.88	1.52
15.45	104.32	20.95	2.07	9.70	65.38	9.91	0.50
5.24	48.25	36.92	0.19	3.17	31.93	18.47	0.06
3.22	60.03	42.06	1.74	1.65	36.06	21.82	0.34
1.45	72.51	40.52	2.69	0.92	52.27	21.99	0.70
	48.76	47.79	0.99		35.51	25.39	0.30
0.01	19.88	19.89	1.19		11.59	10.34	0.23
0.26	57.36	32.42	1.68	0.18	34.79	17.04	0.51
0.03	45.43	44.66	0.85	0.01	24.69	21.16	0.16
0.33	114.88	71.59	0.63	0.32	89.40	57.40	0.23
2.27	53.03	35.71	3.18	2.10	40.47	20.82	0.83
1.01	136.99	58.36	10.93	0.62	84.69	32.45	2.66
	106.43	65.13	30.07		80.36	43.95	7.67
110.54	39.69	3.60	0.60	99.59	18.66	2.28	0.25
	68.99	47.76	14.09		53.66	32.89	5.19
5.43	80.93	46.42	1.91	3.24	54.66	24.37	0.46

主要统计指标解释

乡（镇）政府 是指我国农村体制改革后设立的基层政府组织。根据宪法规定,它除执行本级人民代表大会的决议和上级国家行政机关的决定和命令外,还负责管理本行政区域内的行政工作。

村民委员会 根据宪法规定农村按居住地区设立的基层群众性的自治组织叫村民委员会。它主要负责办理本居住地区的公共事务和公益事业,调解民间纠纷,协助维护社会治安,并向人民政府反映群众的意见、要求和建议。村民委员会的下设组织叫村民小组。

乡村户数 是指户口在农村的常住户数,包括全部从事农林牧渔业生产并从中直接获取实物、现金收入和从承包的生产任务中获取实物、现金收入的农业家庭户数。还包括从事乡村工业、建筑、交通运输、贸易业、饮食、服务业生产和从事乡村文教卫生事业等非农产业的农业户。

乡村人口 是指乡村户数中的常住人口。包括常住人口中外出的民工、工厂的合同工及户口在家的在外学生。但不包括户口在家领取工资的国家职工。

乡村从业人员 指乡村人口中 16 岁以上实际参加生产经营活动并取得实物或货币收入的人员，既包括劳动年龄内经常参加劳动的人员，也包括超过劳动年龄但经常参加劳动的人员。但不包括户口在家的在外学生、现役军人和丧生劳动能力的人，也不包括待业人员和家务劳动者。从业人员年龄为 16 岁以上。从业人员按从事主业的时间最长（时间相同按收入）分为农业从业人员、工业从业人员、建筑业从业人员、交通仓储及邮电通讯业从业人员、批零贸易及餐饮业从业人员、其它从业人员。

农林牧渔业劳动力 指直接参加农林牧渔生产劳动的劳动力和直接从事采集、捕猎、农户家庭兼营（即以农业为主，利用农闲时间进行的）工业生产劳动的劳动力。

农作物总播种面积 是指全年各季各种农作物播种面积的总和。现行农业统计报表制度规定全年农作物总播种面积是指应该在本日历年度内收获农产品的作物的播种面积之和。其计算公式为:

本年农作物总播种面积＝上年秋冬播种作物面积＋本年春播作物面积＋本年夏播作物面积

或：本年农作物总播种面积＝本年夏收作物播种面积＋本年秋收作物播种面积

复种指数 指年内耕地上农作物总播种面积与耕地面积之比。它说明耕地在一年内平均种植的次数反映复种程度的高低。计算公式为:

复种指数=农作物总播种面积/耕地面积×100%

粮食产量 指全社会的产量。包括全民所有制经营的、集体统一经营的和农民家庭经营的粮食产量。粮食除包括稻谷、小麦、玉米、高粱、谷子及其它杂粮外还包括薯类和大豆。其产量的计算方法：豆类按去豆荚后的干豆计算;薯类按五公斤鲜薯折粮一公斤计算。其他粮食一律按脱粒后的原粮计算。

油料产量 指全部油料作物的生产量。包括花生、油菜籽、芝麻、向日葵籽、胡麻籽（亚麻籽）和其它油料。不包括大豆也不包括木本油料和野生油料。花生以带壳干花生计算。

有林地面积 指生长着乔木和竹林，郁闭度在 0.3 以上（不含 0.3）的林地面积，即有林地面积。它是反映森林资源总面积的重要指标。有林地面积包括天然林面积和人工林面积。但不包括灌木林面积和疏林面积。

造林面积 是指报告期内在荒山、荒地、沙丘等一切可以造林的土地上采用人工播种、植苗、飞机播种等方法新植的成片乔木林和灌木林经过检查验收符合《森林法实施细则》第十五条规定成活率达 85%（含 85%）以上的面积。四旁植树如一侧在四行以上连续面积一亩以上应统计在造林面积内。

在造林面积中不包括补植面积、治沙种草面积、经济林垦复面积、迹地更新面积和低产林改造面积。

造林成活率 指同一片造林面积上已成活的树木株数与种植的树木株数之比。其计算公式如下:

造林成活率(%)=成活的树木株数/种植的树木株数×100%

育苗面积 指培育苗木所实际占用的苗圃面积。包括临时性的灌溉排水设施和苗床间步道等。不包括苗圃休闲地固定性或永久性的灌溉排水设施和道路、建筑物等面积。育苗面积包括本年新育面积、留床面积和移植面积三部分。育苗面积按实际占用的土地面积计算。

封山育林面积 是指对水土流失严重的荒山秃岭、河流两岸和近年内不准备进行人工造林的荒山荒地封禁以免人畜破坏使杂草、幼树得以繁殖兹长改善地面复被状况以减免水土的流失和为造林创造条件以及将采伐迹地、火烧迹地加以封禁使其残留的母树林能天然下种繁殖幼树残留的竹木根株能自然发芽蔓延生长的面积。包括当年新封及历年封禁至本年末尚未开放的面积不包括为保护新造幼林的生长而临时封禁的面积。

四旁（零星）植树 是指在村旁、路旁、宅旁、水旁等地零星栽植的林木和竹木株数。同时包括农田林网、农桐间作、农枣间作栽植的林木株数。不包括农田零星栽植的水果树、茶树、桑树和灌木丛。

林产品产量 指从人工栽培的竹木林上不经砍伐竹、木的根本而取得的各种林产品数量。包括生漆、棕片、五倍子、松脂、笋干、油桐籽、乌桕子、核桃、板栗等各种林木籽实以及修剪竹木所得的枝叶（荆条、柳条、蒲葵叶）等等林产品产量中包括林木种子采集量。但不包括竹木采伐量。

水产品产量 指本年度内捕捞的水产品产量。包括人工养殖并捕捞的水产品产量和捕捞天然生长的水产品产量。包括海水鱼类、虾蟹类、贝类、藻类以及淡水鱼类、虾蟹类和贝类不包括淡水水生植物。

年末耕地总资源 指能够种植农作物的田地。包括当年实际耕种的熟地；新开荒且已种植的地；“沿海”、“沿湖”地区已围垦利用三年以上的“海涂”、“、湖田”；弃耕、休闲不满三年，随时可以复耕的地；因灾害或其他因素，虽然当年内未种植农作物但仍可复耕的地；以种植农作物为主，附带种植桑树、果树和其它林的地；年年进行耕耘种草的地；南方小于 1 米、北方小于 2 米宽的沟、渠、路、田埂。不包括：因灾害或其他因素，已不能复耕的地；弃耕、休闲满三年的地，或虽不满三年但已成为荒地的土地；不进行耕耘，种植牧草已成为永久性草地的土地；专业性的桑园、茶园、果园、果木苗圃地、芦苇地、天然草场等；以混凝土等铺设的温室、玻璃室，导致栽培的植物体与地面隔绝的基地。

有效灌溉面积 指灌溉工程或设备已基本配套，有一定水源， 土地比较平整，在一般年景可以进行正常灌溉的耕地面积。一般为水田与水浇地之和。

当年实际机耕地面积 指本年度内利用拖拉机或其他动力机械耕过的耕地面积。机耕面积应该按实际翻耕过的耕地面积计算，即同一公顷耕地上一年内不论翻几次，仍按一公顷计算。

农业机械总动力 指主要用于农林牧渔业的各种动力机械的动力总和。包括耕作机械、排灌机械、收获机械、农产品加工机械、运输机械、植物保护机械、牧业机械、林业机械、渔业机械和其他农业机械（内燃机按引擎马力折成瓦数计算）。不包括专门用于乡办工业、基本建设、非农业运输、科学试验和教学等非农业生产方面的动力机械与作业机械。

农村用电量 指本年度内，扣除在农村的全民所有制工业、交通、基建单位的用电量以外的农村生产上和生活上的全年用电总量（按全年累计数统计）。

农用化肥施用量 指本年度实际用于农业生产的化肥数量，包括氮肥、磷肥、钾肥和复合肥。

主要化肥折纯量 指在化肥原施用实物量的基础上进行按含量多少折纯。就是氮肥含氮量、磷肥含磷量、钾肥含氧化钾量等。

畜牧业

资料整理：王庆先

3-1 主要畜产品产量

指　　标	单位	2000年	2005年	2010年	2011年	2012年	2013年	2014年	2015年
猪牛羊出栏头数									
肉猪出栏头数	万头	4180.00	5568.00	5390.50	5361.20	5711.25	5996.87	6310.00	6171.18
占年初存栏头数比重	%	117.5	142.1	119.0	117.9	125.0	130.7	142.5	139.62
肉用牛出栏头数	万头	578.00	702.64	551.90	545.00	534.65	535.50	546.00	548.60
占年初存栏头数比重	%	43.1	50.3	52.8	53.9	56.0	59.2	60.3	59.7
肉用羊出栏只数	万只	2903.80	4225.00	2114.70	2050.00	2027.45	2032.40	2088.00	2126.00
占年初存栏头数比重	%	104.2	114.5	105.9	108.2	108.7	111.2	114.1	112.73
肉用禽出栏只数	万只			85101.70	88850.00	94358.70	94332.10	90087.00	91550.00
占年初存栏只数比重	%			138.8	143.1	146.0	138.3	132.3	133.7
肉类总产量	万吨	517.00	689.00	638.40	641.65	677.35	699.05	719	711.10
#猪肉产量	万吨	337.90	441.20	408.30	406.40	432.50	454.13	478.00	467.96
牛肉产量	万吨	83.00	102.75	83.00	82.00	80.44	80.56	82.10	82.60
羊肉产量	万吨	32.00	47.38	25.20	24.80	24.75	24.76	25.40	25.90
驴肉产量	万吨	2.30	1.96	2.49	2.63	2.19	2.15	1.49	1.33
骡肉产量	万吨	1.10	0.80	0.51	0.44	0.42	0.33	0.34	0.28
马肉产量	万吨	1.50	1.13	1.09	1.14	1.16	1.09	1.23	1.05
禽肉产量	万吨	55.00	87.51	105.80	111.40	122.21	122.32	118.00	120.00
兔肉产量	万吨	4.20	5.66	8.40	8.92	9.56	8.99	8.32	8.05
平均每头肉猪产肉量	公斤/头	80.80	79.20	75.74	75.80	75.73	75.72	75.75	75.83
平均每头肉牛产肉量	公斤/头	144.70	146.20	150.39	150.46	150.46	150.51	150.37	150.57
平均每只肉羊产肉量	公斤/只	11.00	11.20	11.91	12.10	12.21	12.20	12.16	12.18
其他畜产品产量									
奶类总产量	万吨	20.20	108.50	307.9	321.10	330.43	328.77	342.40	352.30
牛奶产量	万吨	16.10	104.00	290.90	306.60	316.10	316.42	332.00	342.20
羊奶产量	万吨	4.10	4.50	17.00	14.50	14.33	12.35	10.40	10.10
羊毛总产量	吨	10844	14335	14165	14020	14288	14476	12181	10755
山羊毛产量	吨	2858	2873	5235	5770	5849	6213	4816	3863
绵羊毛产量	吨	7986	11462	8930	8250	8439	8263	7365	6892
羊绒产量	吨	277	433	933	859	868	887	847	767
蜂蜜产量	吨	23105	27441	100914	982651	99607	99053	95383	93986
禽蛋产量	万吨	270.00	375.30	388.60	390.50	404.17	410.23	404.00	410.00

3-2　主要畜禽年末存栏数量

指　标	单位	2000年	2005年	2010年	2011年	2012年	2013年	2014年	2015年
大牲畜总头数	**万头**	**1445.70**	**1508.80**	**1044.80**	**988.60**	**942.34**	**936.80**	**943.85**	**955.31**
#从事农事劳役的头数	万头	482.80	412.90	290.20	257.67	216.71	204.96	188.40	175.75
牛	万头	1340.20	1447.00	1010.20	955.00	908.21	905.11	918.20	934.00
肉牛	万头	282.80	514.06		612.91	602.68	610.11	626.60	650.41
乳牛	万头	6.70	31.22		96.07	100.60	100.70	103.20	107.84
马	万头	29.30	17.29	13.10	12.60	12.20	11.23	9.89	8.10
驴	万头	49.50	29.60	16.10	16.33	17.38	16.70	12.48	10.48
骡	万头	26.80	14.91	5.40	4.67	4.55	3.76	3.27	2.72
猪	万头	3787.70	4439.00	4547.05	4569.00	4587.28	4426.74	4420.00	4376.00
#能繁殖的母猪	万头	365.00	517.00	474.27	486.00	490.37	491.00	482.00	460.79
羊	万只	2961.40	3988.00	1895.40	1865.00	1827.70	1830.30	1886.00	1926.00
山羊	万只	2730.10	3509.00	1794.90	1785.00	1751.05	1752.60	1808.00	1844.00
绵羊	万只	231.30	479.00	100.50	80.00	76.65	77.70	78.00	82.00
家禽	万只	42529.00	61958.00	62104.00	64642.00	68197.31	68100.20	68460.00	70020.00

3-3　各市主要畜禽出栏数量和畜产品产量(2015年)

地　区	猪出栏头数(万头)	牛出栏头数(万头)	羊出栏只数(万只)	家禽出栏只数(万只)
郑州市	228.66	13.52	54.23	4168.96
开封市	375.01	40.04	186.91	2631.89
洛阳市	236.66	35.89	59.53	1978.19
平顶山市	354.63	33.96	104.98	3737.68
安阳市	215.95	6.25	66.99	4732.12
鹤壁市	113.35	2.52	37.76	10625.52
新乡市	361.58	25.65	98.43	4602.91
焦作市	176.67	9.30	37.71	2977.69
濮阳市	178.10	13.43	99.92	6913.00
许昌市	395.06	21.52	96.75	3472.10
漯河市	359.40	9.18	25.17	2319.41
三门峡市	94.46	16.02	28.71	700.65
南阳市	639.24	95.28	304.11	5572.76
商丘市	456.28	56.84	326.09	5911.00
信阳市	456.22	22.96	85.64	14571.20
周口市	652.10	54.25	309.96	10034.88
驻马店市	814.85	76.39	197.14	5863.26
济源市	62.97	1.53	4.38	211.54

3-3 续表

地　　区	肉类总产量(吨)		禽蛋产量(吨)	奶类总产量(吨)
		猪肉(吨)		
郑州市	259422	178291	230497	436025
开封市	409444	287556	271231	279441
洛阳市	273340	181342	151763	443095
平顶山市	392283	265840	163399	241586
安阳市	247707	164305	279953	47659
鹤壁市	234344	88603	144323	69123
新乡市	389688	272363	344107	348146
焦作市	186543	128542	154035	201312
濮阳市	263498	135860	299846	81856
许昌市	392151	300800	232856	67708
漯河市	300777	255480	135862	133809
三门峡市	108173	73500	56734	48532
南阳市	749974	485064	357315	332365
商丘市	546642	345320	301245	287201
信阳市	656221	350600	277479	2090
周口市	750548	498183	296531	156526
驻马店市	868872	623214	364690	56691
济源市	50855	44600	23839	35235

3-4 各市主要畜禽存栏数量(2015年)

地　　区	猪年末头数(万头)	牛年末头数(万头)	羊年末只数(万只)	家禽年末只数(万只)
郑州市	167.66	21.49	45.40	2854.61
开封市	280.23	53.48	165.58	3639.56
洛阳市	177.54	64.87	75.96	2462.20
平顶山市	252.60	44.78	103.98	2650.21
安阳市	161.95	11.91	85.94	3796.32
鹤壁市	85.11	3.65	33.19	3068.68
新乡市	258.35	40.99	76.73	4073.33
焦作市	136.09	12.45	43.71	1535.65
濮阳市	133.01	25.62	77.45	3616.79
许昌市	245.10	26.56	82.50	2639.11
漯河市	210.45	13.34	22.67	2121.60
三门峡市	72.40	30.38	45.01	822.65
南阳市	464.59	130.40	255.52	6435.78
商丘市	309.03	67.42	260.37	6281.38
信阳市	299.22	52.89	81.81	7121.64
周口市	483.60	61.71	276.91	7051.41
驻马店市	595.58	107.82	186.67	6269.36
济源市	43.52	2.71	4.29	191.89

3-5 生猪大县生产情况

地　区	年末生猪存栏(万头)									
	2006年	2007年	2008年	2009年	2010年	2011年	2012年	2013年	2014年	2015年
杞　县	66.35	73.78	80.00	81.00	78.12	79.00	72.68	73.50	76.55	78.34
通许县					44.36	45.69	45.74	46.11	46.02	46.94
尉氏县	62.24	69.21	75.00	75.80	74.20	74.50	75.50	69.99	70.13	69.63
开封县					50.88	52.41	52.46	53.68	54.62	54.44
叶　县	58.41	72.12	77.50	79.50	81.62	82.40	81.41	86.00	85.02	84.31
汝州市	52.51	60.31	66.77	68.50	70.21	70.46	71.60	72.82	71.73	71.33
林州市					63.24	65.14	65.14	64.36	61.71	60.63
浚　县					38.55	39.71	39.83	40.10	38.35	38.52
封丘县					44.22	45.55	45.64	47.28	47.83	48.64
卫辉市	49.13	41.95	44.05	44.80	45.40	46.00	46.40	45.24	46.58	46.51
辉县市	58.57	62.72	72.00	73.80	71.10	72.50	71.78	72.60	71.14	69.91
许昌县	49.65	53.46	62.00	62.30	64.55	64.20	60.41	61.10	56.23	55.00
鄢陵县	47.85	51.51	60.00	60.50	56.80	56.90	56.60	56.00	56.35	55.69
襄城县	57.56	49.54	50.70	52.00	51.40	51.60	51.70	49.99	51.28	50.76
禹州市	38.06	40.97	50.74	51.50	52.10	52.50	51.61	52.20	52.43	52.07
长葛市	34.93	37.60	44.44	45.60	44.50	44.80	43.59	44.00	43.42	43.07
郾城区	38.19	33.78	41.38	42.00	42.66	42.60	43.00	43.60	43.25	43.10
召陵区	50.27	40.07	41.11	41.80	41.00	41.50	41.40	42.00	41.14	40.23
舞阳县					44.72	46.06	46.11	45.60	45.80	45.61
临颍县	44.41	46.89	56.00	56.50	56.20	56.20	55.80	56.20	54.28	53.22
内乡县	46.79	42.48	46.92	48.50	49.20	51.20	51.97	58.46	55.31	55.71
社旗县					50.53	52.05	52.10	52.80	53.00	53.15
唐河县	71.28	75.39	81.00	82.10	82.20	82.50	82.60	83.01	82.80	82.20
邓州市	93.54	101.47	103.00	104.26	108.80	106.80	106.98	107.62	105.12	104.70
睢阳区					43.74	45.05	45.10	46.00	46.10	46.05
睢　县					29.82	30.72	30.81	30.04	30.34	30.35
柘城县					28.49	29.34	29.40	30.66	30.01	30.92
夏邑县					49.27	50.75	50.80	51.20	52.85	53.96
固始县	57.93	61.63	71.00	72.00	72.10	72.20	70.54	72.00	72.53	72.42
潢川县		30.40	37.41	48.15	48.63	49.12	51.00	50.34	49.19	49.51
西华县	49.71	56.16	64.00	65.80	64.40	64.35	64.60	64.80	66.22	66.32
商水县	52.15	57.86	65.50	65.80	68.80	68.90	67.38	64.35	65.20	64.83
沈丘县	49.18	45.08	48.61	50.00	50.60	51.30	52.00	53.35	54.19	54.62
淮阳县	62.88	51.35	54.54	55.80	55.98	56.80	57.10	56.36	57.02	56.80
太康县	59.00	62.52	69.00	70.10	72.20	72.25	73.20	68.44	68.63	68.48
鹿邑县		47.8	53.55	58.15	58.73	59.08	59.40	57.97	57.86	57.56
西平县	86.12	88.55	90.55	92.20	95.85	96.90	97.60	93.50	92.74	91.90
上蔡县	61.34	61.73	66.37	68.00	68.50	68.90	64.08	64.14	66.23	67.16
平舆县					49.29	50.77	50.82	49.04	46.54	46.59
正阳县	90.29	93.92	108.00	111.00	114.65	114.80	107.91	103.38	104.74	105.44
确山县	47.72	53.05	57.79	58.00	58.68	58.58	53.89	53.95	54.26	54.41
汝南县	58.66	62.29	67.55	68.50	66.65	67.00	68.00	65.82	66.16	65.74
遂平县	55.10	59.73	67.00	68.10	70.25	70.50	70.48	70.62	70.22	69.60
新蔡县	58.83	62.46	69.00	71.50	70.80	72.00	68.40	65.53	65.78	65.90
济源市					36.02	37.10	37.17	35.05	33.89	33.63

3-5 续表 1

地 区	#能繁殖母猪(万头)									
	2006年	2007年	2008年	2009年	2010年	2011年	2012年	2013年	2014年	2015年
杞 县	5.04	6.87	8.10	8.16	7.99	8.30	8.31	8.36	8.63	8.43
通许县					4.91	5.00	5.01	5.40	5.41	5.28
尉氏县	4.72	6.44	7.50	7.51	7.48	7.70	8.00	8.60	8.51	8.20
开封县					5.45	5.55	5.56	5.66	5.69	5.53
叶 县	4.78	7.72	8.80	8.88	9.18	9.25	8.98	9.22	9.20	8.83
汝州市	2.95	5.95	7.10	7.18	7.06	7.10	7.20	7.28	7.08	6.87
林州市					8.04	8.20	8.20	7.80	7.46	7.02
浚 县					4.69	4.79	4.80	4.60	4.48	4.31
封丘县					4.40	4.49	4.50	5.40	5.35	5.27
卫辉市	2.56	3.22	4.50	4.70	4.80	4.80	4.94	5.01	5.11	4.94
辉县市	4.62	6.93	8.30	8.31	8.11	8.10	8.10	8.00	7.89	7.51
许昌县	3.94	5.75	5.86	5.91	6.12	6.60	6.43	6.41	5.99	5.68
鄢陵县	4.01	5.85	6.61	6.67	6.55	6.68	6.64	6.10	6.05	5.81
襄城县	4.32	4.74	5.20	5.40	5.45	5.46	5.50	5.51	5.64	5.43
禹州市	2.57	3.73	4.50	6.00	5.96	6.00	5.83	5.76	5.85	5.68
长葛市	2.69	3.92	4.70	4.75	4.72	4.80	4.71	4.70	4.52	4.36
郾城区	6.90	3.81	4.23	4.40	4.50	4.50	4.54	4.50	4.40	4.25
召陵区	4.71	4.86	4.98	5.10	4.80	4.95	4.90	4.68	4.69	4.59
舞阳县					4.70	4.80	4.80	4.82	4.73	4.61
临颍县	3.96	5.77	6.72	6.73	6.89	6.85	6.40	6.20	6.24	6.02
内乡县	2.85	7.10	8.50	6.58	6.25	6.34	6.41	7.20	7.01	6.94
社旗县					5.48	5.59	5.60	5.60	5.63	5.53
唐河县	7.69	6.68	7.03	7.73	7.84	8.2	8.34	8.40	8.48	8.21
邓州市	5.25	7.81	9.20	9.28	9.62	10.2	10.39	12.80	12.42	12.11
睢阳区					4.91	5.00	5.01	5.00	4.98	4.80
睢 县					3.52	3.59	3.60	3.60	3.53	3.43
柘城县					3.52	3.59	3.60	3.55	3.36	3.33
夏邑县					5.97	6.09	6.10	6.02	6.15	6.00
固始县	4.02	4.68	6.00	6.05	6.26	6.90	6.76	7.10	7.22	7.01
潢川县		2.90	3.92	4.90	4.95	5.09	5.18	5.20	5.00	4.95
西华县	3.61	5.50	6.50	6.55	6.33	6.60	6.50	6.52	6.69	6.57
商水县	5.32	6.87	7.89	7.95	7.85	8.00	7.90	7.20	7.14	6.88
沈丘县	5.23	3.66	5.18	5.56	5.80	6.00	6.20	6.10	6.21	6.07
淮阳县	8.20	5.77	6.30	6.45	6.46	6.50	6.70	6.40	6.50	6.30
太康县	4.12	6.01	7.20	7.21	7.11	7.30	7.50	7.50	7.52	7.36
鹿邑县		4.43	5.28	5.62	5.68	5.83	5.94	6.10	6.14	5.92
西平县	7.62	9.41	9.76	9.88	9.76	10.02	9.91	9.90	9.72	9.38
上蔡县	4.60	5.22	6.29	6.87	7.40	7.42	7.50	7.40	7.62	7.47
平舆县					5.09	5.19	5.20	5.26	5.01	4.85
正阳县	7.91	11.70	13.50	13.51	13.66	14.00	14.00	12.00	11.99	11.76
确山县	5.37	6.06	6.29	6.42	6.12	6.26	6.26	6.10	6.08	5.85
汝南县	4.54	6.33	6.63	7.00	6.88	7.10	7.30	7.30	7.14	6.86
遂平县	4.80	6.59	7.80	7.85	8.02	8.12	8.00	7.88	7.62	7.33
新蔡县	4.11	5.90	7.00	7.08	7.06	7.22	7.38	7.30	7.22	7.00
济源市					4.36	4.45	4.46	4.40	4.11	3.95

3-5 续表 2

地 区	生猪出栏(万头)									
	2006年	2007年	2008年	2009年	2010年	2011年	2012年	2013年	2014年	2015年
杞 县	71.53	67.61	79.90	84.00	85.10	86.00	87.12	95.66	102.04	100.82
通许县					61.56	62.79	62.85	65.60	63.78	63.60
尉氏县	68.94	65.17	76.90	80.00	84.50	85.00	87.38	96.55	105.33	103.41
开封县					65.13	66.43	66.50	70.20	68.80	67.81
叶 县	81.91	78.62	91.35	97.70	106.32	106.80	108.72	116.80	122.82	120.28
汝州市	62.18	65.55	76.10	81.50	86.12	87.00	88.31	90.00	91.08	89.94
林州市					83.35	85.01	85.10	86.20	84.29	82.02
浚 县					70.57	71.99	72.13	75.20	70.00	68.53
封丘县					72.74	74.20	74.27	82.20	83.00	81.50
卫辉市	62.25	50.10	50.11	53.00	56.80	57.00	57.80	61.60	60.13	59.51
辉县市	87.16	84.10	97.50	104.20	108.00	107.80	107.80	113.20	120.22	116.81
许昌县	78.20	68.78	77.80	81.50	88.89	89.20	87.24	90.60	95.94	92.34
鄢陵县	72.95	66.53	76.95	81.65	81.52	82.00	82.98	82.40	87.90	85.85
襄城县	61.47	60.33	63.09	67.30	69.50	69.60	70.23	70.00	69.57	68.25
禹州市	72.35	60.20	66.80	71.20	74.00	74.60	74.50	78.40	82.94	81.16
长葛市	60.30	60.01	68.20	72.80	77.56	77.80	74.30	76.60	79.00	77.32
郾城区	74.63	60.43	64.32	67.00	72.26	72.40	72.40	75.60	78.74	77.03
召陵区	79.77	61.06	63.44	67.80	69.00	69.40	67.25	68.80	72.16	70.18
舞阳县					67.83	69.18	69.32	72.20	72.34	72.07
临颍县	80.69	75.13	82.70	86.80	91.10	92.00	89.79	94.10	94.85	92.21
内乡县	64.90	64.79	70.94	76.00	80.50	81.20	81.77	92.23	92.87	91.79
社旗县					66.34	67.66	67.73	71.20	74.19	74.10
唐河县	91.35	75.59	88.00	94.00	99.50	99.80	100.20	105.30	110.94	108.03
邓州市	106.39	87.66	106.00	113.00	118.66	118.78	119.37	132.00	136.78	133.65
睢阳区					67.53	68.88	69.02	73.00	74.93	75.22
睢 县					43.29	44.16	44.20	48.00	50.51	49.82
柘城县					39.33	40.12	40.24	43.38	45.93	46.72
夏邑县					78.05	79.61	79.61	82.00	84.85	83.80
固始县	93.18	79.92	91.00	95.80	102.66	101.60	99.57	104.80	109.35	107.05
潢川县		34.30	50.50	65.00	67.02	67.82	68.50	72.00	76.53	76.77
西华县	75.72	65.11	74.70	78.30	81.11	81.15	81.56	84.00	87.78	86.34
商水县	69.47	65.10	75.00	79.50	79.33	79.50	78.23	84.10	89.27	88.24
沈丘县	72.46	55.20	60.00	64.50	67.80	67.90	68.44	72.60	83.00	82.78
淮阳县	85.76	65.11	69.37	74.10	76.98	77.50	78.04	82.20	87.42	86.26
太康县	88.58	65.20	76.00	81.00	84.45	85.00	85.51	89.20	90.58	89.33
鹿邑县		59.28	66.40	72.10	74.41	75.00	75.53	78.60	78.71	77.43
西平县	104.83	93.00	108.00	114.80	121.21	122.00	120.17	126.00	132.46	129.93
上蔡县	60.25	62.08	68.44	73.00	76.65	77.00	77.85	81.60	86.21	87.14
平舆县					70.62	72.03	72.10	76.20	72.00	70.76
正阳县	107.26	98.03	114.20	122.00	129.89	130.00	130.78	138.00	145.25	144.71
确山县	63.50	51.01	55.16	59.50	63.60	63.50	64.71	68.39	71.86	70.73
汝南县	72.24	65.41	75.90	80.80	86.68	86.60	87.38	91.40	91.84	90.36
遂平县	70.60	63.77	74.10	79.20	85.69	85.74	86.43	93.25	97.58	95.47
新蔡县	68.79	61.96	72.50	77.62	80.26	82.00	82.49	86.80	86.90	86.09
济源市					51.68	52.72	52.77	55.20	52.56	51.61

3-5 续表 3

地　区	猪肉产量(万吨)									
	2006年	2007年	2008年	2009年	2010年	2011年	2012年	2013年	2014年	2015年
杞　县	5.71	5.20	5.99	6.30	6.30	6.38	6.49	7.20	7.68	7.54
通许县					4.43	4.57	4.57	4.80	4.77	4.74
尉氏县	5.36	4.88	5.76	5.99	6.50	6.54	6.72	7.43	7.97	7.84
开封县					4.84	4.99	4.99	5.29	5.18	5.11
叶　县	5.96	5.71	6.63	7.10	7.72	7.80	7.98	8.61	9.23	9.05
汝州市	4.53	4.77	5.54	5.93	6.27	6.35	6.48	6.63	6.85	6.75
林州市					6.20	6.38	6.39	6.60	6.45	6.26
浚　县					5.09	5.24	5.25	5.56	5.31	5.22
封丘县					5.25	5.40	5.41	6.05	6.18	6.08
卫辉市	4.36	3.52	3.71	3.92	4.20	4.23	4.29	4.58	4.52	4.48
辉县市	6.50	6.00	6.96	7.43	7.71	7.70	7.91	8.40	9.01	8.73
许昌县	5.76	5.06	5.72	6.00	6.54	6.56	6.44	6.76	7.17	6.90
鄢陵县	5.37	4.91	5.68	6.03	6.02	6.06	6.13	6.12	6.60	6.45
襄城县	4.49	4.41	4.67	5.05	5.21	5.22	5.27	5.28	5.25	5.13
禹州市	5.32	4.43	4.92	5.24	5.45	5.50	5.49	5.78	6.18	6.04
长葛市	4.44	4.20	4.76	5.08	5.42	5.46	5.45	5.64	5.94	5.81
郾城区	4.58	3.58	4.02	4.31	4.65	4.66	4.73	5.06	5.37	5.37
召陵区	6.25	4.20	4.35	4.62	4.70	4.75	4.74	5.01	5.36	5.21
舞阳县					4.89	5.04	5.05	5.28	5.42	5.41
临颍县	5.68	5.17	5.69	5.97	6.27	6.50	6.45	6.86	7.06	6.84
内乡县	4.70	5.01	5.51	5.77	6.11	6.18	6.22	7.02	7.22	6.93
社旗县					4.90	5.04	5.05	5.40	5.63	5.63
唐河县	6.73	5.68	6.61	7.06	7.48	7.50	7.53	7.92	8.35	8.13
邓州市	7.84	6.61	7.99	8.52	8.95	8.96	9.00	9.94	10.33	10.08
睢阳区					5.07	5.22	5.23	5.54	5.68	5.68
睢　县					3.20	3.30	3.30	3.56	3.81	3.77
柘城县					2.95	3.04	3.05	3.30	3.48	3.55
夏邑县					5.85	6.03	6.03	6.24	6.43	6.35
固始县	7.71	6.65	7.28	7.66	8.21	8.21	7.93	8.32	8.54	8.18
潢川县		2.59	3.82	4.92	5.08	5.14	5.19	5.46	5.81	5.82
西华县	5.71	5.14	5.68	5.95	6.16	6.18	6.21	6.40	6.69	6.58
商水县	5.24	5.14	5.70	6.04	6.03	6.06	6.02	6.34	6.74	6.67
沈丘县	5.20	4.36	4.83	5.25	5.52	5.53	5.57	5.85	6.55	6.31
淮阳县	6.32	5.14	5.54	5.95	6.18	6.25	6.29	6.50	6.81	6.57
太康县	6.68	5.15	5.78	6.16	6.42	6.46	6.50	6.72	6.84	6.77
鹿邑县		4.48	5.03	5.46	5.64	5.69	5.72	5.96	5.97	5.88
西平县	7.98	6.99	8.12	8.63	9.11	9.18	9.13	9.54	10.04	9.87
上蔡县	4.58	4.67	5.17	5.48	5.75	5.78	5.84	6.10	6.50	6.56
平舆县					5.31	5.46	5.47	5.78	5.44	5.35
正阳县	8.17	7.37	8.59	9.17	9.77	9.80	9.86	10.40	10.96	10.88
确山县	4.83	3.84	4.17	4.50	4.81	4.80	4.89	5.10	5.45	5.38
汝南县	5.50	4.92	5.71	6.08	6.52	6.52	6.58	6.88	6.91	6.84
遂平县	5.38	4.80	5.58	5.97	6.46	6.68	6.73	7.09	7.38	7.24
新蔡县	5.24	4.66	5.45	5.83	6.03	6.20	6.24	6.56	6.57	6.52
济源市					3.79	3.91	3.91	4.10	3.95	3.89

3-6 分品种(生猪)生产情况(2015年)

指标名称	计量单位	合计	(1)规模以上养殖	(2)规模以下养殖
期末存栏合计	**万头**	**4376.00**	**1597.86**	**2778.14**
其中：25公斤以下仔猪	万头	1138.79	443.28	695.51
待育肥猪	万头	2729.97	949.56	1780.41
其中：50公斤以上	万头	1673.39	557.11	1116.28
其中：能繁殖母猪	万头	460.79	181.07	279.72
期内增加头数	万头	6651.01	2637.96	4013.05
其中：自繁	万头	5898.56	2509.04	3389.51
购进	万头	703.75	108.60	595.15
期内减少头数	万头	6695.01	2633.15	4061.86
(1)自宰肥猪头数	万头	21.14	4.55	16.59
(2)出售肥猪头数	万头	6150.04	2316.51	3833.53
出售肥猪金额	万元	10057457.40	3696601.20	6360856.20
平均每头重量	公斤/头	107.90	----	----
(3)其他原因减少	万头	523.83	312.10	211.73
其中：出售25公斤以下仔猪头数	万头	245.47	147.64	97.83
出售仔猪金额	万元	122006.78	81588.93	40417.84
平均每头重量	公斤/头	17.03	----	----
猪肉产量	万吨	467.96	176.01	291.95

注：规模标准采用国家统计局畜禽监测调查规定的年末存栏量650头及以上。

3-7 分品种(牛)生产情况(2015年)

指标名称	计量单位	合计	(1)规模以上养殖	(2)规模以下养殖
期末存栏头数	万头	934.00	44.67	889.33
其中：肉牛	万头	650.41	16.38	634.03
奶牛	万头	107.84	17.91	89.94
其中：在产奶牛	万头	60.76	10.12	50.64
期内增加头数	万头	572.37	30.79	541.58
其中：自繁	万头	315.26	10.19	305.08
其中：肉牛	万头	248.65	4.91	243.74
奶牛	万头	5.79	4.02	1.77
购进	万头	256.12	20.12	236.00
其中：肉牛	万头	243.62	18.25	225.38
奶牛	万头	7.59	1.22	6.37
期内减少头数	万头	556.57	31.95	524.63
其中：自宰肉牛	万头	4.34	1.06	3.28
出售肉牛	万头	544.26	27.89	516.37
出售肉牛金额	万元	6414379.60	311977.85	6102401.75
出售肉牛平均重量	公斤/头	509.53	----	----
生牛奶产量	万吨	342.20	62.46	279.74
牛肉产量	万吨	82.60	4.36	78.24

注：规模标准采用国家统计局畜禽监测调查规定的年末存栏量200头及以上。

3-8 分品种(羊)生产情况(2015年)

指标名称	代码	计量单位	合计	(1)规模以上养殖	(2)规模以下养殖
期末存栏头数	1	万只	1926.00	81.86	1844.14
(1)山羊	2	万只	1844.00	35.85	1808.15
(2)绵羊	3	万只	82.00	12.58	69.42
期内增加头数	4	万只	2210.12	116.28	2093.84
其中：自繁	5	万只	1768.39	78.20	1690.18
(1)山羊	6	万只	1542.32	31.67	1510.65
(2)绵羊	7	万只	226.07	46.53	179.53
购进	8	万只	428.64	34.27	394.36
(1)山羊	9	万只	284.60	13.10	271.51
(2)绵羊	10	万只	144.03	21.17	122.86
期内减少头数	11	万只	2170.12	114.18	2055.94
其中：自宰	12	万只	32.75	3.00	29.75
出售	13	万只	2093.25	109.66	1983.58
出售金额	14	万元	1439679.81	101199.24	1338480.57
出售平均重量	15	公斤/只	41.13	-	-
绵羊毛产量	16	吨	6892.00	1630.42	5261.58
山羊绒产量	17	吨	767.31	217.18	550.13
羊肉产量	18	万吨	25.90	1.37	24.53

注：规模标准采用国家统计局畜禽监测调查规定的年末存栏量200只及以上。

3-9 分品种(家禽)生产情况(2015年)

指标名称	计量单位	合计	(1)规模以上养殖	(2)规模以下养殖
期末存栏只数	万只	70020.00	9541.27	60478.73
1、肉用家禽合计	万只	32755.95	5343.57	27412.37
其中：肉鸡	万只	31373.08	4796.59	26576.49
2、蛋用家禽合计	万只	36700.15	4010.44	32689.71
其中：蛋鸡	万只	35558.19	3753.06	31805.13
期内减少只数	万只	92895.75	19407.77	73487.97
其中：自宰家禽合计	万只	10652.57	7750.75	2901.82
其中：活鸡	万只	7846.94	5242.51	2604.43
出售家禽合计	万只	80897.43	11232.38	69665.05
其中：活鸡	万只	79837.22	10719.09	69118.14
出售家禽金额	万元	1582425.38	228868.82	1353556.55
其中：鸡	万元	1568631.07	221679.04	1346952.03
出售家禽平均重量	公斤/只	2.14	----	----
其中：鸡	公斤/只	2.12	----	----
禽蛋产量	万吨	410.00	50.30	359.70
其中：鸡蛋	万吨	402.19	47.08	355.10
禽肉产量	万吨	120.00	24.88	95.12
其中：鸡肉	万吨	113.83	20.72	93.11

注：规模标准采用国家统计局畜禽监测调查规定的年末存栏量20000只及以上。

3-10 各市水产品产量(2015年)

计量单位：吨

地 区	水产品总产量合计	(1)捕捞产量合计	(2)养殖产量合计
全省合计	**1253630**	**68401**	**1185229**
郑州市	153952	3	153949
开封市	71428	277	71151
洛阳市	53383	5113	48270
平顶山市	48390	1057	47333
安阳市	18841	1380	17461
鹤壁市	12812	215	12597
新乡市	65422	251	65171
焦作市	14092	35	14057
濮阳市	37583	531	37052
许昌市	19711	858	18853
漯河市	16953	930	16023
三门峡市	20461	7250	13211
南阳市	129159	2936	126223
商丘市	88840	2941	85899
信阳市	268720	16661	252059
周口市	67330	8550	58780
驻马店市	128333	17973	110360
济源市	38220	1440	36780

3-11 历年牧渔业产量

年 份	肉类产量（万吨）	#猪肉	#牛肉	#羊肉	大牲畜年末存栏头数（万头）	#役畜	猪年末存栏头数（万头）	禽蛋产量（万吨）	水产品产量（万吨）
1978	45.64	42.20			515.03	401.70	1724.90		2.47
1979	55.14	50.00			521.50	400.40	1592.30		2.30
1980	55.03	49.45	0.69	2.88	541.99	423.75	1474.24	15.86	2.91
1981	51.58	44.30	0.60	3.36	607.00	498.90	1386.50	16.31	3.00
1982	54.26	47.60	0.52	3.46	671.50	542.10	1310.70	16.75	3.25
1983	51.33	43.70	0.88	3.41	704.70	562.20	1195.70	21.41	3.78
1984	58.59	49.60	1.83	3.31	794.70	615.70	1327.00	31.38	4.89
1985	71.83	61.08	3.01	3.38	886.35	664.55	1621.74	37.15	6.37
1986	79.42	65.00	5.50	3.70	957.44	708.10	1539.41	37.32	6.61
1987	86.63	66.10	8.90	5.00	1000.82	738.44	1404.72	43.55	7.62
1988	103.75	76.87	12.24	6.48	1069.20	779.57	1586.18	50.43	9.39
1989	121.53	88.11	15.26	7.89	1111.56	794.04	1680.22	53.62	9.83
1990	134.86	97.45	18.16	8.05	1116.33	798.30	1750.32	59.58	10.48
1991	157.95	108.73	24.82	7.76	1102.10	782.25	1820.80	73.81	10.77
1992	171.66	119.23	25.67	7.96	1135.50	794.90	1959.70	79.29	11.55
1993	203.51	137.60	32.64	9.90	1211.00	843.00	2085.00	95.58	13.83
1994	253.31	165.81	44.00	12.57	1329.18	919.79	2325.17	125.28	15.84
1995	333.00	210.37	64.39	21.10	1420.45	985.76	2667.72	140.01	18.09
1996	347.72	225.63	59.45	21.72	1089.14	783.00	2229.67	154.54	20.51
1997	403.00	256.12	64.88	25.23	1420.87	857.03	2931.91	201.40	23.88
1998	461.63	297.86	76.71	28.00	1416.84	803.70	3439.66	229.34	27.02
1999	485.11	313.95	82.21	29.96	1448.42	530.60	3556.43	251.82	28.83
2000	517.00	337.88	83.00	32.00	1445.73	482.84	3787.69	270.00	32.17
2001	540.65	343.77	89.23	34.51	1435.93	479.53	3672.07	286.00	31.46
2002	570.01	366.49	89.20	37.85	1409.78	437.03	3800.00	302.00	36.22
2003	603.55	386.00	93.00	42.00	1469.45	430.00	3917.80	326.20	38.95
2004	643.00	412.37	98.33	44.06	1491.19	427.00	4152.87	347.40	42.70
2005	689.00	441.20	102.75	47.38	1508.80	412.90	4439.00	375.30	51.68
2006	584.60	391.30	82.00	23.80	1114.26	410.12	3953.30	329.50	61.43
2007	542.90	339.00	82.10	25.30	1081.93	353.76	4185.50	336.70	74.74
2008	584.50	367.10	84.10	26.50	1097.55	251.62	4462.00	173.60	85.68
2009	615.10	389.60	84.00	25.90	1080.11	216.55	4528.90	382.90	93.94
2010	638.40	408.30	83.00	25.20	1044.80	290.20	4547.00	388.60	99.41
2011	641.65	406.40	82.00	24.80	988.60	257.67	4569.00	390.50	102.93
2012	677.35	432.50	80.44	24.75	942.34	216.71	4587.28	404.17	109.75
2013	699.05	454.13	80.56	24.76	936.80	204.96	4426.74	410.23	116.65
2014	719.00	478.00	82.10	25.40	943.85	188.40	4420.00	404.00	120.39
2015	711.10	467.96	82.60	25.90	955.31	175.75	4376.00	410.00	125.36

注：本表及表3-1、表3-2，2006年及以后的数据已与农普数据衔接。

主要统计指标解释

规模养殖户 是指农户养殖畜禽数量较大，明显高于一般农户饲养量。规模养殖划分标准：

生猪规模养殖户 指国家统计局畜禽监测调查规定河南的标准为年末存栏量650头及以上。

牛规模养殖户 指国家统计局畜禽监测调查规定河南的标准为年末存栏量200头及以上。

羊规模养殖户 指国家统计局畜禽监测调查规定河南的标准为年末存栏量200只及以上。

家禽规模养殖户 指国家统计局畜禽监测调查规定河南的标准为年末存栏量20000只及以上。

畜禽存栏 是指报告期末圈舍内饲养的实有畜禽数量，不论大小、公母一律包括在内。家禽只包括鸡、鸭、鹅。

畜禽出栏 是指报告期内的出售和自宰的成品畜禽数量。包括自食和送亲友的成品畜禽数量；还包括死亡后食用和被盗丢失的成品畜禽数量。但不包括出售的仔畜禽数量和购买架子畜转手倒卖或育肥3个月以内出售的家畜。

当年（期内）出栏的肉猪头数 是指当年（报告期内）乡、村各种合作经济组织和农民、国营农场、机关、团体、学校、工矿企业、部队等单位以及城镇居民饲养的、供屠宰并已出栏的全部肉猪头数包括交售给国家、集市上出售和农民自食的部分。

当年（期内）出售和自宰的肉用牛 是指当年（报告期内）国营农场等全民所有制生产单位、乡、村各种合作经济组织和农民、机关、团体、学校、工矿企业、部队等单位饲养的、供屠宰并已出栏的（包括交售国家在集市上出售和农民自食的）肉用牛。淘汰的耕牛、奶牛也应计算在内。

当年（期内）出售和自宰的肉用羊 是指当年（报告期内）国营农场等全民所有制生产单位、乡、村各种经济组织和农民、机关团体、学校、工矿企业、部队等单位以及城镇居民饲养的、供屠宰并已出栏的（包括交售国家在集市上出售和农民自食的）肉用羊。剥皮后作肉用的羊和淘汰的奶羊等也应计算在内。

出栏率 是分析饲养牲畜特别是饲养肉用牲畜向社会提供畜产品数量多少的指标它反映畜群周转的快慢反映饲养产品畜的经济效果和生产水平。其计算公式为：

出栏率=本期出栏头数(包括出售和自宰的)/上期末头数×100%

猪、牛、羊肉产量 是指当年出栏并已屠宰的猪、牛、羊肉产量即屠宰后去头、蹄、下水后带肉的重量也叫胴体重。此项指标可通过典型调查、抽样调查和收购部门掌握的资料取得平均每头胴体重数据和出栏头数推算。

从事农事劳役的牲畜 是指本年度内实际投入田间生产活动 如耕翻、 播种、中耕、浇水、施肥、送粪、拉运等庄稼活的役畜 不包括由于年岁太小或已经衰老实际没有干庄稼活的役畜 也不包括专门用于副业生产（如碾米磨 面）和用于专业性运输的牲畜。有的牲畜如有时参加田间劳役 有时参加副业劳役 则只包括其中主要和经常参加田间劳役的头数。

能繁殖的母畜 是指已达到生殖年龄有生殖能力的母畜不论是否配种受胎均应算作能繁殖的母畜。有的母畜虽未达到或已经超过生殖年龄但实际上配种受胎的也应算作能繁殖的母畜。有的母畜虽在生殖年龄内但已经丧失生殖能力的则不统计在内。能繁殖的母猪是指已达到生殖年龄而专门留作繁殖的母猪。母畜生殖年龄的标准：一般是二岁以上的牛、驴，3岁以上的马，9个月以上的猪，1岁以上的羊。

规下工业和规下服务业

资料整理：任焱丽　吕少辉

4-1 历年规模以下工业主要经济指标

年 份	企业单位数(个)	企业从业人员(万人)	增加值指数(%)	企 业	个 体
1998	71160	232.53			
1999	70711	223.46	107.5	110.0	106.2
2000	71239	201.92	111.5	113.7	110.2
2001	71686	205.42	109.6	109.9	109.4
2002	72418	225.38	109.9	109.7	109.9
2003	69915	212.19	113.5	103.7	119.6
2004	66420	196.19	110.5	113.7	108.8
2005	64625	219.76	110.8	111.0	110.7
2006	67542	214.32	110.4	111.3	109.8
2007	75134	218.22	109.5	112.6	107.4
2008	70460	185.92	106.1	98.7	110.4
2009	75266	159.25	105.0	100.0	107.4
2010	84400	177.27	103.0	102.5	103.3
2011	83383	176.81	106.0	106.1	106.0
2012	74328	157.06	101.9	102.1	101.8
2013	71617	140.38	103.5	103.8	103.3
2014	68096	130.07	102.7	102.9	102.5
2015	53940	98.60	105	105.3	104.6

注：规模以下工业指标均为抽样调查数据。

4-2 规下服务业企业调查主要经济指标(2015年)

项 目	单 位	2015年经济总量	增速
单位数	个	123701	8.1%
固定资产原价	万元	18335414	30.9%
资产总计	万元	29492402	-19.8%
负债合计	万元	10846174	37.9%
营业收入	万元	13960649	15.4%
营业成本	万元	7475846	17.7%
营业税金及附加	万元	375600	10.4%
销售费用	万元	981398	59.4%
管理费用	万元	2092104	0.8%
财务费用	万元	279360	-23.5%
营业利润	万元	2177328	12.1%
利润总额	万元	2251789	10.3%
应付职工薪酬	万元	2924823	14.3%
应交增值税	万元	195662	41.1%
从业人员平均人数	人	1126414	8.5%

4-3 铁路运输业主要经济指标(2015年)

项　　目	单　位	2015年经济总量	增速
单位数	个	109	11.4%
固定资产原价	万元	16380	18.5%
资产总计	万元	20230	24.3%
负债合计	万元	3961	20.0%
营业收入	万元	22479	31.5%
营业成本	万元	17486	29.4%
营业税金及附加	万元	643	34.9%
销售费用	万元	356	21.0%
管理费用	万元	928	37.8%
财务费用	万元	146	11.8%
营业利润	万元	2596	44.3%
利润总额	万元	2620	35.4%
应付职工薪酬	万元	2299	16.7%
应交增值税	万元	109	-12.7%
从业人员平均人数	人	839	16.1%

4-4 道路运输业主要经济指标(2015年)

项　　目	单　位	2015年经济总量	增速
单位数	个	4665	15.4%
固定资产原价	万元	631256	2.5%
资产总计	万元	954436	0.8%
负债合计	万元	567339	-12.9%
营业收入	万元	736662	17.0%
营业成本	万元	389133	5.0%
营业税金及附加	万元	27772	28.6%
销售费用	万元	85713	36.4%
管理费用	万元	86909	0.5%
财务费用	万元	12438	18.8%
营业利润	万元	115269	83.7%
利润总额	万元	118773	76.6%
应付职工薪酬	万元	166411	20.6%
应交增值税	万元	9459	18.9%
从业人员平均人数	人	56546	8.5%

4-5 水上运输业主要经济指标(2015年)

项　目	单　位	2015年经济总量	增速
单位数	个	86	16.7%
固定资产原价	万元	56130	14.6%
资产总计	万元	61030	14.6%
负债合计	万元	19397	70.8%
营业收入	万元	26495	17.4%
营业成本	万元	14729	13.6%
营业税金及附加	万元	716	13.4%
销售费用	万元	1375	14.5%
管理费用	万元	1568	9.0%
财务费用	万元	413	3.3%
营业利润	万元	6404	42.7%
利润总额	万元	6142	34.0%
应付职工薪酬	万元	5746	20.7%
应交增值税	万元	176	10.0%
从业人员平均人数	人	1976	12.4%

4-6 航空运输业主要经济指标(2015年)

项　目	单　位	2015年经济总量	增速
单位数	个	35	14.1%
固定资产原价	万元	8090	46.0%
资产总计	万元	17286	12.2%
负债合计	万元	11939	31.8%
营业收入	万元	1720	12.1%
营业成本	万元	634	-30.3%
营业税金及附加	万元	54	9.1%
销售费用	万元	118	210.6%
管理费用	万元	2031	19.6%
财务费用	万元	260	434.9%
营业利润	万元	-1414	16.2%
利润总额	万元	-1413	16.3%
应付职工薪酬	万元	737	7.8%
应交增值税	万元	-1295	36.8%
从业人员平均人数	人	247	9.0%

4-7 管道运输业主要经济指标(2015年)

项目	单位	2015年经济总量	增速
单位数	个	9	4.8%
固定资产原价	万元	12332	2.3%
资产总计	万元	89127	-3.3%
负债合计	万元	8840	-35.5%
营业收入	万元	2439	143.8%
营业成本	万元	2091	196.6%
营业税金及附加	万元	46	-10.0%
销售费用	万元	40	46.0%
管理费用	万元	565	94.5%
财务费用	万元	-709	-13.0%
营业利润	万元	396	-34.4%
利润总额	万元	396	-34.4%
应付职工薪酬	万元	951	-3.1%
应交增值税	万元	-1725	-225.1%
从业人员平均人数	人	104	-7.1%

4-8 装卸搬运和运输代理业主要经济指标(2015年)

项目	单位	2015年经济总量	增速
单位数	个	1554	13.2%
固定资产原价	万元	191821	16.6%
资产总计	万元	487751	31.3%
负债合计	万元	178312	74.8%
营业收入	万元	353916	19.9%
营业成本	万元	219278	16.1%
营业税金及附加	万元	8712	21.5%
销售费用	万元	17852	14.4%
管理费用	万元	42523	30.1%
财务费用	万元	5156	32.7%
营业利润	万元	45823	28.4%
利润总额	万元	48573	28.3%
应付职工薪酬	万元	51519	14.7%
应交增值税	万元	4141	18.3%
从业人员平均人数	人	16556	12.6%

4-9 仓储业主要经济指标(2015年)

项　目	单　位	2015年经济总量	增速
单位数	个	1504	7.8%
固定资产原价	万元	362502	26.4%
资产总计	万元	713928	4.8%
负债合计	万元	289392	-8.3%
营业收入	万元	489975	16.9%
营业成本	万元	312960	13.7%
营业税金及附加	万元	7904	-1.0%
销售费用	万元	12521	28.3%
管理费用	万元	43739	36.6%
财务费用	万元	14714	27.8%
营业利润	万元	79410	2.0%
利润总额	万元	85142	9.1%
应付职工薪酬	万元	44835	24.9%
应交增值税	万元	1367	127.8%
从业人员平均人数	人	18591	14.1%

4-10 邮政业主要经济指标(2015年)

项　目	单　位	2015年经济总量	增速
单位数	个	691	9.3%
固定资产原价	万元	66888	18.5%
资产总计	万元	168965	15.4%
负债合计	万元	32373	22.8%
营业收入	万元	112595	20.4%
营业成本	万元	59988	9.8%
营业税金及附加	万元	3395	8.0%
销售费用	万元	5692	28.0%
管理费用	万元	10048	40.1%
财务费用	万元	2014	22.4%
营业利润	万元	20479	15.9%
利润总额	万元	20693	15.5%
应付职工薪酬	万元	23504	16.9%
应交增值税	万元	1215	-20.4%
从业人员平均人数	人	8445	12.8%

4-11 电信、广播电视和卫星传输服务业主要经济指标(2015年)

项 目	单 位	2015年经济总量	增速
单位数	个	615	12.4%
固定资产原价	万元	97361	16.5%
资产总计	万元	123765	15.2%
负债合计	万元	34291	-18.5%
营业收入	万元	112945	22.9%
营业成本	万元	59239	19.3%
营业税金及附加	万元	4651	14.8%
销售费用	万元	6402	31.8%
管理费用	万元	10346	16.9%
财务费用	万元	2877	19.8%
营业利润	万元	17572	21.9%
利润总额	万元	19298	19.1%
应付职工薪酬	万元	16630	15.5%
应交增值税	万元	1545	30.3%
从业人员平均人数	人	5654	12.4%

4-12 互联网和相关服务业主要经济指标(2015年)

项 目	单 位	2015年经济总量	增速
单位数	个	735	4.0%
固定资产原价	万元	42102	9.4%
资产总计	万元	159249	8.5%
负债合计	万元	31457	22.3%
营业收入	万元	62156	4.8%
营业成本	万元	36558	2.3%
营业税金及附加	万元	2125	13.4%
销售费用	万元	3932	-0.7%
管理费用	万元	10786	7.4%
财务费用	万元	1017	-0.9%
营业利润	万元	5039	74.9%
利润总额	万元	5384	42.7%
应付职工薪酬	万元	11975	0.5%
应交增值税	万元	1865	7.4%
从业人员平均人数	人	4614	-5.4%

4-13 软件和信息技术服务业主要经济指标(2015年)

项　　目	单　位	2015年经济总量	增速
单位数	个	3474	7.8%
固定资产原价	万元	274140	45.6%
资产总计	万元	1946086	24.7%
负债合计	万元	1376212	44.4%
营业收入	万元	368383	7.7%
营业成本	万元	209198	-2.6%
营业税金及附加	万元	5534	7.9%
销售费用	万元	22226	11.9%
管理费用	万元	123890	-13.0%
财务费用	万元	6746	-10.5%
营业利润	万元	-22607	-64.9%
利润总额	万元	-18994	-68.9%
应付职工薪酬	万元	107196	11.7%
应交增值税	万元	10330	1.5%
从业人员平均人数	人	33207	9.0%

4-14 物业管理业主要经济指标(2015年)

项　　目	单　位	2015年经济总量	增速
单位数	个	3259	5.8%
固定资产原价	万元	188222	7.4%
资产总计	万元	914952	-1.7%
负债合计	万元	649174	1.9%
营业收入	万元	466106	13.3%
营业成本	万元	185723	25.2%
营业税金及附加	万元	32325	11.5%
销售费用	万元	44242	-1.9%
管理费用	万元	134922	12.5%
财务费用	万元	3398	-12.0%
营业利润	万元	45028	4.0%
利润总额	万元	44321	1.0%
应付职工薪酬	万元	168682	11.5%
应交增值税	万元	6815	694.9%
从业人员平均人数	人	75977	11.2%

4-15 房地产中介业主要经济指标(2015年)

项　目	单　位	2015年经济总量	增速
单位数	个	2305	7.9%
固定资产原价	万元	308213	0.3%
资产总计	万元	649710	22.8%
负债合计	万元	252973	33.6%
营业收入	万元	280349	22.8%
营业成本	万元	94079	15.2%
营业税金及附加	万元	12982	9.3%
销售费用	万元	13846	13.2%
管理费用	万元	82269	11.6%
财务费用	万元	2090	-25.2%
营业利润	万元	58791	47.9%
利润总额	万元	59362	45.5%
应付职工薪酬	万元	73773	13.8%
应交增值税	万元	2520	34.3%
从业人员平均人数	人	25721	5.4%

4-16 租赁业主要经济指标(2015年)

项　目	单　位	2015年经济总量	增速
单位数	个	3007	7.1%
固定资产原价	万元	776734	8.3%
资产总计	万元	1562515	14.6%
负债合计	万元	670311	13.6%
营业收入	万元	352131	19.8%
营业成本	万元	165926	12.7%
营业税金及附加	万元	6223	14.1%
销售费用	万元	12190	0.5%
管理费用	万元	57478	5.2%
财务费用	万元	13510	-26.0%
营业利润	万元	55561	55.8%
利润总额	万元	53556	61.8%
应付职工薪酬	万元	69297	15.7%
应交增值税	万元	3184	31.0%
从业人员平均人数	人	23026	10.3%

4-17 商务服务业主要经济指标(2015年)

项　目	单　位	2015年经济总量	增速
单位数	个	20065	7.5%
固定资产原价	万元	1806080	19.5%
资产总计	万元	3331449	-78.9%
负债合计	万元	1232663	-25.7%
营业收入	万元	3253749	15.6%
营业成本	万元	1683999	27.5%
营业税金及附加	万元	77605	1.7%
销售费用	万元	369413	361.9%
管理费用	万元	530479	-26.9%
财务费用	万元	31416	-75.6%
营业利润	万元	467378	-1.2%
利润总额	万元	481350	-0.4%
应付职工薪酬	万元	632032	4.1%
应交增值税	万元	60387	113.1%
从业人员平均人数	人	200870	5.2%

4-18 研究和试验发展业主要经济指标(2015年)

项　目	单　位	2015年经济总量	增速
单位数	个	559	4.0%
固定资产原价	万元	104934	13.9%
资产总计	万元	343469	13.0%
负债合计	万元	159479	2.5%
营业收入	万元	108935	19.8%
营业成本	万元	69999	33.5%
营业税金及附加	万元	1499	-1.9%
销售费用	万元	5753	-19.9%
管理费用	万元	20889	12.6%
财务费用	万元	1040	-6.5%
营业利润	万元	5912	26.4%
利润总额	万元	6366	11.6%
应付职工薪酬	万元	22705	25.6%
应交增值税	万元	1415	-2.1%
从业人员平均人数	人	6855	11.7%

4-19　专业技术服务业主要经济指标(2015年)

项　　目	单　位	2015年经济总量	增速
单位数	个	6120	13.0%
固定资产原价	万元	929703	17.2%
资产总计	万元	1812148	15.8%
负债合计	万元	736324	11.0%
营业收入	万元	995022	6.2%
营业成本	万元	431450	12.8%
营业税金及附加	万元	39391	13.8%
销售费用	万元	84819	61.4%
管理费用	万元	292063	-5.2%
财务费用	万元	17450	7.1%
营业利润	万元	90509	-13.0%
利润总额	万元	89714	-14.4%
应付职工薪酬	万元	248036	34.1%
应交增值税	万元	16561	-4.1%
从业人员平均人数	人	90963	10.7%

4-20　技术推广和应用服务业主要经济指标(2015年)

项　　目	单　位	2015年经济总量	增速
单位数	个	15039	5.8%
固定资产原价	万元	2445959	7.0%
资产总计	万元	3627750	7.0%
负债合计	万元	655810	12.0%
营业收入	万元	2853388	13.0%
营业成本	万元	1650775	12.5%
营业税金及附加	万元	47390	0.4%
销售费用	万元	140143	-3.2%
管理费用	万元	140952	9.4%
财务费用	万元	61608	11.5%
营业利润	万元	695839	22.4%
利润总额	万元	698412	17.1%
应付职工薪酬	万元	464159	14.5%
应交增值税	万元	38048	31.8%
从业人员平均人数	人	211420	4.7%

4-21 水利管理业主要经济指标(2015年)

项　目	单　位	2015年经济总量	增速
单位数	个	757	13.5%
固定资产原价	万元	1565461	13.3%
资产总计	万元	1958941	13.2%
负债合计	万元	164512	0.7%
营业收入	万元	147647	6.2%
营业成本	万元	80248	-1.0%
营业税金及附加	万元	4999	6.3%
销售费用	万元	8142	-5.0%
管理费用	万元	21523	13.3%
财务费用	万元	2517	51.3%
营业利润	万元	24751	12.4%
利润总额	万元	25497	14.0%
应付职工薪酬	万元	28307	17.3%
应交增值税	万元	2811	10.0%
从业人员平均人数	人	10046	12.6%

4-22 生态保护和环境治理业主要经济指标(2015年)

项　目	单　位	2015年经济总量	增速
单位数	个	294	2.1%
固定资产原价	万元	124951	3.8%
资产总计	万元	293295	31.0%
负债合计	万元	88481	89.8%
营业收入	万元	78685	33.4%
营业成本	万元	48561	37.2%
营业税金及附加	万元	1043	29.7%
销售费用	万元	2613	22.2%
管理费用	万元	5201	15.3%
财务费用	万元	868	18.5%
营业利润	万元	19546	41.6%
利润总额	万元	19766	43.2%
应付职工薪酬	万元	11811	12.7%
应交增值税	万元	916.91	91.9%
从业人员平均人数	人	4178	2.9%

4-23 公共设施管理业主要经济指标(2015年)

项　　目	单　位	2015年经济总量	增速
单位数	个	1279	2.3%
固定资产原价	万元	4527561	159.9%
资产总计	万元	5090724	123.9%
负债合计	万元	2728900	1308.4%
营业收入	万元	249080	1.5%
营业成本	万元	155070	11.4%
营业税金及附加	万元	8919	-5.3%
销售费用	万元	13434	-5.7%
管理费用	万元	160697	563.3%
财务费用	万元	3309	-54.2%
营业利润	万元	-101403	-339.1%
利润总额	万元	-98071	-316.1%
应付职工薪酬	万元	83118	39.9%
应交增值税	万元	2302	14.1%
从业人员平均人数	人	27600	21.0%

4-24 居民服务业主要经济指标(2015年)

项　　目	单　位	2015年经济总量	增速
单位数	个	2697	8.0%
固定资产原价	万元	151289	22.8%
资产总计	万元	261423	12.6%
负债合计	万元	39351	11.9%
营业收入	万元	250029	21.6%
营业成本	万元	131642	15.0%
营业税金及附加	万元	8391	24.2%
销售费用	万元	14226	78.1%
管理费用	万元	22887	11.4%
财务费用	万元	10272	20.6%
营业利润	万元	58763	34.4%
利润总额	万元	94030	18.9%
应付职工薪酬	万元	61361	13.5%
应交增值税	万元	2423	27.2%
从业人员平均人数	人	28101	10.7%

4-25 机动车、电子产品和日用产品修理业主要经济指标(2015年)

项　　目	单　位	2015年经济总量	增速
单位数	个	3007	9.4%
固定资产原价	万元	215217	23.8%
资产总计	万元	443796	18.8%
负债合计	万元	105966	8.3%
营业收入	万元	408425	25.7%
营业成本	万元	203965	36.7%
营业税金及附加	万元	16875	37.4%
销售费用	万元	19528	-9.8%
管理费用	万元	32851	-6.2%
财务费用	万元	8598	-3.0%
营业利润	万元	112255	37.3%
利润总额	万元	112270	34.3%
应付职工薪酬	万元	77896	10.8%
应交增值税	万元	7412	-4.1%
从业人员平均人数	人	28576	8.1%

4-26 其他服务业主要经济指标(2015年)

项　　目	单　位	2015年经济总量	增速
单位数	个	1118	9.3%
固定资产原价	万元	67736	27.2%
资产总计	万元	245726	19.6%
负债合计	万元	130696	2.4%
营业收入	万元	108588	-1.3%
营业成本	万元	61424	-13.4%
营业税金及附加	万元	3859	21.5%
销售费用	万元	4163	0.2%
管理费用	万元	11432	-13.6%
财务费用	万元	1235	17.7%
营业利润	万元	19500	33.6%
利润总额	万元	20081	35.1%
应付职工薪酬	万元	22245	7.5%
应交增值税	万元	1748	-26.5%
从业人员平均人数	人	11903	41.6%

4-27　教育业主要经济指标(2015年)

项　　目	单　位	2015年经济总量	增速
单位数	个	14482	7.1%
固定资产原价	万元	1664738	8.7%
资产总计	万元	1836746	9.1%
负债合计	万元	212655	10.1%
营业收入	万元	635390	10.3%
营业成本	万元	313684	12.6%
营业税金及附加	万元	11820	8.1%
销售费用	万元	23066	13.5%
管理费用	万元	112351	19.4%
财务费用	万元	44567	3.4%
营业利润	万元	106409	9.5%
利润总额	万元	105662	9.7%
应付职工薪酬	万元	222109	9.6%
应交增值税	万元	3697	42.2%
从业人员平均人数	人	96317	9.7%

4-28　卫生业主要经济指标(2015年)

项　　目	单　位	2015年经济总量	增速
单位数	个	22885	5.0%
固定资产原价	万元	787501	11.1%
资产总计	万元	944530	11.4%
负债合计	万元	108286	23.0%
营业收入	万元	517593	20.2%
营业成本	万元	317598	20.8%
营业税金及附加	万元	4698	37.2%
销售费用	万元	28161	18.9%
管理费用	万元	42163	20.0%
财务费用	万元	18454	25.5%
营业利润	万元	82620	19.2%
利润总额	万元	85669	19.3%
应付职工薪酬	万元	129874	17.9%
应交增值税	万元	3682	62.9%
从业人员平均人数	人	64179	5.5%

4-29 社会工作业主要经济指标(2015年)

项　　目	单　位	2015年经济总量	增速
单位数	个	1567	20.8%
固定资产原价	万元	184683	21.3%
资产总计	万元	281714	21.0%
负债合计	万元	2803	12.6%
营业收入	万元	13768	26.5%
营业成本	万元	5484	20.7%
营业税金及附加	万元	175	9.8%
销售费用	万元	257	20.9%
管理费用	万元	2198	18.8%
财务费用	万元	422	16.9%
营业利润	万元	1978	19.1%
利润总额	万元	2158	29.0%
应付职工薪酬	万元	5718	31.1%
应交增值税	万元	142	-8.2%
从业人员平均人数	人	4009	19.9%

4-30 新闻和出版业主要经济指标(2015年)

项　　目	单　位	2015年经济总量	增速
单位数	个	146	18.8%
固定资产原价	万元	9935	25.0%
资产总计	万元	22302	9.7%
负债合计	万元	15201	27.5%
营业收入	万元	14596	16.7%
营业成本	万元	7615	3.9%
营业税金及附加	万元	600	28.5%
销售费用	万元	1699	74.4%
管理费用	万元	3672	-2.4%
财务费用	万元	151	13.5%
营业利润	万元	-241	-64.8%
利润总额	万元	1304	14.4%
应付职工薪酬	万元	5978	35.2%
应交增值税	万元	439	15.9%
从业人员平均人数	人	1823	15.3%

4-31 广播、电视、电影和影视录音制作业主要经济指标(2015年)

项 目	单 位	2015年经济总量	增速
单位数	个	367	2.1%
固定资产原价	万元	91072	12.4%
资产总计	万元	187755	42.9%
负债合计	万元	101660	39.6%
营业收入	万元	157277	177.2%
营业成本	万元	131936	258.2%
营业税金及附加	万元	1296	3.9%
销售费用	万元	8002	2.1%
管理费用	万元	15581	64.0%
财务费用	万元	862	-54.3%
营业利润	万元	-1905	-13.4%
利润总额	万元	-1541	3.9%
应付职工薪酬	万元	15460	46.8%
应交增值税	万元	2458	97.5%
从业人员平均人数	人	4390	8.4%

4-32 文化艺术业主要经济指标(2015年)

项 目	单 位	2015年经济总量	增速
单位数	个	4217	15.6%
固定资产原价	万元	195252	14.8%
资产总计	万元	403977	11.9%
负债合计	万元	123309	25.8%
营业收入	万元	262284	23.5%
营业成本	万元	154082	29.3%
营业税金及附加	万元	8403	32.0%
销售费用	万元	12819	5.0%
管理费用	万元	24332	14.3%
财务费用	万元	2884	-18.0%
营业利润	万元	50749	20.2%
利润总额	万元	50651	20.9%
应付职工薪酬	万元	47738	14.7%
应交增值税	万元	6175	151.3%
从业人员平均人数	人	17945	15.3%

4-33 体育业主要经济指标(2015年)

项　　目	单　位	2015年经济总量	增速
单位数	个	304	9.5%
固定资产原价	万元	57702	4.9%
资产总计	万元	75842	0.2%
负债合计	万元	30755	19.8%
营业收入	万元	26323	13.7%
营业成本	万元	10781	10.3%
营业税金及附加	万元	884	17.8%
销售费用	万元	2793	19.2%
管理费用	万元	7082	11.8%
财务费用	万元	1318	21.2%
营业利润	万元	1959	138.5%
利润总额	万元	1916	126.5%
应付职工薪酬	万元	7383	24.4%
应交增值税	万元	207	18.5%
从业人员平均人数	人	2822	11.5%

4-34 娱乐业主要经济指标(2015年)

项　　目	单　位	2015年经济总量	增速
单位数	个	6751	13.3%
固定资产原价	万元	373470	20.7%
资产总计	万元	461790	18.8%
负债合计	万元	83352	15.5%
营业收入	万元	491565	18.2%
营业成本	万元	250510	12.8%
营业税金及附加	万元	24674	14.0%
销售费用	万元	15865	24.9%
管理费用	万元	37749	9.3%
财务费用	万元	8322	5.6%
营业利润	万元	114363	21.1%
利润总额	万元	112704	15.6%
应付职工薪酬	万元	95336	19.4%
应交增值税	万元	5132	33.2%
从业人员平均人数	人	42914	13.4%

4-35 分地市营业收入(2015年)

项　　目	单　位	2015年经济总量	增速
郑州	万元	2823953	16.4%
开封	万元	1481940	12.2%
洛阳	万元	897325	14.8%
平顶山	万元	359413	15.4%
安阳	万元	319258	7.8%
鹤壁	万元	139254	18.0%
新乡	万元	599700	12.5%
焦作	万元	295876	14.0%
濮阳	万元	548903	16.0%
许昌	万元	1529442	14.7%
漯河	万元	321710	17.5%
三门峡	万元	254305	18.8%
南阳	万元	1253101	16.2%
商丘	万元	775625	16.2%
信阳	万元	538889	18.3%
周口	万元	839148	13.6%
驻马店	万元	648105	17.3%
济源	万元	177204	12.1%

主要统计指标解释

服务业 调查的行业范围与对象和规模以上服务业统计制度相衔接。包括 10 个门类、31 个行业大类（702 物业管理，703 房地产中介）。131 个行业中类，247 个行业小类。

规模：规模以下服务业统计制度调查对象是年末从业人员 50 人以下，且年营业收入 1000 万元以下的服务业样本法人单位。具体包括：交通运输、仓储和邮政业，信息传输、软件和信息技术服务业，租赁和商务服务业，科学研究和技术服务业，水利、环境和公共设施管理业，教育，卫生和社会工作，物业管理、房地产中介服务等行业。居民服务、修理和其他服务业，文化、体育和娱乐业是年末从业人员 50 人以下，且年营业收入 500 万元以下的服务业样本法人单位。

企业主要经济指标

固定资产原价 指固定资产的成本，包括企业在购置、自行建造、安装、改建、扩建、技术改造某项固定资产时所发生的全部支出总额。根据会计“固定资产”科目的期末借方余额填报。

资产总计 指企业过去的交易或者事项形成的、由企业拥有或者控制的、预期会给企业带来经济利益的资源。资产一般按流动性（资产的变现或耗用时间长短）分为流动资产和非流动资产。其中流动资产可分为货币资金、交易性金融资产、应收票据、应收账款、预付款项、其他应收款、存货等；非流动资产可分为长期股权投资、固定资产、无形资产及其他非流动资产等。根据会计“资产负债表”中“资产总计”项目的期末余额数填报。

负债合计 指企业过去的交易或者事项形成的，预期会导致经济利益流出企业的现时义务。负债一般按偿还期长短分为流动负债和非流动负债。根据会计“资产负债表”中“负债合计”项目的期末余额数填报。

营业收入 指企业经营主要业务和其他业务所确认的收入总额。营业收入合计包括“主营业务收入”和“其他业务收入”。根据会计“利润表”中“营业收入”项目的本季金额数填报。

营业成本 指企业经营主要业务和其他业务所发生的成本总额。包括企业（单位）在报告期内从事销售商品、提供劳务等日常活动发生的各种耗费。包括“主营业务成本”和“其他业务成本”。根据会计“利润表”中“营业成本”项目的本季金额数填报。

营业税金及附加 指企业因从事生产经营活动按税法规定缴纳的应从经营收入中抵扣的税金和附加，包括营业税、消费税、城市维护建设税、教育费附加等。根据会计“利润表”中“营业税金及附加”项目的本季金额数填报。

销售费用 指企业在销售商品和材料、提供劳务的过程中发生的各种费用，包括保险费、包装费、展览费和广告费、商品维修费、预计产品质量保证损失、运输费、装卸费等以及为销售本企业商品而专设的销售机构（含销售网点、售后服务网点等）的职工薪酬、业务费、折旧费等经营费用。建筑业企业销售费用指企业从事施工生产活动过程中发生的各项费用，包括应由企业负担的运输费、装卸费、包装费、保险费、维修费、展览费、差旅费、广告费和其他经费。房地产企业销售费用指企业在从事主要经营业务过程中所发生的各项销售费用，包括转让、销售、结算和出租开发产品等。根据会计“利润表”中“销售费用”项目的本季金额数填报。未执行 2006 年《企业会计准则》的企业，根据会计“利润表”中“营业费用（或经营费用)”项目的本季金额数填报。

管理费用 指企业为组织和管理企业生产经营所发生的费用，包括企业在筹建期间内发生的开办费、董事会和行政管理部门在企业经营管理中发生的，或者应当由企业统一负担的公司经费等。根据会计“利润表”中“管理费用”项目的本季金额数填报。

财务费用 指企业为筹集生产经营所需资金等而发生的筹资费用，包括企业生产经营期间发生的利息支出（减利息收入）、汇兑损失（减汇兑收益）以及相关的手续费等。根据会计“利润表”中“财务费用”项目的本季金额数填报。

营业利润 指企业从事生产经营活动所取得的利润。执行2006年《企业会计准则》的企业，营业利润为营业收入减去营业成本、营业税金及附加、销售费用、管理费用、财务费用、资产减值损失，再加上公允价值变动收益和投资收益。未执行2006年《企业会计准则》的企业，营业利润为主营业务收入减去主营业务成本、主营业务税金及附加，加上其他业务利润后，再减去销售费用、管理费用、财务费用后的金额。根据会计“利润表”中“营业利润”项目的本季金额数填报。

利润总额 指企业在一定会计期间的经营成果，是生产经营过程中各种收入扣除各种耗费后的盈余，反映企业在报告期内实现的盈亏总额。根据会计“利润表”中“利润总额”项目的本季金额数填报。执行2006年《企业会计准则》的企业，利润总额为营业利润加上营业外收入，减去营业外支出后的金额；未执行2006年《企业会计准则》的企业，利润总额为营业利润加上投资收益、补贴收入、营业外收入，再减去营业外支出后的金额。

应付职工薪酬 指企业为获得职工提供的服务而给予各种形式的报酬以及其他相关支出。包括职工工资、奖金、津贴和补贴，职工福利费，医疗保险费、养老保险费、失业保险费、工伤保险费和生育保险费等社会保险费，住房公积金，工会经费和职工教育经费，非货币性福利，因解除与职工的劳动关系给予的补偿，其他与获得职工提供的服务相关的支出。执行2006年《企业会计准则》的企业，根据会计科目“应付职工薪酬”的本年贷方累计发生额填报；未执行2006年《企业会计准则》的企业，应将本年上述职工薪酬包含的科目归并填报。

应交增值税 指企业按税法规定，从事货物销售或提供加工、修理修配劳务等增加货物价值的活动本季应交纳的税金，不含期初未抵扣税额。根据会计相关科目贷方累计发生额，按下述公式计算填报：

应交增值税=销项税额－(进项税额－进项税额转出)－出口抵减内销产品应纳税额－减免税款＋出口退税

进项税额 指企业在报告期内购入货物或接受应税劳务而支付的、准予从销项税额中抵扣的增值税额。

销项税额 指企业在报告期内销售货物或提供应税劳务应收取的增值税额。

从业人员平均人数 指报告期内（年度、季度、月度）平均拥有的从业人员数。季度或年度平均人数按单位实际月平均人数计算得到，不得用期末人数替代。

工业 指从事自然资源的开采，对采掘品和农产品进行加工和再加工的生产活动部门。工业行业划分标准及代码依照国家标准《国民经济行业分类》执行。工业生产活动主要包括：对自然资源的开采，如采矿、晒盐等，但不包括禽兽捕猎和水产捕捞；对农副产品的加工、再加工，如粮油加工、食品加工、缫丝、纺织、制革等；对采掘品的加工、再加工，如冶金加工、石油加工、化学加工、机械加工、木材加工等，以及电力、煤气及水的生产和供应等；对工业品的修理、翻新，如机器设备、交通运输的修理等，不包括属于居民服务业的日用品修理、摩托车修理和自行车修理。

工业企业 必须同时具备下列条件：有固定或相对固定的生产组织、场所、设备和从事工业生产的人员；常年从事工业生产活动，或全年开工三个月以上的季节性工业生产活动；能够同农业及其他生产行业分开核算(会计上独立核算)；向当地工商行政管理部门领取了营业执照。

个体工业单位 生产资料归劳动者个人所有，以个体劳动为基础，从事工业生产活动，劳动成果归劳动者个人占有和支配的一种经营单位。包括：(1)按照《民法通则》和《城乡个体工商户管理暂行条例》规定经各级工商行政管理机关登记注册、领取《营业执照》的个体工业户。具体是指公民在法律允许范围内，依法经核准登记，从事工业活动的个体劳动者。(2)没有领取《营业执照》但实际从事工业生产活动的城镇、农村个体经营单位。但不包括农民家庭以辅助劳力或利用农闲时间进行的一些兼营性的工业、商业及其它活动。

个体工业统计范围不包括的活动有：(1)农民家庭以从事农业为主，以辅助劳力或利用农闲时间进行的一些工业生产活动或其他生产活动，如竹藤棕草编织、毛衣、手套、塑料提蓝编织、挑花、刺绣、抽纱、刷纸等，属农民家庭兼营工业。(2)农村中的一些经营活动，如养蜂、养鸡、养鸭、养猪、养鹅、生豆芽、养磨菇、养蚕、养鱼、炕房、烘房、孵坊、采种、育苗等，不论其单位名称如何，均属相应的农业、畜牧业、林业、渔业。(3)农村中一些从事流动性上门干活的工匠，如木匠、蔑匠、弹花、缝纫、油漆匠等，还有从事流动性的服务作业，如走街串巷、逢场赶集、赶会的屠宰户及临时性的豆制品加工等。(4)从事生活用品修理的单位，如钟表、钢笔、自行车、衣服、鞋、帽、日用小五金、黑白铁、铝制品、缝纫机和家用电器的修理等。(5)一些商店和饮食店以及一些小商小贩和饮食摊点，它们以商业、饮食业为主，同时也生产加工一些产品，产品直接向消费者出售。如豆腐店出售自己生产的豆腐，肉店购进活猪自己屠宰，玻璃油漆店自己加工的玻璃制品，粮店加工零售挂面、面条、面包，饮食店自产自销一些面包、糕点等。(6)洗染、照相、裱糊、刻图章等单位。

工业增加值　是指工业行业在报告期内以货币表现的工业生产活动的最终成果。

从业人员期末人数　指报告期末最后一日 24 时在本单位中工作，并取得工资或其他形式劳动报酬的人员数。该指标为时点指标，不包括最后一日当天及以前已经与单位解除劳动合同关系的人员，是在岗职工、劳务派遣人员及其他从业人员之和。从业人员不包括：

（1）离开本单位仍保留劳动关系，并定期领取生活费的人员；

（2）利用课余时间打工的学生及在本单位实习的各类在校学生；

（3）本单位因劳务外包而使用的人员，如：建筑业整建制使用的人员。

五 消费价格

资料整理：王　燕

5-1 历年居民消费、商品零售及农业生产资料价格总指数

(上年＝100)

年 份	居民消费价格总指数			商品零售价格总指数			农业生产资料价格总指数
	全 省	城 市	农 村	全 省	城 市	农 村	
1962	96.4	86.1	100.8	100.5	84.4	100.8	99.2
1965	97.0	96.3	97.3	96.8	96.0	97.3	95.7
1970	99.0	99.8	98.5	98.8	99.8	98.5	99.9
1975	100.1	100.2	100.1	100.2	100.2	100.1	100.0
1978	100.1	100.0	100.1	100.1	100.0	100.1	97.9
1980	104.6	106.0	103.8	104.9	106.4	103.8	100.1
1985	104.6	106.5	103.6	105.4	106.4	103.5	103.0
1990	100.7	100.5	100.9	100.1	99.8	100.4	98.3
1991	102.3	105.1	100.0	102.0	105.0	99.6	100.1
1992	105.4	107.7	102.9	105.0	107.5	102.2	101.2
1993	110.4	110.6	110.3	108.3	108.5	108.1	109.2
1994	125.2	127.4	123.5	120.6	118.2	122.3	124.4
1995	116.5	116.9	116.3	114.9	113.3	116.5	125.8
1996	110.5	109.5	110.9	107.9	106.2	109.4	107.9
1997	103.5	102.4	103.9	100.5	99.8	101.2	99.3
1998	97.5	97.9	97.1	96.6	96.6	96.5	94.2
1999	96.9	96.6	97.1	96.2	95.7	96.6	95.7
2000	99.2	99.1	99.2	98.5	98.8	98.3	99.6
2001	100.7	100.7	100.7	99.8	99.5	100.1	99.1
2002	100.1	99.8	100.6	99.2	99.0	99.3	100.8
2003	101.6	101.7	101.4	101.3	101.2	101.4	101.9
2004	105.4	105.4	105.4	105.7	105.3	106.0	111.4
2005	102.1	102.1	102.1	101.7	101.8	101.6	107.9
2006	101.3	101.2	101.5	100.9	100.7	101.1	101.2
2007	105.4	105.4	105.4	104.4	103.8	105.1	106.1
2008	107.0	106.5	107.9	107.5	107.4	107.5	120.9
2009	99.4	98.8	100.4	99.4	99.6	99.2	98.1
2010	103.5	103.4	103.8	103.7	103.5	104.0	103.1
2011	105.6	105.4	106.1	105.7	105.4	106.1	111.1
2012	102.5	102.6	102.4	102.3	102.4	102.1	105.4
2013	102.9	102.9	102.9	101.9	101.6	102.3	101.3
2014	101.9	102.0	101.6	101.0	101.0	101.0	97.9
2015	101.3	101.3	101.2	99.8	99.6	100.0	100.3

5-2 居民消费、商品零售及农业生产资料价格总指数(2015年)

以下列年份为100	居民消费价格总指数			商品零售价格总指数			农业生产资料价格总指数
	全 省	城 市	农 村	全 省	城 市	农 村	
1952	627.7	752.7	561.8	496.2	572.1	469.4	584.2
1957	549.9	655.2	494.1	461.8	501.4	415.6	575.0
1965	506.3	593.1	460.7	407.8	445.6	386.5	555.1
1970	516.2	594.4	474.3	425.5	445.5	398.5	611.9
1975	517.3	594.0	477.3	426.5	445.3	400.9	639.8
1978	513.2	576.8	477.7	415.5	432.3	401.0	626.9
1980	487.4	541.8	456.3	394.4	404.3	384.6	626.1
1985	443.1	464.5	429.0	352.7	347.4	361.2	524.2
1990	277.0	287.6	268.8	222.1	216.9	227.5	311.6
1995	159.6	154.3	165.0	138.7	132.0	145.2	180.0
2000	148.9	146.8	152.9	139.7	136.4	143.1	187.2
2005	135.1	133.5	138.3	129.6	127.6	131.9	153.0
2006	133.4	131.9	136.3	128.4	126.8	130.4	151.1
2007	126.6	125.1	129.3	123.0	122.1	124.1	142.5
2008	118.3	117.5	119.8	114.4	113.7	115.4	117.8
2009	119.0	118.9	119.4	115.2	114.2	116.4	120.1
2010	115.0	115.0	114.9	111.1	110.3	111.9	116.5
2011	108.9	109.1	108.4	105.0	104.7	105.5	104.9
2012	106.2	106.4	105.8	102.7	102.2	103.3	99.5
2013	103.2	103.4	102.9	100.8	100.6	101.0	98.2
2014	101.3	101.3	101.2	99.8	99.6	100.0	100.3

5-3 居民消费价格分类指数

类别	2013年			2014年			2015年		
	上年=100			上年=100			上年=100		
	全省	城市	农村	全省	城市	农村	全省	城市	农村
总指数	**102.9**	**102.9**	**102.9**	**101.9**	**102.0**	**101.6**	**101.3**	**101.3**	**101.2**
食品	**105.6**	**105.4**	**105.8**	**102.6**	**102.8**	**102.2**	**101.8**	**102.0**	**101.6**
粮食	106.6	106.3	107.4	105.2	105.1	105.5	102.9	102.9	102.8
淀粉及制品	105.4	106.0	100.4	104.6	104.6	104.0	102.4	102.4	102.5
干豆类及豆制品	108.2	108.2	108.3	104.7	104.9	104.2	103.0	103.5	101.4
油脂	99.7	100.2	99.2	94.8	94.5	95.1	95.3	95.6	94.9
肉禽及其制品	104.8	104.8	104.7	98.8	99.1	98.3	103.5	103.0	104.5
蛋类	104.4	104.9	103.8	114.4	115.0	113.7	85.5	84.9	86.1
水产品类	103.0	103.9	99.5	105.0	105.1	104.5	103.1	103.0	103.6
菜类	110.1	109.8	110.8	95.7	95.8	95.5	107.1	107.1	107.0
鲜菜	110.3	109.7	111.8	94.9	95.0	94.6	107.3	107.4	107.3
调味品	107.7	107.8	107.4	103.9	103.8	104.1	104.1	105.4	102.3
糖类	99.9	99.8	100.1	98.4	99.1	97.8	101.5	100.5	102.4
茶及饮料	103.2	102.9	104.1	102.5	102.5	102.5	102.3	102.9	100.3
干鲜瓜果类	104.1	103.4	106.5	112.8	112.2	114.7	97.4	98.7	93.0
鲜果	106.3	105.8	108.0	118.4	118.8	117.3	94.7	96.1	90.7
糕点饼干面包	104.1	104.0	104.3	102.9	102.7	103.1	101.3	101.5	101.0
液体乳及乳制品	104.5	104.9	103.0	109.2	110.0	105.5	98.5	98.3	99.4
在外用膳食品	106.7	106.0	108.0	103.7	103.5	104.0	103.2	103.2	103.0
其它食品	101.7	100.6	103.7	102.1	100.4	105.1	100.9	100.3	101.9
烟酒	**100.4**	**99.2**	**101.5**	**98.3**	**97.8**	**98.8**	**101.1**	**101.1**	**101.0**
烟草	100.3	100.2	100.6	99.8	99.8	99.7	104.4	103.8	105.1
酒	100.5	98.3	102.0	97.2	95.6	98.3	98.5	98.0	98.8
衣着类	**102.5**	**102.0**	**103.5**	**102.5**	**102.5**	**102.5**	**102.3**	**102.3**	**102.3**
服装	102.5	102.0	103.7	102.6	102.6	102.7	102.4	102.3	102.6
衣着材料	101.0	101.4	100.7	101.0	100.9	101.1	100.7	100.1	101.2
鞋袜帽	102.4	101.6	103.2	102.1	102.1	102.2	101.9	102.2	101.6
衣着加工服务费	108.6	107.5	112.1	106.1	105.0	109.4	108.0	108.4	106.9
家庭设备用品及维修服务	**101.5**	**101.3**	**101.9**	**100.9**	**100.8**	**100.9**	**100.5**	**100.4**	**100.6**
耐用消费品	101.2	101.1	101.3	100.7	100.8	100.5	99.9	99.8	100.0
室内装饰品	100.9	100.5	102.1	100.8	100.6	101.1	100.6	100.4	101.1
床上用品	100.2	99.7	101.2	100.1	99.9	100.7	100.6	100.5	100.7
家庭日用杂品	101.2	100.8	102.2	100.8	100.4	101.8	100.5	100.4	100.9
家庭服务及加工维修服务	110.7	111.3	109.6	105.3	106.7	102.6	107.0	106.6	107.6
医疗保健和个人用品	**101.5**	**100.9**	**102.6**	**101.0**	**100.8**	**101.4**	**102.4**	**102.2**	**103.0**
医疗保健	101.6	101.2	102.2	101.3	101.2	101.4	103.1	102.9	103.5
个人用品及服务	101.3	100.2	103.7	100.4	99.9	101.4	101.0	100.6	101.9
交通和通讯	**100.2**	**100.2**	**100.2**	**99.9**	**99.8**	**100.2**	**97.9**	**97.9**	**98.1**
交通	100.8	100.8	100.8	99.7	99.6	100.0	97.1	96.7	97.8
通信	99.2	99.3	98.8	100.2	100.0	100.6	99.2	99.4	98.6
娱乐、教育、文化用品及服务	**102.9**	**102.9**	**102.8**	**103.2**	**103.6**	**102.4**	**102.1**	**101.8**	**102.7**
文娱用耐用消费品及服务	97.0	96.2	98.1	98.5	97.9	99.4	98.0	97.1	99.2
教育	104.2	104.2	104.1	103.4	103.7	102.7	103.3	103.1	103.8
文化娱乐用品	105.1	106.1	102.3	102.3	102.3	102.1	101.4	101.5	101.0
旅游	101.4	101.0	103.6	108.6	108.8	107.5	101.7	101.3	103.9
居住	**101.9**	**102.4**	**101.1**	**102.2**	**102.3**	**102.0**	**101.0**	**101.2**	**100.8**
建房及装修材料	100.4	101.1	99.9	100.9	101.4	100.5	99.8	100.1	99.5
住房租金	103.5	103.0	104.8	103.8	103.2	105.2	102.6	101.8	104.3
自有住房	103.8	103.9	103.5	104.3	104.0	104.9	102.6	102.5	102.7
水、电、燃料	99.6	100.3	98.4	99.2	99.6	98.6	98.8	98.9	98.7

5-4 历年商品零售价格指数

(上年＝100)

项　　目	2005年	2010年	2011年	2012年	2013年	2014年	2015年
商品零售价格总指数	**101.7**	**103.7**	**105.7**	**102.3**	**101.9**	**101.0**	**99.8**
食品类	103.2	108.7	112.4	103.1	105.6	102.5	101.5
粮食	100.9	111.1	110.3	103.5	107.0	104.8	102.9
淀粉及薯类	103.0	112.0	116.4	106.1	104.5	104.7	102.6
干豆类及豆制品	103.1	111.9	101.9	99.9	108.5	104.4	102.9
油脂	92.5	104.1	112.8	104.8	100.0	95.1	95.3
肉禽及其制品	102.9	104.0	126.3	99.3	104.8	98.8	103.5
蛋	105.2	108.2	112.4	94.7	104.2	114.3	85.9
水产品	101.3	107.4	113.0	108.9	103.3	104.6	102.7
菜	113.2	119.4	99.3	113.4	110.4	95.7	107.1
调味品	100.6	103.3	105.1	105.7	108.7	104.9	103.6
糖	107.4	111.4	114.6	104.7	99.5	98.4	101.4
干鲜瓜果	107.5	119.0	115.0	95.7	104.1	113.3	96.4
糕点饼干面包	100.8	103.0	110.3	106.7	104.1	102.9	101.4
液体乳及乳制品	101.9	101.7	104.4	101.7	104.3	109.3	98.7
在外用膳食品	101.5	104.4	108.3	106.3	106.7	103.6	103.1
其他食品	100.5	100.8	103.6	103.3	101.5	101.4	100.5
饮料、烟酒类	100.6	101.5	104.0	103.8	101.4	99.6	101.0
服装、鞋帽类	98.4	100.9	101.4	103.2	102.7	102.4	102.3
纺织品类	99.8	104.0	109.8	102.4	100.8	100.5	101.0
家用电器及音像器材	97.2	97.8	98.8	99.5	99.8	99.6	98.9
文化办公用品类	98.4	98.7	98.5	99.3	99.2	100.0	99.0
日用品类	99.9	100.1	102.5	102.8	101.3	100.9	100.4
体育娱乐用品类	99.6	99.8	100.8	100.9	100.3	100.6	100.6
交通、通信用品类	94.7	96.1	97.1	97.7	97.4	99.3	95.5
家具	99.1	99.6	102.3	101.8	101.4	101.4	100.7
化妆品类	99.6	100.3	101.1	103.2	102.0	101.0	100.4
金银珠宝类	103.0	111.3	114.3	103.2	91.5	91.6	93.6
中西药品及医疗保健用品类	96.0	104.0	103.9	102.4	102.2	101.7	103.8
书报杂志及电子出版物类	99.7	99.4	100.9	103.9	102.5	100.7	102.1
燃料类	118.2	110.5	113.6	104.5	98.3	98.5	87.8
煤炭及制品	122.8	106.2	116.9	104.2	95.6	96.0	95.2
石油及制品	114.0	113.3	112.3	104.6	99.3	99.4	85.1
建筑材料及五金电料类	102.1	104.3	107.0	101.3	100.0	100.4	99.5

5-5 历年农业生产资料价格指数

(上年=100)

项　　目	2005年	2010年	2011年	2012年	2013年	2014年	2015年
农业生产资料价格总指数	**107.9**	**103.1**	**111.1**	**105.4**	**101.3**	**97.9**	**100.3**
农用手工工具	103.0	101.1	104.9	102.9	105.0	106.1	102.1
农用手工工具	103.0	101.1	104.9	102.9	105.0	106.1	102.1
饲料	101.3	109.1	105.5	106.5	106.4	101.0	96.1
混合饲料	101.9	109.1	104.1	106.0	106.1	100.9	97.6
其　　他	99.2	109.2	109.9	108.1	107.5	101.2	91.5
产品畜	108.0	101.8	136.4	103.1	98.5	93.6	112.3
幼禽家畜	108.0	101.8	136.4	103.1	98.5	93.6	112.3
半机械化农具	104.2	100.9	105.8	104.6	102.3	102.1	101.6
半机械化农具	104.2	100.9	105.8	104.6	102.3	102.1	101.6
机械化农具	101.9	100.1	103.7	100.5	100.3	100.4	99.3
农用机械	101.9	100.1	103.7	100.5	100.3	100.4	99.3
化学肥料	110.7	98.5	115.2	106.0	95.4	91.2	101.7
氮　　肥	107.5	99.2	119.8	107.7	92.5	88.1	103.0
磷　　肥	112.2	101.3	108.6	104.0	99.5	98.6	104.3
钾　　肥	114.4	96.9	107.9	105.5	96.8	98.5	100.5
复合肥料	116.8	93.9	115.0	105.4	96.2	90.3	100.2
农药及农药器械	107.0	100.6	106.0	101.4	102.1	102.6	100.5
化学农药	107.1	99.4	106.3	101.4	102.4	102.5	100.4
杀 虫 剂	108.5	100.4	106.9	100.4	101.1	101.6	100.9
杀 菌 剂	103.8	100.3	106.6	102.2	103.7	102.6	100.4
除 草 剂	105.7	96.3	105.2	102.2	103.0	103.9	99.8
农药器械	104.4	105.9	102.5	100.8	99.6	103.5	100.5
农药器械	104.4	105.9	102.5	100.8	99.6	103.5	100.5
农用机油	110.9	113.1	114.7	104.2	99.3	97.5	83.8
农用机油	110.9	113.1	114.7	104.2	99.3	97.5	83.8
其他农业生产资料	114.2	109.5	108.2	107.9	106.0	102.4	101.4
农用种子	117.6	113.6	108.7	109.2	106.6	102.5	101.8
农用种子	117.6	113.6	108.7	109.2	106.6	102.5	101.8
其他	106.7	99.5	105.6	100.6	102.0	101.6	98.8
农用薄膜	106.7	97.8	104.3	99.3	102.5	102.6	98.0
其　　他	106.7	102.3	107.8	102.8	101.0	99.9	100.2
农业生产服务		102.3	106.9	107.1	106.1	103.9	104.8
排 灌 费		101.6	105.5	111.8	109.2	105.2	104.0
机械作业费		103.3	108.8	105.5	104.8	103.0	104.3
农业用电			100.0	100.0	100.0	100.0	98.2
农业用工			105.6	112.3	111.5	108.4	113.0

5-6 居民消费价格

(上年同期=100)

类　　别	年平均	1月	2月	3月	4月	5月
总　指　数	**101.3**	**101.2**	**101.8**	**101.6**	**101.7**	**101.2**
食品	101.8	101.0	102.3	101.8	102.8	101.1
粮食	102.9	105.7	105.4	105.0	104.7	104.1
大米	101.1	101.5	101.4	101.4	101.5	101.4
面粉	101.2	101.4	101.6	101.4	101.6	101.9
粮食制品	102.4	102.9	102.7	102.7	102.8	102.5
其它	109.0	128.5	126.0	123.0	119.9	116.4
淀粉及制品	102.4	103.9	103.2	103.1	103.5	103.8
淀粉及制品	102.4	103.9	103.2	103.1	103.5	103.8
干豆类及豆制品	103.0	105.3	104.9	105.1	104.9	104.6
干豆	105.0	112.5	112.2	111.5	111.3	110.0
豆制品	102.3	102.7	102.4	102.8	102.6	102.7
油脂	95.3	93.5	92.6	93.1	94.0	94.7
食用植物油	96.4	94.6	94.1	94.5	95.3	95.7
植物油制品	94.1	92.6	91.2	91.8	92.8	93.8
其　　他	103.8	85.3	85.9	88.0	90.0	89.9
肉禽及其制品	103.5	97.9	99.2	100.4	104.8	101.8
食用畜肉及副产品	104.7	95.9	97.2	99.0	106.4	102.5
#猪肉	108.4	94.5	96.8	99.4	111.3	105.2
牛肉	100.2	100.0	99.7	99.8	100.2	99.9
羊肉	93.5	97.0	96.3	96.4	95.5	93.7
畜肉副产品	101.4	98.2	97.6	98.1	100.0	100.9
其它	102.0	99.5	99.5	101.4	102.1	102.1
禽	99.6	104.0	106.1	105.8	101.9	98.3
#鸡	99.2	103.9	106.2	105.9	101.4	97.7
鸭	102.0	103.9	103.9	104.7	104.4	103.4
其它	108.3	108.3	109.3	108.5	114.9	111.5
肉禽加工制品	102.0	101.4	101.6	101.5	101.9	101.8
#畜肉制品	101.2	100.2	100.4	100.1	100.8	100.7
禽制品	103.4	103.5	103.8	103.9	104.0	103.7
蛋	85.5	107.7	113.8	101.5	86.7	75.3
鲜蛋	83.6	107.8	114.8	100.8	84.5	72.3
蛋制品	102.4	106.7	106.4	106.7	105.1	102.8
水产品	103.1	104.2	104.8	105.9	105.5	104.0
鱼	103.1	103.4	104.6	107.2	107.3	104.7
#淡水鱼	102.1	102.7	104.2	107.2	107.3	104.0
海水鱼	106.5	105.7	106.1	107.1	107.2	107.3
其它水产品	103.1	105.5	105.0	103.8	102.6	102.7
虾蟹类	103.5	105.2	104.8	103.1	102.4	103.1
其他	102.3	106.0	105.3	105.2	103.1	101.9
菜	107.1	94.6	102.3	99.6	107.1	107.1
鲜菜	107.3	93.7	102.3	99.1	107.8	107.6
干菜及菜制品	109.0	109.2	110.1	110.5	110.4	110.2
薯类	95.9	88.6	89.1	90.2	88.0	91.0

分月指数(2015年)

6月	7月	8月	9月	10月	11月	12月
101.1	**101.4**	**101.6**	**101.2**	**100.7**	**101.0**	**101.1**
101.4	102.4	103.2	102.1	100.5	101.3	102.0
103.1	102.6	102.3	101.4	100.3	100.1	100.0
101.2	101.1	101.0	100.9	100.7	100.6	100.7
101.9	101.6	101.4	100.9	100.1	100.1	100.3
102.0	102.1	102.2	102.1	101.7	102.6	102.7
110.8	107.6	105.5	101.1	96.7	93.3	92.0
103.2	103.1	102.8	101.3	100.7	100.3	100.7
103.2	103.1	102.8	101.3	100.7	100.3	100.7
103.3	102.5	102.1	101.5	101.3	100.8	100.5
104.7	102.6	101.2	100.5	99.7	98.7	98.3
102.7	102.5	102.5	102.0	101.9	101.6	101.4
95.7	96.3	96.4	96.1	96.5	97.3	97.5
96.8	97.2	97.4	97.3	97.7	98.0	98.0
94.6	95.4	95.2	94.6	94.9	96.2	96.5
96.1	103.9	114.7	122.8	123.5	126.3	126.3
101.3	106.2	107.3	106.4	106.1	105.4	105.7
101.9	108.8	110.5	109.5	109.0	107.9	108.3
104.3	114.7	116.9	115.3	114.7	113.2	114.1
100.1	100.4	100.5	100.5	100.5	100.6	100.0
92.8	92.5	92.2	92.2	91.5	91.0	90.7
100.3	101.8	104.0	103.9	104.5	103.5	104.0
102.4	103.4	102.7	102.2	102.5	103.0	103.6
97.6	98.8	98.4	95.9	95.5	96.5	97.4
97.0	98.3	97.9	95.3	95.0	96.2	97.3
102.2	102.4	102.0	100.6	99.6	98.9	98.6
113.6	113.6	110.0	104.4	105.3	102.0	99.1
101.7	102.0	102.1	102.5	102.6	102.4	102.4
101.0	101.5	101.6	102.0	102.0	101.9	102.1
102.9	103.0	103.0	103.4	103.6	103.4	103.0
77.5	73.7	80.6	83.5	76.4	77.7	83.0
74.8	70.8	78.6	81.8	73.8	75.2	81.2
101.2	100.8	100.4	100.2	100.3	100.0	99.3
103.1	103.7	103.2	102.2	101.0	100.6	99.2
103.1	103.8	103.0	101.9	100.5	100.0	98.1
102.0	102.9	101.8	100.6	98.9	98.3	96.2
107.2	107.4	107.0	106.5	106.1	105.9	104.7
103.2	103.4	103.5	102.7	101.9	101.6	101.0
103.8	104.4	104.6	103.4	102.7	102.1	102.1
102.0	101.7	101.6	101.5	100.6	100.5	99.1
114.4	115.6	119.7	110.7	99.9	109.0	112.2
115.3	116.5	121.4	111.5	99.3	109.9	113.4
110.5	110.4	110.3	108.5	107.5	105.6	105.5
106.6	109.6	104.5	98.0	96.4	96.7	99.1

5-6 续表 1

(上年同期=100)

类　别	年平均	1月	2月	3月	4月	5月
调味品	104.1	103.4	103.6	103.7	104.7	104.9
食用盐	105.2	105.2	105.3	105.4	107.0	107.2
酱油	101.0	100.2	100.0	99.9	100.2	100.6
食醋	103.1	103.8	103.9	103.8	103.9	104.0
味精	102.7	103.4	102.9	102.7	103.3	103.4
其它	108.3	102.6	104.2	105.1	106.3	106.6
糖	101.5	98.6	99.4	100.2	101.2	101.6
食糖	103.7	95.8	97.7	99.9	102.5	103.9
糖果	100.9	99.5	100.1	100.6	101.1	101.1
巧克力制品	99.1	101.2	100.8	100.2	99.5	99.2
糖类小食品	100.4	100.2	99.9	99.7	99.7	100.1
茶及饮料	102.3	101.5	101.5	101.5	101.8	102.2
茶叶	101.0	101.4	101.6	101.6	101.2	100.9
#茶叶	101.0	101.4	101.6	101.6	101.2	100.9
饮料	102.9	101.6	101.4	101.5	102.1	102.8
固体饮料	100.1	99.8	99.8	99.9	99.1	99.4
液体饮料	99.5	99.3	99.0	99.1	99.0	99.4
冷冻饮品	108.2	105.4	105.2	105.2	107.6	108.6
干鲜瓜果	97.4	104.3	103.3	105.1	102.2	97.6
鲜瓜果	94.7	104.5	102.8	104.9	100.8	94.8
干(坚)果	105.3	103.9	105.0	105.6	106.5	106.5
糕点饼干	101.3	101.7	101.7	101.7	101.6	101.6
糕点	100.9	101.6	101.4	101.4	100.9	101.1
饼干	101.1	101.2	101.3	101.3	101.7	101.5
面包	103.1	103.3	103.4	103.5	103.5	103.3
液体乳及乳制品	98.5	100.9	100.0	98.7	98.4	98.3
巴氏杀菌乳或灭菌乳	96.6	99.5	97.9	96.3	96.2	96.6
酸牛乳	101.0	105.0	105.0	102.6	101.3	100.5
乳粉	99.8	101.3	100.3	99.6	99.9	99.5
其他	99.4	99.2	99.5	100.2	99.2	98.9
在外用膳食品	103.2	103.5	103.8	103.5	103.3	103.3
主食	102.2	103.4	103.4	102.1	102.2	102.3
炒菜	102.7	102.3	102.8	103.2	103.0	103.0
地方小吃	105.5	106.4	107.1	106.6	105.8	105.7
其他	103.1	102.8	102.7	102.2	102.3	102.9
其它食品	100.9	102.7	102.7	102.2	101.9	101.2
其它食品	100.9	102.7	102.7	102.2	101.9	101.2
烟酒	101.1	99.4	99.1	99.1	98.9	100.5
烟草	104.4	99.6	99.9	99.9	99.8	103.1
高档卷烟	101.9	99.7	99.7	99.8	99.9	101.5
中档卷烟	104.8	99.5	99.9	99.9	99.8	103.4
其它	104.2	99.9	99.9	100.0	100.0	102.8
酒	98.5	99.3	98.5	98.5	98.2	98.5

6月	7月	8月	9月	10月	11月	12月
105.1	105.4	104.2	103.8	103.3	103.6	103.7
107.2	107.4	104.7	103.7	102.2	103.6	103.6
101.7	101.8	101.4	101.5	101.6	101.2	101.6
103.4	103.8	102.8	102.1	102.2	101.8	101.4
103.4	103.2	102.6	102.4	102.1	101.6	101.7
107.7	109.1	109.9	111.3	112.1	111.9	111.9
101.7	102.0	102.1	102.7	102.8	102.6	102.7
104.4	105.2	106.3	108.0	108.1	107.1	107.2
101.2	101.2	100.9	101.3	101.4	101.3	101.2
98.5	98.6	98.5	98.1	98.3	98.2	98.3
100.5	100.7	100.2	100.0	100.0	101.3	102.8
102.5	102.9	102.6	102.7	102.6	102.9	103.2
100.8	100.8	100.8	100.8	100.8	100.8	101.2
100.8	100.8	100.8	100.8	100.8	100.8	101.2
103.2	103.7	103.3	103.4	103.3	103.8	104.1
100.9	100.0	99.7	100.0	99.8	101.6	101.7
99.8	99.9	99.8	99.8	99.7	99.8	100.0
108.4	110.2	109.4	109.5	109.5	109.4	109.9
93.1	93.3	93.6	92.7	94.0	94.4	93.9
89.0	88.9	89.1	88.2	89.9	91.1	91.2
106.2	106.3	106.6	105.9	105.5	103.6	101.7
101.2	101.4	101.2	101.0	100.9	100.7	100.7
100.5	100.9	100.6	100.4	100.4	100.4	100.7
101.3	101.3	101.2	101.1	100.7	100.3	100.3
103.4	103.5	103.4	103.1	103.1	102.4	101.7
98.3	98.2	98.1	97.7	97.6	97.7	98.0
96.7	96.6	96.3	95.7	95.6	95.7	95.9
100.7	100.0	100.4	99.8	99.3	98.8	99.2
99.3	99.5	99.5	99.2	99.3	99.9	100.2
99.0	99.3	99.2	99.2	99.4	99.8	100.6
103.3	103.2	103.2	102.9	102.8	102.7	102.4
102.3	102.3	102.2	101.7	101.6	101.7	101.7
103.0	102.8	102.7	102.6	102.6	102.4	102.0
105.5	105.4	105.5	105.2	104.9	104.6	104.1
103.9	103.9	103.9	103.5	103.4	103.2	103.0
100.5	100.5	100.4	100.3	99.7	99.6	99.1
100.5	100.5	100.4	100.3	99.7	99.6	99.1
102.2	102.3	102.2	102.2	102.3	102.2	102.3
107.0	107.1	107.1	107.4	107.4	107.1	107.0
103.2	103.1	103.1	103.2	103.3	103.3	103.2
107.7	107.7	107.7	108.1	108.1	107.8	107.7
106.4	106.7	106.8	106.8	106.8	106.8	106.8
98.5	98.5	98.4	98.2	98.3	98.3	98.6

5-6 续表 2

(上年同期=100)

类　别	年平均	1月	2月	3月	4月	5月
白酒	98.0	98.8	97.8	97.9	97.6	97.9
葡萄酒	100.7	100.5	100.7	100.2	100.7	100.7
啤酒	99.8	100.4	100.3	100.1	99.7	99.8
其它	101.6	103.7	103.3	103.1	103.1	103.1
衣着	102.3	103.1	103.3	102.9	102.1	102.1
服装	102.4	103.3	103.6	102.9	102.1	102.2
男式服装	102.3	103.0	103.3	102.9	102.1	102.3
#大衣	105.9	106.1	106.3	106.7	106.6	106.7
毛线衣	102.9	102.5	102.9	102.6	103.0	103.4
夹克衫	102.2	102.7	102.5	102.0	101.1	101.9
衬衫	103.7	106.0	105.6	105.2	103.9	103.6
T恤衫	103.2	106.3	106.3	104.7	102.2	103.0
裤子	101.0	102.0	102.1	102.4	100.9	100.6
西服	101.3	101.2	101.3	101.4	101.4	101.4
运动衫裤	101.2	102.3	101.8	101.7	101.5	101.7
内衣	102.2	102.0	102.0	102.3	101.6	101.8
羽绒衣	102.1	101.3	104.2	102.8	102.7	102.9
其它	99.9	100.9	102.4	101.3	98.6	98.8
女式服装	102.6	103.8	104.1	103.2	102.3	102.5
#大衣	103.9	105.0	105.5	105.1	104.5	104.5
毛线衣	102.5	103.1	102.5	102.3	102.8	103.2
羽绒衣	104.4	105.0	107.7	105.5	105.5	105.6
套装	101.6	103.4	103.5	101.4	100.8	101.1
衬衫	104.2	105.9	105.7	105.3	103.8	103.6
T恤衫	103.1	103.1	103.1	102.6	101.9	103.2
裙子	101.7	102.7	102.8	103.0	102.1	101.6
裤子	102.1	104.4	104.3	102.9	101.1	101.4
运动衫裤	100.8	103.2	102.5	101.6	100.8	101.4
内衣	101.7	102.3	102.3	102.5	101.3	101.3
其它	101.4	102.1	104.0	101.9	98.4	99.1
儿童服装	102.1	102.7	102.8	102.3	101.5	101.4
上衣	101.5	102.0	102.5	101.7	100.8	101.0
裤子	102.8	103.0	103.1	103.0	102.5	102.2
裙子	101.8	103.7	103.6	102.2	100.6	100.0
其它	102.2	102.3	102.0	102.2	102.3	102.3
衣着材料	100.7	101.3	101.4	101.1	100.7	100.6
棉布	99.6	100.0	100.0	99.8	99.5	99.4
化纤布	102.6	104.4	104.1	103.7	103.6	103.6
毛线	100.4	99.7	100.2	100.3	99.2	99.3
其他	100.9	102.9	102.8	101.8	101.5	101.2

6月	7月	8月	9月	10月	11月	12月
97.9	98.0	97.9	97.7	98.0	98.0	98.3
100.8	101.0	101.1	100.7	100.5	100.7	100.8
100.1	99.7	99.9	99.6	99.2	99.1	99.9
103.1	101.3	99.6	99.6	99.6	99.8	99.8
102.4	102.4	102.3	102.2	102.1	101.5	101.2
102.5	102.4	102.3	102.2	102.3	101.5	101.1
102.3	102.2	102.2	102.1	102.2	101.6	101.2
106.7	106.7	106.7	106.3	106.5	103.7	102.0
103.5	103.6	103.7	103.7	103.3	102.2	101.2
101.8	102.0	102.0	102.2	102.8	102.6	102.4
103.9	103.5	103.3	102.4	102.8	102.3	101.9
103.1	103.0	102.2	101.7	102.2	101.8	101.8
100.6	100.3	100.2	100.3	100.9	100.8	100.6
101.4	101.5	101.6	101.5	101.4	100.9	100.7
100.7	100.7	100.9	100.8	100.8	100.9	100.3
101.9	102.1	102.1	103.2	102.9	102.5	102.3
102.8	102.6	102.6	102.4	102.0	99.8	99.5
99.0	99.3	99.4	99.4	99.5	100.0	100.2
102.9	102.8	102.6	102.5	102.2	101.3	100.8
104.5	104.5	104.5	104.1	103.5	101.2	100.7
103.5	103.1	103.0	103.2	101.9	101.0	100.1
105.6	105.2	105.2	104.9	104.4	100.4	98.9
101.5	101.2	101.0	100.8	101.4	101.5	101.5
105.2	104.9	105.3	104.1	102.5	102.2	101.9
103.5	103.7	103.0	102.9	103.6	103.4	103.0
101.5	101.4	100.3	101.3	101.0	101.1	101.1
102.1	102.1	102.2	101.8	101.6	100.6	100.5
100.3	100.3	100.3	100.2	100.3	99.9	99.5
101.2	101.4	101.5	101.5	101.8	101.9	101.2
100.9	101.3	101.5	101.5	101.7	102.5	102.6
102.0	102.1	102.1	102.1	102.3	102.0	101.8
101.0	101.1	101.0	101.5	102.0	101.7	101.4
103.3	103.3	103.2	102.6	102.9	102.5	102.5
101.0	101.8	101.7	102.2	102.2	101.7	101.5
102.3	102.3	102.4	102.5	101.9	102.0	101.2
100.5	100.6	100.6	100.1	100.4	100.5	100.5
99.3	99.4	99.1	99.1	99.6	99.8	99.6
102.9	102.9	103.0	100.8	100.9	100.9	101.0
100.2	100.8	100.8	100.9	101.2	101.2	101.2
100.0	99.8	99.8	100.1	100.1	100.3	100.3

5-6 续表 3

(上年同期=100)

类　别	年平均	1月	2月	3月	4月	5月
鞋袜帽	101.9	102.4	102.5	102.5	101.8	101.5
鞋	102.1	102.7	102.9	102.9	102.0	101.7
#男鞋	102.2	102.4	102.5	102.9	101.7	101.6
女鞋	102.0	102.8	102.8	102.7	102.4	101.7
童鞋	102.4	103.6	104.4	103.6	102.1	102.1
袜子	100.7	100.8	100.8	100.6	100.4	100.4
#男袜	101.1	101.0	101.0	100.8	100.6	100.6
女袜	100.4	100.7	100.7	100.5	100.2	100.2
帽子	102.0	101.9	101.6	101.8	101.6	101.5
#男帽	101.6	101.6	101.3	101.4	101.1	101.1
女帽	102.3	102.1	101.9	102.0	102.0	101.8
衣着加工服务	108.0	107.7	108.1	108.8	109.4	109.3
缝纫	106.7	105.5	106.2	107.0	108.5	108.2
清洗	106.0	105.6	106.0	106.5	106.7	106.6
其他	118.6	120.2	121.1	121.6	122.0	121.9
家庭设备用品及维修服务	100.5	100.7	100.8	100.8	100.6	100.4
耐用消费品	99.9	100.3	100.3	100.3	100.1	99.8
家具	100.8	100.7	100.9	100.8	100.7	100.5
柜	100.8	100.8	100.9	100.8	100.7	100.6
床	101.0	101.2	101.2	101.2	101.1	100.4
桌	101.5	100.9	101.4	101.3	101.2	101.1
椅	102.0	101.5	101.9	102.1	101.9	101.7
沙发	99.7	99.6	99.7	99.5	99.4	99.6
其它	101.3	100.5	101.0	101.6	101.4	101.1
家庭设备	99.3	100.1	100.0	100.0	99.7	99.3
#洗衣机	100.5	100.4	100.5	100.5	100.4	100.3
电风扇	100.9	103.1	103.1	103.2	103.1	101.3
电冰箱(柜)	99.3	99.1	99.1	99.4	99.2	99.3
吸排油烟机	101.0	101.9	101.8	101.9	101.8	101.8
空调器	97.5	100.1	100.0	99.5	98.8	98.2
热水器	99.7	99.3	99.1	99.3	99.5	99.2
微波炉	100.6	100.3	100.4	100.2	99.8	99.9
其他	99.8	98.9	98.5	98.7	98.6	98.4
室内装饰品	100.6	100.8	100.8	100.8	100.8	100.6
纺织装饰品	100.4	100.5	100.5	100.4	100.4	100.4
装饰灯具	100.6	100.9	100.9	100.8	100.8	100.6
其它	100.6	101.0	101.1	101.2	101.3	100.7
床上用品	100.6	100.6	100.8	100.6	100.3	100.4
被子	101.1	100.6	100.6	100.6	100.7	101.2

6月	7月	8月	9月	10月	11月	12月
102.2	102.3	102.0	101.8	101.6	101.2	101.2
102.5	102.6	102.3	101.9	101.6	101.2	101.3
103.0	103.1	102.5	102.1	102.0	101.3	101.3
102.1	102.4	102.2	101.6	101.2	100.9	101.1
102.5	101.9	101.9	101.8	101.7	101.8	101.4
100.5	100.7	100.6	100.8	101.0	100.9	100.9
101.3	101.3	101.3	101.4	101.7	101.3	101.0
99.8	100.2	100.1	100.2	100.5	100.6	100.8
102.1	102.4	102.5	102.5	102.6	101.8	101.5
101.5	101.9	102.0	102.0	102.1	101.4	101.1
102.5	102.8	102.8	102.9	102.9	102.2	101.8
108.9	108.6	108.3	107.6	106.8	107.4	106.1
107.6	107.0	106.0	106.5	106.5	106.5	105.0
106.3	106.2	106.1	105.7	104.8	106.0	106.0
121.8	121.7	121.7	116.5	114.6	113.9	108.6
100.2	100.2	100.3	100.5	100.5	100.4	100.5
99.5	99.5	99.5	99.7	99.8	99.7	100.0
100.6	100.5	100.5	100.9	101.1	101.4	101.5
100.8	100.6	100.6	100.9	101.1	101.0	101.1
100.6	100.4	100.6	100.8	101.1	101.7	101.7
101.2	101.2	101.4	101.8	102.1	102.2	102.2
101.6	101.6	101.7	101.8	102.1	102.6	103.1
99.4	99.3	99.3	99.9	100.0	100.5	100.6
101.1	101.1	101.3	101.7	101.5	101.6	102.0
98.9	98.8	98.9	99.0	99.0	98.7	99.0
100.5	101.1	100.9	101.1	100.8	99.5	100.0
99.8	99.8	99.5	99.7	99.7	99.5	99.5
99.2	99.2	99.3	99.5	99.7	99.4	99.5
101.6	100.6	100.4	100.4	100.1	99.8	99.6
97.1	96.4	96.4	96.3	96.0	95.6	96.1
99.2	99.6	99.7	99.9	100.1	100.3	100.9
100.0	100.6	100.4	99.7	101.5	101.6	102.5
99.2	99.5	100.6	101.0	101.4	101.2	101.4
100.5	100.5	100.6	100.5	100.4	100.4	100.1
100.4	100.4	100.5	100.4	100.3	100.3	99.9
100.5	100.6	100.7	100.6	100.5	100.5	100.4
100.5	100.5	100.4	100.4	100.4	100.3	99.8
100.3	100.4	100.8	100.9	100.9	100.7	100.3
101.1	100.9	101.0	101.6	102.2	101.8	101.1

5-6 续表 4

(上年同期=100)

类　别	年平均	1月	2月	3月	4月	5月
床上套件	100.6	100.7	101.1	100.9	100.5	100.4
其它	99.6	100.3	99.9	99.5	99.3	99.1
家庭日用杂品	100.5	100.9	100.8	100.7	100.7	100.5
茶具	100.5	100.5	100.5	100.3	100.0	100.3
餐具	99.9	100.3	100.4	99.8	99.9	99.4
厨具	100.6	100.6	100.4	100.4	100.8	101.2
家用手工工具	101.0	101.0	101.2	101.3	101.2	101.2
洗涤用品	100.4	101.0	101.0	100.8	100.8	100.4
其它	100.7	100.8	100.5	100.3	100.2	100.2
家庭服务及加工维修服务	107.0	104.7	106.9	106.9	107.3	107.2
家庭服务	108.0	105.4	107.5	107.4	107.9	108.0
加工维修服务费	106.3	104.2	106.6	106.5	106.9	106.7
医疗保健和个人用品	102.4	102.0	102.3	102.2	102.2	102.2
医疗保健	103.1	102.6	102.7	102.6	102.5	102.6
医疗器具及用品	101.5	101.8	101.8	101.7	101.4	101.2
#医疗器具及用品	101.5	101.8	101.8	101.7	101.4	101.2
中药材及中成药	103.6	103.5	103.4	103.2	102.5	102.5
#中药材	100.7	101.9	102.0	101.5	100.2	100.1
中成药	105.7	104.7	104.4	104.5	104.2	104.3
西药	103.6	102.0	102.1	102.1	102.4	102.7
抗菌素(抗感染药)	101.6	101.2	101.3	101.3	101.3	101.7
消化系统用药	105.1	102.7	102.9	102.8	101.9	101.7
呼吸系统用药	105.6	104.2	104.0	104.1	104.1	104.4
解热镇痛	101.3	101.3	101.3	101.1	101.3	101.3
抗肿瘤药	102.1	100.7	100.8	101.1	100.7	101.4
激素类药	107.9	105.6	105.6	105.8	106.0	107.2
心血管系统用药	103.5	102.9	103.1	102.8	103.3	102.7
中枢神经系统用药	102.4	99.3	99.5	99.5	102.1	102.7
消毒防腐及创伤外科用药	100.8	101.3	101.0	100.9	100.7	99.8
泌尿系统用药	101.3	100.0	100.0	100.4	101.2	101.3
维生素类	109.6	104.2	104.3	104.4	106.0	107.6
其它	104.4	101.1	101.2	101.1	101.4	102.9
保健器具及用品	103.7	104.1	104.2	104.2	102.8	102.6
#保健器具	100.4	99.7	100.1	100.1	100.1	100.2
滋补保健用品	104.7	105.3	105.3	105.3	103.5	103.3
医疗保健服务	102.5	102.7	102.7	102.7	102.6	102.6
#挂号诊疗费	100.7	99.9	99.9	99.9	99.9	100.8
注射费	102.2	102.2	102.4	102.4	102.4	102.4
检查费	100.5	100.9	100.9	100.9	100.7	100.4
手术费	106.2	106.3	106.3	106.3	106.3	106.4
床位费	101.8	102.1	102.2	102.2	101.4	101.9
理疗费	101.5	101.4	101.4	101.4	101.4	101.8
化验费	101.1	101.5	101.5	101.5	101.5	101.5
其它	105.4	105.6	106.2	106.2	106.2	106.2
个人用品及服务	101.0	100.7	101.7	101.2	101.4	101.4

6月	7月	8月	9月	10月	11月	12月
100.3	100.5	100.6	100.8	100.8	100.7	100.2
98.9	99.3	101.0	100.1	99.8	99.3	99.3
100.4	100.3	100.4	100.4	100.4	100.4	100.4
100.4	100.4	100.5	100.9	100.9	101.0	100.3
99.6	99.8	99.9	99.9	99.8	99.9	100.0
101.3	100.7	100.7	100.6	100.4	100.2	100.2
101.1	101.1	101.1	101.0	100.7	100.6	100.5
100.1	100.1	100.1	100.1	100.2	100.2	100.3
100.4	100.5	100.6	101.0	101.0	101.1	101.1
107.2	106.5	106.5	107.7	107.4	107.6	107.5
108.5	107.9	108.2	109.4	108.8	108.9	108.2
106.4	105.6	105.4	106.7	106.5	106.8	107.1
102.4	102.3	102.5	102.7	102.9	102.7	102.8
102.9	103.1	103.4	103.6	103.8	103.5	103.6
101.2	101.1	101.4	101.7	101.7	101.7	101.4
101.2	101.1	101.4	101.7	101.7	101.7	101.4
102.7	103.0	104.2	105.0	104.9	104.1	103.8
99.4	99.2	99.9	101.1	101.3	101.1	101.0
105.2	105.8	107.4	107.9	107.5	106.4	105.8
103.4	103.7	104.3	104.6	105.0	105.2	105.6
102.0	102.0	101.7	101.9	101.5	101.6	102.3
102.9	103.2	105.7	106.0	108.9	109.6	112.4
105.2	106.5	107.3	106.9	106.9	106.8	106.3
101.5	101.3	100.4	102.0	101.5	101.5	101.2
102.6	102.8	102.7	102.9	103.2	103.3	103.5
108.3	108.3	109.2	108.2	110.0	110.0	109.9
103.3	103.9	104.4	103.7	103.9	104.0	103.9
103.1	103.3	103.4	104.2	104.4	104.1	103.8
99.9	100.1	100.6	100.8	101.3	101.6	101.5
101.6	101.9	102.0	101.8	101.9	101.6	101.6
109.6	111.6	113.6	113.3	112.9	113.6	114.2
104.3	104.1	105.5	107.6	107.6	108.3	108.3
103.0	103.0	103.1	104.4	104.6	104.7	104.3
100.2	100.2	100.8	100.8	100.6	100.9	100.8
103.7	103.8	103.7	105.4	105.7	105.8	105.2
102.6	102.6	102.6	102.4	102.4	101.8	101.7
100.8	100.8	100.8	100.8	100.8	101.9	101.9
102.4	102.4	102.4	102.4	102.4	101.6	101.6
100.4	100.4	100.4	100.4	100.4	100.4	100.4
106.4	106.4	106.4	106.4	106.4	105.4	105.1
101.9	101.9	101.9	101.9	101.9	100.9	100.9
101.8	101.8	101.8	101.8	101.8	101.0	101.0
101.5	101.5	101.5	100.4	100.4	100.4	100.4
106.2	106.2	106.2	106.2	106.2	101.7	101.7
101.2	100.7	100.4	100.8	101.1	100.9	101.0

5-6 续表 5

(上年同期=100)

类　　别	年平均	1月	2月	3月	4月	5月
化妆美容用品	100.3	100.5	100.5	100.4	100.5	100.5
#化妆美容器具	100.7	101.7	101.7	101.0	100.7	100.8
美容化妆品	100.3	100.0	100.0	100.0	100.0	100.2
护肤品	100.5	100.8	100.9	100.7	101.0	100.8
护发美容用品	99.7	99.9	99.9	99.8	99.8	99.7
清洁化妆用品	100.2	100.3	100.6	100.3	100.2	100.3
#洗发用品	100.5	100.4	100.4	100.4	100.4	100.3
洗浴用品	100.5	100.2	100.4	100.4	100.5	100.6
其它	99.8	100.3	100.9	100.2	99.9	100.2
个人饰品	95.6	97.7	97.1	95.9	96.5	96.2
#首饰	91.7	95.5	94.6	92.3	93.4	92.9
皮件	100.1	99.7	99.7	99.9	99.9	100.1
手表	100.6	102.3	102.2	102.1	101.1	100.2
领带	101.0	101.2	101.2	101.2	101.2	101.2
其它	99.8	99.4	98.8	99.3	99.2	99.3
个人服务	105.9	103.3	106.0	106.0	106.1	106.3
#美容	104.3	103.8	104.6	104.5	104.4	104.5
理(烫)发	107.6	103.7	107.7	108.3	107.5	108.2
洗浴	106.2	101.8	107.4	104.7	106.2	106.1
其它	104.2	103.8	103.3	105.2	105.1	105.1
交通和通信	97.9	98.8	99.1	99.3	99.4	99.8
交通	97.1	97.3	98.1	98.7	99.0	99.9
交通工具	97.0	99.7	99.6	99.5	99.6	100.1
助动自行车	99.3	101.1	100.5	100.4	100.0	99.5
轿车	94.2	98.9	98.9	98.7	98.9	100.0
自 行 车	101.7	101.2	101.3	101.2	101.3	101.8
其它	101.1	100.2	100.1	100.1	100.7	100.9
车用燃料及零配件	84.7	82.4	81.7	84.2	84.2	87.0
#汽油	80.9	78.2	77.2	80.2	80.2	83.9
柴油	77.6	73.9	73.0	77.0	77.6	80.9
零配件	100.8	101.3	101.2	101.7	101.2	101.1
其它	100.0	100.1	100.2	100.2	100.6	100.4
车辆使用及维修	103.1	102.3	106.2	103.5	102.8	102.4
保险费	100.2	100.2	100.2	100.2	100.2	100.2
停车费	101.4	100.5	103.3	100.5	100.6	100.6
车辆修理服务	104.1	103.7	105.3	105.2	103.9	103.2
其它	107.9	103.5	126.1	108.1	107.4	106.1
市区公共交通	103.5	104.2	104.4	104.3	104.2	104.0
#公共汽车票	104.7	105.4	104.7	106.0	106.0	106.0
出租汽车	101.8	102.2	103.9	101.8	101.8	101.3
其它	105.3	108.8	105.9	107.4	106.8	106.3
城市间交通	104.8	99.2	102.9	106.8	108.6	110.2
#飞机票	124.5	100.6	117.8	137.7	153.3	162.3
火车票	100.0	100.0	100.0	100.0	100.0	100.0

6月	7月	8月	9月	10月	11月	12月
100.4	100.3	100.1	100.1	100.1	100.1	100.2
101.0	100.5	100.2	100.1	100.4	100.3	100.1
100.4	100.4	100.3	100.4	100.6	100.5	100.6
100.5	100.5	100.4	100.2	100.0	100.0	100.1
99.8	99.8	99.2	99.3	99.4	99.5	99.8
100.3	100.2	100.1	100.0	100.0	100.0	100.2
100.4	100.3	100.4	100.6	100.6	100.5	101.1
100.5	100.7	100.5	100.6	100.5	100.6	100.8
100.1	99.8	99.7	99.1	99.2	99.2	99.2
95.7	94.4	93.5	94.3	95.2	95.4	95.3
92.0	89.5	87.8	89.2	90.8	91.1	91.0
100.1	100.2	100.2	100.2	100.2	100.4	100.3
99.9	99.9	99.9	100.0	99.9	99.8	99.8
101.2	101.1	101.1	100.9	100.7	100.5	100.2
99.5	100.2	100.3	100.5	100.5	100.4	100.1
106.2	106.1	106.0	106.3	106.4	105.8	106.0
104.5	104.7	104.8	105.2	104.5	104.6	101.9
108.2	108.1	108.1	108.6	108.5	106.6	107.8
106.1	106.1	106.1	106.5	106.6	108.0	108.8
104.7	104.2	103.9	103.9	104.4	103.3	103.3
97.9	97.4	96.8	96.4	96.7	96.8	96.8
97.4	96.7	95.9	95.3	95.7	95.9	95.8
95.7	95.5	95.5	95.5	94.8	94.4	94.3
99.7	99.1	98.6	98.2	97.9	98.3	98.4
91.4	91.4	91.4	91.4	90.2	89.4	89.4
101.8	101.9	102.0	102.0	101.8	102.1	101.6
101.3	101.2	101.6	102.4	102.4	101.5	100.9
86.5	84.7	82.4	82.4	85.1	87.9	88.7
83.3	81.0	78.0	77.9	81.2	84.8	85.6
80.1	77.9	75.0	74.9	78.2	81.2	83.0
101.0	100.8	100.9	100.6	100.3	100.1	99.7
100.2	100.2	99.6	99.6	99.7	99.8	99.9
102.3	102.2	102.4	103.1	103.2	103.2	103.1
100.2	100.2	100.2	100.2	100.2	100.2	100.2
101.1	101.6	101.6	101.3	101.3	101.7	102.1
102.9	102.7	103.1	104.6	104.8	104.9	104.8
106.4	106.2	106.0	106.8	106.7	105.5	105.2
103.9	103.6	103.1	102.4	102.4	103.2	102.1
106.0	105.5	104.1	103.0	103.0	103.6	102.8
101.2	101.1	101.6	101.5	101.5	102.7	101.2
103.5	103.8	103.8	104.6	104.0	105.3	103.6
110.5	107.9	105.1	100.6	102.8	102.0	101.4
161.2	142.8	124.6	97.9	109.3	103.2	101.1
100.0	100.0	100.0	100.0	100.0	100.0	100.0

5-6 续表 6

(上年同期=100)

类　　别	年平均	1月	2月	3月	4月	5月
长途汽车	101.3	97.8	100.5	102.6	100.9	100.9
短途汽车	101.4	99.6	99.4	101.9	101.8	101.8
其它	102.4	100.5	102.1	101.6	101.9	102.0
通信	99.2	101.1	100.6	100.3	100.1	99.5
通信工具	93.8	107.8	104.3	101.9	100.5	95.7
#固定电话机	99.3	99.6	99.5	99.4	99.5	99.0
移动电话机	93.6	108.2	104.5	102.0	100.5	95.6
其它	97.7	98.4	98.5	98.7	98.9	97.3
通信服务	100.0	100.0	100.1	100.1	100.1	100.1
#移动通信费	99.9	100.0	100.0	100.0	100.0	100.0
市内电话通话费	99.7	99.7	99.7	99.7	99.7	99.7
长途电话通话费	99.9	99.9	99.9	99.9	99.9	99.9
月租费	100.0	99.9	99.9	99.9	99.9	99.9
上网费	101.9	100.9	101.8	101.8	101.8	102.1
邮政邮寄	100.3	100.4	100.4	100.4	100.4	100.3
其他邮寄	100.5	100.3	100.6	100.6	100.6	100.5
其它	100.0	100.0	100.0	100.0	100.0	100.0
娱乐教育文化用品及服务	102.1	102.1	102.6	102.7	102.4	102.1
文娱用耐用消费品及服务	98.0	99.3	98.9	98.8	97.9	97.9
电视机	97.6	97.2	96.7	97.2	97.6	98.3
激光视盘机	97.2	95.9	95.8	95.7	95.7	96.9
摄像机	98.1	98.4	98.4	98.5	97.9	97.7
照相机	97.7	97.4	97.8	98.3	97.6	97.5
家用音响	99.9	99.9	100.0	100.0	100.0	100.1
便携式音响	98.6	99.3	99.3	99.2	99.2	98.9
电脑	97.9	101.9	101.2	100.5	98.0	97.3
修理服务费	101.0	100.7	100.8	101.0	101.2	101.3
其它	101.7	97.6	98.2	99.3	101.2	103.1
教育	103.3	103.6	103.4	103.7	103.6	103.6
教材及参考书	100.3	100.8	100.8	100.5	100.5	100.5
#工具书	100.6	100.5	100.4	100.4	100.4	100.4
教材	99.7	100.1	100.1	100.1	100.1	100.1
参考书	100.9	101.8	101.8	101.1	101.1	101.1
教育软件	100.0	100.0	100.0	100.0	100.0	100.0
教育服务	103.5	103.8	103.5	103.8	103.8	103.8
学前教育	107.8	109.3	108.8	109.6	109.6	109.6
中等教育	102.7	102.1	102.1	102.3	102.3	102.3
高等教育	100.0	100.0	100.0	100.0	100.0	100.0
专业技能培训费	102.1	103.1	102.5	103.3	102.9	102.9
其他	103.7	103.7	103.1	103.1	103.1	103.0
文化娱乐类	101.4	101.1	101.4	101.3	101.3	101.1
文化娱乐用品	100.3	100.2	100.2	100.1	100.3	100.4
#乐器	100.7	101.4	101.3	101.2	101.1	100.9
音像光盘和视盘	97.0	97.6	97.6	97.5	97.6	97.7
电子存储器	97.5	98.0	97.8	97.3	97.2	97.6
儿童玩具	100.8	99.7	99.9	100.0	100.7	100.8

6月	7月	8月	9月	10月	11月	12月
101.3	100.9	101.2	101.7	102.3	102.9	102.3
101.8	101.8	101.8	101.5	101.5	102.0	101.5
102.1	102.4	103.3	103.4	103.0	103.1	103.0
98.7	98.7	98.2	98.1	98.1	98.3	98.3
89.7	90.4	87.2	86.8	86.9	88.4	88.4
99.2	99.2	99.1	99.1	99.1	99.4	99.5
89.3	90.0	86.7	86.3	86.4	88.0	88.0
97.2	97.3	97.4	97.3	97.2	97.3	97.4
100.1	100.0	100.0	100.0	100.0	100.0	100.0
100.0	99.7	99.7	99.7	99.7	99.7	99.7
99.7	99.7	99.7	99.7	99.7	99.7	99.7
99.9	99.9	99.9	99.9	99.9	99.9	99.9
99.9	99.9	100.0	100.0	100.0	100.0	100.0
102.1	101.8	102.0	102.0	102.5	102.2	102.2
100.3	100.3	100.3	100.3	100.3	100.3	100.3
100.5	100.5	100.5	100.5	100.5	100.5	100.5
100.0	100.0	100.0	100.0	100.0	100.0	100.0
101.9	102.0	102.2	101.5	101.5	102.0	102.1
97.1	97.6	97.1	97.5	98.0	97.6	97.6
97.8	98.3	97.4	97.7	98.1	97.1	98.0
98.1	97.9	97.9	97.6	98.1	98.6	98.7
97.7	98.3	98.3	97.9	97.8	98.0	98.0
97.1	97.3	96.8	98.0	98.7	98.3	98.2
100.0	100.1	100.1	99.7	99.4	99.5	99.7
98.8	98.5	97.9	97.8	97.9	98.2	98.6
95.7	96.4	96.0	96.8	97.3	97.2	96.4
101.2	101.2	101.2	101.0	100.8	101.0	101.2
103.1	103.1	103.0	103.0	103.2	103.2	103.1
103.7	103.7	103.7	102.4	102.2	103.0	103.5
100.5	100.5	100.6	99.3	99.7	99.7	99.7
100.4	100.5	100.7	100.8	100.8	100.9	100.9
100.1	100.1	100.1	98.5	99.1	99.1	99.1
101.1	101.1	101.4	100.0	100.1	100.1	100.1
100.0	99.9	100.0	100.0	100.0	100.0	100.0
103.8	103.9	103.9	102.6	102.3	103.2	103.7
109.7	109.7	109.9	104.6	104.4	104.4	104.4
102.3	102.3	102.3	101.8	101.8	104.6	106.4
100.0	100.0	100.0	100.1	100.1	100.1	100.1
103.2	103.1	102.5	100.4	100.3	100.5	100.9
103.0	103.3	103.7	105.9	104.1	104.2	103.6
101.1	101.0	101.5	101.5	101.5	101.9	101.7
100.3	100.2	100.2	100.2	100.3	100.5	100.3
100.5	100.4	100.7	100.1	100.1	100.3	100.0
97.8	95.6	95.6	95.6	95.7	97.9	97.9
97.6	97.7	97.1	97.4	97.5	98.0	97.1
100.9	100.9	101.1	101.1	101.2	101.3	101.4

5-6 续表 7

(上年同期=100)

类别	年平均	1月	2月	3月	4月	5月
纸张本册	100.0	100.5	100.2	99.8	99.9	99.9
文具	101.4	101.7	101.7	101.8	102.0	101.9
体育用品	100.7	100.6	100.6	100.6	100.5	100.5
其它	100.9	102.2	101.9	101.9	100.6	100.5
书报杂志	103.3	102.7	103.6	103.5	103.5	103.3
#书籍	100.2	100.5	100.4	100.2	100.2	100.2
报纸	102.3	100.8	102.8	102.8	102.8	102.2
杂志	110.4	109.6	110.5	110.5	110.5	110.5
文娱费	101.6	101.3	101.6	101.4	101.4	101.1
#电影票	100.1	100.8	100.3	100.3	100.3	100.3
景点门票	100.8	100.9	100.7	101.2	101.5	101.2
有线电视	101.0	102.0	102.0	102.0	101.4	100.8
健身活动	102.6	101.6	101.7	101.7	103.6	103.4
其它	104.6	100.3	102.6	100.6	100.9	101.3
旅游	101.7	99.6	104.6	104.3	102.9	100.9
旅行社收费	101.8	99.5	104.9	104.6	103.2	100.9
宾馆住宿	99.4	99.7	99.3	99.4	99.2	100.4
其它住宿	100.9	100.5	102.2	100.9	99.4	101.5
居住	101.0	101.8	101.6	101.4	101.1	101.0
建房及装修材料	99.8	100.1	100.2	100.3	100.1	100.0
木材	101.0	103.7	103.6	103.6	102.5	101.3
木地板	100.1	100.8	100.7	100.4	100.1	100.0
砖	100.3	99.4	99.6	100.2	100.5	100.9
水泥	96.0	97.0	97.5	97.8	96.9	96.7
涂料	100.8	101.8	101.8	101.2	101.3	101.2
板材	101.1	101.4	101.4	101.2	101.3	101.3
玻璃	98.8	99.2	98.8	99.6	99.5	99.4
粘胶	100.0	100.8	100.7	100.5	100.3	100.2
厨卫设备	100.4	100.6	100.4	100.1	100.0	99.8
其它	99.7	99.4	99.3	99.4	99.4	99.5
住房租金	102.6	103.3	102.5	102.0	102.3	102.3
公房房租	100.1	100.2	100.1	100.1	100.0	100.0
私房房租	103.9	105.1	103.8	103.1	103.6	103.5
其它费用	100.8	100.5	100.5	100.5	100.7	100.7
自有住房	102.6	104.0	103.5	103.1	102.7	102.5
住房估算租金	102.9	104.5	103.8	103.5	102.9	102.8
物业管理费用	101.8	101.4	101.6	101.9	101.9	101.7
维护修理费用	102.7	103.3	104.0	102.9	102.7	102.6
其它	100.2	100.3	100.3	100.3	100.2	100.2
水、电、燃料	98.8	98.8	98.9	98.9	99.0	98.8
水	103.0	102.3	102.3	102.3	103.2	103.2
电	100.0	100.0	100.0	100.0	100.0	100.0
液化石油气	94.4	96.4	95.5	95.3	94.8	94.1
管道燃气	100.0	100.0	100.0	100.0	100.0	100.0
其它燃料	95.0	94.5	95.1	95.6	95.6	95.3

6月	7月	8月	9月	10月	11月	12月
99.9	99.8	99.7	100.0	100.0	100.2	100.3
101.9	101.1	101.0	101.2	101.1	101.3	100.6
100.5	100.5	100.8	100.9	100.9	100.9	100.5
100.5	100.9	100.8	100.8	100.8	100.8	99.8
103.3	103.3	103.3	103.4	103.4	103.4	103.2
100.2	100.2	100.2	100.2	100.4	100.2	100.2
102.2	102.2	102.2	102.2	102.2	102.3	102.3
110.5	110.5	110.5	110.7	110.7	110.7	110.1
100.9	100.9	101.9	101.8	101.7	102.4	102.1
100.3	100.0	100.0	100.0	100.0	100.0	98.8
101.2	101.2	101.2	101.0	100.7	100.1	99.3
100.6	100.6	100.6	100.6	100.6	100.6	100.6
103.8	102.6	102.4	102.6	102.5	102.5	102.3
101.0	101.0	107.5	107.2	107.3	112.4	112.5
100.1	100.5	101.3	101.0	102.0	102.0	101.3
100.1	100.5	101.3	101.1	102.1	102.2	101.4
99.0	98.8	99.5	99.5	99.6	99.7	99.4
100.8	100.9	101.2	101.1	101.2	100.8	100.7
100.8	100.7	100.6	100.8	100.9	100.8	100.6
99.8	99.5	99.5	99.5	99.6	99.5	99.0
101.0	99.6	99.4	99.6	99.7	99.6	98.1
99.8	99.7	99.9	100.3	100.0	99.9	99.6
101.3	100.7	100.5	100.6	100.5	100.0	99.8
95.9	95.4	95.2	95.0	94.9	95.0	94.7
100.8	100.8	100.6	100.3	100.1	100.0	99.9
101.1	101.2	101.0	101.1	101.5	101.2	99.9
97.9	97.8	98.4	98.4	98.8	98.8	99.2
100.0	99.8	99.8	99.6	99.5	99.6	99.3
100.0	100.0	99.9	100.8	100.9	101.0	101.0
99.5	99.9	99.9	99.9	100.3	100.8	99.3
102.1	102.1	102.7	102.9	102.8	102.9	102.6
100.1	100.1	100.1	100.1	100.1	100.3	100.3
103.2	103.2	104.1	104.4	104.3	104.3	103.8
100.7	100.7	100.7	100.7	100.7	101.6	101.6
102.1	102.0	102.1	102.4	102.4	102.3	102.1
102.3	102.2	102.3	102.6	102.7	102.5	102.4
101.5	101.6	101.8	101.8	101.9	102.6	102.5
102.5	102.3	102.3	102.4	102.6	102.5	101.8
100.1	100.1	100.1	100.3	100.1	100.1	100.1
98.8	98.9	98.6	98.6	98.7	98.8	98.7
103.2	103.2	103.2	103.2	103.2	103.2	103.7
100.0	100.0	100.0	100.0	100.0	100.0	100.0
94.1	94.4	94.0	93.3	93.0	93.3	94.3
100.0	100.0	100.0	100.0	100.0	100.0	100.0
95.2	95.7	93.9	94.5	94.9	95.4	93.8

5-7 居民消费价格

(上月=100)

类　别	1月	2月	3月	4月	5月
总　指　数	**100.2**	**101.0**	**99.3**	**99.7**	**99.5**
食品	100.5	102.9	97.9	98.9	98.4
粮食	100.1	100.1	100.0	100.2	100.1
大米	100.0	100.4	100.2	100.2	100.1
面粉	100.1	100.1	99.8	100.3	100.2
粮食制品	100.2	100.2	100.0	100.1	100.0
其它	100.1	99.8	100.0	100.0	100.2
淀粉及制品	100.1	100.2	100.0	100.5	100.4
淀粉及制品	100.1	100.2	100.0	100.5	100.4
干豆类及豆制品	100.2	100.6	100.0	99.9	100.2
干豆	100.1	100.3	100.2	100.3	100.1
豆制品	100.3	100.8	99.9	99.7	100.2
油脂	99.6	99.2	100.1	99.8	99.7
食用植物油	99.6	99.5	100.0	99.8	99.6
植物油制品	99.7	98.9	100.2	99.7	99.7
其　他	98.4	101.2	99.5	97.7	101.5
肉禽及其制品	99.8	99.9	97.5	99.5	101.1
食用畜肉及副产品	99.6	99.2	96.6	99.4	102.0
#猪肉	99.5	98.6	95.3	99.7	103.6
牛肉	100.0	100.8	99.1	99.6	99.6
羊肉	99.9	100.4	98.7	97.8	97.9
畜肉副产品	99.2	99.3	99.4	99.9	100.5
其它	99.6	100.0	100.0	100.0	99.9
禽	99.6	102.7	98.4	98.6	98.5
#鸡	99.6	102.9	98.3	98.4	98.3
鸭	99.4	100.4	99.6	100.3	100.2
其它	103.4	104.1	100.2	100.1	97.0
加工肉禽	100.5	100.4	99.8	100.1	100.0
#畜肉制品	100.5	100.3	99.7	100.1	100.1
禽制品	100.6	100.5	100.1	100.2	100.0
蛋	94.6	99.9	88.9	91.7	98.3
鲜蛋	94.0	99.9	87.5	90.7	98.1
蛋制品	100.1	100.0	100.4	99.0	99.3
水产品	100.6	102.7	99.9	99.7	100.1
鱼	100.2	103.7	100.3	99.8	100.3
#淡水鱼	99.5	104.5	100.3	99.7	100.5
海水鱼	102.6	101.1	100.1	100.4	100.0
其它水产品	101.2	101.0	99.4	99.6	99.8
虾蟹类	102.0	101.4	99.0	99.7	99.8
其他	99.9	100.3	100.0	99.4	99.8
菜	104.3	120.1	90.7	94.8	87.0
鲜菜	104.7	122.2	89.6	94.1	85.3
干菜及菜制品	101.1	101.2	100.6	100.2	100.1
薯类	102.3	108.9	101.9	101.9	101.4

分月指数(2015年)

6月	7月	8月	9月	10月	11月	12月
99.8	**100.4**	**100.7**	**100.2**	**99.4**	**100.1**	**100.6**
99.8	101.3	102.3	100.0	97.9	100.3	102.0
99.9	100.0	100.0	99.9	99.8	99.9	99.9
100.0	100.0	100.1	100.2	100.0	99.8	99.7
100.1	99.8	99.8	100.1	99.8	100.0	100.1
99.9	100.4	100.3	99.8	100.1	101.2	100.5
99.5	99.4	99.5	99.4	98.5	97.0	98.4
100.0	100.1	99.9	99.5	99.8	99.6	100.6
100.0	100.1	99.9	99.5	99.8	99.6	100.6
100.0	99.9	100.1	99.9	99.9	99.8	100.0
99.7	99.7	99.5	99.9	99.7	99.2	99.6
100.1	100.0	100.3	99.9	100.0	100.0	100.1
99.6	99.9	100.0	99.7	99.8	100.2	99.8
99.8	99.9	100.0	99.9	99.9	100.0	99.9
99.3	99.8	99.7	99.3	99.8	100.5	99.7
103.4	106.5	114.2	104.2	100.0	100.1	98.0
101.5	105.2	103.9	100.6	98.9	98.4	99.6
102.2	107.6	105.3	100.8	98.7	97.7	99.4
103.5	111.3	107.5	101.0	98.2	96.9	99.1
99.8	100.1	100.1	100.5	100.0	100.3	100.0
98.7	99.2	99.8	99.8	99.2	99.1	99.9
101.4	102.3	102.6	100.6	100.5	98.5	99.6
100.4	100.9	100.1	101.8	100.4	100.1	100.4
99.6	100.8	101.4	99.9	98.5	99.6	99.9
99.5	100.9	101.6	99.9	98.4	99.7	99.9
100.1	100.0	100.0	100.3	99.6	99.2	99.5
100.3	98.6	98.1	98.0	99.0	98.3	102.5
100.3	100.4	100.4	100.4	100.0	100.0	99.9
100.4	100.5	100.4	100.3	99.9	100.0	99.9
100.1	100.2	100.3	100.7	100.2	100.0	99.9
96.7	102.2	119.9	103.3	86.0	100.4	103.7
96.3	102.5	122.9	103.6	84.3	100.6	104.3
99.3	99.9	100.7	101.4	100.0	99.6	99.6
100.6	100.1	99.5	99.3	98.7	99.3	98.6
101.0	100.3	99.4	98.9	98.0	98.8	97.5
101.2	100.3	99.2	98.5	97.5	98.5	96.9
100.1	100.2	100.2	100.1	100.0	100.0	99.7
100.1	99.8	99.7	100.0	99.8	100.2	100.4
100.0	99.9	99.6	99.9	99.9	100.1	101.0
100.3	99.7	100.1	100.4	99.6	100.4	99.3
99.4	103.7	106.7	98.0	90.2	105.0	117.1
99.5	104.2	107.7	98.1	89.2	105.7	119.3
100.4	100.3	100.5	100.5	100.2	99.9	100.4
95.9	100.8	99.1	91.1	91.6	99.7	106.0

5-7 续表 1

(上月=100)

类别	1月	2月	3月	4月	5月
调味品	100.3	100.3	100.2	100.9	100.3
食用盐	100.1	100.1	100.1	101.5	100.2
酱油	100.0	99.9	100.4	100.0	100.4
食醋	100.7	100.2	100.3	100.3	100.0
味精	100.8	99.9	99.9	100.6	100.4
其它	100.3	101.9	100.7	101.5	100.6
糖	100.5	100.4	100.5	100.6	100.2
食糖	101.3	101.8	101.0	100.8	100.8
糖果	100.1	99.7	100.6	100.7	99.9
巧克力制品	99.7	99.6	99.8	100.0	99.7
糖制小食品	100.9	100.1	99.9	100.0	100.2
茶及饮料	100.1	100.1	100.1	100.8	100.8
茶叶	100.2	100.2	100.1	100.2	100.3
#茶叶	100.2	100.2	100.1	100.2	100.3
饮料	100.1	100.0	100.0	101.0	100.9
固体饮料	100.0	100.0	100.2	99.2	99.7
液体饮料	100.1	100.1	100.0	99.8	100.3
冷冻饮品	100.1	100.0	100.0	103.4	102.3
干鲜瓜果	102.9	105.5	101.3	97.9	96.5
鲜瓜果	103.5	107.1	101.6	97.2	95.3
干(坚)果	101.3	101.0	100.2	100.1	100.1
糕点饼干	100.1	100.1	100.1	100.0	99.9
糕点	100.0	100.0	100.1	99.8	99.9
饼干	99.9	100.2	100.0	100.2	99.9
面包	100.9	100.1	100.2	100.2	100.0
液体乳及乳制品	99.5	99.9	99.6	100.1	99.9
巴氏杀菌乳或灭菌乳	98.8	99.5	98.9	100.1	100.0
酸牛乳	100.2	100.3	100.0	100.4	99.8
乳粉	100.2	99.8	100.0	100.2	99.7
其他	99.6	100.6	101.0	99.2	99.7
在外用膳食品	100.3	100.5	100.2	100.2	100.1
主食	100.4	100.3	100.0	100.1	100.1
炒菜	100.1	100.6	100.5	100.1	100.1
地方小吃	100.9	100.7	100.3	100.4	100.0
其他	100.2	100.7	99.8	100.1	100.6
其它食品	100.1	100.2	99.8	100.1	99.5
其它食品	100.1	100.2	99.8	100.1	99.5
烟酒	100.0	99.5	99.9	99.9	101.4
烟草	99.9	100.0	100.0	99.9	103.2
高档卷烟	100.0	100.0	100.0	100.0	101.6
中档卷烟	99.8	100.0	100.0	99.9	103.6
其它	100.0	100.0	100.0	100.0	102.8
酒	100.2	99.0	99.9	99.8	99.9

6月	7月	8月	9月	10月	11月	12月
100.3	100.2	100.1	100.1	100.2	100.6	100.1
100.2	100.0	100.0	100.0	100.0	101.4	100.0
101.0	100.0	99.8	100.1	100.3	99.6	100.1
99.8	100.4	99.9	99.8	100.0	99.9	100.0
100.0	100.1	99.9	99.9	100.0	100.1	100.2
100.5	101.2	101.4	101.3	100.9	100.5	100.4
100.0	100.1	99.8	100.2	100.2	100.1	100.2
100.2	100.2	99.8	100.5	100.3	100.0	100.2
100.1	100.0	99.8	100.3	100.0	100.0	99.9
99.2	100.2	99.9	99.6	100.4	100.0	100.1
99.9	100.0	100.1	99.8	100.0	100.7	101.2
100.4	100.6	99.9	100.0	100.0	100.3	100.2
99.8	100.1	100.0	100.1	100.0	100.0	100.2
99.8	100.1	100.0	100.1	100.0	100.0	100.2
100.6	100.9	99.9	100.0	100.0	100.4	100.2
101.2	99.2	99.8	100.2	100.1	101.8	100.4
100.1	100.2	99.7	99.9	99.9	99.9	100.0
100.8	102.5	100.0	100.1	100.0	100.0	100.3
94.4	95.4	100.3	99.0	98.0	101.2	102.0
92.3	93.7	100.3	98.7	97.3	102.0	102.9
100.2	100.1	100.2	99.7	99.7	99.4	99.6
100.1	100.2	100.0	100.0	99.9	100.1	100.2
100.2	100.3	100.0	100.0	99.8	100.3	100.3
100.0	100.1	99.9	100.1	100.0	99.9	100.1
100.1	100.1	100.0	99.9	100.0	99.9	100.2
100.0	99.9	100.0	99.4	99.8	100.1	99.9
100.2	99.7	100.0	99.1	99.7	100.0	99.8
100.1	100.2	99.8	99.4	99.4	99.8	99.9
99.8	100.0	100.2	99.8	100.0	100.3	100.2
99.6	100.0	99.8	99.9	100.3	100.8	99.9
100.2	100.2	100.2	100.1	100.1	100.1	100.1
100.3	100.2	100.1	99.9	99.9	100.3	100.0
100.1	100.1	100.2	100.1	100.1	100.0	100.1
100.2	100.3	100.3	100.4	100.3	100.2	100.2
101.1	100.1	100.1	100.0	100.2	100.1	100.0
99.8	99.7	100.2	100.1	99.8	99.9	99.9
99.8	99.7	100.2	100.1	99.8	99.9	99.9
101.7	100.0	99.9	100.0	100.1	99.9	100.1
103.8	100.1	100.0	100.2	100.0	99.9	99.9
101.7	100.0	100.0	100.0	100.0	100.0	99.9
104.1	100.0	100.0	100.4	100.0	99.9	99.9
103.5	100.2	100.2	100.0	100.0	100.0	100.0
99.9	100.0	99.8	99.8	100.1	99.9	100.2

5-7 续表 2

(上月=100)

类　别	1月	2月	3月	4月	5月
白酒	100.2	98.8	99.8	99.8	99.8
葡萄酒	100.1	100.0	99.9	100.4	100.1
啤酒	100.1	100.0	100.0	100.0	100.2
其它	100.1	99.6	99.8	100.0	100.0
衣着	99.7	99.8	100.3	100.1	100.2
服装	99.6	99.7	100.2	100.1	100.2
男式服装	99.5	99.8	100.4	100.1	100.1
#大衣	99.5	99.6	100.5	100.3	100.0
毛线衣	99.4	99.5	100.1	100.2	100.3
夹克衫	99.7	100.1	101.2	99.9	99.7
衬衫	100.0	100.0	100.7	100.3	99.9
T恤衫	99.9	100.1	100.3	100.0	101.0
裤子	99.1	99.8	100.6	100.0	99.9
西服	99.6	100.2	100.4	100.0	100.0
运动衫裤	99.5	99.7	100.5	100.1	100.1
内衣	100.0	100.1	100.1	100.0	100.1
羽绒衣	98.9	98.8	99.6	100.5	100.2
其它	100.0	99.9	99.4	99.2	99.9
女式服装	99.6	99.7	100.0	100.2	100.4
#大衣	99.9	99.7	99.6	99.8	100.0
毛线衣	99.7	99.3	99.1	100.1	100.3
羽绒衣	99.1	98.3	99.0	100.9	100.2
套装	99.6	100.2	100.0	100.2	100.2
衬衫	100.1	100.1	101.0	100.2	100.1
T恤衫	100.0	99.9	101.0	100.1	101.3
裙子	99.9	100.0	100.9	100.1	100.9
裤子	99.3	99.8	100.4	100.4	100.2
运动衫裤	99.5	99.6	100.3	99.9	100.5
内衣	99.7	100.0	99.9	99.9	100.1
其它	100.0	99.9	98.8	99.6	100.7
儿童服装	99.6	99.7	100.5	100.1	100.2
上衣	99.4	99.7	100.4	100.1	100.2
裤子	99.6	99.8	101.1	100.1	100.0
裙子	99.9	99.7	100.1	99.9	100.7
其它	100.3	99.7	99.8	100.1	100.0
衣着材料	100.2	100.1	100.0	99.7	100.0
棉布	100.0	100.0	100.1	99.9	99.9
化纤布	100.3	100.0	99.9	100.3	100.2
毛线	100.5	100.5	100.1	98.9	100.0
其他	100.0	100.0	100.0	99.7	100.0

6月	7月	8月	9月	10月	11月	12月
99.9	100.0	99.7	99.8	100.2	99.9	100.2
100.0	100.0	100.0	100.0	99.9	100.2	100.1
100.0	99.8	100.2	99.5	99.9	99.8	100.2
100.0	100.0	100.0	100.0	100.0	100.2	100.0
100.1	99.8	100.0	100.6	100.4	100.2	100.0
100.1	99.8	100.0	100.6	100.5	100.2	100.0
100.0	99.9	100.0	100.7	100.5	100.2	100.0
100.0	100.0	100.0	100.1	100.4	101.2	100.3
100.0	100.0	100.0	100.5	100.8	100.9	99.5
100.0	100.1	100.1	101.2	100.7	100.0	99.8
100.0	99.8	100.0	100.7	101.0	99.7	99.8
100.3	99.4	99.4	100.8	100.6	100.0	100.0
100.0	99.7	100.1	100.9	100.8	99.9	99.8
99.9	100.1	100.2	100.4	100.1	99.9	100.0
99.0	100.0	100.2	101.3	100.4	100.2	99.5
100.0	100.0	100.0	101.0	100.4	100.2	100.3
100.0	100.0	100.0	100.0	99.9	100.6	101.0
100.2	100.1	100.1	99.9	100.2	100.8	100.4
100.2	99.8	99.9	100.4	100.3	100.3	100.1
100.0	100.0	100.0	100.1	100.3	100.3	101.0
100.1	99.9	99.9	100.5	100.7	100.9	99.6
100.0	100.0	100.0	100.1	99.9	100.8	100.7
100.4	99.8	100.0	100.4	100.6	100.1	100.0
100.6	99.6	100.1	100.7	100.0	99.7	99.8
100.7	99.3	99.3	100.5	100.9	100.0	100.0
100.4	99.2	98.8	100.4	100.2	100.2	99.8
100.0	99.8	100.1	100.6	100.1	100.0	99.9
99.2	100.0	100.2	100.8	100.0	99.8	99.6
99.8	100.0	100.0	100.4	100.5	100.6	100.1
101.8	100.0	99.9	99.9	100.5	101.2	100.4
99.9	99.6	100.1	101.2	100.6	100.2	100.0
99.7	99.9	100.1	101.2	100.6	100.1	99.9
99.7	99.3	100.5	101.6	100.8	100.1	100.0
101.0	99.3	99.5	100.5	100.3	100.3	100.2
100.0	100.0	100.1	100.2	100.3	100.5	100.1
100.1	100.0	99.9	100.0	100.1	100.1	100.0
100.0	100.0	99.8	99.8	100.0	100.2	100.0
100.2	100.0	100.0	100.0	100.0	100.0	100.0
100.1	100.0	100.0	100.3	100.4	100.3	100.0
100.3	100.1	100.1	100.2	100.0	100.0	100.0

5-7 续表 3

(上月=100)

类　　别	1月	2月	3月	4月	5月
鞋袜帽	99.9	99.9	100.4	99.9	100.0
鞋	99.8	99.9	100.5	99.9	99.9
#男鞋	99.6	100.1	100.8	99.9	99.8
女鞋	99.9	99.7	100.4	100.0	100.0
童鞋	100.2	99.8	100.2	99.7	100.0
袜子	100.0	100.0	100.0	100.0	100.0
#男袜	100.0	100.0	100.0	100.0	100.1
女袜	100.0	100.0	100.0	100.0	100.0
帽子	100.0	99.8	100.1	100.1	100.0
#男帽	100.0	99.8	100.1	100.1	100.0
女帽	100.0	99.8	100.1	100.0	100.1
衣着加工服务	101.5	100.7	100.7	100.6	100.0
缝纫	100.7	100.6	100.8	101.1	100.1
清洗	101.6	100.7	100.7	100.3	100.0
其他	103.0	100.7	100.5	100.5	100.1
家庭设备用品及维修服务	100.1	100.1	99.9	99.9	100.0
耐用消费品	100.0	99.9	99.9	99.9	99.9
家具	100.3	100.1	100.0	99.9	100.0
#柜	100.4	100.1	99.9	99.9	99.9
床	100.3	100.0	100.0	99.9	100.0
桌	100.1	100.5	100.2	99.8	99.8
椅	100.8	100.2	100.0	100.0	100.0
沙发	100.1	100.1	99.9	99.9	100.0
其它	100.0	100.4	100.2	100.0	100.0
家庭设备	99.8	99.8	99.8	99.8	99.9
#洗衣机	100.0	100.1	99.7	100.0	100.0
电风扇	100.1	100.0	100.0	100.0	100.6
电冰箱(柜)	99.5	99.7	99.8	99.8	100.0
吸排油烟机	100.1	99.7	100.1	100.0	100.1
空调器	99.5	99.8	99.3	99.5	99.7
热水器	100.0	99.9	100.3	100.3	100.0
微波炉	100.3	100.0	99.9	99.7	100.1
其他	99.9	99.7	100.1	99.8	99.7
室内装饰品	100.1	100.0	100.0	100.0	99.9
纺织装饰品	100.1	100.0	99.9	100.0	100.0
装饰灯具	100.1	100.0	100.0	100.0	100.0
其它	100.0	100.1	100.1	100.0	99.6
床上用品	100.1	99.9	100.0	100.0	100.0
被子	100.1	99.8	100.2	100.2	100.0

6月	7月	8月	9月	10月	11月	12月
100.2	100.0	100.1	100.7	100.2	100.0	100.0
100.2	100.0	100.1	100.8	100.2	100.0	99.9
100.2	100.0	100.1	101.0	100.2	99.9	99.8
100.1	100.0	100.1	100.8	100.2	100.1	100.0
100.2	99.8	100.1	100.7	100.3	100.2	100.1
100.5	100.0	100.0	100.1	100.0	100.1	100.2
100.7	100.0	100.0	100.1	100.1	100.0	100.0
100.3	100.0	100.0	100.1	99.9	100.2	100.3
100.7	100.3	100.1	100.1	100.2	100.0	100.1
100.7	100.3	100.0	100.2	100.3	99.7	100.0
100.7	100.3	100.2	100.1	100.1	100.2	100.2
100.0	100.0	100.0	100.7	99.7	101.0	100.9
100.1	100.1	100.0	101.1	100.1	100.4	100.0
100.0	100.1	100.0	99.9	99.5	101.5	101.5
99.9	99.9	100.0	102.4	99.9	100.7	100.8
99.9	100.0	100.1	100.2	100.1	100.0	100.1
99.8	100.0	100.1	100.2	100.1	99.9	100.1
100.0	99.9	100.1	100.4	100.3	100.4	100.1
100.0	99.9	100.2	100.5	100.2	99.9	100.0
99.9	99.8	100.2	100.6	100.3	100.7	100.1
100.1	100.0	100.3	100.6	100.4	100.3	100.0
100.0	100.0	100.2	100.4	100.4	100.6	100.6
99.9	99.9	99.7	100.2	100.2	100.6	100.2
100.1	100.0	100.3	100.3	100.0	100.3	100.4
99.8	100.1	100.1	100.1	100.1	99.7	100.1
100.0	100.9	100.1	100.0	100.4	98.6	100.4
99.1	100.4	99.6	100.0	99.9	99.9	100.0
100.2	100.2	100.1	100.3	100.2	99.6	100.1
100.0	100.1	99.8	99.9	99.8	99.9	100.0
99.2	99.4	100.0	100.0	99.9	99.7	100.0
99.9	100.4	100.0	100.1	99.7	100.0	100.2
100.1	100.6	100.0	99.7	101.4	100.3	100.5
100.4	100.3	100.8	100.0	100.5	100.0	100.1
99.9	100.0	100.1	100.0	100.0	100.1	100.0
100.0	100.0	100.1	99.9	100.0	100.0	99.8
100.0	100.0	100.3	100.0	99.9	100.1	100.0
99.8	100.0	100.0	100.0	100.0	100.1	100.1
99.9	100.0	100.0	100.2	100.1	100.0	100.0
100.0	99.9	100.0	100.6	100.5	100.0	99.9

5-7 续表 4

(上月=100)

类　　别	1月	2月	3月	4月	5月
床上套件	100.1	100.0	99.9	99.9	100.1
其它	100.2	99.6	99.7	99.7	99.9
家庭日用杂品	100.1	100.1	100.0	100.0	99.9
茶具	99.9	100.1	100.0	99.9	100.3
餐具	100.0	100.0	99.6	100.0	99.5
厨具	100.0	99.8	99.8	100.4	99.9
家用手工工具	100.1	100.2	100.2	100.0	100.0
洗涤用品	100.1	100.1	100.0	100.0	100.0
其它	100.0	100.0	100.1	100.0	100.0
家庭服务及加工维修服务	101.7	102.8	99.4	100.4	100.2
家庭服务	101.5	102.7	99.4	100.4	100.2
加工维修服务费	101.8	102.8	99.4	100.4	100.2
医疗保健和个人用品	100.9	100.5	99.9	100.1	100.2
医疗保健	101.2	100.0	100.0	100.1	100.3
医疗器具及用品	100.2	100.0	100.0	100.0	100.6
#医疗器具及用品	100.2	100.0	100.0	100.0	100.6
中药材及中成药	101.3	99.9	100.0	100.1	100.1
#中药材	101.1	100.0	99.8	99.8	99.9
中成药	101.4	99.9	100.1	100.3	100.3
西药	100.8	100.1	100.0	100.3	100.5
抗菌素(抗感染药)	100.1	100.0	100.0	100.0	100.4
消化系统用药	100.1	100.2	100.1	100.0	100.0
呼吸系统用药	101.3	100.0	100.1	100.3	101.0
解热镇痛	100.2	100.0	99.8	100.2	100.0
抗肿瘤药	100.4	100.0	100.3	100.1	100.8
激素类药	102.9	100.0	100.1	100.2	101.5
心血管系统用药	101.1	100.2	100.1	100.7	100.1
中枢神经系统用药	100.7	100.1	100.0	100.6	100.8
消毒防腐及创伤外科用药	100.3	100.1	99.9	99.9	99.4
泌尿系统用药	100.3	100.0	100.1	100.1	100.1
维生素类	103.3	100.1	100.2	101.1	101.8
其它	100.6	100.0	100.0	100.3	101.5
保健器具及用品	100.9	100.0	100.0	100.0	100.1
#保健器具	100.2	100.4	100.0	100.0	100.0
滋补保健用品	101.1	100.0	100.0	100.0	100.1
医疗保健服务	101.6	100.0	100.0	100.0	100.1
#挂号诊疗费	101.0	100.1	100.0	100.0	100.8
注射费	101.5	100.1	100.0	100.0	100.0
检查费	100.3	100.0	100.0	100.0	100.1
手术费	105.0	100.0	100.0	100.0	100.1
床位费	100.4	100.0	100.0	100.0	100.5
理疗费	100.7	100.0	100.0	100.0	100.3
化验费	100.4	100.0	100.0	100.0	100.0
其它	101.1	100.6	100.0	100.0	100.0
个人用品及服务	100.4	101.6	99.5	100.1	99.9

6月	7月	8月	9月	10月	11月	12月
99.9	100.2	100.0	100.1	100.1	100.0	99.9
100.0	99.8	100.2	100.1	99.6	100.1	100.4
100.0	100.1	100.0	100.1	100.1	100.0	100.0
100.1	100.0	99.9	100.3	100.1	100.1	99.4
100.2	100.2	100.1	100.1	100.0	100.2	100.2
100.3	100.0	100.1	100.0	100.0	99.8	100.2
99.9	100.0	100.0	100.0	100.0	100.0	100.0
99.8	100.0	100.0	100.1	100.2	100.1	100.0
100.1	100.1	100.0	100.6	100.1	100.0	100.1
100.6	100.1	100.2	101.3	100.2	100.2	100.4
101.1	100.1	100.3	101.5	100.1	100.1	100.4
100.3	100.0	100.1	101.2	100.2	100.2	100.4
100.1	100.0	100.2	100.3	100.3	100.1	100.2
100.3	100.2	100.4	100.4	100.3	100.1	100.2
100.0	100.0	100.4	100.2	100.0	100.0	100.0
100.0	100.0	100.4	100.2	100.0	100.0	100.0
100.5	100.2	101.1	100.5	99.9	100.1	100.0
99.8	100.1	100.4	100.1	100.0	100.1	100.0
101.0	100.4	101.6	100.7	99.9	100.2	100.0
100.7	100.4	100.6	100.6	100.5	100.3	100.6
100.3	100.0	100.2	100.2	100.0	100.3	100.7
101.2	100.3	102.4	100.6	102.9	100.7	103.2
100.7	101.2	100.7	100.4	99.9	100.0	100.4
100.3	100.0	99.5	101.6	99.6	100.1	99.8
101.2	100.2	99.9	100.2	100.3	100.1	100.2
101.0	100.3	100.8	100.6	101.7	100.3	100.2
100.6	100.5	100.3	100.0	100.3	100.0	100.0
100.3	100.2	100.1	100.9	100.1	100.1	99.9
100.0	100.1	100.4	100.5	100.5	100.3	100.0
100.3	100.2	100.2	100.2	100.0	100.0	100.0
101.8	102.3	101.4	99.8	100.3	100.6	100.5
101.4	100.0	101.6	102.1	100.2	100.6	100.0
100.4	100.0	100.1	101.3	101.4	100.0	99.9
100.0	100.0	100.6	100.0	99.8	100.0	99.9
100.5	100.0	99.9	101.6	101.9	100.1	99.9
100.0	100.0	100.0	100.0	100.0	100.0	100.0
100.0	100.0	100.0	100.0	100.0	100.0	100.0
100.0	100.0	100.0	100.0	100.0	100.0	100.0
100.0	100.0	100.0	100.0	100.0	100.0	100.0
100.0	100.0	100.0	100.0	100.0	100.0	100.0
100.0	100.0	100.0	100.0	100.0	100.0	100.0
100.0	100.0	100.0	100.0	100.0	100.0	100.0
100.0	100.0	100.0	100.0	100.0	100.0	100.0
100.0	100.0	100.0	100.0	100.0	100.0	100.0
99.7	99.7	99.7	100.1	100.2	100.0	100.1

5-7 续表 5

(上月=100)

类　　别	1月	2月	3月	4月	5月
化妆美容用品	100.0	100.0	99.9	100.1	100.1
#化妆美容器具	100.1	100.0	99.9	99.9	100.0
美容化妆品	100.0	100.0	100.0	100.0	100.1
护肤品	100.1	100.1	99.9	100.3	100.0
护发美容用品	100.0	100.0	100.0	100.0	100.1
清洁化妆用品	100.1	100.1	99.8	100.0	100.2
#洗发用品	100.2	100.1	100.1	100.0	99.9
洗浴用品	100.1	100.2	100.0	100.2	100.1
其它	100.0	100.0	99.4	100.0	100.5
个人饰品	100.4	100.0	99.5	100.0	99.5
#首饰	100.7	100.0	99.0	99.9	99.0
皮件	100.0	100.0	100.0	100.1	100.0
手表	100.0	99.9	99.9	100.0	100.2
领带	100.2	100.0	100.0	100.0	100.0
其它	100.0	99.4	100.6	100.0	100.1
个人服务	100.6	104.0	99.3	100.2	100.0
#美容	100.2	100.8	100.0	100.0	100.0
理(烫)发	100.8	106.0	99.4	99.4	100.0
洗浴	100.8	106.5	96.7	101.5	100.0
其它	100.2	101.1	101.5	99.9	100.0
交通和通信	99.4	100.4	100.0	100.0	100.5
交通	99.1	100.9	100.2	100.3	100.9
交通工具	100.2	99.9	100.0	100.0	100.0
助动自行车	100.0	99.7	100.0	99.5	99.7
轿车	100.0	100.0	100.0	100.0	100.0
自 行 车	100.0	100.0	100.1	100.3	100.5
其它	100.9	99.9	100.0	100.6	100.2
车用燃料及零配件	93.6	98.1	104.7	99.4	104.3
#汽油	91.9	97.5	106.0	99.2	105.8
柴油	89.3	97.5	107.1	100.0	105.5
零配件	100.1	99.9	100.6	99.5	100.0
其它	99.8	100.0	100.3	100.0	100.0
车辆使用及维修	100.5	104.5	96.9	99.7	100.0
保险费	100.2	100.0	100.0	100.0	100.0
停车费	100.1	102.9	97.3	100.0	100.0
车辆修理服务	100.5	101.5	100.0	99.5	100.0
其它	101.0	127.1	82.5	99.4	100.0
市区公共交通	101.0	101.5	99.0	100.0	100.0
#公共汽车票	101.7	100.6	100.0	100.0	100.0
出租汽车	100.2	102.5	97.8	100.0	100.0
其它	101.0	102.6	98.8	100.7	99.7
城市间交通	98.7	104.5	99.5	102.4	102.0
#飞机票	92.5	113.7	102.5	116.3	109.6
火车票	100.0	100.0	100.0	100.0	100.0

6月	7月	8月	9月	10月	11月	12月
100.0	100.0	99.9	100.0	100.0	100.0	100.1
99.9	99.9	100.0	100.2	100.2	99.9	100.0
100.1	100.0	100.0	100.1	100.2	100.0	100.1
99.8	100.0	99.9	100.0	99.8	100.1	100.1
100.0	100.0	99.4	100.0	100.1	100.0	100.1
99.9	99.9	100.0	99.8	100.0	100.1	100.3
100.1	100.1	100.0	100.2	100.0	99.9	100.5
100.0	100.0	99.8	99.9	100.0	100.2	100.1
99.6	99.8	100.2	99.3	100.1	100.2	100.3
99.1	99.1	98.9	100.0	100.1	99.1	99.5
98.4	98.3	98.0	100.0	100.2	98.2	98.9
100.1	100.0	100.0	100.0	100.0	100.1	100.0
99.8	100.0	100.1	100.0	100.0	99.9	100.0
100.0	100.0	100.0	100.0	100.0	100.0	100.0
100.0	100.0	99.9	100.0	100.0	100.0	100.0
100.0	100.0	100.0	100.4	100.5	100.5	100.4
100.0	100.2	100.0	100.5	100.0	100.1	100.0
100.0	99.9	100.1	100.6	100.3	100.0	101.2
100.0	100.0	100.0	100.5	100.9	101.9	100.0
100.0	100.0	99.9	100.0	100.6	100.0	100.0
98.2	99.7	99.4	99.6	100.1	99.8	99.7
97.7	99.6	99.0	99.2	100.0	99.5	99.5
95.5	99.8	100.0	100.2	99.3	99.4	100.0
100.0	99.3	99.7	100.7	99.6	100.2	100.0
91.4	100.0	100.0	100.0	98.7	99.2	100.0
100.0	100.2	100.2	100.1	100.1	100.3	100.0
100.0	100.0	100.2	100.0	100.0	99.1	100.0
100.0	98.3	95.3	97.6	100.6	98.8	97.9
100.0	97.8	93.9	96.8	100.8	98.4	97.3
99.7	98.0	93.6	96.7	100.9	97.4	97.0
100.0	99.8	100.0	100.0	99.8	100.0	100.0
100.0	100.0	99.7	100.0	100.1	100.0	100.0
100.1	100.0	100.2	100.7	100.5	100.1	100.0
100.0	100.0	100.0	100.0	100.0	100.0	100.0
100.5	100.5	100.0	100.0	100.0	100.4	100.4
100.0	100.0	100.4	101.5	101.2	100.1	100.0
100.3	100.0	100.0	100.0	99.9	100.0	99.7
99.9	100.0	100.4	100.0	100.0	101.0	99.3
100.0	100.0	100.0	100.0	100.0	100.5	100.0
99.9	99.9	101.0	100.0	100.0	101.5	98.5
99.8	100.3	100.0	100.7	100.0	101.3	98.8
100.9	99.4	98.0	96.3	101.5	99.7	98.8
103.6	96.7	90.4	81.9	108.2	96.9	94.8
100.0	100.0	100.0	100.0	100.0	100.0	100.0

5-7 续表 6

(上月=100)

类　　别	1月	2月	3月	4月	5月
长途汽车	100.0	104.6	97.8	98.6	100.0
短途汽车	100.1	102.4	99.4	99.5	100.0
其它	100.1	105.8	96.6	99.8	100.0
通信	99.9	99.6	99.7	99.5	99.8
通信工具	99.7	96.7	98.1	96.5	98.0
#固定电话机	99.3	100.0	99.8	100.4	99.7
移动电话机	99.7	96.5	98.1	96.3	98.0
其它	98.9	100.1	100.1	100.0	98.3
通信服务	100.0	100.1	100.0	100.0	100.0
#移动通信费	100.0	100.0	100.0	100.0	100.0
市内电话通话费	99.7	100.0	100.0	100.0	100.0
长途电话通话费	99.9	100.0	100.0	100.0	100.0
月租费	100.0	100.0	100.0	100.0	100.0
上网费	100.3	100.9	100.0	100.0	100.6
邮政邮寄	100.3	100.0	100.0	100.0	100.0
其他邮寄	100.2	100.3	100.0	100.0	100.0
其它	100.0	100.0	100.0	100.0	100.0
娱乐教育文化用品及服务	100.3	100.6	99.9	100.3	99.4
文娱用耐用消费品及服务	100.0	99.5	99.6	99.5	99.6
电视机	100.0	99.4	100.0	100.0	100.0
激光视盘机	100.1	100.0	99.8	100.0	100.0
摄像机	100.0	100.0	99.9	99.1	99.5
照相机	100.1	100.1	99.3	99.0	99.5
家用音响	100.0	100.1	100.0	100.0	100.0
便携式音响	99.8	100.0	99.9	99.9	99.7
电脑	99.9	99.3	99.1	98.9	99.2
修理服务费	100.1	100.2	100.2	100.2	100.1
其它	102.4	99.4	100.0	100.7	100.7
教育	100.3	100.0	100.4	100.0	100.0
教材及参考书	100.0	100.0	99.9	100.0	100.0
#工具书	100.0	100.0	100.0	99.9	100.0
教材	100.0	100.0	100.0	100.0	100.0
参考书	100.0	100.0	99.8	100.0	100.0
教育软件	100.0	100.0	100.0	100.0	100.0
教育服务	100.3	100.0	100.4	100.0	100.0
学前教育	101.4	100.0	100.7	100.0	100.0
中等教育	100.0	100.0	100.2	100.0	100.0
高等教育	100.0	100.0	100.0	100.0	100.0
专业技能培训费	99.7	100.0	101.6	99.9	100.0
其他	100.0	100.0	100.3	100.0	100.0
文化娱乐类	100.5	100.4	99.9	100.9	99.4
文化娱乐用品	100.1	100.0	100.0	100.0	100.0
#乐器	100.0	100.0	100.0	100.0	99.9
音像光盘和视盘	100.0	100.0	99.9	100.1	100.1
电子存储器	100.2	99.8	99.6	99.8	99.8
儿童玩具	100.2	100.2	100.2	100.0	100.0

6月	7月	8月	9月	10月	11月	12月
100.4	100.4	100.4	100.1	100.2	100.5	99.5
100.0	100.0	100.0	100.0	100.0	100.5	99.5
100.0	100.0	100.9	100.0	100.0	100.1	99.9
99.2	100.0	100.0	100.2	100.3	100.2	100.0
93.7	100.8	99.9	101.4	101.9	101.5	100.0
100.2	100.0	100.0	100.0	100.0	100.1	100.0
93.4	100.8	99.8	101.5	102.0	101.6	100.0
100.0	100.2	100.0	100.0	99.9	100.0	99.9
100.0	99.9	100.0	100.0	100.0	100.0	100.0
100.0	99.7	100.0	100.0	100.0	100.0	100.0
100.0	100.0	100.0	100.0	100.0	100.0	100.0
100.0	100.0	100.0	100.0	100.0	100.0	100.0
100.0	100.0	100.0	100.0	100.0	100.0	100.0
100.0	100.0	100.2	100.0	100.5	99.6	100.0
100.0	100.0	100.0	100.0	100.0	100.0	100.0
100.0	100.0	100.0	100.0	100.0	100.0	100.0
100.0	100.0	100.0	100.0	100.0	100.0	100.0
99.9	100.2	100.2	100.9	100.0	100.3	100.2
99.1	100.1	99.5	100.4	100.5	99.8	99.9
99.6	100.1	99.2	100.0	100.7	98.9	100.1
100.0	99.5	99.7	99.7	100.1	100.0	100.0
99.8	100.0	100.0	99.7	100.0	100.1	99.9
99.2	100.0	99.8	101.3	100.6	99.5	99.7
100.0	100.0	100.0	99.5	100.1	100.0	99.9
99.8	99.8	99.5	99.8	100.2	100.2	100.0
98.4	100.2	99.6	100.8	100.5	100.5	99.8
100.0	100.0	100.0	100.2	100.0	100.1	100.2
100.0	100.0	100.0	100.0	100.0	100.0	100.0
100.1	100.0	100.1	101.3	100.0	100.8	100.5
100.0	100.0	100.1	99.3	100.4	100.0	100.0
100.0	100.1	100.1	100.3	100.4	100.0	100.0
100.0	100.0	100.0	98.5	100.6	100.0	100.0
100.0	100.0	100.3	99.8	100.1	100.0	100.0
100.0	99.9	100.0	100.0	100.0	100.0	100.0
100.1	100.0	100.1	101.4	99.9	100.8	100.5
100.1	100.0	100.3	101.8	100.0	100.0	100.0
100.0	100.0	100.0	101.7	100.0	102.7	101.8
100.0	100.0	100.0	100.1	100.0	100.0	100.0
100.3	99.9	99.4	100.1	100.0	100.1	100.0
100.0	100.3	100.5	102.9	99.6	100.1	100.0
99.9	100.0	100.6	99.9	100.3	100.3	99.5
99.9	99.9	100.1	100.0	100.1	100.1	100.0
99.6	100.1	100.5	99.9	100.0	100.0	100.0
100.0	97.7	100.0	100.0	100.1	100.0	100.0
99.6	99.8	99.2	99.9	100.0	99.9	99.6
100.1	100.0	100.3	100.0	100.2	100.1	100.1

5-7 续表 7

(上月=100)

类 别	1月	2月	3月	4月	5月
纸张本册	100.1	100.0	99.6	100.0	100.0
文具	100.0	100.0	100.1	100.2	100.0
体育用品	100.2	100.1	100.0	100.0	100.0
其它	100.3	100.1	100.1	100.1	100.0
书报杂志	102.1	101.0	100.0	100.0	100.0
#书籍	99.9	100.0	100.0	100.0	100.0
报纸	100.2	102.0	100.0	100.0	100.0
杂志	108.8	100.8	100.0	100.0	100.0
文娱费	100.3	100.6	99.8	101.7	98.9
#电影票	100.0	100.0	100.0	100.0	100.0
景点门票	100.2	100.7	100.5	105.4	96.3
有线电视	100.6	100.0	100.0	100.0	100.0
健身活动	100.0	100.1	100.0	101.9	99.9
其它	100.1	102.3	98.1	100.3	100.0
旅游	100.4	104.0	98.0	101.6	96.7
旅行社收费	100.4	104.2	97.9	100.0	98.0
宾馆住宿	100.2	99.8	100.1	132.3	77.9
其它住宿	99.5	101.8	98.8	122.8	82.9
居住	100.1	100.0	100.1	100.1	100.0
建房及装修材料	99.8	100.0	100.2	100.0	99.9
木材	100.0	100.0	100.1	98.8	98.9
木地板	100.0	100.0	100.0	99.9	99.9
砖	99.6	99.9	100.5	100.4	100.2
水泥	99.1	100.0	100.4	99.4	99.5
涂料	100.0	100.0	100.0	100.5	99.9
板材	99.9	100.0	99.8	100.2	100.0
玻璃	99.6	99.6	100.9	99.9	99.9
粘胶	99.8	99.9	100.1	100.1	99.9
厨卫设备	100.0	100.0	99.9	99.9	99.8
其它	100.1	100.0	100.0	100.0	100.0
住房租金	100.3	100.2	100.1	100.5	100.1
公房房租	100.0	100.0	100.0	100.0	100.0
私房房租	100.4	100.3	100.1	100.7	100.1
其它费用	100.5	100.0	100.0	100.1	100.0
自有住房	100.2	100.1	100.2	100.3	100.2
住房估算租金	100.1	100.1	100.3	100.3	100.2
物业管理费用	100.5	100.3	100.3	100.0	100.0
维护修理费用	100.5	100.6	99.8	100.2	100.3
其它	100.0	100.0	100.0	100.0	100.0
水、电、燃料	100.1	99.9	99.8	99.8	99.8
水	102.3	100.0	100.0	100.9	100.0
电	100.0	100.0	100.0	100.0	100.0
液化石油气	98.9	99.3	99.4	99.2	99.3
管道燃气	100.0	100.0	100.0	100.0	100.0
其它燃料	100.3	100.0	99.5	99.0	99.3

6月	7月	8月	9月	10月	11月	12月
100.0	100.0	100.0	100.3	100.0	100.3	100.0
100.0	100.0	100.0	100.1	100.0	100.2	100.0
100.0	100.0	100.3	100.1	100.0	100.0	99.8
100.0	100.3	99.8	100.0	100.0	100.0	99.3
100.0	100.0	100.0	100.1	100.1	100.0	100.0
100.0	100.0	100.0	100.1	100.2	100.0	100.0
100.0	100.0	100.0	100.0	100.0	100.0	100.0
100.0	100.0	100.0	100.2	100.0	100.0	100.2
99.8	100.0	101.0	99.9	100.6	100.5	99.0
100.0	100.0	100.0	100.0	100.0	100.0	98.8
99.3	100.0	100.0	99.4	102.0	98.8	97.0
100.0	100.0	100.0	100.0	100.0	100.0	100.0
100.4	100.0	99.8	100.4	100.0	100.0	99.8
100.0	100.0	106.5	100.0	100.0	104.8	100.0
99.8	101.4	100.8	101.0	99.2	98.8	99.8
99.9	101.5	100.8	101.1	99.1	98.8	99.8
96.6	99.6	100.2	100.0	100.8	99.6	99.6
98.5	100.2	100.2	100.1	100.3	99.7	100.0
100.0	100.0	100.0	100.2	100.1	100.0	99.9
99.7	99.6	99.9	100.1	100.1	100.0	99.8
99.9	100.0	100.0	100.3	100.0	99.9	100.2
99.7	100.0	100.0	100.2	99.9	100.0	99.9
100.2	99.6	99.9	99.9	99.9	99.9	99.8
98.6	98.5	99.6	99.9	100.1	99.8	99.7
99.7	100.0	100.0	99.9	100.0	100.0	99.9
99.8	100.0	100.0	100.1	100.4	100.0	99.7
98.3	99.3	100.0	100.4	100.5	100.3	100.3
99.9	100.0	100.0	100.0	100.0	100.0	99.7
100.3	100.0	100.0	100.9	100.2	100.0	100.0
100.0	100.0	100.0	100.0	100.1	100.5	98.6
100.2	100.4	100.7	100.3	100.0	100.1	99.7
100.1	100.0	100.0	100.0	100.0	100.2	100.0
100.3	100.6	101.1	100.5	100.0	100.0	99.5
100.0	100.0	100.0	100.0	100.0	100.9	100.0
100.1	100.1	100.3	100.3	100.2	100.0	99.9
100.2	100.2	100.4	100.4	100.3	100.0	99.9
100.0	100.3	100.2	100.0	100.1	100.7	100.0
100.1	100.0	100.0	100.1	100.3	100.0	99.8
100.0	100.0	100.0	100.2	99.8	100.0	100.0
99.8	100.0	99.5	99.8	99.9	100.0	100.0
100.2	100.0	100.0	99.8	100.0	100.0	100.5
100.0	100.0	100.0	100.0	100.0	100.0	100.0
99.3	100.1	99.4	99.3	99.9	100.0	100.0
100.0	100.0	100.0	100.0	100.0	100.0	100.0
99.2	99.7	97.6	99.6	99.7	100.0	99.7

5-8 城市居民消费

(上年同期=100)

类　　别	年平均	1月	2月	3月	4月	5月
总　指　数	**101.3**	**101.3**	**101.9**	**101.6**	**101.8**	**101.3**
食品	102.0	101.1	102.5	102.0	102.7	101.2
粮食	102.9	105.7	105.5	105.0	104.8	104.2
淀粉及制品	102.4	103.8	102.9	102.9	103.3	103.8
干豆类及豆制品	103.5	105.8	105.2	105.1	105.0	104.8
油脂	95.6	93.6	92.7	93.6	94.5	95.5
肉禽及其制品	103.0	98.2	99.3	100.8	103.6	100.6
食用畜肉及副产品	103.9	96.4	97.5	99.8	104.8	100.5
禽	99.6	102.1	104.3	104.3	100.9	98.6
加工肉禽	102.1	101.2	101.7	101.5	102.1	101.9
蛋	84.9	107.1	114.4	100.1	86.0	74.9
水产品	103.0	104.3	104.5	105.1	104.9	103.8
鱼	103.0	103.3	104.3	106.3	106.9	104.8
其它水产品	102.9	105.5	104.9	103.6	102.4	102.5
菜	107.1	94.4	102.1	98.6	105.2	106.1
调味品	105.4	104.7	104.9	105.0	106.6	106.7
糖	100.5	99.7	99.8	99.7	99.7	100.1
茶及饮料	102.9	101.9	101.8	102.0	102.6	103.0
茶叶	101.0	101.0	101.2	101.2	101.2	101.2
饮料	103.7	102.3	102.1	102.3	103.2	103.8
干鲜瓜果	98.7	105.1	105.0	106.7	103.9	99.4
糕点饼干面包	101.5	102.0	101.8	101.8	101.6	101.4
液体乳及乳制品	98.3	100.6	99.7	98.4	98.1	98.1
在外用膳食品	103.2	103.3	103.5	103.4	103.4	103.4
其它食品	100.3	101.7	101.6	101.1	101.2	100.4
烟酒	101.1	99.5	98.9	99.2	99.0	100.4
烟草	103.8	99.8	99.9	99.9	99.8	102.6
酒	98.0	99.2	97.8	98.4	98.0	98.0
衣着	102.3	103.2	103.6	102.8	102.2	102.3
服装	102.3	103.3	103.6	102.8	102.1	102.2
男式服装	102.0	102.8	103.2	102.8	102.1	102.2
女式服装	102.6	104.0	104.3	103.1	102.5	102.7
儿童服装	101.8	102.7	102.8	101.7	101.0	101.1
衣着材料	100.1	100.3	100.2	100.0	99.8	99.8
鞋袜帽	102.2	102.8	103.1	102.9	102.3	102.2
鞋	102.5	103.2	103.6	103.4	102.7	102.6
袜子	100.9	100.7	100.7	100.4	100.2	100.2
帽子	101.6	102.3	101.9	101.9	101.4	101.1
衣着加工服务费	108.4	107.6	108.4	109.1	109.9	109.8
家庭设备用品及维修服务	100.4	100.8	100.9	100.7	100.6	100.3
耐用消费品	99.8	100.6	100.5	100.3	100.0	99.7

价格分月指数(2015年)

6月	7月	8月	9月	10月	11月	12月
101.2	**101.4**	**101.6**	**101.2**	**100.7**	**101.0**	**101.1**
101.5	102.4	103.2	102.2	100.7	101.6	102.4
103.0	102.4	102.2	101.5	100.4	100.2	100.3
103.1	103.1	102.8	101.7	101.0	100.3	100.7
103.6	103.0	102.7	102.1	102.0	101.7	101.4
96.2	96.4	96.7	96.2	96.6	97.6	97.9
100.7	104.7	105.9	105.7	105.4	105.1	105.5
100.7	106.7	108.5	108.4	108.1	107.7	108.1
98.5	99.2	99.1	97.3	96.6	96.9	98.0
102.0	102.2	102.4	102.8	102.7	102.6	102.7
76.8	73.3	80.0	83.2	75.6	77.3	82.7
103.1	103.4	102.9	102.1	101.0	100.7	100.1
103.2	103.5	102.6	101.6	100.3	100.1	99.3
103.0	103.2	103.3	102.6	101.9	101.5	101.0
114.0	116.1	120.3	112.0	100.8	110.2	113.9
107.0	107.5	105.6	105.1	104.2	104.0	104.1
100.4	100.8	100.8	101.0	101.4	101.2	101.3
103.1	103.6	103.1	103.2	103.1	103.5	103.8
100.8	100.9	100.9	100.9	100.9	100.9	101.1
104.2	104.8	104.1	104.2	104.1	104.7	105.0
94.6	94.7	94.7	93.8	95.0	95.4	95.2
101.4	101.7	101.4	101.5	101.5	101.2	101.0
98.3	98.1	98.0	97.6	97.5	97.6	97.9
103.4	103.4	103.5	103.2	103.0	102.8	102.7
99.5	99.9	100.0	99.8	99.5	99.6	99.0
102.3	102.4	102.3	102.3	102.3	102.3	102.3
106.2	106.3	106.3	106.3	106.3	106.3	106.2
97.9	98.0	97.7	97.8	97.8	97.9	98.0
102.4	102.3	102.3	102.3	102.1	101.3	100.9
102.4	102.2	102.3	102.3	102.2	101.2	100.8
102.1	101.9	102.0	101.9	102.0	101.0	100.6
102.8	102.6	102.6	102.6	102.4	101.2	100.7
101.8	101.8	101.9	102.0	102.2	101.7	101.3
99.7	99.6	99.6	99.9	100.5	100.9	101.0
102.5	102.4	102.2	102.1	101.4	101.3	101.3
102.8	102.6	102.5	102.3	101.4	101.4	101.3
101.1	101.1	101.0	101.2	101.3	101.1	101.3
101.8	101.6	101.4	101.5	101.7	101.2	101.0
109.4	109.1	108.7	107.8	106.8	107.8	107.0
100.0	100.0	100.2	100.4	100.4	100.4	100.5
99.2	99.2	99.5	99.7	99.6	99.6	100.0

5-8 续表

(上年同期=100)

类　　别	年平均	1月	2月	3月	4月	5月
家具	100.6	100.8	100.9	100.6	100.3	100.2
家庭设备	99.4	100.5	100.3	100.2	99.8	99.4
室内装饰品	100.4	100.6	100.6	100.6	100.6	100.4
床上用品	100.5	100.4	100.7	100.6	100.2	100.3
家庭日用杂品	100.4	100.6	100.6	100.5	100.6	100.3
家庭服务及加工维修服务	106.6	104.0	106.5	106.4	107.0	106.9
医疗保健和个人用品	102.2	101.8	101.9	101.8	101.8	101.9
医疗保健	102.9	102.2	102.2	102.3	102.1	102.3
医疗器具及用品	101.6	101.8	101.8	101.8	101.5	101.2
中药材及中成药	104.4	104.1	104.1	104.1	103.1	103.1
西药	103.2	101.6	101.6	101.6	102.0	102.2
保健器具及用品	103.8	104.2	104.2	104.2	102.8	102.6
医疗保健服务	101.8	101.7	101.7	101.7	101.7	102.0
个人用品及服务	100.6	101.0	101.3	100.8	101.1	101.1
化妆美容用品	100.4	100.8	100.9	100.7	100.7	100.7
清洁化妆用品	100.2	100.3	100.8	100.4	100.2	100.4
个人饰品	94.6	97.4	96.4	95.0	95.7	95.4
个人服务	105.8	104.3	105.6	105.9	106.1	106.2
交通和通讯	97.9	98.9	99.4	99.5	99.7	100.2
交通	96.7	97.3	98.5	98.8	99.4	100.6
交通工具	95.5	99.1	99.1	98.9	99.1	100.0
车用燃料及零配件	85.1	83.0	82.4	84.6	84.6	87.4
车辆使用及维修	103.1	102.5	108.6	104.0	103.3	102.5
市区公共交通	101.0	101.6	102.3	101.1	101.1	100.9
城市间交通	106.9	100.3	105.0	109.4	113.5	116.1
通信	99.4	100.9	100.6	100.4	100.2	99.7
通信工具	93.5	107.5	103.9	101.6	99.9	95.2
通信服务	100.1	100.1	100.2	100.2	100.2	100.2
娱乐教育文化用品及服务	101.8	101.8	102.7	102.8	102.3	101.9
文娱用耐用消费品及服务	97.1	98.6	98.2	98.0	97.0	96.8
教育	103.1	103.5	103.3	103.7	103.6	103.6
教材及参考书	100.0	100.7	100.6	100.4	100.4	100.4
教育服务	103.3	103.7	103.5	103.9	103.9	103.8
文化娱乐类	101.5	101.2	101.3	101.4	101.4	101.2
文化娱乐用品	99.8	99.7	99.7	99.5	99.9	99.9
书报杂志	103.6	102.7	104.0	103.9	103.9	103.6
文娱费	101.8	101.5	101.4	101.6	101.5	101.2
旅游	101.3	99.2	105.1	104.4	102.6	100.6
居住	101.2	102.0	101.6	101.4	101.2	101.2
建房及装修材料	100.1	101.1	101.0	100.7	100.4	100.1
住房租金	101.8	102.5	101.3	101.2	101.8	101.8
自有住房	102.5	103.7	103.1	102.8	102.6	102.7
水、电、燃料	98.9	98.9	98.9	99.0	98.9	98.6

6月	7月	8月	9月	10月	11月	12月
100.1	99.9	100.3	100.6	100.6	101.2	101.3
98.7	98.7	99.1	99.2	99.1	98.7	99.2
100.3	100.3	100.4	100.2	100.2	100.2	99.9
100.2	100.2	100.3	100.7	100.8	100.8	100.7
100.1	100.1	100.2	100.3	100.3	100.4	100.3
106.9	106.5	106.7	107.6	107.1	107.2	106.8
102.1	102.0	102.2	102.5	102.8	102.6	102.5
102.7	102.9	103.4	103.5	103.8	103.8	103.6
101.2	101.2	101.6	101.9	101.9	101.9	101.5
103.6	104.0	105.4	105.7	105.5	105.0	104.7
103.0	103.2	104.0	104.2	104.8	104.9	104.7
103.0	103.0	103.1	104.5	104.6	104.7	104.3
102.0	102.0	102.0	101.7	101.7	101.7	101.5
100.8	100.3	99.9	100.3	100.6	100.1	100.3
100.6	100.6	100.3	100.1	99.9	99.7	100.0
100.3	100.1	100.1	99.9	99.9	99.9	100.2
94.7	93.4	92.2	93.1	94.1	94.1	94.0
106.1	105.9	106.0	106.5	106.3	105.1	105.4
97.9	97.3	96.6	96.0	96.2	96.3	96.3
97.0	96.1	95.1	94.0	94.4	94.3	94.3
93.5	93.4	93.3	93.2	92.3	91.8	91.8
86.8	85.0	82.6	82.7	85.4	88.3	89.0
102.4	102.2	102.2	102.4	102.4	102.2	102.1
100.8	100.5	100.6	100.7	100.7	101.3	100.5
116.3	112.2	107.3	99.5	102.9	101.1	100.5
99.0	98.9	98.6	98.5	98.6	98.8	98.8
88.7	89.7	86.7	86.6	86.8	88.8	88.9
100.2	100.0	100.0	100.0	100.1	100.1	100.1
101.7	101.8	101.9	101.1	101.3	101.4	101.2
96.0	96.5	95.9	96.5	97.2	97.0	96.9
103.7	103.6	103.6	102.1	102.0	102.1	102.1
100.4	100.4	100.6	99.1	99.1	99.1	99.1
103.9	103.9	103.8	102.3	102.2	102.3	102.4
101.1	101.0	101.8	101.8	101.7	102.2	101.9
99.9	99.8	99.9	99.9	99.9	99.9	99.7
103.6	103.6	103.6	103.6	103.6	103.5	103.4
101.1	101.0	102.3	102.2	102.1	102.9	102.5
99.8	100.1	100.4	100.3	101.3	101.1	100.4
101.0	100.9	100.8	100.9	101.0	101.0	100.9
100.1	99.9	99.9	99.6	99.6	99.6	99.4
101.7	101.8	102.0	102.0	102.0	102.1	101.6
102.3	102.1	102.1	102.3	102.5	102.4	102.1
98.7	98.8	98.8	98.8	98.8	99.0	99.2

5-9 农村居民消费

(上年同期=100)

类 别	年平均	1月	2月	3月	4月	5月
总 指 数	**101.2**	**101.1**	**101.5**	**101.4**	**101.7**	**101.1**
食品	101.6	100.6	101.9	101.5	103.1	100.9
粮食	102.8	105.8	105.0	104.7	104.5	104.1
淀粉及制品	102.5	104.3	105.1	104.9	104.7	104.2
干豆类及豆制品	101.4	103.3	103.8	105.1	104.7	104.0
油脂	94.9	93.4	92.4	92.5	93.3	93.7
肉禽及其制品	104.5	97.4	98.9	99.7	107.0	104.0
食用畜肉及副产品	105.9	95.1	96.8	97.9	108.8	105.6
禽	99.6	107.5	109.4	108.6	103.6	97.8
加工肉禽	101.6	101.9	101.6	101.4	101.6	101.5
蛋	86.1	108.4	113.1	103.1	87.5	75.7
水产品	103.6	103.9	105.7	109.2	108.2	104.7
鱼	103.4	103.7	105.6	109.5	108.4	104.5
其它水产品	105.2	105.3	106.4	106.8	105.9	105.7
菜	107.0	95.2	102.8	101.9	111.9	109.4
调味品	102.3	101.8	102.0	102.0	102.1	102.5
糖	102.4	97.5	99.1	100.7	102.6	103.1
茶及饮料	100.3	100.4	100.1	99.9	99.3	99.4
茶叶	101.2	104.1	104.1	104.1	100.9	99.1
饮料	100.1	99.5	99.2	99.0	98.9	99.5
干鲜瓜果	93.0	101.7	97.9	100.1	96.8	91.9
糕点饼干面包	101.0	101.4	101.6	101.5	101.5	101.7
液体乳及乳制品	99.4	102.5	101.5	100.2	99.5	99.3
在外用膳食品	103.0	103.8	104.3	103.7	103.2	103.2
其它食品	101.9	104.4	104.6	104.1	103.0	102.4
烟酒	101.0	99.4	99.2	99.0	98.9	100.6
烟草	105.1	99.3	99.9	99.9	99.9	103.7
酒	98.8	99.4	98.9	98.6	98.3	98.9
衣着	102.3	102.8	102.9	102.9	101.9	101.8
服装	102.6	103.3	103.4	103.3	102.1	102.3
男式服装	102.8	103.4	103.5	103.2	102.2	102.5
女式服装	102.5	103.4	103.6	103.3	101.8	102.2
儿童服装	102.6	102.7	102.8	103.4	102.6	102.0
衣着材料	101.2	102.3	102.5	102.2	101.4	101.3
鞋袜帽	101.6	101.9	101.8	102.0	101.2	100.8
鞋	101.7	102.1	102.0	102.3	101.3	100.7
袜子	100.5	100.9	100.9	100.8	100.6	100.6
帽子	102.5	101.4	101.4	101.7	101.9	101.9
衣着加工服务	106.9	107.7	107.3	107.8	108.1	107.7
家庭设备用品及维修服务	100.6	100.7	100.8	100.8	100.7	100.6
耐用消费品	100.0	99.9	100.1	100.2	100.2	100.0

价格分月指数(2015年)

6月	7月	8月	9月	10月	11月	12月
101.1	**101.4**	**101.6**	**101.1**	**100.8**	**101.0**	**101.1**
101.1	102.3	103.3	101.7	100.3	100.8	101.2
103.6	103.2	102.6	101.2	100.2	99.8	99.2
103.9	103.7	102.6	97.9	98.7	100.5	100.5
102.3	100.9	100.1	99.5	98.5	97.6	97.3
95.1	96.2	96.2	96.1	96.3	97.0	97.0
102.4	108.7	109.7	107.6	107.1	105.8	106.1
103.7	112.0	113.4	111.1	110.3	108.1	108.6
96.2	98.2	97.2	93.4	93.6	95.7	96.5
101.1	101.6	101.4	101.6	102.3	102.0	101.8
78.4	74.2	81.3	83.8	77.3	78.1	83.4
103.3	104.8	104.2	102.7	101.2	100.1	95.8
103.0	104.6	104.0	102.5	100.9	99.9	95.0
106.2	106.6	106.5	104.9	103.1	102.4	102.4
115.4	114.7	118.5	107.8	97.8	106.2	108.6
102.6	102.6	102.2	102.0	102.0	103.2	103.1
103.0	103.1	103.5	104.4	104.2	104.0	104.2
100.2	100.3	100.8	100.7	100.8	100.9	101.4
100.6	100.2	100.2	100.2	100.2	99.9	101.3
100.1	100.3	100.9	100.8	100.9	101.1	101.4
88.3	88.3	89.6	88.6	90.4	91.0	89.6
100.9	101.0	101.0	100.5	100.2	100.0	100.4
98.6	98.9	98.8	97.9	98.1	98.6	98.8
103.1	102.9	102.7	102.4	102.5	102.4	101.9
102.1	101.5	101.1	101.0	100.0	99.6	99.2
102.2	102.1	102.1	102.1	102.3	102.1	102.3
108.0	108.0	108.0	108.8	108.8	108.3	108.2
98.9	98.8	98.8	98.4	98.7	98.6	99.0
102.5	102.7	102.3	101.9	102.2	101.9	101.7
102.8	103.0	102.5	102.2	102.4	102.3	102.0
102.8	102.9	102.6	102.3	102.9	102.9	102.5
103.1	103.1	102.6	102.0	101.8	101.6	101.2
102.3	102.7	102.3	102.4	102.7	102.6	102.7
101.1	101.5	101.4	100.3	100.3	100.2	100.0
101.8	102.2	101.8	101.3	101.7	101.1	101.2
102.2	102.5	102.0	101.3	101.7	101.0	101.2
99.9	100.3	100.3	100.3	100.7	100.7	100.5
102.3	103.3	103.6	103.6	103.7	102.6	102.1
107.3	107.1	107.0	106.8	106.8	106.2	103.5
100.6	100.5	100.4	100.5	100.7	100.5	100.5
100.0	99.9	99.6	99.7	100.1	99.9	99.9

5-9 续表

(上年同期=100)

类　　别	年平均	1月	2月	3月	4月	5月
家具	101.2	100.5	100.8	101.1	101.2	101.0
家庭设备	99.1	99.5	99.6	99.6	99.6	99.3
室内装饰品	101.1	101.4	101.4	101.2	101.3	101.0
床上用品	100.7	101.0	100.9	100.6	100.5	100.5
家庭日用杂品	100.9	101.5	101.2	101.0	100.8	101.0
家庭服务及加工维修服务	107.6	105.9	107.8	107.9	107.9	107.8
医疗保健和个人用品	103.0	102.4	103.2	103.0	102.9	102.9
医疗保健	103.5	103.4	103.5	103.4	103.2	103.2
医疗器具及用品	100.3	100.8	100.8	100.8	100.8	100.6
中药材及中成药	101.5	102.0	101.6	101.1	100.8	100.9
西药	104.8	103.2	103.5	103.3	103.5	104.0
保健器具及用品	102.1	101.2	101.5	101.5	101.4	101.5
医疗保健服务	103.2	103.8	103.8	103.8	103.5	103.2
个人用品及服务	101.9	100.0	102.4	102.0	102.0	102.0
化妆美容用品	100.2	100.1	100.2	100.1	100.3	100.2
清洁化妆用品	100.2	100.2	100.1	100.2	100.4	100.2
个人饰品	98.0	98.3	98.8	98.3	98.5	98.0
个人服务	106.0	101.1	106.8	106.1	106.0	106.5
交通和通讯	98.1	98.6	98.5	99.1	98.9	99.0
交通	97.8	97.4	97.5	98.5	98.4	98.9
交通工具	99.1	100.6	100.2	100.2	100.3	100.3
车用燃料及零配件	84.2	81.8	81.0	83.7	83.8	86.6
车辆使用及维修	103.1	101.9	102.8	102.8	102.2	102.2
市区公共交通	113.0	114.4	112.3	116.6	116.7	116.5
城市间交通	102.2	97.9	100.5	103.5	102.6	102.9
通信	98.6	101.4	100.8	100.3	100.1	99.1
通信工具	94.2	108.2	104.7	102.4	101.2	96.4
通信服务	99.8	99.8	99.8	99.8	99.8	99.8
娱乐教育文化用品及服务	102.7	102.7	102.5	102.7	102.6	102.5
文娱用耐用消费品及服务	99.2	100.5	99.9	99.9	99.3	99.5
教育	103.8	103.9	103.5	103.6	103.6	103.6
教材及参考书	101.3	101.3	101.3	101.0	101.0	101.0
教育服务	103.9	103.9	103.5	103.7	103.7	103.7
文化娱乐类	101.0	100.9	101.7	101.1	101.1	101.0
文化娱乐用品	100.9	100.9	100.9	101.0	101.0	101.0
书报杂志	102.6	102.5	102.5	102.5	102.5	102.5
文娱费	100.6	100.4	102.4	100.6	100.7	100.6
旅游	103.9	101.5	102.1	104.0	104.3	102.0
居住	100.8	101.5	101.5	101.3	101.0	100.8
建房及装修材料	99.5	99.5	99.6	99.9	99.9	99.9
住房租金	104.3	105.2	105.4	104.0	103.5	103.3
自有住房	102.7	104.4	104.3	103.7	102.7	102.2
水、电、燃料	98.7	98.8	98.7	98.7	99.1	99.2

6月	7月	8月	9月	10月	11月	12月
101.3	101.2	100.9	101.3	101.8	101.7	101.8
99.2	99.0	98.7	98.7	99.0	98.6	98.7
100.9	101.0	101.0	101.2	100.9	100.9	100.6
100.5	100.8	101.7	101.1	101.2	100.4	99.3
100.9	100.8	100.8	100.7	100.6	100.5	100.5
107.8	106.6	106.1	107.8	108.0	108.5	109.1
102.9	103.0	102.9	103.1	103.3	102.9	103.3
103.3	103.5	103.6	103.8	103.9	103.1	103.6
100.6	100.1	99.7	99.7	99.7	99.7	100.0
100.4	100.3	101.1	103.0	103.1	101.8	101.6
104.6	105.2	105.2	105.5	105.7	105.9	107.8
101.3	101.5	102.0	103.2	103.2	103.5	103.4
103.2	103.2	103.2	103.1	103.1	102.0	102.0
102.0	101.7	101.4	101.6	102.0	102.6	102.6
100.1	100.1	100.0	100.1	100.3	100.5	100.4
100.2	100.4	100.2	100.2	100.1	100.1	100.3
98.1	96.9	96.7	97.4	97.9	98.6	98.6
106.5	106.3	105.9	106.0	106.4	107.2	107.2
98.0	97.6	97.1	97.1	97.4	97.8	97.7
98.0	97.4	96.9	97.1	97.5	98.0	97.8
98.6	98.5	98.4	98.7	98.2	97.9	97.7
86.1	84.3	82.0	81.9	84.6	87.5	88.3
102.2	102.3	102.7	104.3	104.5	104.6	104.5
116.2	115.9	112.4	109.0	108.9	110.4	108.2
103.4	102.6	102.4	101.9	102.7	103.2	102.4
98.0	98.1	97.3	97.1	97.1	97.3	97.3
91.0	91.3	87.8	87.0	87.0	87.8	87.8
99.8	99.8	99.8	99.8	99.8	99.8	99.8
102.3	102.5	102.8	102.3	101.9	103.3	104.1
98.7	99.3	98.8	99.0	99.1	98.5	98.5
103.6	103.7	104.0	103.1	102.4	104.7	105.9
101.0	101.0	101.0	100.2	102.2	102.2	102.2
103.7	103.8	104.1	103.2	102.4	104.7	106.0
101.0	100.8	100.7	100.8	100.9	101.1	101.0
101.0	100.8	100.6	100.8	100.8	101.3	101.1
102.5	102.5	102.5	102.7	102.9	102.9	102.9
100.4	100.4	100.3	100.3	100.3	100.3	100.3
101.4	102.5	105.6	105.1	105.9	106.7	105.9
100.5	100.4	100.3	100.6	100.6	100.5	100.1
99.6	99.3	99.2	99.5	99.6	99.4	98.7
103.0	102.9	104.2	104.9	104.9	104.9	104.9
101.9	101.7	102.1	102.5	102.4	102.3	102.2
99.0	99.2	98.3	98.3	98.5	98.5	97.7

5-10　商品零售价格

(上年同期=100)

类　　别	年平均	1月	2月	3月	4月	5月
总　指　数	**99.8**	**99.9**	**100.2**	**100.1**	**100.2**	**99.7**
食品类	101.5	100.8	102.1	101.7	102.7	100.7
粮食	102.9	105.2	104.8	104.6	104.4	104.1
淀粉	102.6	104.4	103.8	103.8	103.9	103.9
干豆类及豆制品	102.9	104.9	104.8	105.4	105.2	104.8
油脂	95.3	93.6	92.6	93.2	94.1	94.6
肉禽及其制品	103.5	97.8	99.1	100.2	104.8	101.8
食用畜肉及副产品	104.5	95.6	96.9	98.6	106.2	102.4
禽	99.9	104.4	106.6	106.3	102.3	98.6
肉禽加工制品	102.2	101.6	101.8	101.7	102.1	102.0
蛋	85.9	108.0	113.6	102.1	87.2	75.7
水产品	102.7	103.9	104.8	106.3	105.9	103.7
鱼	102.9	103.7	105.1	107.6	107.6	104.2
其它水产品	102.2	104.4	103.9	103.3	102.1	102.4
菜	107.1	94.9	102.3	100.1	108.4	107.8
调味品	103.6	102.8	103.1	103.2	103.8	104.2
糖	101.4	97.8	98.1	99.5	100.6	101.4
干鲜瓜果	96.4	103.8	102.3	104.0	101.1	96.6
糕点饼干	101.4	101.9	101.8	101.8	101.7	101.8
液体乳及乳制品	98.7	101.1	100.2	99.1	98.7	98.6
在外用膳食品	103.1	103.5	103.8	103.5	103.2	103.2
其它食品	100.5	101.9	101.9	101.4	101.1	100.6
饮料、烟酒	101.0	100.0	99.7	99.7	99.6	100.7
茶及饮料	101.8	101.3	101.3	101.3	101.5	101.9
茶叶	101.5	101.9	102.1	101.9	101.7	101.6
饮料	102.0	101.0	100.8	101.0	101.3	102.1
烟草	103.9	99.7	99.9	99.9	99.9	102.9
酒	98.8	99.6	98.9	98.9	98.6	98.8
服装、鞋帽类	102.3	103.1	103.3	102.9	102.0	102.1
服装	102.5	103.4	103.7	103.2	102.2	102.4
男式服装	102.5	103.2	103.5	103.2	102.2	102.4
女式服装	102.7	104.0	104.3	103.5	102.5	102.6
儿童服装	102.2	102.6	102.8	102.5	101.8	101.7
鞋袜帽	101.8	102.2	102.3	102.3	101.5	101.3
鞋	102.0	102.5	102.6	102.7	101.7	101.5
袜子	100.6	100.7	100.7	100.5	100.4	100.4
帽子	101.9	101.6	101.6	101.6	101.5	101.4
其它	100.8	100.9	100.9	100.9	100.9	100.9

分月指数(2015年)

6月	7月	8月	9月	10月	11月	12月
99.5	**99.7**	**99.9**	**99.5**	**99.2**	**99.5**	**99.7**
101.0	101.9	102.8	101.6	100.1	100.9	101.5
103.2	102.9	102.6	101.6	100.7	100.5	100.3
103.4	103.3	102.9	101.2	100.5	100.1	100.2
103.3	102.3	102.0	101.4	100.8	100.4	100.1
95.7	96.2	96.3	96.2	96.5	97.2	97.4
101.2	105.9	107.3	106.3	106.0	105.4	105.9
101.7	108.2	110.4	109.3	108.8	108.0	108.5
97.9	99.2	98.6	96.0	95.7	96.6	97.4
101.9	102.2	102.2	102.6	102.8	102.6	102.4
78.2	74.3	81.1	83.8	76.8	78.0	83.3
102.5	103.0	102.6	101.5	100.3	99.9	98.5
102.4	103.3	102.7	101.5	100.1	99.6	97.8
102.7	102.5	102.4	101.6	100.9	100.7	100.2
114.8	115.5	119.3	110.0	99.6	108.4	111.0
104.4	104.6	103.5	103.2	102.8	104.0	104.1
101.9	102.2	102.5	103.3	103.3	103.2	103.2
91.9	92.3	92.5	91.9	93.1	93.2	92.8
101.3	101.5	101.3	101.0	100.9	100.6	100.6
98.5	98.3	98.2	97.8	97.7	97.8	98.2
103.3	103.1	103.1	102.8	102.7	102.6	102.2
100.1	100.2	100.3	100.1	99.8	99.7	99.3
101.8	101.8	101.7	101.7	101.7	101.7	101.9
102.1	102.3	101.9	102.0	102.0	102.1	102.3
101.5	101.4	101.3	101.3	101.3	100.9	101.3
102.4	102.9	102.3	102.4	102.4	102.8	102.8
106.3	106.3	106.3	106.4	106.4	106.3	106.2
98.8	98.8	98.7	98.5	98.6	98.6	99.0
102.5	102.6	102.3	102.1	102.1	101.5	101.2
102.7	102.7	102.5	102.3	102.3	101.7	101.3
102.5	102.5	102.4	102.2	102.5	101.9	101.5
103.1	103.1	102.8	102.5	102.2	101.4	101.0
102.1	102.4	102.2	102.3	102.4	102.1	101.8
102.2	102.4	102.0	101.6	101.5	101.1	101.1
102.4	102.6	102.2	101.7	101.6	101.1	101.2
100.4	100.6	100.5	100.6	100.8	100.7	100.6
101.9	102.4	102.4	102.4	102.5	101.9	101.7
100.9	100.9	100.8	100.8	100.6	100.4	100.2

5-10 续表

(上年同期=100)

类　别	年平均	1月	2月	3月	4月	5月
纺织品类	101.0	101.1	101.3	101.2	100.9	101.0
衣着材料	101.2	101.3	101.3	101.2	101.1	101.0
床上用品	101.0	101.0	101.4	101.2	100.9	100.9
家用电器及音像器材	98.9	99.5	99.4	99.5	99.4	99.1
家庭设备	99.3	100.1	100.0	100.0	99.8	99.4
文娱用耐用消费品	98.2	97.9	97.6	98.0	98.1	98.5
音像器材	97.6	100.0	100.0	100.0	100.0	98.9
文化办公用品	99.0	100.5	100.2	99.9	99.1	98.9
日用品	100.4	100.8	100.6	100.6	100.5	100.4
日用百货	100.4	100.8	100.8	100.8	100.7	100.6
日用杂品	100.4	100.5	100.5	100.4	100.3	100.5
洗涤用品	100.1	101.1	100.6	100.4	100.3	100.0
其它日用品	100.5	100.3	100.3	100.3	100.5	100.5
体育娱乐用品	100.6	100.8	100.7	100.7	100.6	100.7
体育用品	100.7	100.6	100.6	100.6	100.6	100.7
娱乐用品	100.5	101.0	101.0	100.8	100.7	100.7
交通、通信用品	95.5	101.0	100.3	99.7	99.5	98.9
交通运输机械	95.4	99.1	99.1	98.9	99.1	99.9
通信器材	95.7	104.8	102.6	101.2	100.2	96.9
家具	100.7	100.7	100.8	100.7	100.6	100.4
化妆品类	100.4	100.5	100.6	100.5	100.6	100.5
金银珠宝类	93.6	97.2	96.0	92.6	93.8	93.5
中西药品及医疗保健用品类	103.8	102.8	102.8	102.8	102.6	102.8
医疗器具及用品	101.4	101.2	101.2	101.1	101.0	101.2
中药材及中成药	104.1	103.8	103.7	103.6	102.8	102.9
西药	104.0	102.5	102.6	102.6	102.7	103.0
保健器具及用品	102.8	102.6	102.7	102.7	102.0	102.1
书报杂志及电子出版物类	102.1	102.0	102.4	102.3	102.3	102.1
教材及参考书	100.3	100.6	100.5	100.4	100.4	100.4
书报杂志	103.3	102.8	103.6	103.6	103.6	103.3
电子音像制品	102.2	102.3	102.3	102.4	102.5	102.5
燃料类	87.8	86.6	86.1	87.7	87.6	89.2
煤炭及制品类	95.2	95.6	95.6	96.1	95.8	95.4
石油及制品类	85.1	83.4	82.6	84.7	84.7	87.1
建筑材料及五金电料类	99.5	99.8	99.8	99.9	99.6	99.7
建筑装璜材料	99.2	99.5	99.6	99.6	99.4	99.5
五金电料类	100.7	100.9	100.8	100.8	100.6	100.5

6月	7月	8月	9月	10月	11月	12月
101.0	101.0	101.1	101.1	101.2	101.1	100.4
101.2	101.2	101.2	100.6	100.9	101.5	101.4
100.9	100.9	101.1	101.2	101.3	101.0	100.1
98.7	98.8	98.6	98.7	98.9	98.4	98.1
98.9	99.0	98.9	98.9	99.1	98.6	98.9
98.2	98.5	98.1	98.4	98.7	98.1	98.7
97.6	97.6	97.6	97.6	97.6	96.8	87.9
98.4	98.5	98.3	98.5	98.6	98.6	98.2
100.4	100.3	100.2	100.1	100.1	100.3	100.1
100.6	100.3	100.1	100.0	99.9	100.4	100.2
100.6	100.4	100.4	100.5	100.4	100.5	100.3
100.0	100.0	100.0	99.8	99.9	99.8	99.8
100.5	100.5	100.5	100.6	100.6	100.6	100.5
100.7	100.7	100.7	100.5	100.5	100.6	100.3
100.8	100.8	100.9	100.8	100.8	100.7	100.3
100.5	100.5	100.4	100.2	100.2	100.4	100.2
93.2	93.3	92.5	92.4	91.8	91.8	91.9
93.2	93.2	93.2	93.2	92.3	91.7	91.7
93.1	93.5	91.2	90.8	90.9	92.0	92.2
100.4	100.3	100.4	100.6	100.7	101.1	101.2
100.4	100.4	100.2	100.3	100.2	100.3	100.5
92.9	90.6	90.1	92.5	94.7	94.9	94.4
103.3	103.6	104.3	104.9	105.1	105.0	105.1
101.2	101.0	101.3	101.8	101.8	102.0	101.4
103.2	103.4	105.1	105.8	105.7	104.7	104.3
103.7	104.1	104.6	105.0	105.4	105.6	106.1
102.2	102.3	102.5	103.7	103.7	103.9	103.6
102.1	102.1	102.1	101.9	102.0	102.0	102.0
100.4	100.4	100.5	100.0	100.2	100.2	100.2
103.3	103.3	103.3	103.3	103.4	103.3	103.1
102.4	102.1	101.9	101.8	101.7	102.1	102.3
88.8	87.7	85.8	86.0	87.8	89.8	90.4
95.4	95.7	94.1	94.7	94.8	95.2	94.3
86.6	85.0	82.9	82.9	85.3	87.9	88.9
99.7	99.5	99.4	99.5	99.4	99.2	98.9
99.4	99.2	99.1	99.1	98.9	98.8	98.4
100.6	100.6	100.5	100.8	100.9	100.8	100.4

5-11 城市商品零售

(上年同期=100)

类　别	年平均	1月	2月	3月	4月	5月
总 指 数	**99.6**	**99.8**	**100.1**	**99.9**	**99.9**	**99.6**
食品类	101.6	100.9	102.2	101.8	102.4	100.8
粮食	102.5	104.6	104.5	104.1	104.0	103.6
淀粉	102.5	104.3	103.4	103.4	103.6	103.8
干豆类及豆制品	103.7	106.4	105.8	105.6	105.5	105.3
油脂	96.0	94.0	93.0	94.1	95.2	95.9
肉禽及其制品	102.8	98.0	99.2	100.6	103.2	100.4
食用畜肉及副产品	103.7	96.2	97.4	99.5	104.2	100.2
禽	99.8	102.2	104.3	104.3	100.9	98.7
肉禽加工制品	102.0	101.1	101.5	101.5	102.0	101.9
蛋	85.5	107.2	114.2	100.3	86.4	75.7
水产品	102.5	103.5	103.8	104.8	104.7	103.5
鱼	103.1	103.1	104.2	106.4	107.0	104.8
其它水产品	101.5	104.0	103.3	102.4	101.2	101.5
菜	107.2	94.7	102.3	99.0	105.3	106.4
调味品	105.9	105.6	105.9	105.9	107.5	107.7
糖	101.0	99.7	99.8	100.0	100.0	100.4
干鲜瓜果	98.1	104.8	104.6	106.3	103.5	99.1
糕点饼干	101.9	102.4	102.2	102.2	102.0	102.0
液体乳及乳制品	98.4	100.4	99.6	98.4	98.2	98.1
在外用膳食品	103.1	103.2	103.4	103.3	103.2	103.3
其它食品	100.2	101.5	101.4	100.9	100.8	100.2
饮料、烟酒	101.1	100.3	99.8	100.0	100.0	100.9
茶及饮料	102.2	101.4	101.4	101.5	101.9	102.5
茶叶	101.5	101.7	101.9	101.7	101.8	101.7
饮料	102.6	101.3	101.2	101.4	102.0	102.9
烟草	103.3	99.8	99.9	99.9	99.8	102.4
酒	98.4	99.5	98.3	98.7	98.3	98.3
服装、鞋帽类	102.2	103.1	103.4	102.8	102.1	102.3
服装	102.3	103.2	103.6	102.8	102.1	102.3
男式服装	101.9	102.7	103.1	102.8	102.0	102.1
女式服装	102.6	103.9	104.3	103.2	102.6	102.8
儿童服装	102.0	102.6	102.7	101.7	101.1	101.5
鞋袜帽	102.2	102.9	103.2	103.0	102.1	102.4
鞋	102.5	103.3	103.6	103.4	102.5	102.7
袜子	100.9	100.8	100.8	100.4	100.0	100.1
帽子	101.3	101.8	101.7	101.5	101.1	101.0
其它	101.1	101.4	101.4	101.3	101.3	101.3

价格分月指数(2015年)

6月	7月	8月	9月	10月	11月	12月
99.2	**99.4**	**99.6**	**99.4**	**99.1**	**99.5**	**99.7**
101.0	101.9	102.7	101.8	100.3	101.2	102.0
102.6	102.1	101.9	101.4	100.5	100.5	100.5
103.1	103.0	102.7	101.5	100.8	100.0	100.2
103.8	103.0	102.7	102.0	101.9	101.5	101.2
96.6	96.7	97.0	96.6	97.1	97.9	98.2
100.6	104.3	105.7	105.5	105.2	105.1	105.5
100.6	106.1	108.3	108.1	107.9	107.7	108.2
98.7	99.5	99.4	97.6	96.9	97.1	98.2
101.9	102.2	102.3	102.7	102.5	102.4	102.5
77.7	74.1	80.7	83.8	76.4	78.0	83.1
102.5	102.7	102.2	101.5	100.6	100.3	99.8
102.9	103.4	102.7	102.0	100.8	100.5	100.0
101.8	101.4	101.3	100.7	100.3	100.1	99.6
114.1	116.4	120.4	112.1	101.1	110.3	113.6
108.0	108.4	105.9	104.9	103.8	103.5	103.6
100.8	101.5	101.8	102.0	102.3	102.0	102.1
93.9	94.2	94.1	93.2	94.1	94.7	94.9
101.9	102.2	101.9	101.9	102.0	101.5	101.1
98.3	98.1	98.0	97.7	97.7	97.8	98.1
103.3	103.2	103.2	102.9	102.7	102.5	102.3
99.5	99.8	100.0	99.8	99.5	99.5	99.0
101.8	101.9	101.6	101.7	101.7	101.8	101.9
102.5	102.8	102.3	102.4	102.4	102.5	102.6
101.4	101.4	101.2	101.3	101.3	100.9	101.3
103.1	103.6	102.8	102.9	103.0	103.4	103.3
105.5	105.5	105.5	105.5	105.5	105.5	105.4
98.2	98.2	98.0	98.2	98.2	98.3	98.6
102.4	102.3	102.3	102.2	101.9	101.2	100.8
102.4	102.3	102.3	102.3	102.1	101.2	100.7
102.0	101.8	101.9	101.8	101.8	100.9	100.5
102.9	102.7	102.7	102.7	102.3	101.2	100.7
102.0	102.1	102.1	102.2	102.3	101.9	101.3
102.6	102.5	102.3	102.0	101.3	101.3	101.2
102.9	102.7	102.6	102.2	101.4	101.3	101.2
101.2	101.2	101.1	101.3	101.4	101.3	101.4
101.6	101.6	101.1	101.2	101.1	100.9	101.0
101.3	101.3	101.2	101.1	100.8	100.6	100.3

5-11　续表

(上年同期=100)

类　　别	年平均	1月	2月	3月	4月	5月
纺织品类	100.6	100.3	100.7	100.7	100.3	100.4
衣着材料	100.6	100.3	100.3	100.2	100.1	100.2
床上用品	100.6	100.3	100.9	100.9	100.3	100.4
家用电器及音像器材	98.5	99.4	99.2	99.2	98.9	98.6
家庭设备	99.3	100.6	100.4	100.3	99.9	99.4
文娱用耐用消费品	96.9	96.6	96.4	96.7	96.4	96.6
音像器材	97.7	100.0	100.0	100.0	100.0	99.0
文化办公用品	99.0	100.4	100.1	99.8	99.1	98.8
日用品	99.9	100.3	100.2	100.1	100.0	100.0
日用百货	99.4	99.5	99.6	99.6	99.3	99.5
日用杂品	100.2	100.1	100.1	100.0	100.0	100.4
洗涤用品	100.2	101.4	101.0	100.7	100.5	100.0
其它日用品	100.1	100.0	99.9	99.8	100.1	100.1
体育娱乐用品	100.5	100.5	100.4	100.4	100.5	100.5
体育用品	100.7	100.5	100.4	100.5	100.5	100.6
娱乐用品	100.1	100.4	100.4	100.4	100.4	100.3
交通、通信用品	95.4	100.4	99.7	99.3	99.1	98.9
交通运输机械	95.4	98.9	98.9	98.8	99.0	99.9
通信器材	95.6	103.9	101.8	100.5	99.6	96.5
家具	100.3	100.7	100.8	100.5	100.2	100.0
化妆品类	100.4	100.5	100.6	100.5	100.6	100.5
金银珠宝类	92.7	97.1	95.0	91.4	93.1	93.0
中西药品及医疗保健用品类	103.8	102.8	102.8	102.9	102.5	102.7
医疗器具及用品	101.5	101.3	101.3	101.2	101.1	101.3
中药材及中成药	105.7	105.1	105.1	105.2	104.0	104.2
西药	103.4	101.9	101.9	101.9	102.2	102.4
保健器具及用品	102.8	102.8	102.9	102.9	102.0	102.0
书报杂志及电子出版物类	101.9	101.7	102.2	102.1	102.1	101.9
教材及参考书	100.1	100.3	100.3	100.2	100.2	100.2
书报杂志	103.5	102.9	104.0	103.8	103.8	103.5
电子音像制品	99.9	100.1	100.1	100.2	100.3	100.3
燃料类	86.9	85.5	85.1	86.8	86.3	88.1
煤炭及制品类	92.9	93.4	93.4	94.6	92.7	92.0
石油及制品类	85.3	83.5	83.0	84.9	84.7	87.1
建筑材料及五金电料类	100.0	100.8	100.7	100.5	100.1	99.9
建筑装璜材料	99.8	101.0	100.9	100.6	100.0	99.7
五金电料类	100.5	100.3	100.4	100.4	100.3	100.2

6月	7月	8月	9月	10月	11月	12月
100.4	100.4	100.4	100.8	101.0	101.1	100.8
100.4	100.4	100.3	100.6	101.1	101.5	101.5
100.4	100.4	100.5	100.9	101.0	101.0	100.5
97.7	98.0	98.1	98.3	98.5	98.1	97.8
98.4	98.7	98.9	99.0	99.0	98.5	99.2
96.3	96.7	96.3	97.1	97.7	97.5	98.0
97.8	97.8	97.8	97.8	97.8	96.9	88.3
98.4	98.6	98.3	98.5	98.7	98.6	98.2
100.0	99.9	99.9	99.8	99.8	99.8	99.7
99.8	99.3	99.4	99.4	99.2	99.3	99.4
100.4	100.1	100.1	100.3	100.2	100.4	100.2
100.0	100.0	100.0	99.6	99.8	99.7	99.7
100.2	100.2	100.3	100.3	100.3	100.2	100.0
100.5	100.6	100.7	100.5	100.5	100.5	100.1
100.8	100.9	101.1	100.9	100.9	100.8	100.3
99.9	99.8	100.0	99.9	99.9	100.0	99.7
93.0	93.2	92.7	92.6	92.1	92.1	92.1
93.2	93.2	93.2	93.2	92.4	91.8	91.8
92.7	93.4	91.5	91.4	91.5	92.8	92.9
99.9	99.8	100.0	100.3	100.2	100.8	100.9
100.4	100.5	100.3	100.4	100.1	100.1	100.6
91.8	89.4	89.2	91.7	93.7	93.3	93.3
103.3	103.5	104.6	104.9	105.2	105.0	104.7
101.3	101.2	101.5	102.1	102.1	102.2	101.6
104.9	105.3	107.5	107.5	107.1	106.3	105.7
103.1	103.3	104.1	104.5	105.0	105.1	104.9
102.3	102.4	102.4	103.5	103.6	103.7	103.3
101.9	101.9	101.9	101.7	101.7	101.7	101.6
100.2	100.3	100.3	99.9	99.9	99.9	99.9
103.5	103.5	103.5	103.5	103.5	103.4	103.2
100.2	99.7	99.4	99.3	99.4	99.9	99.9
87.8	86.6	84.9	85.2	87.0	89.2	90.1
92.0	92.4	92.2	92.9	92.5	93.3	93.5
86.8	85.2	83.1	83.2	85.6	88.2	89.2
99.9	99.8	99.7	99.7	99.6	99.5	99.4
99.6	99.5	99.4	99.3	99.1	99.0	98.9
100.4	100.4	100.3	100.7	100.8	100.7	100.5

5-12 农村商品零售

(上年同期=100)

类　别	年平均	1月	2月	3月	4月	5月
总 指 数	**100.0**	**100.0**	**100.3**	**100.2**	**100.5**	**100.0**
食品类	101.3	100.6	101.9	101.5	103.1	100.7
粮食	103.3	105.8	105.2	105.1	104.9	104.6
淀粉	103.3	104.9	105.9	105.6	105.4	104.8
干豆类及豆制品	101.4	102.1	103.0	105.0	104.5	103.7
油脂	94.6	93.3	92.3	92.4	93.2	93.5
肉禽及其制品	104.3	97.5	98.8	99.6	106.9	103.6
食用畜肉及副产品	105.5	94.9	96.4	97.5	108.5	104.9
禽	100.0	107.6	109.8	109.1	104.1	98.4
肉禽加工制品	102.4	102.5	102.3	102.2	102.4	102.3
蛋	86.2	108.7	113.1	103.5	87.8	75.8
水产品	103.1	104.6	106.4	109.0	108.1	103.9
鱼	102.7	104.4	106.3	109.2	108.3	103.5
其它水产品	105.9	105.9	107.1	107.4	106.6	106.5
菜	106.9	95.1	102.2	101.6	112.4	109.7
调味品	102.4	101.2	101.4	101.6	101.7	102.1
糖	101.6	96.7	97.2	99.2	100.9	102.0
干鲜瓜果	93.1	102.0	98.5	100.1	96.8	92.0
糕点饼干	100.9	101.5	101.6	101.5	101.5	101.6
液体乳及乳制品	99.5	102.9	102.0	100.9	100.2	99.9
在外用膳食品	103.1	103.9	104.3	103.7	103.2	103.1
其它食品	101.4	102.9	103.1	102.5	101.7	101.5
饮料、烟酒	100.9	99.7	99.6	99.5	99.3	100.5
茶及饮料	100.6	100.9	100.7	100.5	99.9	100.0
茶叶	101.6	102.6	102.6	102.6	101.3	101.1
饮料	100.0	99.8	99.6	99.3	99.0	99.3
烟草	104.3	99.7	99.9	99.9	99.9	103.3
酒	99.0	99.6	99.2	99.0	98.8	99.1
服装、鞋帽类	102.4	103.0	103.1	103.1	102.0	101.9
服装	102.9	103.7	103.9	103.7	102.4	102.5
男式服装	103.1	103.9	104.0	103.7	102.4	102.8
女式服装	102.8	104.1	104.3	103.9	102.2	102.5
儿童服装	102.5	102.6	102.8	103.3	102.5	102.0
鞋袜帽	101.5	101.8	101.8	102.0	101.1	100.7
鞋	101.7	102.0	102.0	102.2	101.2	100.7
袜子	100.5	100.7	100.7	100.6	100.5	100.5
帽子	102.5	101.5	101.5	101.6	101.8	101.8
其它	100.4	100.4	100.4	100.4	100.4	100.4

价格分月指数(2015年)

6月	7月	8月	9月	10月	11月	12月
99.9	**100.1**	**100.2**	**99.7**	**99.4**	**99.6**	**99.7**
100.9	101.9	103.0	101.4	99.8	100.5	100.9
104.0	103.8	103.3	102.0	100.9	100.5	100.0
104.7	104.8	104.1	99.8	99.1	100.6	100.5
102.4	100.9	100.7	100.1	98.8	98.2	97.8
94.9	95.7	95.7	95.8	95.9	96.6	96.7
102.0	107.8	109.2	107.3	106.9	105.9	106.2
102.9	110.6	112.7	110.6	109.8	108.3	108.7
96.9	98.8	97.6	94.0	94.1	95.9	96.5
101.8	102.2	102.0	102.4	103.4	102.8	102.4
78.7	74.4	81.5	83.8	77.1	78.1	83.4
102.5	103.6	103.3	101.6	99.9	99.2	96.3
101.7	103.0	102.6	100.9	99.3	98.5	95.1
107.2	107.4	107.3	105.6	103.7	103.3	103.2
115.6	114.6	118.2	107.7	97.8	106.1	108.0
102.4	102.4	102.2	102.2	102.2	104.4	104.3
102.6	102.7	102.9	104.1	104.0	103.8	103.9
88.3	88.6	89.6	89.3	91.1	90.4	88.7
100.8	100.9	100.7	100.2	100.0	99.8	100.2
98.8	99.0	98.9	98.0	97.8	98.1	98.2
103.2	103.1	102.9	102.7	102.7	102.6	101.9
101.7	101.2	101.1	100.8	100.4	100.3	100.2
101.8	101.8	101.8	101.7	101.8	101.6	101.9
100.6	100.7	100.9	100.8	100.8	100.7	101.1
101.6	101.5	101.5	101.5	101.5	100.8	101.4
100.0	100.1	100.5	100.4	100.4	100.6	100.9
106.8	106.8	106.8	107.1	107.1	106.9	106.8
99.1	99.1	99.1	98.8	98.9	98.8	99.2
102.6	102.9	102.4	102.0	102.3	101.9	101.7
103.1	103.3	102.8	102.4	102.6	102.3	102.1
103.1	103.3	102.9	102.6	103.3	103.1	102.7
103.5	103.6	103.0	102.2	102.0	101.6	101.3
102.2	102.7	102.2	102.3	102.5	102.3	102.4
101.9	102.3	101.8	101.3	101.7	101.0	101.1
102.2	102.6	102.0	101.4	101.7	101.0	101.2
100.1	100.3	100.3	100.3	100.6	100.5	100.3
102.2	103.2	103.6	103.7	103.9	102.9	102.3
100.4	100.4	100.4	100.4	100.4	100.2	100.0

5-12 续表

(上年同期=100)

类　别	年平均	1月	2月	3月	4月	5月
纺织品类	101.6	102.2	102.1	101.9	101.8	101.7
衣着材料	102.1	103.0	103.0	102.9	102.6	102.5
床上用品	101.5	102.0	101.9	101.6	101.6	101.6
家用电器及音像器材	99.3	99.7	99.7	99.8	99.8	99.6
家庭设备	99.2	99.7	99.8	99.8	99.7	99.4
文娱用耐用消费品	99.9	99.4	99.2	99.6	100.2	100.8
音像器材	97.4	100.0	100.0	100.0	100.0	98.8
文化办公用品	99.0	100.8	100.5	100.1	99.2	99.0
日用品	100.6	101.1	100.9	100.9	100.9	100.7
日用百货	100.8	101.3	101.2	101.2	101.2	100.9
日用杂品	100.9	101.3	101.3	101.0	100.8	100.7
洗涤用品	100.1	100.8	100.2	100.1	100.1	99.9
其它日用品	100.8	100.7	100.7	100.8	100.9	100.9
体育娱乐用品	101.2	101.9	101.9	101.5	101.3	101.2
体育用品	100.7	101.5	101.5	101.4	101.0	100.7
娱乐用品	101.6	102.2	102.2	101.6	101.6	101.6
交通、通信用品	95.6	102.0	101.2	100.5	100.0	98.9
交通运输机械	95.5	99.4	99.4	99.2	99.4	99.9
通信器材	95.8	105.8	103.7	102.2	101.0	97.5
家具	101.3	100.6	100.9	101.2	101.3	101.2
化妆品类	100.4	100.5	100.5	100.5	100.6	100.6
金银珠宝类	95.6	97.4	98.0	95.2	95.4	94.7
中西药品及医疗保健用品类	103.8	102.8	102.9	102.7	102.7	102.9
医疗器具及用品	100.1	100.4	100.4	100.4	100.4	100.2
中药材及中成药	101.4	101.7	101.3	100.9	100.6	100.7
西药	105.0	103.5	103.7	103.6	103.7	104.1
保健器具及用品	102.8	101.8	102.0	102.0	102.1	102.2
书报杂志及电子出版物类	102.9	102.9	102.9	102.8	102.8	102.8
教材及参考书	101.0	101.3	101.3	100.9	100.9	100.9
书报杂志	102.7	102.6	102.6	102.6	102.6	102.6
电子音像制品	108.4	108.3	108.3	108.5	108.5	108.4
燃料类	89.1	88.2	87.5	88.9	89.4	91.0
煤炭及制品类	97.1	97.4	97.5	97.3	98.3	98.2
石油及制品类	84.7	83.2	82.0	84.4	84.6	87.1
建筑材料及五金电料类	99.2	99.0	99.1	99.4	99.3	99.6
建筑装璜材料	98.8	98.5	98.7	99.0	98.9	99.3
五金电料类	101.0	101.6	101.5	101.4	101.1	101.0

6月	7月	8月	9月	10月	11月	12月
101.7	101.8	101.9	101.5	101.5	101.1	99.9
102.4	102.5	102.6	100.7	100.6	101.6	101.2
101.6	101.6	101.8	101.7	101.7	101.0	99.6
99.5	99.4	99.1	99.0	99.2	98.7	98.4
99.3	99.1	98.8	98.8	99.1	98.7	98.7
100.6	100.7	100.3	100.1	100.0	99.0	99.4
97.2	97.2	97.2	97.2	97.2	96.5	87.0
98.3	98.4	98.2	98.4	98.5	98.7	98.3
100.7	100.6	100.4	100.3	100.3	100.6	100.4
100.9	100.7	100.4	100.2	100.2	100.8	100.4
100.9	100.9	100.9	100.8	100.8	100.6	100.6
99.9	100.0	100.0	100.0	99.9	99.9	99.9
100.8	100.8	100.8	100.9	100.8	101.0	101.0
101.2	101.3	100.8	100.6	100.6	101.0	100.8
100.7	100.4	100.1	100.2	100.2	100.3	100.4
101.8	102.1	101.4	100.9	100.9	101.5	101.2
93.4	93.4	92.2	91.9	91.3	91.3	91.4
93.2	93.2	93.2	93.2	92.1	91.5	91.5
93.6	93.7	90.8	90.2	90.2	91.0	91.3
101.4	101.4	101.0	101.3	101.6	101.6	101.7
100.5	100.3	100.2	100.2	100.3	100.5	100.5
95.2	93.1	92.2	94.2	96.7	98.3	96.9
103.2	103.7	103.9	104.8	105.0	104.9	105.9
100.2	99.9	99.7	99.7	99.7	99.9	100.1
100.3	100.2	101.0	103.1	103.3	102.0	101.8
104.7	105.5	105.5	105.8	106.0	106.3	108.0
101.7	101.9	102.7	104.1	104.2	104.5	104.4
102.8	102.8	102.8	102.7	103.0	103.0	103.1
100.9	100.9	100.9	100.4	101.3	101.3	101.3
102.6	102.6	102.6	102.7	102.9	102.9	102.9
108.6	108.6	108.6	108.6	108.1	108.3	108.7
90.4	89.4	87.1	87.1	88.9	90.7	90.7
98.2	98.4	95.7	96.3	96.7	96.7	94.8
86.3	84.6	82.6	82.2	84.7	87.2	88.3
99.5	99.3	99.1	99.3	99.2	99.0	98.5
99.2	99.0	98.8	99.0	98.9	98.6	98.2
100.9	100.9	100.8	100.9	101.1	100.9	100.2

5-13 农业生产资料

(上年同期=100)

类　别	年平均	1月	2月	3月	4月	5月
农业生产资料价格指数	**99.9**	**99.0**	**99.0**	**99.8**	**100.7**	**100.8**
农用手工工具	101.6	105.8	105.8	103.4	103.4	101.2
农用手工工具	101.6	105.8	105.8	103.4	103.4	101.2
饲料	92.5	99.5	98.9	99.0	98.9	98.4
混合饲料	96.3	99.2	98.9	99.0	99.1	98.6
其他	81.5	100.4	98.9	99.1	98.2	97.7
产品畜	123.0	98.4	101.1	104.5	108.1	105.3
幼禽家畜	123.0	98.4	101.1	104.5	108.1	105.3
半机械化农具	101.4	101.4	101.4	102.0	102.0	101.4
半机械化农具	101.4	101.4	101.4	102.0	102.0	101.4
机械化农具	99.0	100.1	100.4	99.8	99.9	99.3
机械化农具	99.0	100.1	100.4	99.8	99.9	99.3
化学肥料	100.6	98.4	98.0	98.6	101.0	103.1
氮肥	102.0	95.9	95.9	97.7	101.1	104.9
磷肥	100.8	104.6	105.2	104.4	105.0	105.0
钾肥	95.8	105.4	105.8	99.1	100.2	101.0
复合肥料	100.5	97.1	96.3	97.5	100.0	101.7
农药及农药器械	100.0	101.4	100.9	100.7	100.4	100.3
化学农药	100.1	101.1	100.6	100.7	100.5	100.4
杀虫剂	100.9	101.1	100.3	100.5	100.7	100.7
杀菌剂	99.9	100.3	100.3	100.5	100.8	100.8
除草剂	98.9	102.0	101.4	101.0	99.8	99.5
农药器械	99.6	104.1	104.1	101.7	99.6	99.6
农药器械	99.6	104.1	104.1	101.7	99.6	99.6
农用机油	88.0	80.3	79.7	82.9	84.0	86.1
农用机油	88.0	80.3	79.7	82.9	84.0	86.1
其他农业生产资料	100.3	100.4	100.5	102.5	102.2	102.2
农用种子	100.5	100.5	100.5	103.1	102.9	102.6
农用种子	100.5	100.5	100.5	103.1	102.9	102.6
其他	98.5	99.9	100.3	98.5	98.0	99.0
农用薄膜	97.3	99.8	100.4	98.3	98.0	98.0
其他	100.5	100.3	100.3	98.8	97.9	100.8
农业生产服务	105.7	103.0	102.9	104.5	104.5	103.3
排灌费	103.1	104.4	104.4	106.9	106.9	104.6
机械作业费	105.9	102.3	102.3	102.3	102.3	100.9
农业用电	95.2	100.0	100.0	100.0	100.0	100.0
农业用工	116.0	105.5	105.4	113.6	113.6	113.6

价格分月指数(2015年)

6月	7月	8月	9月	10月	11月	12月
101.3	**101.8**	**101.4**	**100.3**	**100.2**	**99.7**	**99.9**
100.1	99.7	100.8	101.5	101.4	101.4	101.6
100.1	99.7	100.8	101.5	101.4	101.4	101.6
97.2	96.7	94.7	93.1	93.0	91.9	92.5
98.0	97.9	96.6	96.2	96.3	95.6	96.3
94.9	92.9	88.7	83.8	83.1	80.6	81.5
107.4	117.0	121.7	119.8	121.0	120.9	123.0
107.4	117.0	121.7	119.8	121.0	120.9	123.0
101.4	101.1	101.6	101.8	101.8	101.8	101.4
101.4	101.1	101.6	101.8	101.8	101.8	101.4
99.0	99.0	99.0	98.8	98.8	99.0	99.0
99.0	99.0	99.0	98.8	98.8	99.0	99.0
104.9	105.2	104.4	103.0	102.0	101.1	100.6
109.1	109.1	108.1	106.0	104.6	102.7	102.0
105.9	106.8	104.8	103.6	102.7	103.1	100.8
101.6	102.0	100.8	99.6	98.6	96.7	95.8
102.3	102.5	102.5	101.4	100.7	100.3	100.5
100.3	100.3	100.2	100.2	100.2	100.2	100.0
100.4	100.4	100.3	100.3	100.3	100.3	100.1
100.7	100.7	101.3	101.3	101.3	101.2	100.9
100.8	100.8	100.2	100.2	100.2	100.2	99.9
99.5	99.5	98.9	98.9	98.9	98.9	98.9
99.6	99.6	99.6	99.6	99.6	99.6	99.6
99.6	99.6	99.6	99.6	99.6	99.6	99.6
85.5	84.4	82.0	81.9	84.5	86.8	88.0
85.5	84.4	82.0	81.9	84.5	86.8	88.0
102.1	102.2	102.5	101.4	100.6	100.1	100.3
102.7	102.7	103.1	101.7	101.0	100.5	100.5
102.7	102.7	103.1	101.7	101.0	100.5	100.5
98.7	99.0	99.0	99.1	97.8	97.5	98.5
97.6	98.0	98.0	98.3	96.2	95.9	97.3
100.8	100.8	100.8	100.5	100.5	100.5	100.5
106.1	105.5	105.8	104.9	106.0	105.7	105.7
104.6	101.3	102.4	102.4	104.1	103.1	103.1
105.9	105.9	105.9	105.9	105.9	105.9	105.9
100.0	100.0	97.7	95.2	95.2	95.2	95.2
113.6	115.1	116.5	110.3	116.1	116.0	116.0

5-14 26个调查市县居民

(上年=100)

市 县	居民消费价格总指数	食品	粮食	肉禽及其制品	蛋	鲜菜	烟酒
全省平均	**101.3**	**101.8**	**102.9**	**103.5**	**85.5**	**107.3**	**101.1**
城市平均	**101.3**	**102.0**	**102.9**	**103.0**	**84.9**	**107.4**	**101.1**
郑州市	101.1	101.0	102.6	102.0	85.6	106.4	100.3
开封市	102.1	102.1	103.0	101.0	84.6	115.0	101.6
洛阳市	101.6	102.9	103.0	104.3	85.2	108.1	101.9
平顶山市	101.2	102.0	105.4	105.7	85.3	93.9	102.1
安阳市	101.0	102.1	102.7	102.5	82.8	108.8	101.3
鹤壁市	101.3	101.8	100.9	102.4	84.2	112.7	102.2
新乡市	101.7	103.1	101.2	104.1	84.4	105.4	99.5
焦作市	101.4	103.2	101.2	108.2	84.0	112.1	101.8
濮阳市	101.3	102.1	100.4	103.4	83.0	110.7	102.5
许昌市	101.3	101.4	103.0	104.5	85.4	106.4	102.1
漯河市	101.5	102.6	103.1	102.5	85.4	103.4	101.0
三门峡市	102.1	102.7	103.1	104.9	84.4	108.0	102.4
南阳市	101.3	101.6	103.4	102.0	85.4	108.1	100.3
商丘市	101.4	101.8	101.8	101.7	86.1	118.2	100.2
信阳市	101.4	102.4	106.6	105.2	89.3	108.3	99.2
周口市	101.4	101.1	102.6	103.0	83.9	107.4	102.2
驻马店市	101.3	101.8	103.9	103.0	85.7	111.6	99.3
农村平均	**101.2**	**101.6**	**102.8**	**104.5**	**86.1**	**107.3**	**101.0**
滑县	101.0	101.1	99.3	106.2	82.9	109.0	100.7
辉县市	101.2	101.8	100.7	106.8	85.3	105.3	100.3
襄城县	101.4	101.2	102.3	102.9	87.5	108.6	102.3
灵宝市	101.1	101.4	101.3	103.5	87.0	105.7	100.8
镇平县	100.9	100.3	102.9	103.9	85.8	106.1	100.7
永城市	101.2	100.3	103.2	103.1	85.0	102.6	102.9
固始县	101.2	101.9	106.1	101.2	87.7	108.3	98.5
淮阳县	101.3	102.8	104.9	104.8	85.2	111.7	99.9
汝南县	101.2	101.9	102.1	102.8	87.6	111.4	101.7

消费价格指数(2015年)

衣着	家庭设备用品及维修服务	医疗保健和个人用品	交通和通讯	娱乐教育文化用品及服务	居住	
						水、电、燃料
102.3	**100.5**	**102.4**	**97.9**	**102.1**	**101.0**	**98.8**
102.3	**100.4**	**102.2**	**97.9**	**101.8**	**101.2**	**98.9**
102.5	100.0	102.5	97.6	102.1	101.6	99.5
101.2	101.1	105.9	99.4	103.9	100.9	99.0
101.3	101.0	101.1	98.7	100.9	101.6	101.0
101.1	99.9	101.0	98.7	103.9	100.2	99.9
102.2	99.5	102.8	98.0	99.8	100.3	99.0
106.1	101.3	101.3	98.1	99.4	101.0	97.6
102.6	102.9	102.3	97.9	100.5	100.8	98.2
101.1	99.9	104.3	98.6	99.9	99.6	98.6
102.4	100.8	101.9	98.5	99.8	101.0	99.9
102.7	99.5	102.4	98.7	101.0	101.7	100.6
100.7	101.1	101.4	96.9	104.6	100.7	98.7
102.0	101.2	102.5	98.9	102.4	102.7	99.1
104.4	100.1	102.7	97.7	101.2	101.1	99.1
102.8	100.8	100.9	98.0	100.8	102.9	97.7
100.3	101.2	101.3	97.5	101.3	102.9	101.9
104.1	101.3	99.9	97.6	102.3	102.3	100.0
104.6	101.1	101.4	98.2	100.7	100.6	98.9
102.3	**100.6**	**103.0**	**98.1**	**102.7**	**100.8**	**98.7**
102.0	99.8	103.1	97.9	100.0	102.0	98.6
99.6	101.3	103.8	97.1	101.9	101.5	94.9
101.8	99.5	101.8	98.9	101.6	102.7	100.2
101.5	101.5	104.9	98.4	102.8	99.4	96.6
104.8	101.0	103.7	98.8	100.6	100.0	100.1
102.6	101.4	102.0	97.6	104.7	101.4	99.9
101.5	100.5	100.3	98.5	105.2	100.5	99.3
103.5	99.5	105.0	98.4	102.6	98.6	98.9
103.7	100.2	103.7	96.9	102.5	99.7	97.8

5-15 26个调查市县商品

(上年=100)

市县	商品零售价格总指数	食品类	饮料、烟酒	服装、鞋帽类	纺织品类	家用电器及音像器材	文化办公用品	日用品
全省平均	**99.8**	**101.5**	**101.0**	**102.3**	**101.0**	**98.9**	**99.0**	**100.4**
城市平均	**99.6**	**101.6**	**101.1**	**102.2**	**100.6**	**98.5**	**99.0**	**99.9**
郑州市	99.0	100.8	100.7	102.2	99.6	98.2	99.3	99.6
开封市	99.3	101.6	102.0	100.7	100.0	95.3	97.9	99.4
洛阳市	99.0	102.1	104.3	101.5	101.7	98.1	99.0	100.9
平顶山市	99.3	102.0	101.0	101.2	100.5	96.3	96.9	100.2
安阳市	99.7	102.0	101.0	102.5	98.1	97.7	99.1	100.0
鹤壁市	99.9	101.3	101.1	106.0	99.1	101.3	99.1	100.3
新乡市	99.8	102.7	100.5	102.3	101.1	103.4	99.6	100.0
焦作市	99.7	102.2	102.1	101.4	100.4	96.2	98.7	100.4
濮阳市	100.0	101.9	102.3	102.3	100.7	99.9	98.4	99.4
许昌市	99.3	101.3	101.8	102.8	101.6	95.3	98.7	100.4
漯河市	99.8	101.9	101.3	100.7	106.5	99.5	98.6	99.1
三门峡市	100.4	102.3	102.7	102.1	100.7	98.0	98.2	100.2
南阳市	99.7	101.3	100.2	104.2	100.3	98.2	99.0	100.1
商丘市	99.5	101.8	100.8	102.6	100.3	99.7	99.3	99.6
信阳市	99.5	102.3	99.4	100.2	104.1	98.7	99.1	99.3
周口市	99.2	100.6	101.6	104.1	98.9	97.7	97.9	100.6
驻马店市	99.7	101.5	99.2	104.3	104.6	99.9	99.4	101.1
农村平均	**100.0**	**101.3**	**100.9**	**102.4**	**101.6**	**99.3**	**99.0**	**100.6**
滑县	100.8	101.4	100.8	102.0	100.0	97.8	99.7	100.1
辉县市	99.9	101.1	100.4	100.1	100.4	100.0	101.5	100.9
襄城县	100.4	101.5	102.4	102.0	99.7	97.8	98.1	100.0
灵宝市	99.8	100.9	100.7	101.1	102.2	99.7	99.4	100.9
镇平县	100.4	100.6	100.6	104.7	99.7	99.7	99.8	100.1
永城市	100.4	100.6	103.0	102.8	106.1	100.3	99.9	101.5
固始县	99.9	101.9	99.7	101.3	102.5	99.8	98.3	100.8
淮阳县	100.0	103.1	100.0	103.7	101.3	98.6	97.4	99.7
汝南县	99.8	102.0	101.8	103.7	98.5	97.9	97.3	99.5

零售价格指数(2015年)

体育娱乐用品	交通、通信用品	家具	化妆品类	金银珠宝类	中西药品及医疗保健用品类	书报杂志及电子出版物类	燃料类	建筑材料及五金电料类
100.6	**95.5**	**100.7**	**100.4**	**93.6**	**103.8**	**102.1**	**87.8**	**99.5**
100.5	**95.4**	**100.3**	**100.4**	**92.7**	**103.8**	**101.9**	**86.9**	**100.0**
100.2	96.0	100.0	101.1	88.0	106.0	99.7	88.9	100.0
101.5	95.0	103.2	101.0	96.3	107.8	103.5	87.7	97.6
100.0	96.1	99.8	99.0	90.7	102.2	102.5	82.6	99.8
98.1	95.6	100.1	100.0	89.6	100.3	100.0	86.8	99.9
100.6	96.0	99.9	99.8	99.0	100.6	104.9	87.5	100.1
102.7	94.8	99.7	101.4	92.0	102.2	104.8	86.3	99.9
102.5	95.8	100.5	99.7	96.7	102.4	103.7	82.8	99.7
101.0	97.0	104.8	100.2	89.1	104.6	99.1	85.6	99.6
100.1	95.0	105.4	99.7	93.1	102.4	106.3	91.4	98.3
100.6	95.8	101.3	100.5	93.4	104.8	99.2	88.3	97.6
98.4	95.6	101.9	100.1	95.4	100.0	110.6	88.4	97.3
100.5	95.3	103.6	102.7	93.4	102.6	99.5	87.7	107.3
100.6	95.7	98.1	101.0	94.7	106.8	101.7	88.1	98.9
100.0	96.9	99.7	100.1	92.3	101.2	104.5	87.6	98.2
100.4	95.4	98.4	100.3	96.1	102.2	100.0	87.7	101.2
102.4	95.5	100.2	99.8	95.1	100.1	100.2	89.2	98.6
100.2	95.9	100.0	100.0	96.9	101.4	100.0	86.6	100.0
101.2	**95.6**	**101.3**	**100.4**	**95.6**	**103.8**	**102.9**	**89.1**	**99.2**
101.5	95.0	102.5	100.3	98.9	106.8	102.2	87.8	104.9
102.0	95.2	101.0	100.8	96.9	101.0	105.1	85.2	102.8
99.5	95.6	97.5	100.4	101.1	103.4	101.5	91.3	101.2
101.3	96.2	103.8	100.1	96.5	105.6	109.3	87.0	96.2
100.0	96.7	99.8	100.4	93.8	109.2	102.5	91.6	98.5
100.9	95.0	100.6	100.5	95.1	101.9	100.8	90.0	101.0
104.5	96.8	102.6	100.2	93.7	100.1	99.9	90.9	97.7
100.0	94.8	100.1	100.7	93.2	105.9	101.2	88.9	94.9
95.9	95.4	100.2	100.5	96.5	99.0	101.8	88.4	97.3

主要统计指标解释

居民消费价格指数 是反映一定时期内城乡居民购买并用于日常生活消费的商品和服务项目价格水平变动趋势和程度的相对数。居民消费价格水平的变动率在一定程度上反映了通货膨胀（或紧缩）的程度。编制居民消费价格指数（CPI）的目的，是为了了解市场价格变动的基本情况，分析研究价格变动对社会经济和居民生活支出的影响，满足各级政府制定政策和计划、进行宏观调控的需要；同时居民消费价格指数也是国民经济核算和社会担保实际支付调整的重要指标。

城市居民消费价格指数 是反映城市居民家庭所购买用于日常生活消费的商品和服务项目价格变动趋势和程度的相对数。城市居民消费价格指数可以用以观察分析消费商品和服务项目价格变动对职工货币工资的影响，作为研究职工生活和确定工资政策以及相关社会保障政策的依据。

农村居民消费价格指数 是反映农村居民家庭所购买用于日常生活消费的商品和服务项目价格变动趋势和程度的相对数。农村居民消费价格指数可以用以观察分析农村消费商品和服务项目价格变动对农村居民生活消费支出的影响，直接反映农民生活水平的实际变化情况，为分析和研究农村居民生活问题和制定相关惠农政策提供依据。

商品零售价格指数 商品零售价格是工业、商业、餐饮和其他零售企业向城乡居民、机关团体出售生活消费品和办公用品的价格，不包括服务项目价格。商品零售价格的变动直接影响到城乡居民的生活支出和国家的财政收入，影响居民购买力和市场供需平衡，影响消费与积累的比例。编制商品零售价格指数(RPI)，以此反映市场商品零售价格变动趋势和变动程度，从另一个侧面对上述经济活动进行观察和分析。

农业生产资料价格指数 是反映工业、商业及其他单位和个人向农民出售农业生产资料（包括主要生产性服务）价格变动趋势和变动程度的相对数。编制农业生产资料价格指数（AMPI），目的在于掌握农业生产资料的平均价格水平和变动情况，为国家制定经济政策提供依据；同时，为研究城乡市场流通和国民经济核算提供参考依据。

生产价格

资料整理：芦松林　刘继红　王晓燕

6-1 历年工业生产者出厂及购进价格指数

(上年＝100)

年 份	工业生产者出厂价格总指数	按轻、重工业分		按部类分		工业生产者购进价格总指数
		轻工业	重工业	生产资料	生活资料	
1989	119.7	116.6	122.6	121.4	117.5	130.0
1990	105.5	105.3	105.5	105.4	105.4	105.5
1991	104.3	102.0	106.2	105.7	102.1	104.4
1992	106.2	104.1	108.0	107.3	104.6	110.0
1993	118.1	108.8	125.9	124.4	108.4	133.0
1994	124.1	129.5	119.4	119.4	131.1	122.0
1995	115.0	119.9	110.9	114.3	116.2	114.1
1996	104.1	102.8	105.1	104.8	103.0	106.0
1997	100.6	98.5	102.1	101.2	99.5	100.6
1998	95.3	94.2	96.0	95.8	94.2	94.8
1999	95.4	93.9	96.5	96.0	94.4	94.3
2000	104.0	99.6	106.5	106.0	98.0	105.1
2001	100.5	98.7	101.5	101.1	98.6	101.9
2002	98.6	96.8	99.7	98.8	98.2	97.6
2003	105.0	103.2	106.9	105.7	102.7	107.8
2004	110.2	106.4	113.9	111.4	106.4	115.7
2005	106.1	102.6	109.2	107.3	101.9	108.3
2006	104.3	101.3	106.7	105.3	100.7	105.3
2007	105.2	105.7	104.9	104.5	107.7	106.4
2008	112.1	107.9	115.4	113.3	108.1	111.9
2009	94.9	98.4	92.2	93.3	101.1	97.1
2010	107.8	104.3	110.7	108.8	103.9	110.2
2011	107.2	106.9	107.3	107.7	105.5	110.1
2012	99.4	100.1	99.2	98.6	102.5	99.2
2013	98.5	101.8	97.3	97.5	102.2	99.3
2014	98.1	100.9	96.9	97.2	100.9	98.4
2015	95.4	99.8	93.6	93.9	100.4	95.4

6-2 主要年份分类工业生产者出厂价格指数

(上年=100)

项目名称	1990年	1995年	2000年	2005年	2010年	2012年	2013年	2014年	2015年
总指数	**105.5**	**115.0**	**104.0**	**106.1**	**107.8**	**99.4**	**98.5**	**98.1**	**95.4**
核心指数						98.2	98.5	98.5	96.4
高技术						102.7	99.6	100.3	101.2
能源						101.1	94.5	93.9	87.4
按轻重工业分									
轻工业	105.3	119.9	99.6	102.6	104.3	100.1	101.8	100.9	99.8
以农产品为原料	106.5	120.8	99.6	101.1	106.0	100.0	102.1	100.8	99.6
以非农产品为原料	101.8	116.0	99.5	104.4	102.4	100.5	100.0	101.0	100.5
重工业	105.5	110.9	106.5	109.2	110.7	99.2	97.3	96.9	93.6
采掘	108.5	108.8	116.3	125.6	116.7	96.8	91.8	91.3	82.1
原料	107.1	106.5	108.8	107.1	112.9	100.2	96.8	96.9	93.4
加工	102.8	117.2	99.6	104.2	105.0	99.2	99.1	98.5	96.9
按两大部类分									
生产资料	105.4	114.3	106.0	107.3	108.8	98.6	97.5	97.2	93.9
采掘	108.5	108.8	115.3	123.6	116.8	96.8	91.8	91.3	82.1
原料	106.8	112.0	108.2	106.3	112.0	100.1	96.9	97.5	94.1
加工	103.1	119.2	100.2	103.3	104.6	98.1	99.2	98.5	96.7
生活资料	105.4	116.2	98.0	101.9	103.9	102.5	102.2	100.9	100.4
食品	102.7	115.4	94.3	102.1	103.7	102.9	103.5	101.2	100.4
衣着	112.1	118.0	104.0	102.8	105.6	104.9	100.4	100.9	100.8
一般日用品	100.0	116.8	101.0	101.7	103.7	101.0	100.0	100.3	100.1
耐用消费品	96.2	107.1	97.9	99.7	103.9	101.5	100.5	99.8	100.0
按初级中间最终产品分									
初级产品						96.8	91.8	91.3	82.1
矿产品						96.8	91.8	91.3	82.1
中间产品						99.3	98.9	98.5	96.3
最终产品						102.0	100.9	100.2	98.9
最终投资品						100.5	100.0	99.8	98.3
最终消费品						103.9	101.9	100.6	99.6
按工业部门分									
冶金工业	116.4	103.9	109.6	104.8	116.4	95.2	95.9	95.6	90.5
电力工业	102.3	105.9	105.4	105.0	103.6	108.0	100.8	99.7	96.9
煤炭及炼焦工业	103.5	108.9	96.9	124.5	113.1	95.9	89.1	88.5	83.1
石油工业	114.8	104.3	146.8	125.8	127.9	101.5	96.4	96.9	77.6
化学工业	106.8	124.8	100.6	106.4	107.3	98.8	97.0	97.6	96.8

6-2 续表

(上年=100)

项目名称	1990年	1995年	2000年	2005年	2010年	2012年	2013年	2014年	2015年
机械工业	100.8	112.2	99.0	101.5	101.4	100.4	100.1	99.8	99.0
建筑材料工业	96.8	110.8	100.4	108.4	101.1	101.3	100.5	100.2	98.9
森林工业	95.7	108.9	101.4	99.5	99.9	102.2	100.8	101.3	100.7
食品工业	102.4	115.4	94.3	101.9	103.7	102.4	103.6	101.1	99.9
纺织工业	109.1	119.3	107.7	95.4	116.4	88.8	99.5	97.7	95.9
缝纫工业	130.9	129.1	105.7	103.3	105.3	105.5	99.5	100.7	99.5
皮革工业	99.9	126.8	100.9	104.0	102.7	103.0	104.1	108.1	109.3
造纸工业	98.4	140.5	101.2	102.3	103.4	99.9	99.1	99.8	98.8
文教艺术用品工业	97.7	100.4	97.6	101.7	101.8	102.1	102.5	99.3	98.6
其它工业	100.9	144.7	100.5	101.9	103.5	100.0	99.1	99.6	99.6
基本分类汇总项									
(1)原煤						96.1	87.9	87.1	79.8
(2)铁矿石成品矿						86.6	96.3	83.1	62.8
(3)水泥						96.5	91.6	99.3	94.2
(4)轧制、锻造钢坯						83.1	90.8	89.6	75.9
(5)钢材						90.7	96.7	94.5	85.1
(6)常用有色金属合金						97.1	97.8	101.7	96.8
(7)稀有稀土金属合金									
(8)贵金属合金									
(9)铝材						96.8	97.6	98.0	94.9
(10)船舶用发动机						97.1	99.6	102.1	99.4
(11)汽轮机									
(12)数控金属切削机床						105.8	92.9	145.0	159.1
(13)风机						100.0	98.6	100.0	100.0
(14)乘用车						103.6	102.6	98.5	98.9
(15)客车						102.6	112.3	105.0	101.7
(16)载货汽车						97.8	101.5	98.0	100.0
(17)发电机						105.8	111.9	104.7	102.9
(18)发电机组						106.2	108.0	95.1	100.0
(19)高压电路开关保护电器装置						100.3	100.8	99.9	97.1
(20)电力控制或电力分配装置						97.7	99.6	99.2	95.6
(21)光缆						104.8	107.6	103.5	94.2
(22)蓄电池						98.2	94.3	97.8	97.7
(23)移动通信设备									
(24)彩色电视机									
(25)燃气供应量						106.4	101.1	104.7	102.7

6-3 主要年份分类工业生产者购进价格指数

(上年=100)

项目名称	1990年	1995年	2000年	2005年	2010年	2012年	2013年	2014年	2015年
总 指 数	**105.5**	**114.1**	**105.1**	**108.3**	**110.2**	**99.2**	**99.3**	**98.4**	**95.4**
按初级中间最终产品分									
初级产品						98.9	98.8	96.3	91.7
农产品						97.1	101.3	97.9	97.0
矿产品						100.9	96.4	94.7	86.1
废料						97.4	96.3	95.5	90.7
中间产品						99.3	99.5	99.3	97.0
九大类原材料购进价格指数									
燃料、动力类	105.1	109.2	107.9	115.2	108.9	101.6	96.7	96.8	91.0
黑色金属材料类	107.7	95.0	102.2	106.0	108.4	94.1	96.4	93.6	85.4
钢材		95.7	104.2	106.7	105.9	95.5	95.9	97.9	91.9
其它		94.2	99.3	105.1	113.1	91.6	97.4	85.5	71.8
有色金属材料和电线类	98.6	126.7	111.6	115.4	123.2	98.2	96.4	97.9	95.4
化工原料类	89.9	123.8	111.2	107.5	116.8	91.5	94.6	97.1	92.7
木材及纸浆类	111.5	108.3	100.6	103.1	104.7	102.2	100.8	98.5	98.2
建筑材料类及非金属矿类	104.3		99.6	114.9	103.9	101.4	98.8	99.5	98.7
建筑材料类		100.4							
非金属矿类		109.3							
其它工业原材料及半成品类			99.9	112.5	107.4	104.6	104.4	102.3	100.5
农副产品类	106.2	135.1	98.2	102.5	108.3	97.0	101.3	97.9	97.0
纺织原料类	123.6	116.3	107.4	100.6	118.1	91.6	99.7	96.2	93.4

6-4 各月分类工业生产者

(上年同期=100)

项目名称	全年	1月	2月	3月	4月	5月
总指数	**95.4**	**96.4**	**96.2**	**96.2**	**96.5**	**96.0**
核心指数	96.4	97.4	97.2	97.1	97.2	97.0
高技术	101.2	101.9	101.4	101.6	101.2	101.2
能源	87.4	89.7	89.1	89.9	90.5	88.3
按轻重工业分						
轻工业	99.8	100.1	100.0	99.8	100.1	100.1
以农产品为原料	99.6	99.8	99.7	99.6	99.9	99.9
以非农产品为原料	100.5	101.4	101.5	100.7	100.9	101.0
重工业	93.6	95.0	94.7	94.8	95.1	94.3
采掘	82.1	86.0	84.4	84.5	85.3	83.7
原料	93.4	95.2	95.0	95.2	95.6	94.6
加工	96.9	97.4	97.3	97.5	97.5	97.1
按两大部类分						
生产资料	93.9	95.3	94.9	95.1	95.3	94.7
采掘	82.1	86.0	84.4	84.5	85.3	83.7
原料	94.1	95.9	95.7	95.7	96.1	95.1
加工	96.7	97.2	97.0	97.3	97.3	97.0
生活资料	100.4	100.6	100.6	100.4	100.7	100.6
食品	100.4	100.5	100.5	100.4	100.8	100.7
衣着	100.8	101.3	101.1	100.7	100.5	100.3
一般日用品	100.1	100.8	100.8	100.5	100.4	100.5
耐用消费品	100.0	100.3	100.5	100.2	100.4	100.5
按初级中间最终产品分						
初级产品	82.1	86.0	84.4	84.5	85.3	83.7
矿产品	82.1	86.0	84.4	84.5	85.3	83.7
中间产品	96.3	97.2	97.0	97.1	97.3	96.8
最终产品	98.9	99.4	99.4	99.4	99.4	99.1
最终投资品	98.3	98.7	98.4	98.6	98.6	98.8
最终消费品	99.6	100.4	100.5	100.3	100.4	99.5
按工业部门分						
冶金工业	90.5	93.7	93.2	92.6	92.9	91.8
电力工业	96.9	99.8	100.2	99.9	99.6	95.8
煤炭及炼焦工业	83.1	85.7	86.4	86.2	87.3	84.9
石油工业	77.6	77.1	69.4	76.7	77.8	80.6

出厂价格同比指数(2015年)

6月	7月	8月	9月	10月	11月	12月
95.7	**95.1**	**94.5**	**94.4**	**94.5**	**94.3**	**94.3**
97.1	96.4	95.6	95.6	95.7	95.4	95.4
100.8	100.9	100.8	101.3	101.2	100.7	100.9
86.4	86.2	85.5	85.6	86.1	85.8	85.7
100.0	99.9	99.7	99.4	99.5	99.5	99.7
99.7	99.7	99.6	99.3	99.3	99.4	99.7
101.1	100.7	100.0	99.7	100.1	99.7	99.5
94.0	93.3	92.4	92.4	92.6	92.3	92.2
81.0	80.2	78.8	79.3	80.1	80.3	80.6
94.3	93.0	91.9	91.9	92.3	91.1	90.9
97.4	96.9	96.4	96.3	96.1	96.2	96.1
94.3	93.6	92.8	92.8	93.0	92.7	92.7
81.0	80.2	78.8	79.3	80.1	80.3	80.6
94.8	93.6	92.5	92.6	92.9	91.8	91.6
97.2	96.8	96.2	96.1	96.1	96.1	96.1
100.5	100.5	100.4	100.0	99.9	99.9	100.1
100.5	100.6	100.6	100.1	99.8	100.0	100.5
100.7	101.1	100.8	100.9	100.9	101.1	100.7
100.3	100.2	99.9	99.7	99.7	99.3	99.6
100.6	100.7	99.8	99.5	99.6	99.2	98.7
81.0	80.3	78.8	79.3	80.1	80.3	80.6
81.0	80.3	78.8	79.3	80.1	80.3	80.6
96.8	96.2	95.5	95.4	95.5	95.1	95.1
99.1	98.8	98.5	98.3	98.3	98.3	98.3
98.8	98.4	97.9	97.8	97.8	97.8	97.8
99.4	99.4	99.2	98.9	98.9	98.9	99.0
91.3	89.5	88.0	88.3	88.7	87.7	87.6
95.6	95.4	95.1	95.2	95.6	95.5	95.2
80.5	80.8	80.8	81.3	81.2	80.5	80.1
82.9	80.7	76.9	75.4	77.4	77.8	78.1

6-4 续表

(上年同期=100)

项目名称	全年	1月	2月	3月	4月	5月
化学工业	96.8	96.4	96.3	96.6	97.2	97.6
机械工业	99.0	99.5	99.2	99.5	99.4	99.5
建筑材料工业	98.9	99.5	99.5	99.2	98.9	99.0
森林工业	100.7	101.6	101.5	101.7	101.4	101.0
食品工业	99.9	100.1	100.1	100.0	100.4	100.3
纺织工业	95.9	95.1	94.9	95.1	95.5	95.7
缝纫工业	99.5	101.4	101.2	100.1	99.7	99.3
皮革工业	109.3	108.2	108.8	107.9	108.4	108.3
造纸工业	98.8	99.0	98.5	98.9	98.9	99.4
文教艺术用品工业	98.6	98.6	99.5	98.5	99.1	99.3
其它工业	99.6	99.2	99.0	98.9	98.9	99.3
基本分类汇总项						
(1)原煤	79.8	84.1	84.9	84.2	85.3	82.0
(2)铁矿石成品矿	62.8	59.7	61.5	64.6	60.4	60.8
(3)水泥	94.2	96.4	95.9	96.5	96.3	95.4
(4)轧制、锻造钢坯	75.9	82.7	78.5	77.3	76.2	75.1
(5)钢材	85.1	89.9	89.5	89.1	88.5	83.5
(6)常用有色金属合金	96.8	100.8	101.4	101.1	101.2	100.6
(7)稀有稀土金属合金						
(8)贵金属合金						
(9)铝材	94.9	95.5	96.5	97.7	97.6	97.8
(10)船舶用发动机	99.4	96.0	99.0	99.0	101.5	101.5
(11)汽轮机						
(12)数控金属切削机床	159.1	221.6	199.5	160.8	160.8	152.6
(13)风机	100.0	100.0	100.0	100.0	100.0	100.0
(14)乘用车	98.9	97.2	98.2	98.7	98.5	99.4
(15)客车	101.7	101.2	102.2	102.8	103.3	102.0
(16)载货汽车	100.0	99.3	100.2	98.4	98.2	98.6
(17)发电机	102.9	103.5	103.5	103.5	103.5	103.5
(18)发电机组	100.0	100.0	100.0	100.0	100.0	100.0
(19)高压电路开关、保护电器装置	97.1	94.2	94.8	96.1	94.9	98.4
(20)电力控制或电力分配装置	95.6	95.0	93.9	95.9	93.2	96.3
(21)光缆	94.2	95.9	97.5	94.2	100.3	96.9
(22)蓄电池	97.7	93.5	95.8	93.8	94.1	96.7
(23)移动通信设备						
(24)彩色电视机						
(25)燃气供应量	102.7	104.3	104.0	103.9	104.2	103.1

6月	7月	8月	9月	10月	11月	12月
98.4	97.9	97.0	96.4	96.2	95.7	95.7
99.6	98.9	98.5	98.5	98.7	98.6	98.5
99.5	99.7	98.6	98.3	97.8	98.3	98.3
100.6	100.2	100.3	100.2	100.1	100.0	100.2
100.1	100.1	100.0	99.4	99.1	99.2	99.6
95.9	95.5	95.6	95.9	97.0	97.3	97.0
99.4	99.6	99.0	99.0	98.8	98.7	97.7
108.2	109.6	109.8	110.5	110.6	110.3	110.7
98.8	98.8	98.6	98.7	98.8	98.7	99.1
99.2	99.7	98.0	98.0	98.2	97.4	97.3
99.5	99.6	99.7	100.1	99.9	100.1	100.4
75.4	75.9	76.0	76.8	77.2	76.8	76.6
59.2	62.8	62.8	60.0	64.1	68.9	72.2
97.0	96.3	91.9	90.3	89.5	91.4	93.0
74.9	73.3	73.9	76.0	77.4	72.8	71.5
83.1	81.9	82.7	83.3	82.7	83.5	83.2
97.5	96.6	95.2	93.4	91.4	91.4	92.3
97.9	97.2	94.3	92.1	92.1	88.7	91.4
101.5	99.1	99.1	99.1	99.1	99.1	99.1
208.6	120.5	135.2	123.0	147.5	178.5	152.9
100.0	100.0	100.0	100.0	100.0	100.0	100.0
99.7	100.1	100.1	100.0	100.6	97.1	96.4
102.8	100.9	100.8	101.2	101.2	101.2	101.2
99.9	101.3	101.2	101.5	101.6	98.7	101.6
103.5	103.5	103.5	103.5	103.5	100.0	100.0
100.0	100.0	100.0	100.0	100.0	100.0	100.0
98.3	96.7	98.4	97.9	99.0	99.1	98.1
96.0	95.9	95.1	95.1	95.1	98.4	96.7
95.4	95.3	93.3	91.9	91.3	89.7	88.6
95.8	97.0	98.0	100.3	101.9	104.0	103.0
102.9	102.9	103.6	104.0	103.0	101.0	96.0

6-5 各月分大类(新行业)工业生

(上年同期=100)

大类行业代码及名称	全年	1月	2月	3月	4月
(06)煤炭开采和洗选业	81.6	84.8	85.5	84.9	86.2
(07)石油和天然气开采业	65.4	66.4	51.7	62.8	65.7
(08)黑色金属矿采选业	69.0	65.7	66.9	69.2	66.3
(09)有色金属矿采选业	92.0	98.4	95.8	92.0	93.2
(10)非金属矿采选业	100.4	103.3	103.2	103.3	99.6
(13)农副食品加工业	99.3	99.6	99.6	99.7	100.3
(14)食品制造业	101.2	101.3	101.2	101.0	101.2
(15)酒、饮料和精制茶制造业	99.3	100.4	100.1	99.6	100.0
(16)烟草制品业	100.6	100.7	100.6	100.6	100.6
(17)纺织业	96.0	95.4	95.2	95.3	95.7
(18)纺织服装、服饰业	99.9	101.3	101.1	100.9	100.0
(19)皮革、毛皮、羽毛及其制品和制鞋业	107.3	106.9	107.4	106.1	106.5
(20)木材加工和木、竹、藤、棕、草制品业	100.9	101.9	101.7	101.9	101.6
(21)家具制造业	100.0	100.2	100.2	100.3	100.3
(22)造纸和纸制品业	98.8	99.0	98.5	98.9	98.9
(23)印刷和记录媒介复制业	98.0	99.9	99.9	99.0	99.3
(24)文教、工美、体育和娱乐用品制造业	101.8	100.2	101.1	100.6	100.9
(25)石油加工、炼焦和核燃料加工业	87.4	86.5	85.8	88.3	88.5
(26)化学原料和化学制品制造业	95.0	93.4	93.0	93.9	95.0
(27)医药制造业	101.7	102.2	101.8	101.9	101.6
(28)化学纤维制造业	93.9	100.1	98.4	92.2	92.3
(29)橡胶和塑料制品业	96.1	96.1	97.4	97.3	97.5
(30)非金属矿物制品业	98.7	99.0	98.9	98.6	98.6
(31)黑色金属冶炼和压延加工业	86.0	90.8	89.2	89.1	88.7
(32)有色金属冶炼和压延加工业	94.1	96.5	97.1	96.9	97.7
(33)金属制品业	97.2	97.8	97.8	97.7	97.7
(34)通用设备制造业	99.3	99.5	99.6	99.5	99.9
(35)专用设备制造业	98.6	97.8	97.5	98.5	98.1
(36)汽车制造业	101.7	102.3	102.4	102.2	101.9
(37)铁路、船舶、航空航天和其他运输设备制造业	100.5	102.6	102.3	101.4	102.0
(38)电气机械和器材制造业	98.5	98.6	98.4	98.9	98.9
(39)计算机、通信和其他电子设备制造业	100.6	100.7	100.6	101.5	100.6
(40)仪器仪表制造业	100.6	100.8	100.4	100.2	100.6
(41)其他制造业	102.6	100.1	100.0	100.3	100.8
(43)金属制品、机械和设备修理业	91.0	89.8	88.8	86.5	88.0
(44)电力、热力生产和供应业	96.9	99.8	100.2	99.9	99.6
(45)燃气生产和供应业	102.3	103.8	103.5	103.4	103.6
(46)水的生产和供应业	102.3	101.8	101.6	101.6	102.7

产者出厂价格同比指数(2015年)

5月	6月	7月	8月	9月	10月	11月	12月
83.5	78.3	78.6	78.7	79.5	79.6	78.9	78.4
67.6	74.1	71.2	66.1	63.0	65.7	64.9	65.6
66.6	66.6	68.7	69.3	67.8	71.5	75.9	78.1
93.4	94.2	90.6	87.5	88.4	89.4	90.4	90.6
99.8	99.9	101.0	98.5	100.6	98.6	98.8	98.8
100.1	99.7	99.6	99.4	98.6	98.1	98.2	99.0
101.3	101.3	101.3	101.5	101.1	100.9	101.0	101.2
99.7	99.3	99.0	98.7	98.5	98.5	98.6	98.8
100.6	100.6	100.6	100.6	100.6	100.6	100.3	100.0
95.9	96.1	95.7	95.6	95.9	97.0	97.3	96.8
99.2	99.3	99.5	99.6	99.5	99.4	99.4	99.3
106.5	106.5	107.6	107.7	108.4	108.2	108.0	108.1
101.0	100.7	100.3	100.4	100.3	100.2	100.1	100.4
100.3	100.1	99.9	99.9	99.8	99.8	99.7	99.7
99.4	98.8	98.8	98.6	98.7	98.8	98.7	99.1
99.3	99.2	98.9	96.5	96.4	96.4	95.4	95.6
101.3	101.3	101.9	102.0	103.0	103.2	103.3	103.3
89.9	89.4	88.3	86.8	85.9	86.1	86.3	86.6
96.4	98.3	97.6	95.8	94.9	94.6	93.9	93.6
101.7	101.2	101.6	101.6	102.0	101.7	101.3	101.9
91.3	92.3	91.2	94.2	92.6	94.3	94.1	94.6
96.8	96.4	96.0	95.8	95.1	95.0	94.8	94.6
98.8	99.3	99.3	98.6	98.3	97.9	98.4	98.4
85.6	85.1	83.2	83.3	84.4	84.3	84.2	83.3
97.6	96.5	94.3	91.7	91.3	91.7	88.8	89.4
97.4	97.3	97.0	97.3	96.7	96.8	96.8	96.3
99.7	100.1	98.8	98.9	98.2	99.2	99.4	99.2
98.8	99.2	99.0	98.9	99.0	98.8	98.8	99.1
101.6	102.0	101.5	101.4	101.5	101.4	101.1	101.3
101.8	101.5	101.3	99.4	99.0	98.9	98.5	97.4
99.5	99.4	99.1	97.2	97.5	98.2	98.1	97.7
100.5	99.9	100.3	100.0	101.4	102.2	100.3	99.3
100.2	100.1	100.6	100.9	100.7	100.5	100.8	100.8
102.1	102.6	103.0	103.5	104.1	104.3	104.9	104.9
87.0	89.3	90.0	91.5	93.3	94.0	95.5	99.3
95.8	95.6	95.4	95.1	95.2	95.7	95.5	95.3
102.8	102.5	102.5	103.2	103.5	102.7	100.6	96.3
102.7	102.7	102.8	102.5	102.3	102.3	102.3	102.3

6-6 各月分大中类(新行业)工业生

(上年同期=100)

大中类行业代码及名称	全年	1月	2月	3月	4月
(06)煤炭开采和洗选业	81.6	84.8	85.5	84.9	86.2
(061)烟煤和无烟煤开采洗选	81.5	84.7	85.4	84.9	86.2
(069)其他煤炭采选	85.1	89.2	89.2	89.9	88.8
(07)石油和天然气开采业	65.4	66.4	51.7	62.8	65.7
(071)石油开采	64.2	65.2	50.2	61.5	64.5
(072)天然气开采	102.9	106.5	105.8	105.8	105.3
(08)黑色金属矿采选业	69.0	65.7	66.9	69.2	66.3
(081)铁矿采选	69.0	65.7	66.9	69.2	66.3
(09)有色金属矿采选业	92.0	98.4	95.8	92.0	93.2
(091)常用有色金属矿采选	95.6	95.4	93.9	90.6	96.3
(092)贵金属矿采选	93.8	101.4	98.8	94.4	94.2
(093)稀有稀土金属矿采选	73.8	88.8	83.7	81.8	80.6
(10)非金属矿采选业	100.4	103.3	103.2	103.3	99.6
(101)土砂石开采	100.3	103.8	103.6	103.8	99.5
(102)化学矿开采	92.2	93.3	93.9	92.2	93.1
(103) 采盐	94.2	94.4	93.6	93.1	92.8
(109)石棉及其他非金属矿采选	104.4	103.6	103.6	103.6	103.6
(13)农副食品加工业	99.3	99.6	99.6	99.7	100.3
(131)谷物磨制	101.5	101.6	101.6	102.2	102.6
(132)饲料加工	95.6	97.4	96.2	97.2	97.6
(133)植物油加工	95.2	93.1	93.8	93.5	93.8
(134)制糖业	101.4	105.5	104.5	103.2	113.2
(135)屠宰及肉类加工	100.2	100.4	100.8	100.2	100.9
(136)水产品加工	98.1	97.4	97.9	97.9	100.0
(137)蔬菜、水果和坚果加工	99.0	97.6	97.5	97.9	98.0
(139)其他农副食品加工	97.6	100.9	100.1	100.1	101.9
(14)食品制造业	101.2	101.3	101.2	101.0	101.2
(141)焙烤食品制造	100.6	100.5	100.5	100.5	100.5
(142)糖果、巧克力及蜜饯制造	109.8	114.5	114.4	112.0	113.4
(143)方便食品制造	101.5	101.1	101.1	101.0	101.1
(144)乳制品制造	98.2	101.6	101.2	100.6	100.1
(145)罐头食品制造	110.2	103.8	104.2	104.2	110.2
(146)调味品、发酵制品制造	98.7	98.5	98.4	98.2	98.1
(149)其他食品制造	100.4	101.3	100.8	100.4	100.8
(15)酒、饮料和精制茶制造业	99.3	100.4	100.1	99.6	100.0

产者出厂价格同比指数(2015年)

5月	6月	7月	8月	9月	10月	11月	12月
83.5	78.3	78.6	78.7	79.5	79.6	78.9	78.4
83.4	78.2	78.6	78.7	79.5	79.6	78.9	78.4
87.5	86.3	85.0	83.7	84.9	80.3	79.4	76.1
67.6	74.1	71.2	66.1	63.0	65.7	64.9	65.6
66.5	73.1	70.2	65.0	61.8	64.6	63.7	64.4
105.5	104.0	101.0	101.0	100.7	100.3	102.0	97.5
66.6	66.6	68.7	69.3	67.8	71.5	75.9	78.1
66.6	66.6	68.7	69.3	67.8	71.5	75.9	78.1
93.4	94.2	90.6	87.5	88.4	89.4	90.4	90.6
95.8	101.5	96.2	96.3	96.5	94.0	95.8	94.9
94.8	93.8	91.5	87.7	89.5	92.2	93.9	94.6
80.7	81.2	73.3	66.8	64.4	63.7	58.5	58.5
99.8	99.9	101.0	98.5	100.6	98.6	98.8	98.8
99.5	99.7	101.0	98.2	100.8	98.0	98.3	98.1
96.5	94.8	95.8	91.0	88.1	88.4	88.1	91.2
93.6	95.0	94.5	94.7	94.5	94.5	94.8	95.5
103.6	103.6	103.6	103.4	103.4	106.9	106.9	106.9
100.1	99.7	99.6	99.4	98.6	98.1	98.2	99.0
102.6	102.6	102.6	102.1	100.7	99.7	99.6	99.8
97.2	95.4	95.9	95.0	94.3	94.1	93.1	93.3
94.5	93.8	94.3	96.0	95.4	95.7	98.8	100.5
108.2	109.2	96.8	96.2	91.2	96.8	97.8	98.3
100.2	100.2	100.4	100.3	99.8	99.5	99.5	100.6
100.0	98.9	98.9	96.8	96.8	97.4	97.4	97.4
97.7	98.1	98.3	99.9	101.1	100.9	100.5	100.3
101.5	100.0	96.9	95.1	94.2	93.5	93.3	95.0
101.3	101.3	101.3	101.5	101.1	100.9	101.0	101.2
100.3	100.3	100.6	100.5	100.0	100.7	101.3	101.4
113.4	112.6	111.7	111.7	106.9	103.8	103.3	102.3
101.7	101.9	102.2	102.0	102.1	101.1	101.0	101.1
98.1	97.9	97.6	96.7	96.6	96.0	95.9	96.0
109.9	110.4	113.0	114.5	112.5	112.4	113.2	113.6
98.1	97.5	96.4	98.1	97.9	100.2	101.1	101.9
100.2	101.2	100.7	100.8	101.1	100.0	99.4	98.7
99.7	99.3	99.0	98.7	98.5	98.5	98.6	98.8

6-6 续表 1

(上年同期=100)

大中类行业代码及名称	全年	1月	2月	3月	4月
(151)酒的制造	99.6	101.1	100.7	100.0	100.5
(152)饮料制造	98.5	99.2	99.0	98.8	98.9
(153)精制茶加工	100.2	99.8	99.9	100.0	100.4
(16)烟草制品业	100.6	100.7	100.6	100.6	100.6
(161)烟叶复烤	114.8	117.3	117.3	117.3	117.3
(162)卷烟制造	100.0	100.0	100.0	100.0	100.0
(169)其他烟草制品制造	99.4	101.1	100.0	100.0	100.0
(17)纺织业	96.0	95.4	95.2	95.3	95.7
(171)棉纺织及印染精加工	95.3	94.0	94.1	94.7	94.9
(172)毛纺织及染整精加工	99.9	99.9	99.9	100.0	100.0
(173)麻纺织及染整精加工	102.6	105.4	105.4	105.4	105.4
(174)丝绢纺织及印染精加工	104.3	104.8	104.5	104.9	105.1
(176)针织或钩针编织物及其制品制造	98.1	100.0	100.0	99.4	99.3
(177)家用纺织制成品制造	100.5	103.2	101.2	100.1	100.2
(178)非家用纺织制成品制造	92.3	95.5	91.7	87.6	92.4
(18)纺织服装、服饰业	99.9	101.3	101.1	100.9	100.0
(181)机织服装制造	99.9	101.3	101.2	101.0	100.0
(183)服饰制造	100.3	100.0	100.0	100.0	100.0
(19)皮革、毛皮、羽毛及其制品和制鞋业	107.3	106.9	107.4	106.1	106.5
(191)皮革鞣制加工	117.1	115.6	117.6	116.4	116.7
(192)皮革制品制造	101.5	102.0	101.6	102.1	102.5
(193)毛皮鞣制及制品加工	104.1	102.7	102.2	101.0	101.8
(194)羽毛(绒)加工及制品制造	99.9	105.6	105.7	97.1	99.1
(195)制鞋业	99.9	100.1	100.1	100.1	99.8
(20)木材加工和木、竹、藤、棕、草制品业	100.9	101.9	101.7	101.9	101.6
(201)木材加工	100.9	100.3	100.4	100.3	100.2
(202)人造板制造	100.7	102.5	102.2	102.5	102.0
(203)木制品制造	102.3	101.1	102.1	101.7	102.7
(204)竹、藤、棕、草等制品制造	101.5	101.5	101.5	101.2	101.5
(21)家具制造业	100.0	100.2	100.2	100.3	100.3
(211)木质家具制造	100.0	100.4	100.5	100.6	100.7
(213)金属家具制造	100.0	100.0	100.0	100.0	100.0
(219)其他家具制造	100.1	100.0	100.1	100.1	100.1
(22)造纸和纸制品业	98.8	99.0	98.5	98.9	98.9
(221)纸浆制造	93.1	96.0	96.6	92.6	92.6

5月	6月	7月	8月	9月	10月	11月	12月
100.3	99.9	99.3	98.9	98.5	98.6	98.7	98.9
98.5	98.2	98.2	98.2	98.3	98.3	98.4	98.4
99.9	100.5	100.6	100.7	100.9	100.5	99.9	99.9
100.6	100.6	100.6	100.6	100.6	100.6	100.3	100.0
117.3	117.3	117.3	117.3	117.3	117.3	108.3	100.0
100.0	100.0	100.0	100.0	100.0	100.0	100.0	100.0
100.0	100.0	100.0	98.5	98.5	98.5	98.5	98.5
95.9	96.1	95.7	95.6	95.9	97.0	97.3	96.8
95.2	95.4	94.9	95.1	95.4	96.7	97.1	96.8
100.0	100.0	99.9	99.9	99.9	99.9	99.8	99.8
103.5	103.5	100.0	100.0	100.0	101.1	101.3	101.1
105.6	106.0	105.6	104.4	103.5	103.4	102.5	101.7
99.3	99.3	99.3	96.6	96.6	96.6	96.6	93.6
100.2	100.3	100.1	100.2	100.2	100.2	100.1	100.1
92.0	92.1	93.0	92.1	92.4	93.1	93.1	92.6
99.2	99.3	99.5	99.6	99.5	99.4	99.4	99.3
99.1	99.3	99.5	99.5	99.4	99.3	99.4	99.2
100.3	100.3	99.6	101.4	100.3	100.7	100.4	100.5
106.5	106.5	107.6	107.7	108.4	108.2	108.0	108.1
116.3	114.8	117.0	117.6	118.8	118.7	117.7	118.3
102.2	101.9	102.0	101.5	100.5	100.7	100.7	100.5
102.2	103.8	104.9	105.0	105.7	106.1	106.6	106.9
99.6	100.1	100.4	100.1	99.9	98.8	97.6	95.3
99.6	99.8	99.8	99.8	100.3	99.5	99.9	99.8
101.0	100.7	100.3	100.4	100.3	100.2	100.1	100.4
100.3	101.0	101.0	101.1	101.3	101.5	101.6	101.6
101.0	100.3	99.8	99.8	99.6	99.5	99.4	99.7
103.0	103.2	102.3	102.4	102.3	102.5	102.0	102.5
101.8	101.9	102.1	102.3	102.3	100.9	100.9	101.0
100.3	100.1	99.9	99.9	99.8	99.8	99.7	99.7
100.7	100.2	99.8	99.7	99.6	99.5	99.4	99.3
100.0	100.0	100.0	100.0	100.0	100.0	100.0	100.0
100.0	100.1	100.1	100.1	100.1	100.1	100.1	100.1
99.4	98.8	98.8	98.6	98.7	98.8	98.7	99.1
93.2	92.3	94.1	90.4	96.6	93.4	89.3	90.7

6-6 续表 2

(上年同期=100)

大中类行业代码及名称	全年	1月	2月	3月	4月
(222)造纸	98.6	98.7	98.2	98.9	98.6
(223)纸制品制造	100.6	100.3	99.7	99.6	100.9
(23)印刷和记录媒介复制业	98.0	99.9	99.9	99.0	99.3
(231)印刷	97.9	100.0	100.0	99.0	99.3
(232)装订及印刷相关服务	100.0	98.4	98.1	98.4	100.8
(233)记录媒介复制	96.7	89.3	92.6	94.4	95.3
(24)文教、工美、体育和娱乐用品制造业	101.8	100.2	101.1	100.6	100.9
(241)文教办公用品制造	100.0	100.0	100.0	100.0	100.0
(242)乐器制造	101.9	101.1	101.1	101.3	101.3
(243)工艺美术品制造	102.0	101.0	101.4	101.1	101.4
(244)体育用品制造	100.0	100.0	100.0	100.0	100.0
(245)玩具制造	99.1	88.6	97.9	93.6	94.7
(246)游艺器材及娱乐用品制造	102.7	100.0	100.0	100.0	100.0
(25)石油加工、炼焦和核燃料加工业	87.4	86.5	85.8	88.3	88.5
(251)精炼石油产品制造	84.6	82.7	80.5	85.0	84.8
(252)炼焦	89.9	89.7	90.5	91.4	91.9
(26)化学原料和化学制品制造业	95.0	93.4	93.0	93.9	95.0
(261)基础化学原料制造	92.8	91.1	91.0	92.5	93.3
(262)肥料制造	99.8	90.0	90.4	92.6	96.4
(263)农药制造	100.5	99.0	100.7	100.5	101.6
(264)涂料、油墨、颜料及类似产品制造	95.9	98.2	98.5	97.9	97.5
(265)合成材料制造	86.3	91.5	85.6	86.3	87.5
(266)专用化学产品制造	94.6	96.0	96.1	96.2	96.1
(267)炸药、火工及焰火产品制造	99.1	100.2	99.6	98.5	97.8
(268)日用化学产品制造	101.0	101.6	101.7	100.7	100.7
(27)医药制造业	101.7	102.2	101.8	101.9	101.6
(271)化学药品原料药制造	101.2	102.3	101.2	102.4	101.6
(272)化学药品制剂制造	100.3	102.0	101.6	102.7	101.4
(273)中药饮片加工	117.4	115.5	115.5	115.5	115.5
(274)中成药生产	100.3	101.1	99.4	99.9	100.5
(275)兽用药品制造	102.5	100.6	101.9	101.7	101.6
(276)生物药品制造	100.3	100.1	100.1	98.1	98.8
(277)卫生材料及医药用品制造	99.0	100.0	100.0	99.7	99.7
(28)化学纤维制造业	93.9	100.1	98.4	92.2	92.3
(281)纤维素纤维原料及纤维制造	93.8	101.1	99.3	91.4	91.7

5月	6月	7月	8月	9月	10月	11月	12月
99.2	98.4	98.4	98.3	98.2	98.4	98.4	98.8
100.9	100.9	100.7	100.7	100.7	100.8	101.1	101.1
99.3	99.2	98.9	96.5	96.4	96.4	95.4	95.6
99.3	99.2	98.9	96.4	96.2	96.3	95.2	95.4
100.9	100.9	100.3	100.2	100.4	100.5	100.5	101.1
95.3	95.3	100.0	100.0	100.0	100.0	100.0	100.0
101.3	101.3	101.9	102.0	103.0	103.2	103.3	103.3
100.0	100.0	100.0	100.0	100.0	100.0	100.0	100.0
101.5	101.5	102.1	102.7	102.6	103.8	102.7	101.7
101.5	101.6	101.7	102.0	103.0	103.2	103.3	103.5
100.0	100.0	100.0	100.0	100.0	100.0	100.0	100.0
98.2	96.4	104.9	102.6	104.8	104.8	104.8	100.3
100.0	102.3	102.3	104.5	104.5	106.2	106.7	105.7
89.9	89.4	88.3	86.8	85.9	86.1	86.3	86.6
88.8	87.9	85.9	82.9	82.4	84.0	85.4	85.5
91.0	91.0	90.7	90.5	89.2	88.0	87.1	87.4
96.4	98.3	97.6	95.8	94.9	94.6	93.9	93.6
95.2	95.9	94.2	92.5	92.1	92.3	92.0	91.7
99.3	108.0	109.0	105.0	104.2	102.9	102.2	100.2
100.1	100.4	100.3	100.5	100.5	100.6	101.1	101.1
97.9	98.1	96.7	95.7	93.1	92.4	92.4	92.9
87.9	91.1	87.9	85.2	83.6	83.3	83.6	81.7
96.9	95.8	95.4	94.1	92.6	93.0	90.8	92.2
97.5	98.1	98.6	99.1	100.0	99.3	100.2	100.2
101.7	101.0	101.1	102.1	101.2	100.1	99.9	100.1
101.7	101.2	101.6	101.6	102.0	101.7	101.3	101.9
101.7	100.9	101.1	101.4	101.7	100.6	98.2	101.5
101.0	100.6	100.2	99.5	99.1	98.9	98.7	98.2
115.5	112.3	117.0	118.0	118.8	120.1	121.5	123.4
100.9	100.1	99.5	100.5	100.8	100.4	100.2	100.2
101.9	104.7	104.4	103.8	103.1	102.7	102.1	102.1
99.1	98.1	100.2	100.2	102.1	102.1	102.2	102.6
99.7	100.3	98.3	97.9	97.9	97.9	98.0	98.0
91.3	92.3	91.2	94.2	92.6	94.3	94.1	94.6
90.4	91.5	90.2	94.3	92.5	94.6	94.5	95.0

6-6 续表 3

(上年同期=100)

大中类行业代码及名称	全年	1月	2月	3月	4月
(282)合成纤维制造	94.3	96.5	95.0	95.2	94.7
(29)橡胶和塑料制品业	96.1	96.1	97.4	97.3	97.5
(291)橡胶制品业	92.5	91.1	94.3	94.5	94.5
(292)塑料制品业	98.4	99.5	99.3	99.1	99.4
(30)非金属矿物制品业	98.7	99.0	98.9	98.6	98.6
(301)水泥、石灰和石膏制造	94.4	96.8	96.6	96.8	96.5
(302)石膏、水泥制品及类似制品制造	100.4	100.9	100.7	100.2	99.9
(303)砖瓦、石材等建筑材料制造	97.4	97.3	97.3	97.1	97.2
(304)玻璃制造	92.2	78.7	82.6	83.9	80.6
(305)玻璃制品制造	100.1	100.7	100.7	100.3	100.2
(306)玻璃纤维和玻璃纤维增强塑料制品制造	100.0	99.9	99.9	100.0	99.8
(307)陶瓷制品制造	100.3	99.8	99.9	100.3	100.3
(308)耐火材料制品制造	100.9	101.8	101.8	100.7	101.3
(309)石墨及其他非金属矿物制品制造	98.4	98.3	98.0	97.9	97.6
(31)黑色金属冶炼和压延加工业	86.0	90.8	89.2	89.1	88.7
(311)炼铁	76.8	79.4	77.0	76.9	76.4
(312)炼钢	83.3	89.1	84.5	84.6	85.6
(313)黑色金属铸造	92.6	98.7	96.3	96.6	95.6
(314)钢压延加工	84.9	89.8	89.2	88.8	88.2
(315)铁合金冶炼	93.7	94.5	94.3	95.6	96.1
(32)有色金属冶炼和压延加工业	94.1	96.5	97.1	96.9	97.7
(321)常用有色金属冶炼	93.6	96.4	97.1	97.9	98.8
(322)有色金属冶炼和压延加工业	94.2	99.5	100.0	92.4	94.0
(323)稀有稀土金属冶炼	100.3	99.9	99.9	100.0	100.0
(324)有色金属合金制造	96.8	100.8	101.4	101.1	101.2
(326)有色金属压延加工	92.9	93.7	93.9	96.3	96.5
(33)金属制品业	97.2	97.8	97.8	97.7	97.7
(331)结构性金属制品制造	97.3	98.2	98.4	98.3	98.3
(332)金属工具制造	100.0	100.0	100.0	100.0	100.0
(333)集装箱及金属包装容器制造	96.1	98.0	97.3	97.4	97.0
(334)金属丝绳及其制品制造	91.5	91.7	90.6	91.1	91.3
(335)建筑、安全用金属制品制造	100.1	99.7	99.6	99.6	99.5
(337)搪瓷制品制造	99.9	100.2	100.3	100.0	100.0
(338)金属制日用品制造	101.1	102.8	102.8	102.8	101.9
(339)其他金属制品制造	99.8	99.5	100.0	99.9	99.8

5月	6月	7月	8月	9月	10月	11月	12月
94.9	95.1	94.7	93.8	92.8	93.0	92.6	93.0
96.8	96.4	96.0	95.8	95.1	95.0	94.8	94.6
93.3	92.6	92.2	92.0	91.5	91.4	91.1	91.4
99.0	98.9	98.5	98.3	97.5	97.4	97.1	96.7
98.8	99.3	99.3	98.6	98.3	97.9	98.4	98.4
95.7	96.7	96.0	92.3	90.5	89.9	91.8	93.4
100.7	100.6	101.4	99.2	100.0	99.7	100.8	100.7
98.1	97.7	97.3	97.8	97.5	97.2	97.2	96.7
81.1	90.5	95.0	101.9	98.9	102.8	111.4	110.1
99.3	100.3	100.1	100.1	100.0	99.7	99.9	99.9
100.0	100.0	100.0	100.0	99.9	100.0	100.0	101.1
100.0	101.1	100.3	100.0	99.7	100.6	100.9	101.1
101.1	101.9	102.2	101.4	100.7	99.7	99.8	98.8
98.2	98.3	98.5	98.6	98.9	98.6	98.7	99.1
85.6	85.1	83.2	83.3	84.4	84.3	84.2	83.3
76.0	76.9	76.8	75.8	76.7	77.7	76.4	75.2
84.5	83.8	79.8	78.8	83.2	84.4	82.2	78.6
94.5	93.4	89.8	89.6	89.4	89.4	89.3	88.5
83.2	82.9	81.7	82.5	83.1	82.5	83.3	82.9
95.1	94.3	94.2	92.9	91.9	91.9	91.5	91.5
97.6	96.5	94.3	91.7	91.3	91.7	88.8	89.4
98.9	96.9	94.7	91.1	89.7	89.9	85.6	86.7
93.0	93.4	88.6	89.5	93.8	96.2	96.2	94.3
100.2	101.7	101.8	101.5	100.3	99.8	99.6	99.1
100.6	97.5	96.6	95.2	93.4	91.4	91.4	92.3
96.7	95.8	94.4	91.2	90.2	90.3	87.6	88.4
97.4	97.3	97.0	97.3	96.7	96.8	96.8	96.3
98.3	98.0	97.0	96.8	96.3	96.2	96.1	95.7
100.0	100.0	100.0	100.0	100.0	100.0	100.0	100.0
95.9	95.4	96.1	95.5	95.2	95.4	94.7	95.1
90.2	89.8	91.4	94.4	92.2	92.9	93.1	89.9
99.4	99.6	100.1	100.0	100.0	100.1	101.2	102.4
100.0	100.0	100.0	99.7	99.7	99.7	99.7	99.7
101.1	101.5	100.2	99.8	100.0	100.0	100.3	100.3
99.8	99.7	99.7	99.9	99.8	99.8	99.7	99.8

6-6 续表 4

(上年同期=100)

大中类行业代码及名称	全年	1月	2月	3月	4月
(34)通用设备制造业	99.3	99.5	99.6	99.5	99.9
(341)锅炉及原动设备制造	99.9	99.3	100.1	99.8	100.4
(342)金属加工机械制造	106.1	111.8	110.1	106.1	106.1
(343)物料搬运设备制造	99.1	100.0	100.1	99.9	100.3
(344)泵、阀门、压缩机及类似机械制造	97.6	98.6	97.9	98.1	97.9
(345)轴承、齿轮和传动部件制造	98.0	95.0	95.9	98.0	99.6
(346)烘炉、风机、衡器、包装等设备制造	99.9	99.9	100.3	100.3	100.3
(347)文化、办公用机械制造	99.5	96.1	97.3	97.6	99.1
(348)通用零部件制造	98.1	97.7	98.0	97.9	97.8
(349)其他通用设备制造业	99.5	99.5	99.4	99.5	99.4
(35)专用设备制造业	98.6	97.8	97.5	98.5	98.1
(351)采矿、冶金、建筑专用设备制造	95.8	93.4	92.9	95.1	94.5
(352)化工、木材、非金属加工专用设备制造	98.6	98.2	98.2	98.3	98.3
(353)食品、饮料、烟草及饲料生产专用设备制造	100.0	101.1	100.4	100.0	99.9
(354)印刷、制药、日化及日用品生产专用设备制造	103.2	102.5	102.5	102.5	103.2
(355)纺织、服装和皮革加工专用设备制造	104.7	107.7	107.7	106.0	103.5
(356)电子和电工机械专用设备制造	100.0	100.1	100.1	100.1	100.1
(357)农、林、牧、渔专用机械制造	100.1	100.0	100.4	100.0	100.0
(358)医疗仪器设备及器械制造	109.0	125.2	120.0	119.6	114.6
(359)环保、社会公共服务及其他专用设备制造	100.5	99.7	99.6	100.3	100.4
(36)汽车制造业	101.7	102.3	102.4	102.2	101.9
(361)汽车整车制造	100.9	100.2	101.2	101.2	101.4
(362)改装汽车制造	100.2	101.2	100.5	101.1	100.1
(363)低速载货汽车制造	100.0	100.0	100.0	100.0	100.0
(365)汽车车身、挂车制造	97.7	101.4	101.6	98.3	98.2
(366)汽车零部件及配件制造	102.4	103.3	103.2	102.9	102.5
(37)铁路、船舶、航空航天和其他运输设备制造业	100.5	102.6	102.3	101.4	102.0
(371)铁路运输设备制造	96.7	97.1	96.7	96.9	98.8
(373)船舶及相关装置制造	102.0	101.8	101.9	101.8	101.7
(375)摩托车制造	101.8	105.0	104.8	103.1	103.5
(376)自行车制造	100.0	100.0	100.0	100.0	100.0
(38)电气机械和器材制造业	98.5	98.6	98.4	98.9	98.9
(381)电机制造	98.7	94.5	94.8	97.1	100.7
(382)输配电及控制设备制造	99.1	99.4	99.1	99.9	98.7
(383)电线、电缆、光缆及电工器材制造	96.7	98.9	98.5	98.5	98.7

5月	6月	7月	8月	9月	10月	11月	12月
99.7	100.1	98.8	98.9	98.2	99.2	99.4	99.2
100.4	100.5	99.7	99.7	99.7	99.7	99.7	99.6
104.4	110.4	98.6	101.2	101.5	106.2	110.0	108.3
100.3	100.4	100.0	100.2	97.6	97.3	96.7	96.3
97.8	97.4	97.2	96.5	96.8	97.4	97.5	98.0
99.7	99.3	98.8	97.9	96.9	99.7	98.2	97.4
100.3	99.6	99.6	99.7	99.6	99.6	100.0	99.9
99.1	99.1	99.7	100.6	100.6	101.6	101.3	101.7
97.8	97.6	97.9	98.1	97.9	98.2	99.3	99.5
99.3	99.3	99.5	99.5	99.5	99.6	99.8	99.9
98.8	99.2	99.0	98.9	99.0	98.8	98.8	99.1
95.6	96.4	96.9	96.7	97.3	96.9	96.8	97.6
98.1	98.1	98.1	98.8	99.0	99.5	99.5	99.5
99.7	99.8	100.2	100.1	99.6	99.6	99.6	99.9
103.6	103.6	103.7	103.6	103.5	103.4	103.1	103.1
108.1	109.3	105.5	104.5	103.0	102.1	99.7	100.5
100.0	100.0	100.0	100.0	100.0	100.0	99.9	100.0
100.0	100.3	100.1	100.4	100.3	100.3	100.0	99.8
115.0	115.3	102.5	101.0	101.0	100.9	100.9	101.1
101.9	100.5	100.5	100.0	99.8	99.8	102.3	101.4
101.6	102.0	101.5	101.4	101.5	101.4	101.1	101.3
100.8	101.7	100.9	100.7	101.1	101.2	100.0	100.6
100.1	99.8	98.6	99.7	100.5	100.4	100.3	100.3
100.0	100.0	100.0	100.0	100.0	100.0	100.0	100.0
98.3	96.8	96.6	96.6	96.3	97.0	95.8	96.0
102.3	102.6	102.3	102.1	102.0	101.8	101.8	101.8
101.8	101.5	101.3	99.4	99.0	98.9	98.5	97.4
98.4	97.7	96.9	96.3	96.2	95.5	95.5	94.9
102.8	102.8	103.0	103.1	103.2	101.5	101.5	99.5
103.2	102.9	103.0	100.1	99.5	99.7	99.0	97.6
100.0	100.0	100.0	100.0	100.0	100.0	100.0	100.0
99.5	99.4	99.1	97.2	97.5	98.2	98.1	97.7
101.3	99.3	97.6	96.6	100.2	100.1	102.1	100.2
100.1	100.1	99.4	98.1	98.2	98.2	99.7	98.1
97.9	98.2	97.5	94.6	94.9	94.9	93.8	94.0

6-6 续表 5

(上年同期=100)

大中类行业代码及名称	全年	1月	2月	3月	4月
(384)电池制造	101.4	98.0	97.5	99.1	100.3
(385)家用电力器具制造	97.5	93.1	94.1	94.6	95.8
(386)非电力家用器具制造	97.5	99.6	99.6	98.1	97.9
(387)照明器具制造	100.5	101.6	101.5	101.4	101.2
(389)其他电气机械及器材制造	96.0	99.7	99.3	98.8	98.7
(39)计算机、通信和其他电子设备制造业	100.6	100.7	100.6	101.5	100.6
(391)计算机制造	100.0	100.0	100.0	100.0	100.0
(392)通信设备制造	98.0	98.0	98.3	97.9	97.9
(393)广播电视设备制造	100.0	100.0	100.0	100.0	100.0
(394)雷达及配套设备制造	100.0	100.0	100.0	100.0	100.0
(396)电子器件制造	101.1	100.0	99.7	102.1	100.0
(397)电子元件制造	100.3	101.5	101.6	101.3	101.4
(399)其他电子设备制造	100.0	100.0	100.0	100.0	100.0
(40)仪器仪表制造业	100.6	100.8	100.4	100.2	100.6
(401)通用仪器仪表制造	100.4	101.3	101.2	100.7	100.7
(402)专用仪器仪表制造	101.4	100.4	99.0	99.4	100.8
(404)光学仪器及眼镜制造	106.1	107.2	109.7	110.5	113.7
(409)其他仪器仪表制造业	98.2	94.7	94.7	94.7	96.2
(41)其他制造业	102.6	100.1	100.0	100.3	100.8
(411)日用杂品制造	104.9	100.3	100.1	100.6	101.5
(412)煤制品制造	100.0	100.0	100.0	100.0	100.0
(419)其他未列明制造业	100.0	100.0	100.0	100.0	100.0
(43)金属制品、机械和设备修理业	91.0	89.8	88.8	86.5	88.0
(431)金属制品修理	100.2	102.4	100.0	100.0	100.0
(435)电气设备修理	89.9	88.4	87.5	85.0	86.6
(44)电力、热力生产和供应业	96.9	99.8	100.2	99.9	99.6
(441)电力生产	96.6	100.3	100.8	99.9	99.8
(442)电力供应	97.1	99.4	99.8	100.0	99.4
(443)热力生产和供应	99.9	99.7	99.7	99.7	100.0
(45)燃气生产和供应业	102.3	103.8	103.5	103.4	103.6
(450)燃气生产和供应业	102.3	103.8	103.5	103.4	103.6
(46)水的生产和供应业	102.3	101.8	101.6	101.6	102.7
(461)自来水生产和供应	102.3	101.8	101.6	101.6	102.8
(462)污水处理及其再生利用	100.0	100.0	100.0	100.0	100.0

5月	6月	7月	8月	9月	10月	11月	12月
102.9	99.9	102.7	97.5	100.5	108.3	104.1	106.1
96.9	98.2	98.8	99.4	100.0	100.0	100.0	99.7
98.0	99.1	98.8	96.7	94.5	95.8	96.3	96.0
101.4	101.1	101.0	100.8	99.1	98.8	98.8	99.0
98.3	96.5	94.6	92.7	92.6	93.7	93.7	93.6
100.5	99.9	100.3	100.0	101.4	102.2	100.3	99.3
100.0	100.0	100.0	100.0	100.0	100.0	100.0	100.0
97.2	97.2	97.2	97.9	98.2	98.6	98.6	98.6
100.0	100.0	100.0	100.0	100.0	100.0	100.0	100.0
100.0	100.0	100.0	100.0	100.0	100.0	100.0	100.0
99.7	100.1	100.9	101.5	103.9	105.0	100.5	100.0
101.4	99.8	99.9	98.5	99.4	100.2	100.2	98.4
100.0	100.0	100.0	100.0	100.0	100.0	100.0	100.0
100.2	100.1	100.6	100.9	100.7	100.5	100.8	100.8
100.5	100.3	100.3	100.5	100.0	99.8	99.7	99.7
100.0	100.5	102.2	102.0	103.0	102.9	103.2	103.2
113.1	105.0	104.6	103.1	102.2	102.2	102.2	102.1
94.7	94.7	98.5	100.0	100.0	99.5	105.4	105.5
102.1	102.6	103.0	103.5	104.1	104.3	104.9	104.9
104.1	105.0	105.7	106.6	107.8	108.3	109.3	109.3
100.0	100.0	100.0	100.0	100.0	100.0	100.0	100.0
100.0	100.0	100.0	100.0	100.0	100.0	100.0	100.0
87.0	89.3	90.0	91.5	93.3	94.0	95.5	99.3
100.0	100.0	100.0	100.0	100.0	100.0	100.0	100.0
85.5	88.1	88.8	90.5	92.5	93.3	95.0	99.2
95.8	95.6	95.4	95.1	95.2	95.7	95.5	95.3
95.6	95.2	94.8	94.1	94.3	94.8	94.7	94.7
95.8	95.8	95.7	95.8	95.8	96.2	96.1	95.6
100.0	100.0	100.0	100.0	100.0	100.0	100.0	100.0
102.8	102.5	102.5	103.2	103.5	102.7	100.6	96.3
102.8	102.5	102.5	103.2	103.5	102.7	100.6	96.3
102.7	102.7	102.8	102.5	102.3	102.3	102.3	102.3
102.8	102.8	102.8	102.5	102.3	102.3	102.3	102.3
100.0	100.0	100.0	100.0	100.0	100.0	100.0	100.0

6-7 各月分类工业生产者

(上月=100)

项目名称	全年	1月	2月	3月	4月	5月
总指数	**94.3**	**99.3**	**99.5**	**99.8**	**99.8**	**99.4**
核心指数	95.4	99.4	99.7	99.8	100.0	99.7
高技术	100.9	100.8	99.7	100.0	99.7	100.0
能源	85.7	98.2	98.7	99.9	98.8	97.3
按轻重工业分						
轻工业	99.7	100.0	100.0	99.8	100.2	100.0
以农产品为原料	99.7	100.0	99.9	99.9	100.2	100.0
以非农产品为原料	99.5	100.0	100.1	99.5	100.4	99.9
重工业	92.2	99.0	99.3	99.8	99.7	99.1
采掘	80.6	98.1	97.6	99.3	98.7	97.8
原料	90.9	98.9	99.4	99.8	99.7	99.1
加工	96.1	99.4	99.8	100.0	99.9	99.4
按两大部类分						
生产资料	92.7	99.0	99.4	99.8	99.7	99.2
采掘	80.6	98.1	97.6	99.3	98.7	97.8
原料	91.6	99.0	99.4	99.7	99.8	99.2
加工	96.1	99.3	99.8	100.0	99.9	99.5
生活资料	100.1	100.2	100.0	99.9	100.1	100.0
食品	100.5	100.3	99.9	99.8	100.2	100.1
衣着	100.7	100.3	100.1	99.7	100.0	99.8
一般日用品	99.6	100.1	100.0	100.0	100.0	100.0
耐用消费品	98.7	99.9	100.0	99.7	100.1	100.0
按初级中间最终产品分						
初级产品	80.6	98.1	97.6	99.3	98.7	97.8
矿产品	80.6	98.1	97.6	99.3	98.7	97.8
中间产品	95.1	99.3	99.7	99.9	99.9	99.4
最终产品	98.3	99.7	99.9	100.0	100.0	99.7
最终投资品	97.8	99.3	99.8	100.2	100.0	100.2
最终消费品	99.0	100.1	100.0	99.8	100.0	99.2
按工业部门分						
冶金工业	87.6	98.9	99.1	99.1	100.1	98.9
电力工业	95.2	99.9	100.1	99.9	99.3	96.4
煤炭及炼焦工业	80.1	99.2	99.9	97.7	97.8	96.3
石油工业	78.1	90.0	89.3	110.1	101.1	104.0

出厂价格环比指数(2015年)

6月	7月	8月	9月	10月	11月	12月
99.4	**99.4**	**99.4**	**99.7**	**99.7**	**99.4**	**99.5**
99.8	99.2	99.4	99.8	99.7	99.3	99.4
99.7	100.4	100.1	100.6	100.0	99.9	100.1
97.5	99.1	98.7	99.0	99.5	98.9	99.0
99.9	100.1	100.0	99.9	100.0	99.8	99.9
99.9	100.2	100.0	99.9	99.9	99.9	99.9
100.2	99.9	99.7	99.8	100.3	99.7	99.9
99.2	99.1	99.1	99.7	99.5	99.2	99.3
95.9	98.1	97.6	98.9	99.4	98.7	98.4
99.4	98.8	98.9	99.6	99.5	98.3	99.1
99.8	99.5	99.6	99.8	99.6	99.7	99.6
99.2	99.1	99.2	99.7	99.6	99.2	99.3
95.9	98.1	97.6	98.9	99.4	98.7	98.4
99.5	98.9	99.0	99.7	99.6	98.4	99.1
99.8	99.5	99.5	99.8	99.7	99.6	99.6
99.9	100.2	100.0	99.9	99.9	99.9	100.1
99.9	100.4	100.1	99.9	99.7	99.9	100.2
100.4	100.2	99.9	100.2	100.1	100.4	99.6
99.9	99.9	99.7	100.0	100.1	99.8	100.1
100.0	100.0	99.8	99.6	100.0	99.8	99.8
95.9	98.1	97.6	98.9	99.4	98.7	98.4
95.9	98.1	97.6	98.9	99.4	98.7	98.4
99.7	99.4	99.4	99.8	99.6	99.3	99.5
99.9	99.9	99.8	99.9	99.9	99.9	99.8
99.9	99.6	99.7	99.8	99.9	99.8	99.7
99.9	100.2	100.0	99.9	99.9	100.0	99.9
99.0	97.8	98.6	99.8	99.2	97.8	98.8
99.9	100.0	100.0	100.0	100.1	100.0	99.8
93.9	98.7	98.7	99.0	98.9	98.8	99.4
103.4	98.2	94.9	96.2	99.6	95.8	94.9

6-7 续表

(上月=100)

项目名称	全年	1月	2月	3月	4月	5月
化学工业	95.7	98.8	99.4	100.1	100.2	100.0
机械工业	98.5	99.9	99.8	100.0	99.9	100.0
建筑材料工业	98.3	99.7	100.0	100.2	99.7	100.1
森林工业	100.2	100.1	100.0	100.1	100.0	100.0
食品工业	99.6	100.0	99.9	99.8	100.2	100.0
纺织工业	97.0	99.6	100.0	99.8	100.1	99.9
缝纫工业	97.7	100.2	100.0	99.9	99.5	99.5
皮革工业	110.7	101.0	101.1	99.8	101.4	100.7
造纸工业	99.1	99.8	99.8	100.0	100.5	99.9
文教艺术用品工业	97.3	100.0	100.0	99.4	100.4	100.0
其它工业	100.4	99.9	100.1	100.1	100.0	100.2
基本分类汇总项						
(1)原煤	76.6	98.9	99.8	97.3	97.5	95.2
(2)铁矿石成品矿	72.2	91.8	99.3	100.3	92.8	99.3
(3)水泥	93.0	99.8	99.6	100.3	99.8	99.1
(4)轧制、锻造钢坯	71.5	95.7	94.3	98.0	98.8	98.5
(5)钢材	83.2	98.0	99.0	99.1	99.3	93.6
(6)常用有色金属合金	92.3	98.8	100.6	99.7	100.1	99.6
(7)稀有稀土金属合金						
(8)贵金属合金						
(9)铝材	91.4	98.5	100.2	99.8	100.2	99.7
(10)船舶用发动机	99.1	97.0	104.7	100.0	100.0	100.0
(11)汽轮机						
(12)数控金属切削机床	152.9	175.8	100.0	100.2	100.0	100.0
(13)风机	100.0	100.0	100.0	100.0	100.0	100.0
(14)乘用车	96.4	99.4	100.0	100.0	100.4	100.2
(15)客车	101.2	100.0	100.2	100.9	100.6	100.0
(16)载货汽车	101.6	99.7	100.7	99.9	99.8	99.3
(17)发电机	100.0	100.0	100.0	100.0	100.0	100.0
(18)发电机组	100.0	100.0	100.0	100.0	100.0	100.0
(19)高压电路开关、保护电器装置	98.1	98.7	100.9	99.8	99.5	102.4
(20)电力控制或电力分配装置	96.7	98.2	98.8	102.1	97.2	101.5
(21)光缆	88.6	99.9	100.0	100.0	100.1	96.8
(22)蓄电池	103.0	100.5	100.7	99.9	99.5	102.0
(23)移动通信设备						
(24)彩色电视机						
(25)燃气供应量	96.0	100.5	99.6	99.9	100.7	99.6

6月	7月	8月	9月	10月	11月	12月
100.3	99.8	99.4	99.6	99.5	99.4	99.2
100.0	99.6	99.8	99.9	100.0	99.9	99.7
100.0	99.8	99.1	99.9	99.6	100.2	100.0
100.0	99.8	100.1	100.0	100.2	99.9	100.1
99.9	100.3	100.0	99.8	99.7	99.8	100.1
99.7	99.5	99.6	99.8	100.4	99.5	99.0
99.9	100.1	99.6	99.9	100.0	100.0	99.1
100.9	101.1	101.2	101.1	100.3	100.8	100.7
99.6	99.9	100.1	99.9	100.1	99.8	99.8
100.0	99.9	98.4	99.9	100.1	99.2	100.0
100.2	99.9	99.9	100.4	99.7	100.1	100.0
91.0	98.6	98.4	99.3	99.2	99.1	99.5
89.5	99.4	100.0	97.3	100.0	100.0	98.9
100.5	98.9	95.5	98.8	98.5	102.0	100.2
97.3	95.9	98.6	98.6	97.8	95.2	98.5
98.8	97.7	100.5	99.0	98.6	99.3	99.1
99.0	99.0	98.7	99.8	98.1	98.9	99.8
99.9	99.7	98.2	99.4	99.2	95.4	100.9
100.0	97.7	100.0	100.0	100.0	100.0	100.0
102.3	87.1	100.0	98.3	99.4	101.2	98.5
100.0	100.0	100.0	100.0	100.0	100.0	100.0
99.7	100.4	100.0	99.9	100.0	96.6	100.0
100.0	99.8	100.0	99.7	100.0	100.0	100.0
101.4	100.5	97.5	102.3	100.0	100.0	100.6
100.0	100.0	100.0	100.0	100.0	100.0	100.0
100.0	100.0	100.0	100.0	100.0	100.0	100.0
98.7	99.4	102.8	98.1	99.3	100.6	98.2
99.8	99.9	99.3	99.6	100.0	102.9	97.5
98.6	100.0	98.2	98.7	99.3	98.0	98.5
99.7	100.9	99.9	100.0	100.0	99.8	100.2
99.6	99.9	100.6	99.9	99.9	99.9	96.1

6-8 各月分大类(新行业)工业生

(上月=100)

大类行业代码及名称	全年	1月	2月	3月	4月
(06)煤炭开采和洗选业	78.4	99.1	99.9	97.6	97.7
(07)石油和天然气开采业	65.6	84.2	77.5	119.6	104.6
(08)黑色金属矿采选业	78.1	93.2	99.1	100.2	95.2
(09)有色金属矿采选业	90.6	101.8	98.4	98.0	100.7
(10)非金属矿采选业	98.8	100.0	100.1	100.3	96.4
(13)农副食品加工业	99.0	99.7	99.8	99.9	100.3
(14)食品制造业	101.2	100.3	100.1	99.9	100.2
(15)酒、饮料和精制茶制造业	98.8	100.5	99.8	99.5	99.8
(16)烟草制品业	100.0	100.0	99.9	100.0	100.0
(17)纺织业	96.8	99.6	100.0	99.8	100.1
(18)纺织服装、服饰业	99.3	100.4	100.0	100.1	99.2
(19)皮革、毛皮、羽毛及其制品和制鞋业	108.1	100.7	100.9	99.8	101.1
(20)木材加工和木、竹、藤、棕、草制品业	100.4	100.2	100.1	100.1	100.0
(21)家具制造业	99.7	100.0	100.0	100.1	100.0
(22)造纸和纸制品业	99.1	99.8	99.8	100.0	100.5
(23)印刷和记录媒介复制业	95.6	100.0	100.0	99.1	100.2
(24)文教、工美、体育和娱乐用品制造业	103.3	100.2	100.3	100.0	100.4
(25)石油加工、炼焦和核燃料加工业	86.6	96.6	98.1	101.6	98.4
(26)化学原料和化学制品制造业	93.6	98.2	99.2	100.5	100.4
(27)医药制造业	101.9	101.3	99.6	100.1	99.8
(28)化学纤维制造业	94.6	99.9	98.7	95.2	100.1
(29)橡胶和塑料制品业	94.6	97.3	99.9	100.2	100.2
(30)非金属矿物制品业	98.4	99.7	100.0	100.2	99.9
(31)黑色金属冶炼和压延加工业	83.3	98.2	98.1	99.3	99.3
(32)有色金属冶炼和压延加工业	89.4	98.7	100.0	99.1	100.6
(33)金属制品业	96.3	99.6	100.1	99.8	100.0
(34)通用设备制造业	99.2	100.5	100.1	100.1	100.2
(35)专用设备制造业	99.1	99.5	99.8	99.9	99.7
(36)汽车制造业	101.3	100.1	100.0	100.1	100.1
(37)铁路、船舶、航空航天和其他运输设备制造业	97.4	99.7	99.9	99.3	100.1
(38)电气机械和器材制造业	97.7	99.7	99.7	100.3	99.9
(39)计算机、通信和其他电子设备制造业	99.3	99.8	99.8	100.0	100.2
(40)仪器仪表制造业	100.8	100.3	99.7	99.8	100.2
(41)其他制造业	104.9	99.9	100.1	100.4	100.5
(43)金属制品、机械和设备修理业	99.3	98.4	98.6	98.2	100.8
(44)电力、热力生产和供应业	95.3	99.9	100.1	99.9	99.3
(45)燃气生产和供应业	96.3	100.4	99.6	99.9	100.6
(46)水的生产和供应业	102.3	101.0	100.0	100.0	101.3

产者出厂价格环比指数(2015年)

5月	6月	7月	8月	9月	10月	11月	12月
95.7	92.7	98.6	98.5	99.1	99.0	98.9	99.3
103.3	110.2	97.6	93.4	93.1	99.8	91.8	90.8
99.5	92.4	98.8	100.0	98.3	100.0	99.9	99.2
101.0	100.4	96.2	96.4	100.2	99.3	99.8	98.1
100.0	100.2	101.1	100.2	99.7	100.4	100.3	100.1
100.0	99.8	100.5	100.1	99.6	99.5	99.7	100.2
100.1	100.0	100.0	100.0	100.3	100.1	100.1	100.1
99.9	100.0	100.0	99.7	99.8	100.0	99.8	99.9
100.0	100.0	100.0	100.0	100.0	100.0	100.0	100.0
99.9	99.7	99.5	99.5	99.8	100.4	99.6	98.9
99.2	99.8	100.1	100.3	99.9	100.1	100.2	100.0
100.6	100.8	100.9	100.9	101.0	100.1	100.7	100.4
100.0	100.0	99.8	100.1	100.0	100.2	99.9	100.1
99.9	99.9	100.0	99.9	100.0	99.9	99.9	100.0
99.9	99.6	99.9	100.1	99.9	100.1	99.8	99.8
100.0	99.9	99.7	97.7	99.9	100.0	99.0	100.0
99.9	100.2	100.2	100.3	100.9	100.3	100.3	100.3
101.9	99.1	98.7	97.5	98.2	98.9	98.3	98.7
100.4	100.7	99.6	98.7	99.2	99.1	98.7	98.6
100.1	99.6	100.5	100.1	100.6	99.9	100.1	100.4
99.0	101.0	98.8	103.4	97.9	101.6	99.6	99.4
99.3	99.8	99.6	99.9	99.6	99.7	99.8	99.3
100.1	100.0	99.7	99.2	100.0	99.5	100.1	100.0
96.1	98.7	96.7	99.7	99.4	99.0	98.8	98.5
100.6	98.7	98.4	98.2	100.0	99.3	96.1	99.2
99.7	99.9	99.5	99.8	99.3	99.8	99.7	99.0
100.1	99.8	99.4	99.8	99.4	100.2	99.8	99.7
100.3	100.3	100.0	100.1	99.7	99.9	100.2	99.6
99.9	100.3	100.2	100.1	100.1	100.1	100.1	100.2
100.1	99.8	100.0	99.9	99.4	99.7	100.0	99.6
100.0	99.9	99.7	98.9	100.3	100.1	99.7	99.7
100.0	99.2	100.4	100.0	101.7	100.2	99.0	99.0
99.7	100.3	100.3	100.1	100.2	100.3	100.1	99.9
101.4	100.4	100.4	100.5	100.6	100.4	100.5	99.7
99.5	102.0	99.8	99.5	100.7	99.9	100.1	101.9
96.4	99.9	100.0	100.0	100.0	100.1	100.0	99.8
99.7	99.6	99.9	100.5	99.9	99.9	99.6	96.6
100.0	100.0	100.0	100.0	100.0	100.0	100.0	100.0

6-9 各月分大中类(新行业)工业生

(上月=100)

大中类行业代码及名称	全年	1月	2月	3月	4月
(06)煤炭开采和洗选业	78.4	99.1	99.9	97.6	97.7
(061)烟煤和无烟煤开采洗选	78.4	99.1	99.9	97.6	97.7
(069)其他煤炭采选	76.1	93.9	100.0	98.7	98.7
(07)石油和天然气开采业	65.6	84.2	77.5	119.6	104.6
(071)石油开采	64.4	83.6	76.5	120.7	104.8
(072)天然气开采	97.5	99.3	98.9	100.4	100.4
(08)黑色金属矿采选业	78.1	93.2	99.1	100.2	95.2
(081)铁矿采选	78.1	93.2	99.1	100.2	95.2
(09)有色金属矿采选业	90.6	101.8	98.4	98.0	100.7
(091)常用有色金属矿采选	94.9	100.7	98.6	96.8	103.2
(092)贵金属矿采选	94.6	102.9	99.3	98.5	99.9
(093)稀有稀土金属矿采选	58.5	98.7	93.2	97.9	99.7
(10)非金属矿采选业	98.8	100.0	100.1	100.3	96.4
(101)土砂石开采	98.1	100.1	100.0	100.4	95.9
(102)化学矿开采	91.2	98.5	102.4	97.9	98.4
(103) 采盐	95.5	100.0	100.1	99.0	99.7
(109)石棉及其他非金属矿采选	106.9	100.0	100.0	100.0	100.0
(13)农副食品加工业	99.0	99.7	99.8	99.9	100.3
(131)谷物磨制	99.8	100.4	100.2	100.2	100.4
(132)饲料加工	93.3	98.4	99.1	99.6	100.0
(133)植物油加工	100.5	99.5	100.0	100.0	99.8
(134)制糖业	98.3	99.0	97.9	103.4	98.9
(135)屠宰及肉类加工	100.6	99.8	99.6	99.4	100.2
(136)水产品加工	97.4	100.0	100.5	100.0	100.0
(137)蔬菜、水果和坚果加工	100.3	99.7	100.0	100.1	100.4
(139)其他农副食品加工	95.0	99.2	99.4	100.1	101.0
(14)食品制造业	101.2	100.3	100.1	99.9	100.2
(141)焙烤食品制造	101.4	100.2	100.0	100.0	100.0
(142)糖果、巧克力及蜜饯制造	102.3	101.1	99.9	98.6	102.0
(143)方便食品制造	101.1	100.4	100.1	100.1	100.0
(144)乳制品制造	96.0	100.6	100.2	99.4	99.6
(145)罐头食品制造	113.6	100.6	100.8	100.0	105.7
(146)调味品、发酵制品制造	101.9	99.4	100.2	100.1	100.0
(149)其他食品制造	98.7	101.1	99.7	99.2	100.6
(15)酒、饮料和精制茶制造业	98.8	100.5	99.8	99.5	99.8

产者出厂价格环比指数(2015年)

5月	6月	7月	8月	9月	10月	11月	12月
95.7	92.7	98.6	98.5	99.1	99.0	98.9	99.3
95.7	92.7	98.6	98.5	99.1	99.0	98.9	99.3
98.6	98.6	98.5	98.5	98.4	94.5	98.9	95.8
103.3	110.2	97.6	93.4	93.1	99.8	91.8	90.8
103.3	110.7	97.5	93.1	92.7	99.8	91.3	90.5
102.1	99.7	99.0	100.7	100.0	100.0	102.4	94.9
99.5	92.4	98.8	100.0	98.3	100.0	99.9	99.2
99.5	92.4	98.8	100.0	98.3	100.0	99.9	99.2
101.0	100.4	96.2	96.4	100.2	99.3	99.8	98.1
99.7	104.3	96.0	100.2	100.5	95.5	103.5	96.2
101.6	99.3	97.5	95.7	100.7	101.1	99.5	98.7
99.7	98.2	88.4	90.7	95.4	97.8	89.8	99.1
100.0	100.2	101.1	100.2	99.7	100.4	100.3	100.1
100.0	100.3	101.3	100.0	99.8	100.0	100.4	100.0
99.7	96.9	100.0	96.0	97.7	102.0	99.9	101.6
99.8	99.7	99.8	99.5	99.7	97.7	99.8	100.6
100.0	100.0	100.0	103.4	100.0	103.3	100.0	100.0
100.0	99.8	100.5	100.1	99.6	99.5	99.7	100.2
100.1	99.9	100.1	99.7	99.6	99.3	99.7	100.2
99.9	98.9	100.3	99.5	99.5	99.8	98.7	99.5
99.9	99.8	100.2	100.8	98.8	99.9	101.6	100.3
96.7	102.6	100.0	100.0	100.0	100.0	100.0	100.0
100.0	100.1	101.5	100.7	99.8	99.6	99.5	100.3
100.0	98.9	100.0	97.9	100.0	100.0	100.0	100.0
99.9	99.9	100.0	99.7	101.1	99.8	99.8	100.0
99.7	99.5	99.4	99.2	99.9	98.3	98.8	100.5
100.1	100.0	100.0	100.0	100.3	100.1	100.1	100.1
100.0	100.0	100.2	100.0	100.0	100.4	100.6	100.1
100.8	100.0	100.0	100.0	100.0	100.0	99.9	100.0
100.4	100.1	100.2	99.9	100.5	99.6	100.0	100.1
97.9	99.9	99.7	99.3	100.0	99.7	99.8	100.0
100.2	100.5	102.4	101.4	100.0	100.0	100.9	100.4
100.4	99.5	99.5	100.6	100.0	101.6	100.3	100.2
99.3	100.0	99.4	100.0	100.2	99.5	100.0	99.7
99.9	100.0	100.0	99.7	99.8	100.0	99.8	99.9

6-9 续表 1

(上月=100)

大中类行业代码及名称	全年	1月	2月	3月	4月
(151)酒的制造	98.9	100.9	99.7	99.4	99.8
(152)饮料制造	98.4	99.9	99.8	99.7	99.9
(153)精制茶加工	99.9	100.2	100.2	100.1	99.9
(16)烟草制品业	100.0	100.0	99.9	100.0	100.0
(161)烟叶复烤	100.0	100.0	100.0	100.0	100.0
(162)卷烟制造	100.0	100.0	100.0	100.0	100.0
(169)其他烟草制品制造	98.5	100.0	98.5	100.0	100.0
(17)纺织业	96.8	99.6	100.0	99.8	100.1
(171)棉纺织及印染精加工	96.8	99.5	100.2	100.0	99.8
(172)毛纺织及染整精加工	99.8	100.0	100.0	100.0	100.0
(173)麻纺织及染整精加工	101.1	100.0	100.0	100.0	100.0
(174)丝绢纺织及印染精加工	101.7	101.3	101.1	100.5	100.8
(176)针织或钩针编织物及其制品制造	93.6	100.0	100.0	99.3	100.0
(177)家用纺织制成品制造	100.1	100.0	100.0	100.1	100.1
(178)非家用纺织制成品制造	92.6	100.0	96.0	95.5	104.7
(18)纺织服装、服饰业	99.3	100.4	100.0	100.1	99.2
(181)机织服装制造	99.2	100.4	100.0	100.1	99.1
(183)服饰制造	100.5	100.0	100.0	100.0	100.0
(19)皮革、毛皮、羽毛及其制品和制鞋业	108.1	100.7	100.9	99.8	101.1
(191)皮革鞣制加工	118.3	101.5	102.3	100.0	102.2
(192)皮革制品制造	100.5	101.9	99.8	100.0	100.1
(193)毛皮鞣制及制品加工	106.9	100.2	100.3	99.4	101.2
(194)羽毛(绒)加工及制品制造	95.3	100.1	100.0	99.7	100.2
(195)制鞋业	99.8	99.8	100.3	99.7	99.9
(20)木材加工和木、竹、藤、棕、草制品业	100.4	100.2	100.1	100.1	100.0
(201)木材加工	101.6	100.0	100.0	100.1	99.9
(202)人造板制造	99.7	100.2	100.0	100.1	100.0
(203)木制品制造	102.5	100.0	101.0	100.1	100.3
(204)竹、藤、棕、草等制品制造	101.0	100.0	100.0	100.0	100.0
(21)家具制造业	99.7	100.0	100.0	100.1	100.0
(211)木质家具制造	99.3	100.0	100.0	100.2	100.0
(213)金属家具制造	100.0	100.0	100.0	100.0	100.0
(219)其他家具制造	100.1	100.0	100.0	100.0	100.0
(22)造纸和纸制品业	99.1	99.8	99.8	100.0	100.5
(221)纸浆制造	90.7	102.0	100.6	95.7	100.1

5月	6月	7月	8月	9月	10月	11月	12月
99.9	100.0	100.1	99.7	99.7	100.0	99.8	99.8
99.8	99.8	100.0	99.7	100.0	99.9	99.9	100.1
99.9	100.2	100.1	100.2	100.2	99.6	99.4	99.9
100.0	100.0	100.0	100.0	100.0	100.0	100.0	100.0
100.0	100.0	100.0	100.0	100.0	100.0	100.0	100.0
100.0	100.0	100.0	100.0	100.0	100.0	100.0	100.0
100.0	100.0	100.0	100.0	100.0	100.0	100.0	100.0
99.9	99.7	99.5	99.5	99.8	100.4	99.6	98.9
99.9	99.6	99.4	99.6	99.7	100.5	99.5	99.0
100.0	100.0	99.8	100.0	100.0	100.0	99.9	99.9
100.0	100.0	100.0	100.0	100.0	101.1	100.2	99.8
100.1	99.8	99.7	99.6	99.4	100.2	99.6	99.6
100.0	100.0	100.0	97.4	100.0	100.0	100.0	96.7
100.0	100.1	99.9	100.1	100.0	100.0	100.0	100.0
99.6	100.2	100.1	98.3	100.3	100.0	100.0	97.9
99.2	99.8	100.1	100.3	99.9	100.1	100.2	100.0
99.1	99.8	100.2	100.3	99.9	100.1	100.2	100.0
100.3	100.0	99.3	101.7	99.0	100.4	99.7	100.1
100.6	100.8	100.9	100.9	101.0	100.1	100.7	100.4
101.3	100.7	102.0	102.2	101.9	100.3	101.2	101.4
99.9	99.9	100.1	99.7	99.5	100.2	99.9	99.6
100.3	101.8	100.4	100.5	100.8	100.5	100.7	100.4
100.0	100.1	100.0	99.3	100.0	99.0	99.1	97.7
99.9	100.1	100.0	99.8	100.4	99.5	100.6	99.6
100.0	100.0	99.8	100.1	100.0	100.2	99.9	100.1
100.2	100.6	100.0	100.1	100.4	100.1	100.1	100.0
99.9	99.8	99.6	100.1	99.8	100.3	99.8	100.1
100.3	100.3	100.4	100.1	100.1	100.0	100.0	100.0
100.3	100.2	100.2	100.2	100.0	100.1	100.0	100.1
99.9	99.9	100.0	99.9	100.0	99.9	99.9	100.0
99.9	99.9	99.9	99.9	100.0	99.8	99.9	99.9
100.0	100.0	100.0	100.0	100.0	100.0	100.0	100.0
100.0	100.0	100.0	100.0	100.0	100.0	100.0	100.0
99.9	99.6	99.9	100.1	99.9	100.1	99.8	99.8
99.9	100.1	99.9	97.9	99.7	99.5	95.4	99.7

6-9 续表 2

(上月=100)

大中类行业代码及名称	全年	1月	2月	3月	4月
(222)造纸	98.8	99.7	99.8	100.2	100.1
(223)纸制品制造	101.1	99.7	99.7	100.0	101.7
(23)印刷和记录媒介复制业	95.6	100.0	100.0	99.1	100.2
(231)印刷	95.4	100.0	100.0	99.1	100.2
(232)装订及印刷相关服务	101.1	100.0	100.0	100.0	100.0
(233)记录媒介复制	100.0	100.0	100.0	100.0	100.0
(24)文教、工美、体育和娱乐用品制造业	103.3	100.2	100.3	100.0	100.4
(241)文教办公用品制造	100.0	100.0	100.0	100.0	100.0
(242)乐器制造	101.7	100.0	100.0	100.1	100.0
(243)工艺美术品制造	103.5	100.2	100.3	100.0	100.4
(244)体育用品制造	100.0	100.0	100.0	100.0	100.0
(245)玩具制造	100.3	100.0	100.0	100.0	100.2
(246)游艺器材及娱乐用品制造	105.7	100.0	100.0	100.0	100.0
(25)石油加工、炼焦和核燃料加工业	86.6	96.6	98.1	101.6	98.4
(251)精炼石油产品制造	85.5	93.1	96.1	106.4	98.7
(252)炼焦	87.4	99.6	99.6	97.9	98.1
(26)化学原料和化学制品制造业	93.6	98.2	99.2	100.5	100.4
(261)基础化学原料制造	91.7	96.5	99.4	101.3	100.6
(262)肥料制造	100.2	99.2	100.4	100.8	101.7
(263)农药制造	101.1	98.3	102.7	100.2	101.2
(264)涂料、油墨、颜料及类似产品制造	92.9	98.5	99.9	99.0	100.6
(265)合成材料制造	81.7	96.6	92.6	100.8	100.4
(266)专用化学产品制造	92.2	99.1	100.0	99.9	99.1
(267)炸药、火工及焰火产品制造	100.2	100.7	99.6	99.6	98.7
(268)日用化学产品制造	100.1	100.0	100.2	99.9	100.3
(27)医药制造业	101.9	101.3	99.6	100.1	99.8
(271)化学药品原料药制造	101.5	100.2	99.1	100.8	99.5
(272)化学药品制剂制造	98.2	100.3	99.6	101.1	99.4
(273)中药饮片加工	123.4	115.5	100.0	100.0	100.0
(274)中成药生产	100.2	100.8	98.2	100.6	100.0
(275)兽用药品制造	102.1	100.2	100.7	100.0	100.0
(276)生物药品制造	102.6	100.0	100.0	98.0	100.0
(277)卫生材料及医药用品制造	98.0	100.3	100.0	100.0	100.0
(28)化学纤维制造业	94.6	99.9	98.7	95.2	100.1
(281)纤维素纤维原料及纤维制造	95.0	100.0	98.7	94.1	100.3

5月	6月	7月	8月	9月	10月	11月	12月
99.8	99.5	100.0	100.2	99.9	100.2	99.8	99.7
100.1	100.0	99.9	100.1	99.8	100.0	100.3	99.9
100.0	99.9	99.7	97.7	99.9	100.0	99.0	100.0
100.0	99.9	99.7	97.6	99.9	100.0	98.9	100.0
100.1	100.0	100.2	99.9	100.2	100.1	100.0	100.5
100.0	100.0	100.0	100.0	100.0	100.0	100.0	100.0
99.9	100.2	100.2	100.3	100.9	100.3	100.3	100.3
100.0	100.0	100.0	100.0	100.0	100.0	100.0	100.0
100.3	100.0	100.0	100.0	100.0	101.2	98.9	101.1
99.9	100.2	100.3	100.3	101.0	100.3	100.3	100.4
100.0	100.0	100.0	100.0	100.0	100.0	100.0	100.0
100.0	100.0	100.0	100.0	100.2	100.0	100.0	100.0
100.0	102.3	100.0	102.2	100.0	101.6	100.5	99.0
101.9	99.1	98.7	97.5	98.2	98.9	98.3	98.7
105.4	99.4	98.3	95.0	97.9	99.4	97.9	97.6
99.0	98.8	99.0	99.6	98.5	98.4	98.6	99.6
100.4	100.7	99.6	98.7	99.2	99.1	98.7	98.6
101.1	100.3	98.6	98.0	98.9	99.5	98.8	98.6
100.5	102.6	101.3	99.5	100.7	97.9	98.1	97.7
98.5	100.2	100.0	100.1	100.0	100.0	100.0	100.0
99.5	100.3	98.5	99.1	98.3	99.2	99.9	99.9
100.7	103.1	98.5	97.7	97.7	98.0	97.5	96.7
100.1	99.1	99.5	98.2	98.8	100.0	98.8	99.3
99.6	100.3	100.6	100.7	100.9	99.5	100.6	99.6
100.6	99.7	99.9	100.8	99.0	99.1	100.1	100.7
100.1	99.6	100.5	100.1	100.6	99.9	100.1	100.4
100.0	99.5	100.0	100.6	100.7	99.6	98.9	102.6
99.7	99.4	99.8	99.5	100.0	99.7	100.0	99.6
100.0	97.2	104.2	100.9	100.7	101.1	101.2	101.5
100.6	99.7	100.0	100.8	100.1	99.5	100.1	99.8
100.3	100.7	100.2	100.0	100.0	100.1	100.0	100.0
100.0	100.0	102.2	100.0	101.9	100.0	100.5	100.0
100.0	100.0	98.0	99.6	100.0	100.0	100.0	100.0
99.0	101.0	98.8	103.4	97.9	101.6	99.6	99.4
98.7	101.2	98.6	104.5	97.8	102.1	99.9	99.4

6-9 续表 3

(上月=100)

大中类行业代码及名称	全年	1月	2月	3月	4月
(282)合成纤维制造	93.0	99.6	98.7	99.6	99.2
(29)橡胶和塑料制品业	94.6	97.3	99.9	100.2	100.2
(291)橡胶制品业	91.4	95.3	100.0	100.0	100.0
(292)塑料制品业	96.7	98.6	99.8	100.3	100.3
(30)非金属矿物制品业	98.4	99.7	100.0	100.2	99.9
(301)水泥、石灰和石膏制造	93.4	100.4	99.9	99.9	99.7
(302)石膏、水泥制品及类似制品制造	100.7	97.7	99.9	100.4	100.0
(303)砖瓦、石材等建筑材料制造	96.7	99.8	99.8	100.1	100.5
(304)玻璃制造	110.1	97.5	102.5	100.7	91.8
(305)玻璃制品制造	99.9	100.0	100.0	99.6	100.3
(306)玻璃纤维和玻璃纤维增强塑料制品制造	101.1	100.0	100.0	100.0	100.0
(307)陶瓷制品制造	101.1	99.7	100.1	100.0	99.9
(308)耐火材料制品制造	98.8	100.1	100.1	100.4	100.1
(309)石墨及其他非金属矿物制品制造	99.1	99.7	100.0	100.2	99.7
(31)黑色金属冶炼和压延加工业	83.3	98.2	98.1	99.3	99.3
(311)炼铁	75.2	97.2	96.9	98.2	96.9
(312)炼钢	78.6	97.5	94.9	99.7	100.9
(313)黑色金属铸造	88.5	99.4	98.5	99.8	98.9
(314)钢压延加工	82.9	97.9	98.9	99.1	99.3
(315)铁合金冶炼	91.5	99.2	99.1	99.7	99.9
(32)有色金属冶炼和压延加工业	89.4	98.7	100.0	99.1	100.6
(321)常用有色金属冶炼	86.7	98.1	99.5	99.3	100.9
(322)有色金属冶炼和压延加工业	94.3	102.4	102.4	95.4	100.3
(323)稀有稀土金属冶炼	99.1	99.7	100.1	100.0	100.0
(324)有色金属合金制造	92.3	98.8	100.6	99.7	100.1
(326)有色金属压延加工	88.4	97.5	99.2	100.6	100.3
(33)金属制品业	96.3	99.6	100.1	99.8	100.0
(331)结构性金属制品制造	95.7	99.8	100.3	99.6	100.0
(332)金属工具制造	100.0	100.0	100.0	100.0	100.0
(333)集装箱及金属包装容器制造	95.1	99.9	99.7	100.0	99.6
(334)金属丝绳及其制品制造	89.9	98.2	98.8	100.1	99.8
(335)建筑、安全用金属制品制造	102.4	100.0	100.0	100.0	100.0
(337)搪瓷制品制造	99.7	99.8	100.2	100.0	100.0
(338)金属制日用品制造	100.3	100.0	100.0	100.0	100.0
(339)其他金属制品制造	99.8	100.0	101.1	99.9	100.1

5月	6月	7月	8月	9月	10月	11月	12月
100.1	100.4	99.8	99.3	98.4	99.6	98.6	99.3
99.3	99.8	99.6	99.9	99.6	99.7	99.8	99.3
98.2	99.5	99.2	99.8	99.7	99.9	99.9	99.6
100.0	100.0	99.8	99.9	99.6	99.6	99.7	99.2
100.1	100.0	99.7	99.2	100.0	99.5	100.1	100.0
99.2	100.0	98.8	95.9	98.5	98.7	101.7	100.5
100.9	99.7	100.5	98.9	101.7	99.8	100.5	100.7
100.2	99.1	99.4	100.0	99.2	99.4	99.9	99.2
99.3	103.8	95.8	99.5	111.4	102.6	104.7	101.5
99.1	101.1	99.7	100.0	99.9	100.2	99.9	100.1
100.0	100.0	100.0	100.0	100.0	100.0	100.0	101.1
100.0	100.9	99.5	99.9	100.0	100.5	100.3	100.4
100.2	100.3	100.1	99.5	99.6	99.4	99.4	99.7
100.4	100.0	99.8	99.8	100.2	99.4	99.9	99.9
96.1	98.7	96.7	99.7	99.4	99.0	98.8	98.5
98.5	98.6	97.6	97.5	98.6	97.7	97.2	97.0
98.8	98.5	93.8	98.2	102.2	99.2	96.8	96.1
99.3	98.6	95.6	99.9	99.0	99.9	99.8	99.2
93.7	98.7	97.6	100.5	99.0	98.6	99.2	99.1
99.2	99.4	98.7	98.7	98.6	100.2	99.2	99.2
100.6	98.7	98.4	98.2	100.0	99.3	96.1	99.2
101.0	98.1	98.3	98.0	99.7	98.9	95.1	99.1
99.8	99.4	96.2	99.7	101.8	101.2	96.8	99.0
100.2	101.5	100.1	99.9	98.8	99.5	99.8	99.5
99.6	99.0	99.0	98.7	99.8	98.1	98.9	99.8
100.6	98.8	99.4	97.1	100.0	99.0	96.2	99.2
99.7	99.9	99.5	99.8	99.3	99.8	99.7	99.0
99.8	99.9	99.1	99.7	99.1	99.7	99.5	99.2
100.0	100.0	100.0	100.0	100.0	100.0	100.0	100.0
98.8	98.9	100.1	99.6	99.7	100.0	98.9	99.7
99.1	100.1	99.9	99.7	98.3	99.7	100.1	95.7
100.0	100.2	100.0	100.0	100.0	100.0	101.1	101.1
100.0	100.0	100.0	99.7	100.0	100.0	100.0	100.0
100.0	100.0	100.0	100.0	100.0	100.0	100.3	100.0
100.0	99.9	99.5	99.9	99.9	100.0	99.5	99.9

6-9 续表 4

(上月=100)

大中类行业代码及名称	全年	1月	2月	3月	4月
(34)通用设备制造业	99.2	100.5	100.1	100.1	100.2
(341)锅炉及原动设备制造	99.6	99.3	101.1	100.0	100.0
(342)金属加工机械制造	108.3	109.3	100.0	100.1	100.1
(343)物料搬运设备制造	96.3	100.0	100.3	100.0	99.8
(344)泵、阀门、压缩机及类似机械制造	98.0	99.7	99.5	100.3	99.8
(345)轴承、齿轮和传动部件制造	97.4	99.0	100.3	100.2	100.9
(346)烘炉、风机、衡器、包装等设备制造	99.9	99.6	100.4	100.0	100.0
(347)文化、办公用机械制造	101.7	99.7	100.0	100.3	101.6
(348)通用零部件制造	99.5	99.5	99.8	99.9	100.7
(349)其他通用设备制造业	99.9	99.7	100.1	100.0	100.0
(35)专用设备制造业	99.1	99.5	99.8	99.9	99.7
(351)采矿、冶金、建筑专用设备制造	97.6	98.9	99.4	100.1	99.2
(352)化工、木材、非金属加工专用设备制造	99.5	100.0	100.0	100.0	100.0
(353)食品、饮料、烟草及饲料生产专用设备制造	99.9	100.3	99.3	100.3	100.0
(354)印刷、制药、日化及日用品生产专用设备制造	103.1	101.2	100.5	100.0	100.6
(355)纺织、服装和皮革加工专用设备制造	100.5	102.1	100.0	95.7	100.0
(356)电子和电工机械专用设备制造	100.0	100.0	100.0	100.0	100.0
(357)农、林、牧、渔专用机械制造	99.8	99.4	100.4	100.0	100.0
(358)医疗仪器设备及器械制造	101.1	100.2	100.3	100.0	100.2
(359)环保、社会公共服务及其他专用设备制造	101.4	100.0	100.0	100.1	100.0
(36)汽车制造业	101.3	100.1	100.0	100.1	100.1
(361)汽车整车制造	100.6	99.8	100.3	100.5	100.4
(362)改装汽车制造	100.3	100.0	100.0	100.0	100.7
(363)低速载货汽车制造	100.0	100.0	100.0	100.0	100.0
(365)汽车车身、挂车制造	96.0	100.0	99.7	98.4	99.3
(366)汽车零部件及配件制造	101.8	100.2	100.0	100.1	99.9
(37)铁路、船舶、航空航天和其他运输设备制造业	97.4	99.7	99.9	99.3	100.1
(371)铁路运输设备制造	94.9	99.6	100.0	100.2	99.4
(373)船舶及相关装置制造	99.5	100.0	100.0	100.0	100.0
(375)摩托车制造	97.6	99.7	99.8	98.8	100.3
(376)自行车制造	100.0	100.0	100.0	100.0	100.0
(38)电气机械和器材制造业	97.7	99.7	99.7	100.3	99.9
(381)电机制造	100.2	96.1	101.6	99.5	104.2
(382)输配电及控制设备制造	98.1	99.2	99.4	100.8	98.7
(383)电线、电缆、光缆及电工器材制造	94.0	100.1	99.4	100.1	99.8

5月	6月	7月	8月	9月	10月	11月	12月
100.1	99.8	99.4	99.8	99.4	100.2	99.8	99.7
100.0	100.1	99.2	100.0	100.0	100.0	100.0	100.0
100.1	100.5	97.0	100.0	101.3	100.4	100.1	99.6
100.0	99.8	99.7	99.9	97.9	99.7	99.8	99.5
100.1	99.6	100.0	99.6	99.8	100.0	99.7	100.0
100.1	99.5	99.0	99.3	98.9	101.8	99.0	99.3
100.0	100.0	100.0	100.0	100.0	100.0	100.0	100.0
100.0	100.0	100.6	100.0	100.0	100.0	99.7	99.8
100.1	99.7	100.0	100.0	99.8	99.9	100.2	100.0
100.0	100.0	100.0	100.0	100.0	100.0	100.0	100.0
100.3	100.3	100.0	100.1	99.7	99.9	100.2	99.6
100.2	100.1	100.0	100.3	99.7	99.9	100.2	99.6
100.0	100.0	100.0	100.0	99.6	100.0	100.0	100.0
100.1	100.1	100.0	100.2	99.4	100.0	100.1	100.0
100.6	100.1	100.1	100.0	100.2	100.0	99.8	100.0
105.7	103.3	99.6	99.7	98.1	98.6	98.1	99.9
100.0	100.0	100.0	100.0	100.0	100.0	100.0	100.0
100.0	100.4	99.9	100.0	99.9	100.0	100.0	99.9
100.2	100.2	100.2	100.0	100.0	99.9	100.0	100.0
100.6	100.6	99.9	99.9	100.0	99.9	102.5	97.8
99.9	100.3	100.2	100.1	100.1	100.1	100.1	100.2
99.9	100.3	100.1	99.4	100.3	100.0	99.5	100.1
100.0	100.0	99.8	99.9	100.0	100.0	100.0	100.0
100.0	100.0	100.0	100.0	100.0	100.0	100.0	100.0
99.9	99.6	99.9	99.9	99.5	100.9	99.0	99.8
99.9	100.4	100.3	100.4	100.1	100.1	100.4	100.2
100.1	99.8	100.0	99.9	99.4	99.7	100.0	99.6
99.9	99.3	99.2	99.3	99.3	99.3	99.9	99.4
101.0	100.1	100.2	100.1	100.1	100.0	100.0	98.1
100.1	99.8	100.2	100.0	99.3	99.8	100.0	99.7
100.0	100.0	100.0	100.0	100.0	100.0	100.0	100.0
100.0	99.9	99.7	98.9	100.3	100.1	99.7	99.7
100.6	96.2	99.0	99.6	105.5	97.2	101.4	99.7
100.6	99.9	99.9	99.7	99.8	100.0	101.3	98.9
99.0	100.7	98.6	98.1	100.1	99.2	98.9	100.0

6-9 续表 5

(上月=100)

大中类行业代码及名称	全年	1月	2月	3月	4月
(384)电池制造	106.1	101.7	100.3	101.4	101.5
(385)家用电力器具制造	99.7	100.0	100.0	100.0	100.0
(386)非电力家用器具制造	96.0	99.7	100.0	99.1	99.8
(387)照明器具制造	99.0	100.0	99.9	99.9	99.9
(389)其他电气机械及器材制造	93.6	101.0	100.0	99.1	99.9
(39)计算机、通信和其他电子设备制造业	99.3	99.8	99.8	100.0	100.2
(391)计算机制造	100.0	100.0	100.0	100.0	100.0
(392)通信设备制造	98.6	100.0	99.6	99.6	100.0
(393)广播电视设备制造	100.0	100.0	100.0	100.0	100.0
(394)雷达及配套设备制造	100.0	100.0	100.0	100.0	100.0
(396)电子器件制造	100.0	99.6	99.6	100.1	100.2
(397)电子元件制造	98.4	99.9	100.0	100.0	100.2
(399)其他电子设备制造	100.0	100.0	100.0	100.0	100.0
(40)仪器仪表制造业	100.8	100.3	99.7	99.8	100.2
(401)通用仪器仪表制造	99.7	100.0	100.0	99.6	100.0
(402)专用仪器仪表制造	103.2	101.4	98.3	100.3	100.3
(404)光学仪器及眼镜制造	102.1	100.0	102.0	100.0	100.5
(409)其他仪器仪表制造业	105.5	99.5	100.0	100.0	101.5
(41)其他制造业	104.9	99.9	100.1	100.4	100.5
(411)日用杂品制造	109.3	99.8	100.1	100.8	101.0
(412)煤制品制造	100.0	100.0	100.0	100.0	100.0
(419)其他未列明制造业	100.0	100.0	100.0	100.0	100.0
(43)金属制品、机械和设备修理业	99.3	98.4	98.6	98.2	100.8
(431)金属制品修理	100.0	100.0	100.0	100.0	100.0
(435)电气设备修理	99.2	98.2	98.4	98.0	100.9
(44)电力、热力生产和供应业	95.3	99.9	100.1	99.9	99.3
(441)电力生产	94.7	99.9	100.0	99.9	99.2
(442)电力供应	95.6	99.9	100.1	99.8	99.4
(443)热力生产和供应	100.0	100.0	100.0	102.5	100.0
(45)燃气生产和供应业	96.3	100.4	99.6	99.9	100.6
(450)燃气生产和供应业	96.3	100.4	99.6	99.9	100.6
(46)水的生产和供应业	102.3	101.0	100.0	100.0	101.3
(461)自来水生产和供应	102.3	101.0	100.0	100.0	101.3
(462)污水处理及其再生利用	100.0	100.0	100.0	100.0	100.0

5月	6月	7月	8月	9月	10月	11月	12月
101.3	98.9	102.3	96.4	101.3	105.4	95.3	100.5
100.0	100.0	100.0	100.0	100.0	100.0	100.0	99.7
100.1	101.2	99.7	97.9	97.7	100.8	99.7	100.3
99.9	99.7	99.9	99.9	100.0	100.0	100.0	100.0
99.3	98.1	98.1	98.0	99.9	101.2	100.0	98.9
100.0	99.2	100.4	100.0	101.7	100.2	99.0	99.0
100.0	100.0	100.0	100.0	100.0	100.0	100.0	100.0
99.3	100.0	100.0	100.0	100.0	100.0	100.0	100.0
100.0	100.0	100.0	100.0	100.0	100.0	100.0	100.0
100.0	100.0	100.0	100.0	100.0	100.0	100.0	100.0
100.1	100.0	100.8	100.0	103.0	99.6	97.7	99.4
100.0	98.3	100.0	100.0	100.9	100.8	100.0	98.3
100.0	100.0	100.0	100.0	100.0	100.0	100.0	100.0
99.7	100.3	100.3	100.1	100.2	100.3	100.1	99.9
100.0	100.1	100.0	100.0	99.9	100.0	100.0	100.0
99.2	100.9	101.0	100.4	101.3	100.5	99.4	100.1
100.3	100.0	100.0	100.3	99.1	100.0	100.0	99.8
98.5	100.0	100.0	100.0	100.0	103.5	103.9	98.6
101.4	100.4	100.4	100.5	100.6	100.4	100.5	99.7
102.7	100.8	100.7	100.9	101.1	100.7	100.9	99.5
100.0	100.0	100.0	100.0	100.0	100.0	100.0	100.0
100.0	100.0	100.0	100.0	100.0	100.0	100.0	100.0
99.5	102.0	99.8	99.5	100.7	99.9	100.1	101.9
100.0	100.0	100.0	100.0	100.0	100.0	100.0	100.0
99.4	102.2	99.8	99.4	100.8	99.9	100.1	102.2
96.4	99.9	100.0	100.0	100.0	100.1	100.0	99.8
96.2	99.7	100.0	99.9	100.0	100.1	100.0	99.7
96.4	100.0	100.0	100.0	100.0	100.0	100.0	99.8
100.0	100.0	100.0	100.0	100.0	100.0	100.0	97.5
99.7	99.6	99.9	100.5	99.9	99.9	99.6	96.6
99.7	99.6	99.9	100.5	99.9	99.9	99.6	96.6
100.0	100.0	100.0	100.0	100.0	100.0	100.0	100.0
100.0	100.0	100.0	100.0	100.0	100.0	100.0	100.0
100.0	100.0	100.0	100.0	100.0	100.0	100.0	100.0

6-10 各月分类工业生产者

(2010年=100)

项目名称	全年	1月	2月	3月	4月	5月
总指数	**98.2**	**100.6**	**100.1**	**99.9**	**99.7**	**99.1**
核心指数	98.6	100.3	99.9	99.8	99.8	99.5
高技术	111.6	111.9	111.5	111.6	111.2	111.2
能源	85.1	91.4	90.2	90.1	89.0	86.6
按轻重工业分						
轻工业	109.6	109.7	109.6	109.4	109.7	109.7
以农产品为原料	110.3	110.3	110.3	110.1	110.4	110.4
以非农产品为原料	106.4	106.6	106.7	106.2	106.5	106.5
重工业	94.0	97.1	96.5	96.3	96.0	95.2
采掘	75.0	83.1	81.2	80.6	79.5	77.8
原料	95.2	98.7	98.1	97.8	97.5	96.7
加工	98.6	100.1	99.8	99.8	99.7	99.2
按两大部类分						
生产资料	94.5	97.5	96.9	96.7	96.4	95.6
采掘	75.0	83.1	81.2	80.6	79.5	77.8
原料	96.4	99.6	99.0	98.7	98.5	97.6
加工	98.4	99.8	99.5	99.6	99.5	99.0
生活资料	112.0	112.0	112.0	111.8	112.0	112.0
食品	113.4	113.3	113.3	113.1	113.3	113.4
衣着	119.4	119.2	119.3	119.0	119.0	118.8
一般日用品	106.7	106.9	107.0	107.0	107.0	107.0
耐用消费品	107.5	108.0	108.0	107.6	107.8	107.7
按初级中间最终产品分						
初级产品	75.0	83.1	81.2	80.6	79.5	77.8
矿产品	75.0	83.1	81.2	80.6	79.5	77.8
中间产品	99.6	101.5	101.1	101.0	100.9	100.3
最终产品	106.8	107.4	107.3	107.3	107.3	107.0
最终投资品	103.0	103.6	103.3	103.5	103.5	103.7
最终消费品	111.6	112.4	112.4	112.2	112.2	111.3
按工业部门分						
冶金工业	85.8	90.4	89.6	88.8	88.8	87.9
电力工业	109.7	113.1	113.2	113.1	112.3	108.2
煤炭及炼焦工业	67.8	76.2	76.1	74.3	72.7	70.0
石油工业	89.4	91.6	81.8	90.1	91.1	94.7

出厂价格定基指数(2015年)

6月	7月	8月	9月	10月	11月	12月
98.5	**97.9**	**97.3**	**97.0**	**96.7**	**96.0**	**95.5**
99.3	98.5	97.9	97.7	97.4	96.8	96.2
110.9	111.3	111.3	112.0	112.0	111.9	112.0
84.5	83.7	82.6	81.8	81.4	80.5	79.7
109.6	109.7	109.7	109.6	109.6	109.4	109.3
110.2	110.4	110.5	110.4	110.3	110.1	110.0
106.6	106.6	106.3	106.1	106.4	106.1	106.0
94.4	93.5	92.7	92.3	91.9	91.1	90.5
74.7	73.2	71.5	70.7	70.3	69.4	68.3
96.1	95.0	93.9	93.6	93.1	91.6	90.7
99.0	98.5	98.0	97.9	97.4	97.1	96.8
94.9	94.1	93.3	93.0	92.6	91.9	91.2
74.7	73.2	71.5	70.7	70.3	69.4	68.3
97.2	96.1	95.2	94.9	94.5	93.0	92.2
98.8	98.3	97.8	97.6	97.3	97.0	96.5
111.9	112.2	112.1	112.1	111.9	111.8	111.9
113.3	113.7	113.8	113.8	113.4	113.4	113.5
119.3	119.5	119.3	119.6	119.7	120.1	119.7
106.8	106.7	106.3	106.3	106.4	106.3	106.3
107.7	107.7	107.6	107.1	107.1	106.9	106.7
74.7	73.2	71.5	70.7	70.3	69.4	68.3
74.7	73.2	71.5	70.7	70.3	69.4	68.3
100.0	99.5	98.9	98.7	98.4	97.7	97.2
106.9	106.8	106.6	106.4	106.3	106.2	105.9
103.6	103.2	102.9	102.6	102.5	102.3	102.0
111.2	111.4	111.3	111.3	111.2	111.1	111.1
87.0	85.1	83.8	83.7	83.0	81.2	80.2
108.0	108.1	108.0	108.0	108.1	108.1	107.8
65.7	64.9	64.0	63.4	62.7	61.9	61.6
98.0	96.2	91.3	87.8	87.4	83.8	79.5

6-10 续表

(2010年=100)

项目名称	全年	1月	2月	3月	4月	5月
化学工业	100.4	101.4	100.8	100.9	101.1	101.1
机械工业	102.9	103.6	103.4	103.4	103.2	103.3
建筑材料工业	105.4	106.1	106.1	106.3	106.0	106.0
森林工业	111.4	111.4	111.4	111.5	111.5	111.5
食品工业	112.2	112.3	112.2	112.0	112.2	112.3
纺织工业	99.7	100.5	100.5	100.4	100.4	100.3
缝纫工业	117.3	118.5	118.5	118.4	117.8	117.2
皮革工业	134.6	128.5	129.9	129.6	131.5	132.4
造纸工业	100.5	100.8	100.5	100.5	101.0	100.9
文教艺术用品工业	103.1	104.2	104.2	103.6	103.9	103.9
其它工业	104.6	104.1	104.3	104.3	104.4	104.5
基本分类汇总项						
(1)原煤	63.5	73.4	73.3	71.3	69.5	66.2
(2)铁矿石成品矿	51.7	59.3	58.9	59.0	54.8	54.4
(3)水泥	96.4	99.8	99.4	99.7	99.5	98.6
(4)轧制、锻造钢坯	56.9	66.1	62.3	61.0	60.3	59.4
(5)钢材	73.5	80.5	79.7	79.0	78.4	73.4
(6)常用有色金属合金	93.4	95.5	96.1	95.7	95.8	95.4
(7)稀有稀土金属合金						
(8)贵金属合金						
(9)铝材	93.0	94.9	95.1	94.9	95.2	94.9
(10)船舶用发动机	95.5	92.7	97.0	97.0	97.0	97.0
(11)汽轮机						
(12)数控金属切削机床	241.3	255.7	255.8	256.4	256.4	256.4
(13)风机	98.1	98.1	98.1	98.1	98.1	98.2
(14)乘用车	105.5	105.7	105.8	105.7	106.2	106.4
(15)客车	121.9	120.4	120.7	121.8	122.5	122.5
(16)载货汽车	94.7	94.0	94.6	94.5	94.3	93.7
(17)发电机	129.4	129.4	129.4	129.4	129.4	129.4
(18)发电机组	100.7	100.7	100.7	100.7	100.7	100.7
(19)高压电路开关、保护电器装置	101.5	100.5	101.4	101.2	100.7	103.1
(20)电力控制或电力分配装置	97.9	98.8	97.6	99.6	96.9	98.3
(21)光缆	97.5	102.2	102.2	102.2	102.2	99.0
(22)蓄电池	97.8	96.1	96.8	96.7	96.2	98.1
(23)移动通信设备						
(24)彩色电视机						
(25)燃气供应量	122.3	123.1	122.6	122.5	123.3	122.8

6月	7月	8月	9月	10月	11月	12月
101.4	101.1	100.5	100.1	99.6	99.0	98.2
103.3	102.8	102.6	102.4	102.5	102.4	102.1
106.0	105.8	104.9	104.7	104.3	104.5	104.5
111.5	111.3	111.4	111.4	111.6	111.4	111.5
112.1	112.5	112.5	112.3	112.0	111.7	111.9
100.0	99.5	99.1	98.9	99.3	98.9	98.0
117.1	117.2	116.7	116.7	116.6	116.6	115.6
133.7	135.1	136.7	138.3	138.7	139.8	140.9
100.5	100.4	100.5	100.4	100.5	100.3	100.1
103.9	103.8	102.2	102.1	102.2	101.4	101.4
104.7	104.6	104.6	105.0	104.7	104.7	104.7
60.3	59.5	58.6	58.1	57.6	57.1	56.8
48.7	48.5	48.5	47.2	47.2	47.2	46.6
99.1	98.0	93.6	92.5	91.1	92.9	93.1
57.8	55.4	54.6	53.9	52.7	50.2	49.4
72.5	70.8	71.1	70.4	69.5	69.0	68.4
94.5	93.6	92.3	92.2	90.4	89.4	89.2
94.8	94.5	92.8	92.2	91.4	87.3	88.0
97.0	94.8	94.8	94.8	94.8	94.8	94.8
262.2	228.3	228.3	224.5	223.2	225.8	222.4
98.2	98.1	98.1	98.1	98.1	98.1	98.1
106.0	106.5	106.4	106.3	106.3	102.6	102.6
122.5	122.3	122.3	121.9	121.9	121.9	121.9
95.0	95.4	93.1	95.2	95.2	95.2	95.8
129.4	129.4	129.4	129.4	129.4	129.4	129.4
100.7	100.7	100.7	100.7	100.7	100.7	100.7
101.7	101.1	103.9	101.9	101.1	101.7	99.9
98.1	98.0	97.3	96.9	96.9	99.7	97.2
97.6	97.6	95.8	94.6	93.9	92.0	90.6
97.8	98.8	98.7	98.7	98.7	98.5	98.6
122.3	122.2	122.9	122.7	122.6	122.4	117.7

6-11 各月分大类(新行业)工业生

(2010年=100)

大类行业代码及名称	全年	1月	2月	3月	4月
(06)煤炭开采和洗选业	65.3	74.2	74.2	72.4	70.7
(07)石油和天然气开采业	76.8	81.1	62.9	75.2	78.7
(08)黑色金属矿采选业	55.8	61.8	61.2	61.4	58.4
(09)有色金属矿采选业	96.4	101.7	100.1	98.1	98.8
(10)非金属矿采选业	117.2	119.0	119.1	119.5	115.2
(13)农副食品加工业	110.4	110.7	110.4	110.3	110.6
(14)食品制造业	121.2	120.8	120.9	120.7	121.0
(15)酒、饮料和精制茶制造业	106.0	107.1	106.8	106.3	106.1
(16)烟草制品业	103.2	103.2	103.2	103.2	103.2
(17)纺织业	101.0	102.0	102.0	101.8	101.8
(18)纺织服装、服饰业	112.8	113.9	113.9	114.0	113.0
(19)皮革、毛皮、羽毛及其制品和制鞋业	132.8	128.1	129.3	129.0	130.4
(20)木材加工和木、竹、藤、棕、草制品业	113.0	112.9	113.0	113.0	113.0
(21)家具制造业	105.3	105.4	105.4	105.5	105.5
(22)造纸和纸制品业	100.5	100.8	100.5	100.5	101.0
(23)印刷和记录媒介复制业	95.1	97.0	97.0	96.1	96.3
(24)文教、工美、体育和娱乐用品制造业	114.5	113.1	113.4	113.4	113.8
(25)石油加工、炼焦和核燃料加工业	86.0	89.4	87.7	89.1	87.7
(26)化学原料和化学制品制造业	92.8	93.6	92.8	93.3	93.7
(27)医药制造业	123.2	123.5	122.9	123.1	122.8
(28)化学纤维制造业	82.2	86.3	85.2	81.1	81.2
(29)橡胶和塑料制品业	98.3	99.2	99.1	99.3	99.5
(30)非金属矿物制品业	103.8	104.2	104.2	104.4	104.3
(31)黑色金属冶炼和压延加工业	77.3	84.3	82.7	82.1	81.6
(32)有色金属冶炼和压延加工业	90.8	93.7	93.7	92.9	93.4
(33)金属制品业	97.4	98.5	98.6	98.4	98.4
(34)通用设备制造业	103.6	103.9	104.0	104.1	104.3
(35)专用设备制造业	100.2	100.4	100.2	100.1	99.8
(36)汽车制造业	108.7	108.2	108.2	108.4	108.4
(37)铁路、船舶、航空航天和其他运输设备制造业	114.7	116.0	115.8	115.0	115.1
(38)电气机械和器材制造业	101.9	102.7	102.4	102.7	102.6
(39)计算机、通信和其他电子设备制造业	90.6	90.4	90.3	90.3	90.5
(40)仪器仪表制造业	112.1	112.2	111.8	111.6	111.8
(41)其他制造业	106.0	103.1	103.2	103.6	104.1
(43)金属制品、机械和设备修理业	111.4	112.8	111.2	109.3	110.1
(44)电力、热力生产和供应业	109.7	113.2	113.3	113.1	112.3
(45)燃气生产和供应业	122.7	123.6	123.1	123.0	123.7
(46)水的生产和供应业	107.1	106.1	106.1	106.1	107.5

产者出厂价格定基指数(2015年)

5月	6月	7月	8月	9月	10月	11月	12月
67.7	62.8	61.9	61.0	60.4	59.8	59.1	58.8
81.2	89.5	87.4	81.6	75.9	75.8	69.6	63.2
58.1	53.7	53.1	53.1	52.2	52.2	52.2	51.8
99.7	100.2	96.4	92.9	93.1	92.5	92.3	90.5
115.2	115.4	116.7	116.9	116.6	117.1	117.5	117.6
110.6	110.3	110.9	111.0	110.5	110.0	109.6	109.8
121.2	121.2	121.2	121.2	121.5	121.6	121.8	121.8
106.0	106.0	106.0	105.7	105.5	105.5	105.3	105.2
103.2	103.2	103.2	103.2	103.2	103.2	103.2	103.2
101.7	101.4	101.0	100.4	100.3	100.6	100.2	99.1
112.1	111.9	112.0	112.4	112.3	112.4	112.6	112.7
131.1	132.2	133.3	134.5	135.8	135.9	136.9	137.4
112.9	113.0	112.8	112.9	112.9	113.2	113.1	113.2
105.4	105.3	105.3	105.2	105.2	105.1	105.1	105.0
100.9	100.5	100.4	100.5	100.4	100.5	100.3	100.1
96.3	96.2	95.9	93.7	93.6	93.6	92.6	92.7
113.7	113.9	114.2	114.5	115.6	115.9	116.2	116.5
89.3	88.5	87.4	85.1	83.6	82.7	81.2	80.2
94.1	94.8	94.4	93.2	92.5	91.6	90.4	89.2
122.8	122.3	123.0	123.1	123.8	123.7	123.7	124.2
80.3	81.2	80.2	82.9	81.2	82.5	82.2	81.7
98.8	98.6	98.1	98.0	97.7	97.4	97.1	96.5
104.4	104.5	104.1	103.3	103.3	102.7	102.9	102.9
78.4	77.4	74.8	74.6	74.2	73.4	72.6	71.5
93.9	92.7	91.3	89.6	89.6	89.0	85.5	84.8
98.1	98.0	97.5	97.3	96.6	96.4	96.1	95.2
104.4	104.2	103.6	103.3	102.8	103.0	102.8	102.5
100.1	100.4	100.4	100.5	100.3	100.2	100.4	100.0
108.3	108.7	108.8	108.9	109.1	109.2	109.3	109.5
115.1	114.9	114.8	114.7	114.0	113.7	113.7	113.2
102.6	102.5	102.2	101.0	101.3	101.4	101.1	100.7
90.5	89.8	90.2	90.2	91.7	91.9	90.9	90.0
111.5	111.8	112.1	112.2	112.4	112.8	112.8	112.8
105.6	106.0	106.4	107.0	107.6	108.0	108.5	108.3
109.5	111.7	111.5	111.0	111.8	111.7	111.8	113.9
108.2	108.1	108.1	108.1	108.1	108.1	108.2	107.9
123.3	122.8	122.7	123.3	123.2	123.1	122.6	118.5
107.5	107.5	107.5	107.4	107.4	107.4	107.4	107.4

6-12 工业生产者出厂价格完整(新行业)同比指数(2015年)

(上年=100)

项目名称	指 数	项目名称	指 数
煤炭开采和洗选业	81.6	其他化学矿	92.2
烟煤和无烟煤开采洗选	81.5	采盐	94.2
无烟煤	76.0	井盐	94.2
烟煤	84.9	石棉及其他非金属矿采选	104.4
洗煤	89.0	石墨、滑石采选	104.4
其他煤炭采选	85.1	滑石	104.4
石油和天然气开采业	65.4	农副食品加工业	99.3
石油开采	64.2	谷物磨制	101.5
原油	64.2	小麦粉	101.7
天然气开采	102.9	小麦专用粉	100.3
黑色金属矿采选业	69.0	大米	100.6
铁矿采选	69.0	其他谷物磨制产品	98.8
炼铁块矿	94.7	饲料加工	95.6
铁精矿	62.5	配合饲料	98.8
铁矿石原矿	63.0	浓缩饲料	94.7
人造富铁矿(已烧结铁矿)	83.5	混合饲料	93.5
有色金属矿采选业	92.0	蛋白质饲料	91.0
常用有色金属矿采选	95.6	其他饲料加工	102.2
铅锌矿采选	98.2	植物油加工	95.2
铅矿	97.4	食用植物油加工	95.3
锌矿	100.8	毛油(初榨植物油)	97.4
铝矿采选	94.0	精制食用植物油	95.3
贵金属矿采选	93.8	其他食用植物油	85.4
金矿采选	93.9	非食用植物油加工	88.2
银矿采选	85.6	制糖业	101.4
稀有稀土金属矿采选	73.8	成品糖	100.0
钨钼矿采选	73.8	其他制糖	101.7
钼矿	73.8	屠宰及肉类加工	100.2
非金属矿采选业	100.4	牲畜屠宰	99.4
土砂石开采	100.3	鲜、冷藏肉	99.4
石灰石、石膏开采	101.2	禽类屠宰	102.4
石灰石	101.2	冻肉	102.4
建筑装饰用石开采	101.5	肉制品及副产品加工	100.6
天然花岗石荒料	101.5	动物肠衣	101.7
粘土及其他土砂石开采	99.7	蒸煮香肠制品	100.6
砂石	99.7	酱卤烧烤肉制品	99.3
化学矿开采	92.2	水产品加工	98.1

6-12 续表 1

(上年＝100)

项目名称	指　数	项目名称	指　数
水产饲料制造	98.1	酱油、食醋及类似制品制造	112.6
蔬菜、水果和坚果加工	99.0	酱油	100.4
蔬菜加工	98.9	食醋	119.4
蔬菜加工品	100.0	其他酱油、食醋及类似制品的制造	100.0
其他蔬菜、水果和坚果加工	97.6	其他调味品、发酵制品制造	99.5
水果和坚果加工	99.3	复合调味品	103.0
其他农副食品加工	97.6	发酵类制品	96.2
淀粉及淀粉制品制造	97.8	其他食品制造	100.4
淀粉	96.3	营养食品制造	100.0
淀粉制品	102.9	营养配餐食品	100.0
其他淀粉及淀粉制品	100.0	保健食品制造	100.4
豆制品制造	101.8	冷冻饮品及食用冰制造	105.1
蛋品加工	89.0	盐加工	92.1
其他未列明农副食品加工	97.3	食用盐	92.1
食品制造业	101.2	非食用盐	90.7
焙烤食品制造	100.6	食品及饲料添加剂制造	100.6
糕点、面包制造	100.9	食品添加剂	100.6
糕点制造	101.1	其他未列明食品制造	101.6
面包制造	100.9	酒、饮料和精制茶制造业	99.3
饼干及其他焙烤食品制造	100.4	酒的制造	99.6
饼干	100.5	酒精制造	98.9
膨化食品	100.0	白酒制造	100.2
其他焙烤食品	100.0	啤酒制造	99.6
糖果、巧克力及蜜饯制造	109.8	葡萄酒制造	100.8
糖果、巧克力制造	109.8	其他酒制造	96.1
糖果	106.7	饮料制造	98.5
其他糖果、巧克力	115.1	碳酸饮料制造	99.8
方便食品制造	101.5	瓶(罐)装饮用水制造	96.5
米、面制品制造	101.5	果菜汁及果菜汁饮料制造	98.0
速冻食品制造	102.2	含乳饮料和植物蛋白饮料制造	98.2
方便面及其他方便食品制造	101.0	含乳饮料	98.2
乳制品制造	98.2	植物蛋白饮料	99.9
液体乳	98.2	茶饮料及其他饮料制造	100.2
罐头食品制造	110.2	其他软饮料	100.2
肉、禽类罐头制造	110.2	精制茶加工	100.2
调味品、发酵制品制造	98.7	精制茶	100.2
味精制造	91.3	烟草制品业	100.6

6-12 续表 2

(上年=100)

项目名称	指　数	项目名称	指　数
烟叶复烤	114.8	帘子布	92.3
卷烟制造	100.0	纺织服装、服饰业	99.9
卷烟	100.0	机织服装制造	99.9
其他烟草制品制造	99.4	羽绒服	99.2
纺织业	96.0	西服套装	100.6
棉纺织及印染精加工	95.3	衬衫	100.0
棉纺纱加工	95.2	裤	99.8
纱	95.2	婴儿、儿童服装及衣着附件	102.2
棉织造加工	96.7	职业服装、工作服及类似服装	100.2
线	95.0	其他服装及服务	99.4
布	96.8	服饰制造	100.3
棉印染精加工	90.6	皮革、毛皮、羽毛及其制品和制鞋业	107.3
毛纺织及染整精加工	99.9	皮革鞣制加工	117.1
毛条和毛纱线加工	100.0	半成品革	102.1
毛织造加工	99.9	成品革	117.3
毛纱	99.9	其他皮革	100.0
麻纺织及染整精加工	102.6	皮革制品制造	101.5
麻染整精加工	102.6	皮革服装制造	100.0
丝绢纺织及印染精加工	104.3	皮箱、包(袋)制造	100.1
缫丝加工	99.8	手提包(袋)、背包	100.1
绢纺和丝织加工	107.7	皮手套及皮装饰制品制造	98.6
蚕丝及交织机织物	108.0	其他皮革制品制造	103.3
其他纤维长丝机织物	100.6	毛皮鞣制及制品加工	104.1
针织或钩针编织物及其制品制造	98.1	毛皮鞣制加工	104.9
针织或钩针编织物织造	98.0	其他毛皮制品加工	101.7
棉针织内衣	97.9	羽毛(绒)加工及制品制造	99.9
其他针织或钩编服装	99.4	羽毛(绒)加工	104.7
针织或钩针编织物印染精加工	100.9	羽毛(绒)制品加工	99.6
家用纺织制成品制造	100.5	制鞋业	99.9
毛巾类制品制造	100.5	纺织面料鞋制造	100.1
面巾、浴巾	100.4	纺织面鞋	100.1
毛制品制造	101.9	皮鞋制造	99.9
窗帘、布艺类产品制造	116.5	橡胶鞋制造	99.7
麻制品制造	116.5	木材加工和木、竹、藤、棕、草制品业	100.9
其他家用纺织制成品制造	96.3	木材加工	100.9
非家用纺织制成品制造	92.3	锯材加工	100.9
纺织带和帘子布制造	92.3	人造板制造	100.7

6-12 续表 3

(上年＝100)

项目名称	指　数	项目名称	指　数
胶合板制造	100.5	其他纸制品制造	104.1
纤维板制造	101.1	卫生用纸制品	109.0
刨花板制造	100.3	其他纸制品	98.6
其他人造板制造	100.8	印刷和记录媒介复制业	98.0
木制品制造	102.3	印刷	97.9
建筑用木料及木材组件加工	100.5	书、报刊印刷	100.3
木门窗、楼梯制造	100.0	单色印刷品	99.9
地板制造	102.4	多色印刷品	100.3
实木木地板	102.4	本册印制	105.0
竹、藤、棕、草等制品制造	101.5	用于书写本册	105.0
藤制品制造	101.5	包装装潢及其他印刷	96.9
家具制造业	100.0	塑料印刷品	100.5
木质家具制造	100.0	其他印刷品	96.7
卧室用木质家具	100.2	装订及印刷相关服务	100.0
木质坐具	100.9	记录媒介复制	96.7
办公室用木质家具	99.7	磁介质复制品	96.7
金属家具制造	100.0	文教、工美、体育和娱乐用品制造业	101.8
办公室用金属家具	100.0	文教办公用品制造	100.0
其他金属制家具	100.0	文具制造	100.0
其他家具制造	100.1	粘合类文具	100.0
软体坐具	101.3	教学用模型及教具制造	100.0
床垫、褥垫	100.0	乐器制造	101.9
其他家具	100.0	中乐器制造	101.9
造纸和纸制品业	98.8	工艺美术品制造	102.0
纸浆制造	93.1	雕塑工艺品制造	100.0
木竹浆制造	92.9	雕刻工艺品	100.0
非木竹浆制造	117.0	金属工艺品制造	92.0
化学溶解浆及其他纸浆	117.0	其他金属工艺品	92.0
造纸	98.6	漆器工艺品制造	101.2
机制纸及纸板制造	98.4	地毯、挂毯制造	100.2
未涂布印刷书写用纸	100.6	机制地毯、挂毯	100.2
新闻纸	94.4	珠宝首饰及有关物品制造	99.9
卫生用纸原纸	96.1	贵金属首饰	98.8
其他机制纸及纸板	98.6	其他珠宝首饰及有关物品	100.0
加工纸制造	99.8	其他工艺美术品制造	103.4
纸制品制造	100.6	剧装道具	103.3
纸和纸板容器制造	98.7	发制品	103.5

6-12 续表 4

（上年＝100）

项目名称	指　数	项目名称	指　数
工艺扇子	99.8	氯化物及其盐	104.6
体育用品制造	100.0	氯氧化物及氢氧基氯化物	92.4
其他体育用品制造	100.0	氰化物、氧氰化物及氰络合物	97.5
其他体育用品	100.0	硅化物及硅酸盐	95.5
玩具制造	99.1	碳化物及碳酸盐	100.2
其他玩具	99.1	贵金属化合物	90.2
游艺器材及娱乐用品制造	102.7	有机化学原料制造	85.2
露天游乐场所游乐设备制造	102.7	无环烃	100.0
石油加工、炼焦和核燃料加工业	87.4	环烃	65.4
精炼石油产品制造	84.6	无环烃不饱和氯化衍生物	100.0
原油加工及石油制品制造	84.6	无环醇及其衍生物	81.3
汽油	83.7	环醇	71.7
煤油	58.5	羧酸及其衍生物	99.1
柴油	85.2	氨基化合物	90.7
润滑油	90.9	醚	78.3
燃料油	71.7	醛	99.6
石油液化气	64.7	其他有机化学原料	97.7
石油沥青	100.0	其他基础化学原料制造	97.4
焦油	68.9	非金属无机氧化物	94.2
其它原油加工及石油制品制造	95.6	过氧化氢(双氧水)	93.9
炼焦	89.9	金属氧化物	81.6
焦炭	90.0	气体及稀有气体	98.1
矿物焦油	75.8	硫磺	101.8
化学原料和化学制品制造业	95.0	其他未列明基础化学原料	103.0
基础化学原料制造	92.8	肥料制造	99.8
无机酸制造	99.1	氮肥制造	96.8
硫酸	96.7	氨及氨水	100.0
盐酸	108.4	氮肥(折含N100%)	96.4
其它无机酸产品	95.3	磷肥制造	102.3
无机碱制造	98.6	钾肥制造	125.7
烧碱	100.8	复混肥料制造	102.1
纯碱类	96.9	有机肥料及微生物肥料制造	105.3
其它无机碱产品	98.7	微生物肥料	105.3
无机盐制造	93.1	动物、植物肥料	96.4
金属硫化物及硫酸盐	84.9	农药制造	100.5
金属硝酸盐、亚硝酸盐	87.2	化学农药制造	100.5
氟化物及其盐	99.3	杀虫剂(杀螨剂)原药	100.7

6-12 续表 5

(上年＝100)

项目名称	指　数	项目名称	指　数
其他化学农药	100.0	炸药、火工及焰火产品制造	99.1
生物化学农药及微生物农药制造	100.0	炸药及火工产品制造	99.0
涂料、油墨、颜料及类似产品制造	95.9	炸药	99.0
涂料制造	99.5	火工产品	100.0
水性涂料	100.0	焰火、鞭炮产品制造	100.0
非水性涂料	100.0	焰火制品	100.0
建筑涂料	98.7	日用化学产品制造	101.0
涂料辅助材料	100.0	肥皂及合成洗涤剂制造	95.7
颜料制造	93.4	肥(香)皂	97.0
无机颜料	93.4	合成洗涤剂	95.4
密封用填料及类似品制造	82.8	化妆品制造	100.0
非定型密封材料	82.8	护发用化妆品	100.0
合成材料制造	86.3	香料、香精制造	105.1
初级形态塑料及合成树脂制造	92.3	香精	105.1
合成纤维单(聚合)体制造	77.5	其他日用化学产品制造	100.0
合成纤维单体	77.5	室内散香或除臭制品	100.0
其他合成材料制造	81.6	医药制造业	101.7
油脂类高分子聚合物	81.6	化学药品原料药制造	101.2
专用化学产品制造	94.6	抗菌素(抗感染药)	101.8
化学试剂和助剂制造	93.7	消化系统用药	96.6
化学试剂	98.0	解热镇痛药	100.0
催化剂	94.6	抗肿瘤药	100.0
橡胶助剂	89.9	心血管系统用药	97.5
塑料助剂	84.5	化学药品制剂制造	100.3
造纸工业用整理剂、助剂	101.5	粉针剂	97.7
炭黑	95.8	注射液	101.5
专项化学用品制造	100.4	输液	97.5
油田用化学制剂	99.2	片剂	101.7
建工建材用化学助剂	102.0	胶囊剂	100.7
林产化学产品制造	99.6	其他化学药品制剂	94.9
木材热解、水解产品	99.2	中药饮片加工	117.4
其他林产化学产品	100.0	植物类饮片	117.4
信息化学品制造	95.0	中成药生产	100.3
感光胶片	91.3	中成药丸剂	103.6
电子半导体材料	96.2	中成药冲剂	100.0
其他专用化学产品制造	91.3	中成药糖浆	100.0
其他	91.3	中成药片剂	100.1

6-12 续表 6

(上年=100)

项目名称	指 数	项目名称	指 数
中成药胶囊	100.0	橡胶零件制造	98.6
中成药注射液	95.0	活塞杆密封	101.3
中成药口服液	99.6	橡胶零附件	98.1
中成药散剂	103.4	日用及医用橡胶制品制造	100.0
中成药栓剂	100.0	日用橡胶制品	100.0
药酒	100.0	医疗、卫生用橡胶制品	100.0
膏药	100.0	其他橡胶制品制造	99.2
其他中成药	100.0	橡胶充气、减震制品	99.2
兽用药品制造	102.5	塑料制品业	98.4
生物药品制造	100.3	塑料薄膜制造	90.5
酶类生化制剂	101.0	农用薄膜	88.8
生物制剂	101.8	聚乙烯(PE)塑料薄膜	100.2
球蛋白、白蛋白	106.9	聚丙烯(PP)塑料薄膜	97.9
血液制品制剂	100.1	聚氯乙烯(PVC)塑料薄膜	91.9
其他生物化学药品	100.0	聚酯塑料薄膜	100.0
卫生材料及医药用品制造	99.0	塑料板、管、型材制造	100.9
卫生材料及敷料	99.0	塑料板、片	99.9
化学纤维制造业	93.9	塑料管及附件	100.0
纤维素纤维原料及纤维制造	93.8	塑料条、棒、型材	98.5
化纤浆粕制造	93.4	其他塑料板、管、型材	109.7
人造纤维(纤维素纤维)制造	94.0	塑料丝、绳及编织品制造	98.3
人造纤维长丝	94.0	塑料编织布	87.2
合成纤维制造	94.3	塑料绳	92.2
锦纶纤维制造	85.8	塑料编织袋	100.1
涤纶纤维制造	82.3	塑料袋	92.6
其他合成纤维制造	100.0	其他塑料丝、绳及编织品	100.8
橡胶和塑料制品业	96.1	泡沫塑料制造	90.9
橡胶制品业	92.5	聚乙烯泡沫塑料	86.3
轮胎制造	86.8	聚苯乙烯泡沫塑料	94.2
橡胶轮胎外胎	90.3	塑料人造革、合成革制造	97.2
子午线轮胎外胎	84.7	塑料人造革	97.2
橡胶内胎	96.2	塑料包装箱及容器制造	113.4
轮胎翻新加工	100.0	塑料容器	113.4
橡胶板、管、带制造	98.6	其他塑料制品制造	99.4
橡胶带	98.2	其他未列明塑料制品	99.4
橡胶管	99.8	非金属矿物制品业	98.7
橡胶板、杆、型材	100.0	水泥、石灰和石膏制造	94.4

6-12 续表 7

(上年＝100)

项目名称	指　数	项目名称	指　数
水泥制造	93.8	夹层玻璃	99.0
强度等级水泥	93.7	中空玻璃	98.9
通用硅酸盐水泥	94.0	玻璃仪器制造	100.9
专用水泥	92.2	玻璃计、量器	100.9
特性水泥	100.3	日用玻璃制品制造	100.0
硅酸盐水泥熟料	90.6	日用玻璃制品	96.1
石灰和石膏制造	104.6	其他日用玻璃制品及玻璃包装容器	100.0
石灰	104.6	玻璃包装容器制造	98.6
石膏、水泥制品及类似制品制造	100.4	制镜及类似品加工	99.3
水泥制品制造	101.2	玻璃纤维和玻璃纤维增强塑料制品制造	100.0
商品混凝土	98.6	玻璃纤维及制品制造	100.1
水泥混凝土电杆	100.4	玻璃纤维纱	100.3
混凝土轨枕及铁道用混凝土制品	110.0	玻璃纤维布	100.0
水泥混凝土砖	100.0	玻璃纤维增强塑料制品制造	100.0
其他水泥制品	94.1	陶瓷制品制造	100.3
砼结构构件制造	100.0	卫生陶瓷制品制造	99.5
钢筋混凝土预制结构件	100.0	陶瓷制便器	99.5
石棉水泥制品制造	100.7	陶瓷制洗涤器	99.5
轻质建筑材料制造	95.7	特种陶瓷制品制造	100.7
石膏板	95.7	其他特种陶瓷制品	100.7
其他水泥类似制品制造	98.5	日用陶瓷制品制造	101.2
砖瓦、石材等建筑材料制造	97.4	耐火材料制品制造	100.9
粘土砖瓦及建筑砌块制造	99.0	石棉制品制造	99.4
建筑砌块	100.3	耐火陶瓷制品及其他耐火材料制造	101.0
砖	99.1	致密定形耐火制品	99.7
瓦	93.5	隔热耐火制品	101.0
建筑陶瓷制品制造	89.4	其他耐火材料制品	102.0
瓷质砖	89.4	石墨及其他非金属矿物制品制造	98.4
防水建筑材料制造	98.1	石墨及碳素制品制造	97.0
沥青和改性沥青防水卷材	98.1	石墨制品	98.1
玻璃制造	92.2	炭制品	92.7
平板玻璃制造	92.2	炭素新材料	96.8
浮法玻璃	91.9	其他石墨及碳素产品	95.9
平拉玻璃	96.1	其他非金属矿物制品制造	99.5
玻璃制品制造	100.1	磨具	99.1
技术玻璃制品制造	100.2	磨料	96.8
钢化玻璃	100.8	其他非金属矿物制品	108.7

6-12 续表 8

(上年=100)

项目名称	指 数	项目名称	指 数
黑色金属冶炼和压延加工业	86.0	锌	98.2
炼铁	76.8	铝冶炼	93.3
生铁	75.7	氧化铝	97.1
其他炼铁产品	100.0	化学品氧化铝实物量	93.7
炼钢	83.3	原铝(电解铝)	89.8
非合金钢粗钢	83.6	再生铝	93.8
其他炼钢	70.1	镁冶炼	95.9
黑色金属铸造	92.6	贵金属冶炼	94.2
铸铁件	92.0	金冶炼	94.3
铸钢件	100.0	矿山成品金	93.5
钢压延加工	84.9	冶炼产金	94.5
非合金钢钢坯	75.9	银冶炼	86.5
大型型钢	73.7	矿料产银	86.3
中小型型钢	76.2	再生银	88.6
钢筋	72.4	稀有稀土金属冶炼	100.3
线材(盘条)	89.9	钨钼冶炼	100.3
特厚板	79.6	钼	100.3
厚钢板	83.2	有色金属合金制造	96.8
中板	91.0	镍合金	95.3
热轧薄板	95.5	铝合金	97.7
冷轧薄板	100.1	有色金属压延加工	92.9
中厚宽钢带	94.3	铜压延加工	89.8
热轧薄宽钢带	99.3	铝压延加工	94.9
冷轧薄宽钢带	85.3	铝棒材	93.6
焊接钢管	89.3	铝型材	94.1
其他钢材	94.6	铝板材	95.5
铁合金冶炼	93.7	铝带材	96.3
普通铁合金	100.0	铝箔材	91.3
特种铁合金	90.4	其他铝材及附件	95.7
其他铁合金	95.0	其他有色金属压延加工	106.5
有色金属冶炼和压延加工业	94.1	镁、钛，相关常用有色金属加工材	106.5
常用有色金属冶炼	93.6	金属制品业	97.2
铜冶炼	81.5	结构性金属制品制造	97.3
粗铜	94.2	金属结构制造	95.9
精炼铜(电解铜)	81.2	钢结构	95.1
铅锌冶炼	95.7	钢铁结构体部件及加工钢材	99.5
铅	94.6	金属门窗制造	100.6

6-12 续表 9

(上年＝100)

项目名称	指 数	项目名称	指 数
金属制门及其框架、门槛	100.5	铸币及贵金属制实验室用品制造	100.0
金属制窗及窗框	100.9	其他未列明的金属制品制造	100.0
金属工具制造	100.0	通用设备制造业	99.3
切削工具制造	100.0	锅炉及原动设备制造	99.9
金属切削机床用切削刀具	100.0	锅炉及辅助设备制造	100.1
工具系统	100.0	电站锅炉	100.0
集装箱及金属包装容器制造	96.1	工业锅炉	99.9
金属压力容器制造	97.8	锅炉用辅助设备及装置	106.5
金属压力容器	99.7	内燃机及配件制造	99.3
大型金属容器，容积＞300L	92.5	船舶用柴油发动机	99.4
金属包装容器制造	94.6	内燃机零部件及配件	99.2
钢铁制包装容器	94.6	其他内燃机	95.2
金属丝绳及其制品制造	91.5	金属加工机械制造	106.1
钢丝	99.9	金属切削机床制造	131.3
钢绞线	80.7	车床	102.6
其他金属丝绳及其制品	97.5	数控车床	163.2
建筑、安全用金属制品制造	100.1	数控磨床	106.8
建筑、家具用金属配件制造	99.2	金属成形机床制造	98.4
锁具	99.2	锻造机及冲压机	97.0
建筑装饰及水暖管道零件制造	100.0	金属加工压力机	100.0
供暖用散热器(暖气片)	100.0	铸造机械制造	100.0
其他建筑、安全用金属制品制造	100.7	其他金属加工机械制造	92.0
其他建筑、安全用金属制品制造	100.7	物料搬运设备制造	99.1
搪瓷制品制造	99.9	轻小型起重设备制造	104.2
搪瓷日用品及其他搪瓷制品制造	99.9	手动与电动葫芦	104.2
搪瓷餐具	99.9	起重机制造	99.0
金属制日用品制造	101.1	其他起重机制造	99.0
金属制餐具和器皿制造	101.3	连续搬运设备制造	97.6
铝制厨用器皿及餐具制造	99.8	输送机械(输送机和提升机)	97.6
铸铁及其他金属制厨方器具及餐具	103.3	电梯、自动扶梯及升降机制造	100.2
其他金属制日用品制造	100.6	电梯	100.2
其他金属制品制造	99.8	泵、阀门、压缩机及类似机械制造	97.6
锻件及粉末冶金制品制造	99.6	泵及真空设备制造	100.0
锻件	99.5	动力式泵	100.0
粉末冶金零件	100.0	真空泵	99.8
交通及公共管理用金属标牌制造	100.0	液体提升机	100.0
其他未列明金属制品制造	100.0	泵、液体提升机零件及其他未列明泵及真空设备	100.2

6-12 续表 10

(上年=100)

项目名称	指 数	项目名称	指 数
气体压缩机械制造	100.0	紧固件制造	94.5
其他气体压缩机械及零件	100.0	钢铁制紧固件	94.5
阀门和旋塞制造	96.8	弹簧制造	100.0
阀门	96.0	其他通用零部件制造	99.4
龙头	105.3	其他通用设备制造业	99.5
液压和气压动力机械及元件制造	100.5	离心机	99.5
液压元件	99.6	其他通用设备	99.5
液压系统及装置	100.7	专用设备制造业	98.6
气动元件	100.0	采矿、冶金、建筑专用设备制造	95.8
轴承、齿轮和传动部件制造	98.0	矿山机械制造	93.9
轴承制造	96.6	采掘、凿岩设备	97.8
滚动轴承	96.6	矿物破碎机械	102.2
齿轮及齿轮减、变速箱制造	99.8	矿物粉磨机械	112.5
齿轮	99.8	矿物筛分、洗选设备	99.6
齿轮传动装置(齿轮箱)	100.0	矿山用牵引车及其矿车	100.0
其他传动部件制造	97.9	矿山设备专用配套件及其他矿山专用设备	89.8
其他齿轮、传动和驱动部件及零件	97.9	石油钻采专用设备制造	95.6
烘炉、风机、衡器、包装等设备制造	99.9	石油钻井设备	94.5
风机、风扇制造	100.0	采油设备	99.9
离心式通风机	100.0	固井压裂设备	100.0
鼓风机	100.0	石油钻井工具	97.6
气体、液体分离及纯净设备制造	99.9	石油钻探、开采专用设备零件	103.8
其他气体、液体分离及纯净设备	99.9	建筑工程用机械制造	100.3
制冷、空调设备制造	98.9	挖掘、铲土运输机械	100.4
制冷、空调设备零部件	98.9	压实机械	97.8
衡器制造	100.0	捣固机(车)	100.0
工业用衡器	100.2	桩工机械	100.2
商业用衡器	98.9	海洋工程专用设备制造	97.4
家用衡器	100.0	建筑工程用机械零件及其他建筑工程用机械	94.0
称重系统	98.9	其他石油钻采专用设备	98.3
包装专用设备制造	103.7	建筑材料生产专用机械制造	100.3
灌装、装填容器用机械	103.7	混凝土机械	100.7
文化、办公用机械制造	99.5	建筑材料专用窑炉	100.0
其他文化、办公用机械制造	99.5	非金属矿物混合搅拌机械	100.4
其他办公用设备或器具	99.5	建筑材料制品成型机械	99.4
通用零部件制造	98.1	其他建筑材料生产专用机械及零件	97.7
金属密封件制造	97.3	冶金专用设备制造	100.0

6-12 续表 11

(上年＝100)

项目名称	指　数	项目名称	指　数
连续铸钢设备及铸锭设备	100.2	缝制机械制造	100.0
金属轧制设备	100.0	缝纫机	100.0
冶金专用设备配套件及其他冶金专用设备	100.0	电子和电工机械专用设备制造	100.0
化工、木材、非金属加工专用设备制造	98.6	电工机械专用设备制造	100.0
炼油、化工生产专用设备制造	96.1	其他电工机械专用设备	100.0
塔类设备	96.0	农、林、牧、渔专用机械制造	100.1
化工专用炉	96.3	拖拉机制造	97.8
橡胶加工专用设备制造	99.4	中型拖拉机	97.0
橡胶制品加工机械	99.4	小型拖拉机	100.6
木材加工机械制造	100.0	农林用自装或自卸式挂车	99.3
木质板材挤压加工机械	100.0	机械化农业及园艺机具制造	101.3
模具制造	99.7	播种机	100.0
金属、硬质合金用型模	99.5	农作物收获机械	101.5
塑料用模具	100.0	场上作业机械	100.0
其他模具	100.0	其他机械化农业及园艺机具制造	99.7
食品、饮料、烟草及饲料生产专用设备制造	100.0	渔业机械制造	100.0
食品、酒、饮料及茶生产专用设备制造	98.8	渔业养殖机械	100.0
食品制造机械	99.7	农林牧渔机械配件制造	102.0
乳品加工机械	93.9	拖拉机零配件	102.0
农副食品加工专用设备制造	100.2	医疗仪器设备及器械制造	109.0
碾米机械	100.4	医疗诊断、监护及治疗设备制造	100.0
油脂加工机械	100.0	X 射线诊断设备	100.0
磨粉机械	99.5	医疗、外科及兽医用器械制造	111.0
其他农副食品加工专用设备制造	100.0	注射器	100.4
烟草生产专用设备制造	100.0	中医治疗器具	116.5
印刷、制药、日化及日用品生产专用设备制造	103.2	手术及急救装置	100.0
制浆和造纸专用设备制造	101.6	环保、社会公共服务及其他专用设备制造	100.5
造纸机	103.4	环境保护专用设备制造	97.4
纸制品生产专用机械	100.0	大气污染防治设备	97.4
其他制浆和造纸专用设备及零件	100.0	地质勘查专用设备制造	97.9
制药专用设备制造	110.9	地质钻探机	97.9
饮片生产机械	107.7	商业、饮食、服务专用设备制造	101.1
制剂生产设设备	113.1	其他商业、饮食、服务业专用设备	101.1
照明器具生产专用设备制造	100.0	社会公共安全设备及器材制造	95.3
纺织、服装和皮革加工专用设备制造	104.7	消防自动系统	90.5
纺织专用设备制造	104.9	灭火器及零件	96.7
纺织机械及其辅助机械零件、附件	104.9	水资源专用机械制造	99.2

6-12 续表 12

(上年=100)

项目名称	指　数	项目名称	指　数
水利专用机械	99.3	其他铁路机车车辆配件	94.4
自来水生产专用设备	97.9	铁路专用设备及器材、配件制造	96.3
其他专用设备制造	102.9	铁路作业及服务车	96.2
具有独立功能专用机械	102.9	平交道、道岔口控制器固定装置及附件	92.4
汽车制造业	101.7	铁路用电动气动操纵设备	92.9
汽车整车制造	100.9	铁路用机械信号、交通管理装置	99.1
多功能乘用车(MPV)	98.7	其他铁路运输设备制造	97.4
运动型多用途乘用车(SUV)	96.0	船舶及相关装置制造	102.0
交叉型乘用车	99.3	金属船舶制造	101.9
大型客车	100.6	其他金属船舶	101.9
中型客车	102.1	非金属船舶制造	104.7
轻型载货车	100.0	娱乐船和运动船制造	107.1
改装汽车制造	100.2	摩托车制造	101.8
低速载货汽车制造	100.0	摩托车整车制造	101.8
汽车车身、挂车制造	97.7	两轮摩托车	100.0
汽车车身	95.1	三轮摩托车	102.4
挂车、半挂车	97.7	自行车制造	100.0
挂车及半挂车零件	100.4	助动自行车制造	100.0
汽车零部件及配件制造	102.4	两轮助动自行车	100.0
机动车(汽车)零配件	102.8	电气机械和器材制造业	98.5
汽车底盘、车架、车身及其零配件	100.7	电机制造	98.7
铁路、船舶、航空航天和其他运输设备制造业	100.5	发电机及发电机组制造	100.6
铁路运输设备制造	96.7	直流发电机	102.9
铁路机车车辆及动车组制造	100.0	汽轮发电机组	100.0
铁路货车	100.0	内燃发电机组	100.0
铁路机车车辆配件制造	96.5	电动机制造	97.8
铁道车辆用制动装置及其零件	99.1	直流电动机	98.8

6-12 续表 13

(上年＝100)

项目名称	指　数	项目名称	指　数
交流电动机	97.5	其他电线、电缆	95.4
交直流两用电动机	100.0	光纤、光缆制造	94.2
其他电机及零件	97.2	普通光缆	94.2
输配电及控制设备制造	99.1	绝缘制品制造	98.7
变压器、整流器和电感器制造	99.7	混合绝缘材料制电气绝缘子	98.7
变压器	99.7	电池制造	101.4
电容器及其配套设备制造	90.8	锂离子电池制造	100.4
电力电容器	90.8	其他电池制造	101.4
配电开关控制设备制造	95.5	铅酸蓄电池	97.3
高压开关设备	96.1	物理电池	97.9
隔离开关及断续开关	100.9	其他电池及类似品	107.0
避雷器、电压限幅器及电涌抑制器	100.0	家用电力器具制造	97.5
高压开关、保护或连接用组合装置	100.5	家用制冷电器具制造	96.3
其他高压电路开关、保护电器装置	97.8	家用电冰箱	96.3
低压电路开关装置	90.7	家用冷柜(家用冷冻箱)	100.2
高压电力控制或电力分配装置	93.0	家用空气调节器制造	100.0
低压电力控制或电力分配装置	101.1	房间空气调节器	100.0
其他配电开关控制设备	103.6	其他家用空气调节器	100.0
电力电子元器件制造	97.7	家用清洁卫生电器具制造	99.9
继电器	101.2	家用洗衣机	99.5
连接器	96.1	家用电热水器	100.0
光伏设备及元器件制造	103.8	其他家用清洁卫生电器具	99.8
电线、电缆、光缆及电工器材制造	96.7	其他家用电力器具制造	100.0
电线、电缆制造	96.7	非电力家用器具制造	97.5
绝缘电线	83.7	燃气、太阳能及类似能源家用器具制造	98.3
电力电缆	98.2	太阳能用具	98.3
通信及电子网络用电缆	97.1	其他非电力家用器具制造	94.8

6-12 续表 14

(上年＝100)

项目名称	指　数	项目名称	指　数
照明器具制造	100.5	其他广播电视接收设备及器材	100.0
电光源制造	100.0	雷达及配套设备制造	100.0
白炽灯泡	100.0	雷达设备	100.0
荧光灯	100.0	电子器件制造	101.1
照明灯具制造	101.4	电子真空器件制造	100.0
装饰用灯	105.6	显像管	100.1
其他特殊用途灯具及照明装置	76.6	其他电子器件及零件	100.0
灯用电器附件及其他照明器具制造	100.9	半导体分立器件制造	97.8
其他灯用电器附件及照明器具	100.9	半导体三极管	96.3
其他电气机械及器材制造	96.0	传感器	99.9
电气信号设备装置制造	96.0	光电子器件及其他电子器件制造	101.7
其他铁路专用设备及器材、配件	96.0	显示器件	100.4
计算机、通信和其他电子设备制造业	100.6	半导体光电器件	100.0
计算机制造	100.0	其他光电子器件及电子器件	102.6
计算机零部件制造	100.0	电子元件制造	100.3
终端显示设备	100.0	电子元件及组件制造	100.3
其他计算机制造	100.0	电容器	101.1
其他电子计算机外部设备	100.0	电阻器及电阻网络	100.5
通信设备制造	98.0	敏感元件	100.0
通信系统设备制造	89.3	其他电子设备制造	100.0
其他通信交换设备	89.3	仪器仪表制造业	100.6
通信终端设备制造	100.0	通用仪器仪表制造	100.4
收发合一中小型电台	100.0	工业自动控制系统装置制造	100.0
广播电视设备制造	100.0	工业电动调节仪表	100.0
广播电视节目制作及发射设备制造	100.0	工业自动控制系统	100.0
视听节目制作及播控设备	100.0	其他工业自动控制系统装置	100.0
广播电视接收设备及器材制造	100.0	电工仪器仪表制造	97.0

6-12 续表 15

(上年＝100)

项目名称	指 数	项目名称	指 数
电能表	96.0	其他鬃毛加工、制刷及清扫工具	100.0
电磁参数测量仪器仪表	98.4	其他日用杂品制造	112.3
其他电工仪器仪表	100.0	打火机及其零件	112.3
绘图、计算及测量仪器制造	105.6	煤制品制造	100.0
绘图台及绘图机、绘图工具	101.0	其他未列明制造业	100.0
量仪	107.8	金属制品、机械和设备修理业	91.0
其他绘图、计算及测量仪器	107.1	金属制品修理	100.2
实验分析仪器制造	103.0	其他金属制品修理	100.2
显示仪表、记录仪	103.0	电气设备修理	89.9
供应用仪表及其他通用仪器制造	100.0	电力、热力生产和供应业	96.9
执行器	100.0	电力生产	96.6
专用仪器仪表制造	101.4	火力发电	96.5
环境监测专用仪器仪表制造	100.6	水力发电	100.0
气体或烟雾分析、检测仪器	100.6	其他电力生产	100.0
教学专用仪器制造	99.3	电力供应	97.1
电子测量仪器制造	103.5	热力生产和供应	99.9
通用电子测量仪器	103.5	热力	99.9
其他专用仪器制造	100.0	供热总量	100.0
其他专用仪器	100.0	燃气生产和供应业	102.3
光学仪器及眼镜制造	106.1	煤气生产量	99.6
光学仪器制造	106.1	人工煤气供应量	100.0
光学望远镜	99.3	天然气供应量	103.1
其他光学仪器零件、附件	112.0	液化石油气供应量	96.5
其他仪器仪表制造业	98.2	水的生产和供应业	102.3
其他制造业	102.6	自来水生产和供应	102.3
日用杂品制造	104.9	自来水供应量	102.3
鬃毛加工、制刷及清扫工具制造	100.0	污水处理及其再生利用	100.0
刷子类制品	100.0	其他污水处理及其再生利用	100.0

6-13 各月分类工业生产者

(上年同期=100)

项目名称	全年	1月	2月	3月	4月
总 指 数	**95.4**	**96.4**	**95.8**	**96.0**	**96.2**
按初级中间最终产品分					
初级产品	91.7	92.3	91.4	91.7	92.3
农产品	97.0	97.0	97.1	97.3	98.8
矿产品	86.1	87.4	85.4	86.0	85.8
废料	90.7	91.8	91.1	91.4	91.1
中间产品	97.0	98.2	97.7	97.9	97.9
九大类原材料购进价格指数					
燃料、动力类	91.0	92.2	90.4	91.3	91.4
黑色金属材料类	85.4	86.9	86.1	85.3	83.6
钢材	91.9	94.8	94.6	94.0	92.6
其它	71.8	71.7	69.9	68.4	66.1
有色金属材料和电线类	95.4	99.6	98.8	98.8	98.7
化工原料类	92.7	93.3	92.0	92.7	94.0
木材及纸浆类	98.2	99.1	98.8	99.1	98.7
建筑材料类及非金属矿类	98.7	99.1	99.3	99.1	99.1
其它工业原材料及半成品类	100.5	101.5	101.3	101.5	101.5
农副产品类	97.0	97.0	97.1	97.3	98.8
纺织原料类	93.4	92.1	91.2	92.0	92.4

6-14 各月分类工业生产者

(上月=100)

项目名称	全年	1月	2月	3月	4月
总 指 数	**94.3**	**99.1**	**98.9**	**99.5**	**99.9**
按初级中间最终产品分					
初级产品	92.0	98.4	97.6	99.0	100.0
农产品	97.1	99.1	98.1	98.7	100.4
矿产品	86.5	97.6	97.0	99.3	99.6
废料	88.3	97.8	99.5	99.6	99.5
中间产品	95.3	99.4	99.4	99.7	99.8
九大类原材料购进价格指数					
燃料、动力类	90.9	97.5	97.6	100.7	99.5
黑色金属材料类	85.7	99.2	98.6	97.3	98.0
钢材	89.7	98.7	99.6	99.2	98.5
其它	76.6	100.1	96.7	93.0	96.9
有色金属材料和电线类	89.1	99.8	98.6	99.1	100.4
化工原料类	92.1	97.2	98.7	99.2	100.4
木材及纸浆类	95.4	99.9	99.9	99.8	99.0
建筑材料类及非金属矿类	98.2	99.8	100.0	99.9	100.0
其它工业原材料及半成品类	98.7	100.2	99.8	99.8	100.0
农副产品类	97.1	99.1	98.1	98.7	100.4
纺织原料类	96.8	99.4	99.0	99.9	100.0

购进价格同比指数(2015年)

5月	6月	7月	8月	9月	10月	11月	12月
96.2	**95.8**	**95.6**	**94.9**	**94.5**	**94.5**	**94.4**	**94.3**
91.8	91.6	92.4	91.7	90.9	91.1	91.3	92.0
96.7	96.3	97.9	97.6	96.2	95.8	96.2	97.1
86.6	86.7	86.4	85.4	85.2	86.0	85.9	86.5
90.7	89.9	92.4	91.1	90.4	90.4	89.1	88.3
98.1	97.6	97.0	96.3	96.1	95.9	95.7	95.3
91.0	91.1	91.5	90.8	90.1	90.5	91.1	90.9
85.6	85.6	84.3	84.4	85.6	86.2	85.4	85.7
92.5	92.0	91.4	90.5	90.3	90.7	89.8	89.7
71.6	72.4	69.6	71.5	75.3	76.3	75.4	76.6
99.2	98.0	95.4	92.8	92.3	92.3	89.9	89.1
95.1	95.1	94.1	91.5	90.8	90.5	91.4	92.1
98.8	99.0	98.3	98.1	98.7	98.2	96.6	95.4
99.0	98.7	98.7	98.6	98.2	98.2	98.3	98.2
101.6	100.3	100.3	100.2	100.0	99.7	99.4	98.7
96.7	96.2	97.9	97.6	96.2	95.7	96.2	97.1
92.4	93.4	93.4	93.2	93.7	94.7	95.6	96.8

购进价格环比指数(2015年)

5月	6月	7月	8月	9月	10月	11月	12月
100.0	**99.7**	**100.0**	**99.6**	**99.3**	**99.5**	**99.3**	**99.3**
99.8	99.8	101.1	99.8	98.4	99.0	99.2	99.5
99.7	100.1	102.4	101.0	98.7	98.4	100.0	100.4
100.0	99.5	99.7	98.4	98.1	99.8	98.2	98.4
99.1	98.9	99.8	98.7	99.0	99.1	98.1	98.5
100.1	99.7	99.6	99.5	99.7	99.7	99.4	99.2
99.2	99.9	100.3	98.9	98.5	100.0	99.7	98.7
100.3	99.1	97.8	99.4	99.3	99.4	97.5	98.7
99.4	99.4	99.1	99.0	99.1	99.7	98.4	99.1
102.5	98.5	94.6	100.3	99.8	98.7	95.3	97.8
100.7	98.8	98.8	98.1	99.5	99.5	96.9	98.3
101.3	100.0	99.4	98.6	98.8	99.5	99.6	99.0
99.5	100.6	99.5	100.2	100.1	99.2	99.0	98.6
99.9	99.7	99.9	99.8	99.5	99.9	100.0	99.9
100.0	99.6	100.0	100.2	100.1	99.7	99.8	99.4
99.7	100.1	102.5	101.1	98.7	98.4	100.0	100.4
99.5	99.9	99.7	99.6	100.3	99.7	99.8	99.9

6-15 各月分类工业生产者

(2010年=100)

项目名称	全年	1月	2月	3月	4月
总 指 数	**101.7**	**104.2**	**103.0**	**102.5**	**102.4**
按初级中间最终产品分					
初级产品	96.3	100.0	97.6	96.7	96.7
农产品	106.5	108.5	106.4	105.1	105.5
矿产品	86.4	91.7	88.9	88.3	88.0
废料	89.4	93.0	92.5	92.1	91.7
中间产品	104.1	106.0	105.4	105.0	104.8
九大类原材料购进价格指数					
燃料、动力类	92.2	95.5	93.3	93.9	93.5
黑色金属材料类	78.4	84.6	83.4	81.2	79.6
钢材	87.4	91.5	91.1	90.4	89.0
其它	61.3	70.9	68.5	63.7	61.7
有色金属材料和电线类	96.5	100.7	99.3	98.5	98.9
化工原料类	89.6	91.6	90.4	89.7	90.0
木材及纸浆类	107.2	108.9	108.8	108.5	107.5
建筑材料类及非金属矿类	104.7	105.4	105.4	105.2	105.2
其它工业原材料及半成品类	125.1	125.8	125.6	125.4	125.4
农副产品类	106.5	108.5	106.4	105.1	105.5
纺织原料类	91.7	93.3	92.4	92.2	92.3

购进价格定基指数(2015年)

5月	6月	7月	8月	9月	10月	11月	12月
102.3	**102.1**	**102.1**	**101.7**	**101.0**	**100.5**	**99.8**	**99.1**
96.5	96.3	97.4	97.2	95.7	94.7	93.9	93.5
105.1	105.3	107.8	109.0	107.6	105.9	105.8	106.2
88.0	87.5	87.2	85.8	84.1	84.0	82.5	81.2
90.9	89.9	89.8	88.6	87.6	86.9	85.2	84.0
104.9	104.6	104.2	103.7	103.4	103.1	102.4	101.6
92.7	92.7	93.0	91.9	90.6	90.5	90.2	89.1
79.8	79.0	77.3	76.8	76.3	75.8	74.0	73.0
88.4	87.9	87.1	86.2	85.5	85.2	83.9	83.1
63.2	62.3	59.0	59.1	59.0	58.2	55.4	54.2
99.6	98.4	97.2	95.3	94.8	94.4	91.5	89.9
91.2	91.2	90.7	89.4	88.3	87.9	87.6	86.7
107.0	107.6	107.1	107.3	107.4	106.6	105.5	104.0
105.1	104.9	104.7	104.5	104.0	103.9	103.9	103.7
125.4	125.0	124.9	125.2	125.3	125.0	124.7	123.9
105.1	105.3	107.9	109.0	107.6	105.9	105.8	106.2
91.9	91.8	91.5	91.2	91.4	91.1	91.0	90.9

6-16 工业生产者购进价格完整(新行业)同比指数(2015年)

(上年＝100)

项目名称	指 数	项目名称	指 数
农业	94.7	坚果、含油果、香料和饮料作物种植	99.7
谷物种植	97.1	坚果种植	98.1
稻谷种植	100.0	香料作物种植	105.0
小麦种植	98.8	调味香料	111.3
玉米种植	94.1	香味料	102.7
其他谷物种植	100.4	茶及其他饮料作物种植	99.5
谷子	106.6	中药材种植	103.4
高粱	98.7	林业	91.5
大麦	99.5	木材和竹材采运	99.3
燕麦	102.6	木材采运	99.3
谷物茎、秆、根	101.2	针叶原木	99.8
其他谷物	99.6	非针叶原木	99.4
豆类、油料和薯类种植	92.3	其他木材	99.1
豆类种植	86.2	林产品采集	89.9
大豆	86.4	木竹材林产品采集	89.9
其他杂豆及豆秸	78.6	天然橡胶	88.7
油料种植	101.8	天然树脂、树胶、栲胶原料	100.6
花生	103.6	编结用原料	93.7
油菜籽	98.9	非木竹材林产品采集	100.3
芝麻	93.2	其他林产品	100.3
其他油料	100.0	畜牧业	100.9
薯类种植	98.8	牲畜饲养	105.6
甘薯	98.8	牛的饲养	95.5
棉、麻、糖、烟草种植	90.0	牛	101.8
棉花种植	89.7	生奶	92.4
麻类种植	99.5	马的饲养	99.4
烟草种植	100.0	猪的饲养	105.6
蔬菜、食用菌及园艺作物种植	102.2	其他牲畜饲养	104.2
蔬菜种植	102.7	动物毛	103.1
食用菌种植	100.0	动物毛皮	104.2
水果种植	98.4	家禽饲养	91.8
仁果类和核果类水果种植	98.4	鸡的饲养	89.1

6-16 续表 1

(上年＝100)

项目名称	指 数	项目名称	指 数
鸭的饲养	99.9	镍钴矿采选	99.8
其他家禽饲养	99.5	镍矿	99.8
禽蛋	99.5	铝矿采选	100.9
其他畜牧业	97.2	镁矿采选	102.3
蚕茧	97.2	其他常用有色金属矿采选	94.2
其他未列明畜牧业产品	100.3	钛矿	88.0
农、林、牧、渔服务业	81.8	其他常用有色金属矿	100.0
农业服务业	81.8	贵金属矿采选	96.1
农产品初加工服务	81.8	金矿采选	96.1
煤炭开采和洗选业	87.7	稀有稀土金属矿采选	94.3
烟煤和无烟煤开采洗选	87.6	钨钼矿采选	94.2
无烟煤	90.6	钼矿	94.2
烟煤	87.2	其他稀有金属矿采选	101.3
洗煤	84.8	非金属矿采选业	98.0
筛选煤	88.4	土砂石开采	98.6
褐煤开采洗选	91.8	石灰石、石膏开采	98.9
其他煤炭采选	100.0	石灰石	98.2
石油和天然气开采业	62.2	石膏类	104.9
石油开采	60.8	建筑装饰用石开采	100.1
原油	60.0	天然大理石荒料	100.2
其他天然原油和天然气	98.6	天然花岗石荒料	100.1
天然气开采	104.3	其他建筑用石料	100.0
黑色金属矿采选业	67.4	耐火土石开采	98.1
铁矿采选	67.4	耐火粘土	103.2
炼钢块矿	63.1	萤石	95.8
炼铁块矿	63.9	其他耐火土石类	97.1
铁精矿	71.3	粘土及其他土砂石开采	98.7
有色金属矿采选业	96.8	粘土	97.8
常用有色金属矿采选	97.3	砂石	98.4
铅锌矿采选	95.7	其他粘土及其他土砂石	100.0
铅矿	95.5	化学矿开采	100.0
锌矿	96.2	硫铁矿石	100.0

6-16 续表 2

(上年=100)

项目名称	指 数	项目名称	指 数
磷矿石	99.9	制糖业	101.6
其他化学矿	99.7	原糖	104.0
采盐	91.0	成品糖	97.8
海盐	90.8	加工糖	99.2
井盐	91.7	其他制糖	104.0
石棉及其他非金属矿采选	100.0	屠宰及肉类加工	102.7
石棉、云母矿采选	100.2	牲畜屠宰	102.4
石棉	99.8	鲜、冷藏肉	102.4
云母	101.7	可食用动物杂碎	100.0
石墨、滑石采选	98.5	禽类屠宰	107.4
石墨	99.6	其他禽畜屠宰	107.4
滑石	98.5	肉制品及副产品加工	102.6
宝石、玉石采选	100.0	动物肠衣	103.4
天然玉石类矿	100.0	其他未列明熟肉制品	101.5
其他未列明非金属矿采选	100.4	水产品加工	109.6
其他采矿业	100.0	水产饲料制造	109.6
农副食品加工业	100.7	蔬菜、水果和坚果加工	105.1
谷物磨制	101.2	蔬菜加工	100.0
小麦粉	101.4	其他蔬菜、水果和坚果加工	100.0
小麦专用粉	102.1	水果和坚果加工	105.9
大米	104.2	其他农副食品加工	97.0
其他谷物磨制产品	96.6	淀粉及淀粉制品制造	101.1
饲料加工	89.7	淀粉	101.2
配合饲料	99.8	其他淀粉及淀粉制品	100.4
蛋白质饲料	85.3	豆制品制造	91.5
其他饲料加工	93.0	其他未列明农副食品加工	91.9
植物油加工	96.8	食品制造业	93.7
食用植物油加工	99.2	乳制品制造	93.7
毛油(初榨植物油)	96.6	液体乳	95.1
精制食用植物油	95.0	固体乳制品	90.3
其他食用植物油	100.0	调味品、发酵制品制造	100.2
非食用植物油加工	91.4	味精制造	99.0

6-16 续表 3

(上年=100)

项目名称	指　数	项目名称	指　数
其他调味品、发酵制品制造	100.2	毛机织物(呢绒)	100.0
复合调味品	101.9	麻纺织及染整精加工	99.9
发酵类制品	100.0	麻纤维纺前加工和纺纱	99.9
其他食品制造	93.4	丝绢纺织及印染精加工	98.0
盐加工	92.7	缫丝加工	98.0
食用盐	100.2	绢纺和丝织加工	100.0
非食用盐	76.0	其他纤维长丝机织物	100.0
食品及饲料添加剂制造	100.2	家用纺织制成品制造	100.0
食品添加剂	100.2	毛制品制造	100.0
酒、饮料和精制茶制造业	102.9	非家用纺织制成品制造	91.7
酒的制造	102.4	纺织带和帘子布制造	91.7
酒精制造	100.5	帘子布	90.4
其他酒制造	106.0	其他纺织带和帘子布	100.0
饮料制造	103.2	皮革、毛皮、羽毛及其制品和制鞋业	100.1
果菜汁及果菜汁饮料制造	103.2	皮革鞣制加工	99.6
精制茶加工	101.6	半成品革	99.7
精制茶	101.6	成品革	99.3
烟草制品业	117.7	其他皮革	99.8
烟叶复烤	117.7	毛皮鞣制及制品加工	100.4
纺织业	93.4	毛皮鞣制加工	100.4
棉纺织及印染精加工	93.1	羽毛(绒)加工及制品制造	99.5
棉纺纱加工	91.1	羽毛(绒)加工	99.5
已梳皮棉	87.6	制鞋业	100.0
纱	99.3	橡胶鞋制造	100.0
棉织造加工	101.6	木材加工和木、竹、藤、棕、草制品业	99.7
线	96.5	木材加工	99.7
布	101.8	锯材加工	100.8
其他棉、化纤纺织及印染精加工	100.5	木片加工	98.3
棉印染精加工	97.6	木片	100.0
毛纺织及染整精加工	99.9	其他木材加工	97.4
毛条和毛纱线加工	99.4	人造板制造	99.5
毛织造加工	100.0	纤维板制造	99.9

6-16 续表 4

(上年=100)

项目名称	指 数	项目名称	指 数
刨花板制造	100.0	石油沥青	87.5
其他人造板制造	99.2	其它原油加工及石油制品制造	96.2
木制品制造	100.0	炼焦	95.2
软木制品及其他木制品制造	100.0	焦炭	95.1
造纸和纸制品业	96.5	矿物焦油	97.4
纸浆制造	95.5	化学原料和化学制品制造业	90.8
木竹浆制造	99.4	基础化学原料制造	93.1
非木竹浆制造	94.3	无机酸制造	101.2
非木材纤维纸浆	97.5	硫酸	101.6
废纸纸浆	93.1	盐酸	98.7
化学溶解浆及其他纸浆	99.7	其它无机酸产品	99.3
造纸	99.4	无机碱制造	97.6
机制纸及纸板制造	99.4	烧碱	98.9
未涂布印刷书写用纸	99.7	纯碱类	95.8
新闻纸	97.6	其它无机碱产品	96.6
其他机制纸及纸板	99.4	无机盐制造	95.9
加工纸制造	99.8	非金属卤化物及硫化物	99.7
纸制品制造	97.6	金属硫化物及硫酸盐	94.8
纸和纸板容器制造	96.5	金属硝酸盐、亚硝酸盐	106.5
其他纸制品制造	100.0	金属氧化物酸盐、金属过氧化物酸盐	92.7
其他纸制品	100.0	磷化物、金属磷酸盐	96.5
石油加工、炼焦和核燃料加工业	90.2	氟化物及其盐	102.0
精炼石油产品制造	84.3	氯化物及其盐	99.5
原油加工及石油制品制造	84.3	氯氧化物及氢氧基氯化物	92.7
汽油	95.1	氰化物、氧氰化物及氰络合物	89.4
柴油	90.7	硅化物及硅酸盐	91.4
润滑油	100.5	硼化物、硼酸盐和过硼酸盐	99.1
燃料油	91.8	碳化物及碳酸盐	97.1
石脑油	57.0	贵金属化合物	84.7
溶剂油	86.4	有机化学原料制造	88.3
石油液化气	101.4	环烃	79.5
石油焦	88.1	无环烃不饱和氯化衍生物	85.5

6-16 续表 5

(上年=100)

项目名称	指　数	项目名称	指　数
烃磺化、硝化或亚硝化衍生物	73.1	非水性涂料	100.0
无环醇及其衍生物	90.4	建筑涂料	100.0
酚	84.2	涂料辅助材料	99.7
羧酸及其衍生物	98.4	油墨及类似产品制造	103.3
氨基化合物	87.6	印刷油墨	103.7
含氮基化合物	96.8	其它油墨及类似产品制造	96.3
醚	94.7	颜料制造	99.8
醛	95.8	无机颜料	99.8
酮	74.7	染料制造	107.1
其他有机化学原料	89.5	合成材料制造	86.1
其他基础化学原料制造	96.3	初级形态塑料及合成树脂制造	94.6
非金属无机氧化物	92.8	合成橡胶制造	84.3
过氧化氢(双氧水)	92.7	顺丁橡胶	77.1
金属氧化物	100.2	丁苯橡胶	89.3
气体及稀有气体	100.7	丁腈橡胶	96.8
磷	94.4	氯丁橡胶	96.0
其他未列明基础化学原料	100.0	其他合成橡胶	96.4
肥料制造	98.0	合成纤维单(聚合)体制造	69.4
氮肥制造	96.6	合成纤维单体	69.3
氨及氨水	97.4	合成纤维聚合物	101.7
氮肥(折含N100%)	96.0	其他合成材料制造	88.2
磷肥制造	102.0	油脂类高分子聚合物	88.2
钾肥制造	99.8	专用化学产品制造	93.3
复混肥料制造	100.0	化学试剂和助剂制造	94.1
农药制造	99.1	化学试剂	96.1
化学农药制造	99.1	催化剂	93.2
杀菌剂原药	99.3	橡胶助剂	80.0
除草剂原药	98.7	润滑剂及类似制品	100.0
其他化学农药	100.0	炭黑	101.3
涂料、油墨、颜料及类似产品制造	104.0	其他化学试剂和助剂	96.1
涂料制造	100.0	专项化学用品制造	99.9
水性涂料	100.2	酶及酶制品	99.9

6-16 续表 6

(上年＝100)

项目名称	指　数	项目名称	指　数
林产化学产品制造	88.9	血液制品制剂	100.7
松香类产品	94.3	化学纤维制造业	88.6
其他林产化学产品	83.5	纤维素纤维原料及纤维制造	103.6
信息化学品制造	93.2	人造纤维(纤维素纤维)制造	103.6
电子半导体材料	93.2	人造纤维短纤维	103.6
动物胶制造	100.0	人造纤维长丝	101.6
其他专用化学产品制造	97.0	合成纤维制造	87.6
其他	97.0	锦纶纤维制造	95.1
炸药、火工及焰火产品制造	97.9	涤纶纤维制造	85.2
炸药及火工产品制造	97.9	其他合成纤维制造	100.0
炸药	98.9	橡胶和塑料制品业	97.7
火工产品	95.7	橡胶制品业	97.4
焰火、鞭炮产品制造	100.0	轮胎制造	99.5
其它炸药及火工产品制造	100.0	橡胶轮胎外胎	99.4
日用化学产品制造	99.8	橡胶内胎	99.5
香料、香精制造	99.8	橡胶板、管、带制造	99.1
香料	94.3	橡胶管	99.1
香精	100.1	其他橡胶制品制造	92.2
医药制造业	99.6	硬质橡胶及其制品	92.2
化学药品原料药制造	99.4	塑料制品业	97.8
抗菌素(抗感染药)	99.3	塑料薄膜制造	99.2
消化系统用药	100.0	聚乙烯(PE)塑料薄膜	99.1
解热镇痛药	99.5	聚丙烯(PP)塑料薄膜	99.5
维生素类	90.2	聚酯塑料薄膜	96.7
中枢神经系统用药	97.1	塑料板、管、型材制造	85.6
激素类药	100.9	塑料板、片	84.0
调解水、电解质、酸碱平衡药	101.2	塑料管及附件	95.7
抗组织胺类药及解毒药	100.0	塑料丝、绳及编织品制造	99.5
消毒防腐及创伤外科用药	72.0	塑料单丝	95.9
制剂用辅料及附加剂	115.8	塑料编织袋	111.7
生物药品制造	100.0	塑料袋	100.0
生物制剂	100.0	泡沫塑料制造	99.6

6-16 续表 7

(上年=100)

项目名称	指　数	项目名称	指　数
聚乙烯泡沫塑料	100.0	其他平板玻璃	99.7
聚苯乙烯泡沫塑料	78.0	其他技术玻璃制品制造	98.4
聚氨酯泡沫塑料	100.0	玻璃制品制造	100.1
其他泡沫塑料	97.0	技术玻璃制品制造	95.1
塑料人造革、合成革制造	105.1	钢化玻璃	95.1
塑料人造革	105.1	光学玻璃制造	99.8
塑料包装箱及容器制造	100.0	光学仪器用玻璃	100.0
塑料容器	100.0	信号玻璃器及其他玻璃制光学元件	93.7
其他塑料包装物附件	100.0	日用玻璃制品制造	100.0
塑料零件制造	100.4	其他日用玻璃制品及玻璃包装容器	100.0
塑料绝缘零件	100.4	玻璃包装容器制造	100.7
汽车或类似品塑料配件	103.3	玻璃纤维和玻璃纤维增强塑料制品制造	100.0
其他塑料零件	100.0	玻璃纤维及制品制造	100.0
其他塑料制品制造	97.4	玻璃纤维工业用玻璃球	99.3
塑料粒料	97.4	玻璃纤维布	100.0
非金属矿物制品业	98.9	其他玻璃纤维制品	100.3
水泥、石灰和石膏制造	94.5	陶瓷制品制造	95.8
水泥制造	94.1	特种陶瓷制品制造	95.4
强度等级水泥	96.7	功能陶瓷制品	95.4
通用硅酸盐水泥	87.1	日用陶瓷制品制造	100.2
硅酸盐水泥熟料	89.6	耐火材料制品制造	91.2
石灰和石膏制造	97.6	石棉制品制造	99.5
石灰	96.8	耐火陶瓷制品及其他耐火材料制造	90.5
熟石膏	98.9	致密定形耐火制品	100.4
砖瓦、石材等建筑材料制造	99.0	隔热耐火制品	81.2
其他建筑材料制造	99.0	其他耐火材料制品	104.4
玻璃制造	98.7	石墨及其他非金属矿物制品制造	98.4
平板玻璃制造	98.5	石墨及碳素制品制造	96.8
浮法玻璃	98.4	石墨制品	97.9
压延玻璃	100.0	炭制品	95.8
平拉玻璃	98.7	炭素新材料	96.3
其他玻璃制造	99.6	其他石墨及碳素产品	97.9

6-16 续表 8

(上年＝100)

项目名称	指　数	项目名称	指　数
其他非金属矿物制品制造	99.4	热轧薄宽钢带	99.8
磨具	98.9	冷轧薄宽钢带	82.0
磨料	96.6	热轧窄钢带	91.5
其他非金属矿物制品	102.2	冷轧窄钢带	99.1
黑色金属冶炼和压延加工业	92.0	镀层板带	87.3
炼铁	87.3	无缝钢管	94.1
生铁	87.1	焊接钢管	95.9
铸铁管及其附件	100.0	其他钢材	92.4
其他炼铁产品	96.2	铁合金冶炼	94.8
炼钢	86.1	特种铁合金	94.7
非合金钢粗钢	84.7	其他铁合金	96.7
合金钢粗钢	100.3	有色金属冶炼和压延加工业	94.5
其他炼钢	93.4	常用有色金属冶炼	93.8
黑色金属铸造	98.3	铜冶炼	85.1
铸铁件	95.7	粗铜	88.0
铸钢件	99.7	阳极铜	99.8
钢压延加工	91.9	精炼铜(电解铜)	79.4
非合金钢钢坯	91.5	直接利用再生铜	85.8
低合金钢钢坯	84.4	铅锌冶炼	96.2
合金钢钢坯	94.9	粗铅	93.7
不锈钢钢坯	99.8	铅	92.9
大型型钢	92.2	锌	97.7
中小型型钢	92.9	镍钴冶炼	98.9
钢筋	89.5	镍	98.9
棒材	96.7	锡冶炼	100.0
线材(盘条)	95.4	锑冶炼	100.0
特厚板	97.5	锑品(矿产)	100.0
厚钢板	93.0	铝冶炼	96.7
中板	90.7	氧化铝	96.4
热轧薄板	93.7	化学品氧化铝实物量	100.4
冷轧薄板	96.6	原铝(电解铝)	95.8
中厚宽钢带	97.0	再生铝	93.6

6-16 续表 9

(上年=100)

项目名称	指 数	项目名称	指 数
镁冶炼	97.9	其他铝材及附件	91.5
其他常用有色金属冶炼	94.1	其他有色金属压延加工	100.3
碱金属及碱土金属	94.1	铅压延加工材	104.6
贵金属冶炼	96.5	锌压延加工材	100.0
金冶炼	96.6	锡压延加工材	100.0
矿山成品金	96.7	镁、钛，相关常用有色金属加工材	90.4
冶炼产金	95.5	金属制品业	96.6
银冶炼	84.5	集装箱及金属包装容器制造	99.9
矿料产银	83.6	金属包装容器制造	99.9
再生银	84.6	钢铁制包装容器	98.0
稀有稀土金属冶炼	99.7	铝制包装容器	100.0
钨钼冶炼	69.0	金属丝绳及其制品制造	96.0
钼	69.0	铁丝	99.2
稀土金属冶炼	100.0	钢丝	97.4
单一稀土金属	100.0	铜丝	96.4
有色金属合金制造	96.7	钢丝绳	91.3
铅合金	100.0	钢绞线	92.9
锌合金	100.0	其他金属丝绳及其制品	96.3
铝合金	94.9	其他金属制品制造	97.3
钛、铋、镉、钴及其他常用有色金属合金	100.5	其他未列明金属制品制造	97.3
稀土金属合金	100.0	其他未列明的金属制品制造	97.3
铑、铱、锇及其他贵金属合金	98.8	通用设备制造业	100.1
有色金属铸造	100.0	锅炉及原动设备制造	101.3
其他稀有金属	100.0	内燃机及配件制造	101.3
有色金属压延加工	96.1	内燃机零部件及配件	100.0
铜压延加工	89.3	其他内燃机	102.6
铝压延加工	97.2	泵、阀门、压缩机及类似机械制造	100.5
铝棒材	97.3	阀门和旋塞制造	100.5
铝型材	97.0	阀门	100.5
铝板材	96.9	阀门、 龙头零件	99.8
铝箔材	100.3	轴承、齿轮和传动部件制造	96.9

6-16 续表 10

(上年=100)

项目名称	指 数	项目名称	指 数
轴承制造	97.8	变压器、整流器和电感器制造	100.0
轴承零配件	97.8	变压器	100.0
齿轮及齿轮减、变速箱制造	86.1	互感器	100.0
齿轮	86.1	静止式变流器	100.1
通用零部件制造	99.6	电容器及其配套设备制造	100.0
金属密封件制造	97.0	电力电容器	100.0
紧固件制造	100.0	电力电容器零件	99.9
钢铁制紧固件	100.0	配电开关控制设备制造	113.4
汽车制造业	99.3	高压开关设备	100.0
汽车零部件及配件制造	99.3	隔离开关及断续开关	113.6
机动车(汽车)零配件	100.0	避雷器、电压限幅器及电涌抑制器	101.0
汽车底盘、车架、车身及其零配件	98.4	高压开关、保护或连接用组合装置	100.0
铁路、船舶、航空航天和其他运输设备制造业	100.6	电线、电缆、光缆及电工器材制造	101.5
铁路运输设备制造	100.0	电线、电缆制造	101.6
铁路机车车辆配件制造	100.0	绝缘电线	95.5
铁路车辆车身及其零件	100.0	电力电缆	112.4
摩托车制造	100.8	其他电线、电缆	98.3
摩托车零部件及配件制造	100.8	光纤、光缆制造	100.0
自行车制造	100.1	光纤	100.0
助动自行车制造	100.1	电池制造	100.0
助动自行车零件	100.1	镍氢电池制造	100.0
电气机械和器材制造业	113.1	其他电池制造	100.0
电机制造	99.7	原电池及原电池组(非扣式)	100.0
电动机制造	99.6	铅酸蓄电池	100.0
直流电动机	99.2	物理电池	100.0
交流电动机	100.1	照明器具制造	100.0
交直流两用电动机	98.8	灯用电器附件及其他照明器具制造	100.0
其他电机及零件	100.5	插头、插座及类似电路连接装置	100.0
微电机及其他电机制造	99.8	计算机、通信和其他电子设备制造业	99.9
驱动微电机	99.8	计算机制造	100.0
输配电及控制设备制造	113.3	计算机整机制造	100.0

6-16 续表 11

(上年＝100)

项目名称	指数	项目名称	指数
系统形式自动数据处理设备	100.0	燃气表、水表	100.0
计算机外围设备制造	100.0	专用仪器仪表制造	100.2
外存储设备及部件	100.0	电子测量仪器制造	100.2
通信设备制造	100.0	其他电子测量仪器	100.2
通信系统设备制造	100.0	光学仪器及眼镜制造	100.0
通信传输设备零件	100.0	光学仪器制造	100.0
电子器件制造	100.1	其他光学仪器零件、附件	100.0
半导体分立器件制造	100.1	废弃资源综合利用业	90.7
半导体二极管	100.1	金属废料和碎屑加工处理	89.6
传感器	100.0	熔炼用废钢	87.9
集成电路制造	100.1	熔炼用废铁	93.4
集成电路成品	100.1	有色金属废料与碎屑	96.1
其他集成电路微电子组件	100.0	非金属废料和碎屑加工处理	101.2
光电子器件及其他电子器件制造	99.8	纺织品废料	118.8
显示器件	96.9	造纸废料、废纸	97.3
半导体光电器件	100.0	塑料废料	102.1
其他光电子器件及电子器件	100.3	其他非金属废料和碎屑	98.1
电子元件制造	99.4	电力、热力生产和供应业	100.7
电子元件及组件制造	99.4	电力供应	100.7
电阻器及电阻网络	100.0	热力生产和供应	100.7
电子元件、组件零件	99.3	热力	102.2
印制电路板制造	99.3	供热总量	99.4
刚性印制电路板	100.0	燃气生产和供应业	100.2
挠性印制电路板	100.0	煤气生产量	100.0
其他印制电路板	96.8	人工煤气供应量	100.3
仪器仪表制造业	100.0	天然气供应量	100.3
通用仪器仪表制造	100.0	水的生产和供应业	100.1
电工仪器仪表制造	100.0	自来水生产和供应	100.1
电能表	100.0	自来水生产量	100.0
供应用仪表及其他通用仪器制造	100.0	自来水供应量	100.4
执行器	100.0		

6-17 历年固定资产投资价格指数

(上年＝100)

年份	总指数	建筑安装工程				设备、工器具	其它费用
			人工费	材料费	机械使用费		
1989		113.4	105.5	120.0			
1990		113.9	156.4	114.3			
1991	109.4	109.7				108.6	109.6
1992	119.8	122.5	111.7	123.8		115.0	112.0
1993	126.7	128.8	202.4	125.7		121.4	125.0
1994	106.0	103.2	117.4	100.3		113.1	105.4
1995	105.9	103.8	112.8	100.9		111.3	104.0
1996	103.9	103.9	102.3	103.8	110.3	103.8	104.6
1997	102.9	103.9	115.5	100.7	113.1	101.2	102.2
1998	98.7	98.1	101.8	96.2	103.4	100.0	98.5
1999	98.0	98.1	100.8	97.3	101.3	97.5	98.9
2000	102.9	105.0	111.5	104.2	104.5	99.0	100.4
2001	100.4	101.5	101.3	101.9	100.5	97.3	101.2
2002	98.7	99.5	100.7	99.0	100.5	95.9	100.2
2003	103.8	105.8	103.5	107.5	100.6	99.2	102.1
2004	110.1	113.6	104.1	118.8	101.3	103.9	102.5
2005	101.4	101.3	104.4	100.4	101.6	101.5	101.9
2006	101.6	101.5	110.0	99.7	100.8	101.5	101.7
2007	104.6	106.3	109.8	106.3	100.8	101.4	101.9
2008	109.0	112.1	114.1	117.1	102.6	102.5	103.3
2009	96.4	94.6	110.2	88.2	105.0	98.8	102.5
2010	103.5	104.9	109.9	103.8	102.4	100.5	101.3
2011	107.4	110.1	111.0	111.0	103.6	102.3	103.0
2012	101.0	101.4	111.0	98.6	102.4	99.7	101.9
2013	99.9	99.8	107.5	97.1	101.9	99.7	101.2
2014	100.0	100.1	106.8	97.8	101.4	99.4	100.7
2015	97.6	96.5	103.3	93.6	101.2	99.0	100.5

6-18 分季度固定资产投资价格指数(2015年)

(上年同期=100)

项　　目	年平均	一季度	二季度	三季度	四季度
总 指 数	**97.6**	**98.4**	**98.0**	**97.2**	**96.9**
建安、装饰工程	96.5	97.7	97.0	95.9	95.5
人工费	103.3	103.2	104.3	102.9	102.9
材料费	93.6	95.3	94.0	92.9	92.1
钢材	87.9	91.2	89.2	86.9	84.3
木材	99.1	98.1	98.6	100.7	98.9
水泥	96.0	97.7	95.0	95.1	96.2
地方建筑材料	99.6	99.3	99.3	98.9	100.8
化工材料	92.0	98.6	93.1	90.9	85.3
电料	100.4	99.9	102.4	99.5	99.7
其它材料	96.0	93.5	97.2	92.4	100.9
机械使用费	101.2	101.8	100.9	100.5	101.7
设备、工器具购置	99.0	99.1	99.3	99.1	98.8
其他费用	100.5	101.2	100.3	100.1	100.3

6-19 郑州市分月住宅

(上年同期=100)

项　　目	年平均	1月	2月	3月	4月	5月
新建住宅	**99.8**	**99.3**	**98.7**	**98.5**	**98.2**	**97.9**
新建商品住宅	99.8	99.3	98.7	98.4	98.2	97.9
90平方米及以下	100.8	100.6	100.0	99.5	99.1	99.1
90－144平方米	100.2	99.1	98.7	99.0	99.1	98.6
144平方米以上	98.1	98.0	97.0	96.4	95.9	95.5
二手住宅	**100.0**	**100.2**	**99.5**	**98.7**	**98.5**	**98.3**
90平方米及以下	100.7	101.1	100.4	99.5	99.4	99.0
90-144平方米	100.3	100.8	99.9	99.2	98.9	98.7
144平方米以上	98.4	97.6	97.1	96.5	96.3	96.5

6-19 续表

(上月=100)

项　　目	1月	2月	3月	4月	5月
新建住宅	**99.7**	**99.8**	**100.2**	**99.8**	**100.0**
新建商品住宅	99.7	99.8	100.2	99.8	100.0
90平方米及以下	99.9	99.9	100.0	99.9	100.2
90－144平方米	99.8	100.0	100.5	100.0	99.9
144平方米以上	99.4	99.4	99.9	99.5	100.0
二手住宅	**100.0**	**100.0**	**100.0**	**100.2**	**100.1**
90平方米及以下	99.9	100.1	100.0	100.2	100.1
90-144平方米	100.2	100.0	100.0	100.1	100.0
144平方米以上	99.9	99.8	100.1	100.2	100.1

销售价格指数(2015年)

6月	7月	8月	9月	10月	11月	12月
98.4	**98.9**	**99.9**	**101.2**	**101.9**	**102.2**	**102.7**
98.4	98.8	99.9	101.3	101.9	102.3	102.7
99.4	99.8	100.7	102.1	102.6	102.9	103.2
99.2	99.3	100.3	101.7	102.2	102.6	103.1
96.1	97.0	98.3	99.6	100.7	101.0	101.6
98.5	**98.9**	**99.5**	**100.6**	**101.8**	**102.3**	**102.7**
99.2	99.4	100.3	101.2	102.4	102.8	103.2
99.0	99.3	99.6	100.7	101.9	102.4	102.6
96.6	97.5	98.1	99.5	100.9	101.5	102.1

6月	7月	8月	9月	10月	11月	12月
100.5	**100.4**	**100.6**	**100.4**	**100.6**	**100.2**	**100.4**
100.5	100.4	100.6	100.4	100.6	100.2	100.4
100.4	100.5	100.6	100.6	100.6	100.1	100.4
100.6	100.1	100.5	100.6	100.5	100.3	100.3
100.6	100.7	100.7	100.0	100.8	100.1	100.5
100.2	**100.3**	**100.0**	**100.2**	**100.5**	**100.5**	**100.7**
100.3	100.3	100.2	100.2	100.5	100.6	100.7
100.2	100.3	99.9	100.2	100.6	100.5	100.5
100.1	100.5	99.7	100.0	100.4	100.6	100.7

6-20 洛阳市分月住宅

(上年同期=100)

项　　目	年平均	1月	2月	3月	4月	5月
新建住宅	**94.9**	**94.8**	**93.8**	**93.4**	**93.0**	**92.8**
新建商品住宅	94.9	94.8	93.7	93.3	92.9	92.7
90平方米及以下	96.8	97.1	96.0	95.5	95.5	94.9
90－144平方米	94.0	93.8	92.8	92.3	91.9	91.8
144平方米以上	94.3	94.1	93.1	92.9	92.0	92.1
二手住宅	**95.7**	**96.8**	**96.0**	**95.0**	**94.3**	**93.8**
90平方米及以下	96.2	97.0	96.2	94.9	94.2	93.8
90-144平方米	95.4	96.7	95.6	94.6	94.0	93.4
144平方米以上	95.7	96.8	96.4	95.8	94.8	94.4

6-20 续表

(上月=100)

项　　目	1月	2月	3月	4月	5月
新建住宅	**99.4**	**99.4**	**99.8**	**99.6**	**99.9**
新建商品住宅	99.4	99.4	99.8	99.6	99.9
90平方米及以下	99.9	99.4	100.0	100.1	99.4
90－144平方米	99.1	99.1	99.6	99.6	99.9
144平方米以上	99.3	99.7	99.8	99.1	100.2
二手住宅	**99.5**	**99.7**	**99.6**	**99.8**	**99.8**
90平方米及以下	99.7	99.8	99.5	99.9	99.8
90-144平方米	99.4	99.6	99.6	99.7	99.7
144平方米以上	99.5	99.8	99.7	99.8	99.9

销售价格指数(2015年)

6月	7月	8月	9月	10月	11月	12月
93.9	**94.6**	**95.6**	**96.3**	**96.7**	**97.0**	**97.4**
93.8	94.5	95.5	96.2	96.7	96.9	97.4
95.7	96.0	97.3	97.9	98.4	98.6	98.9
92.8	93.4	94.7	95.7	96.3	96.4	96.6
93.6	94.7	95.0	95.5	95.8	96.1	97.0
93.5	**94.4**	**95.4**	**96.4**	**97.3**	**97.9**	**98.1**
93.4	94.6	96.2	97.0	98.4	99.0	99.5
93.3	94.1	95.0	96.2	97.0	97.5	97.6
94.0	94.7	94.9	95.9	96.4	96.9	97.0

6月	7月	8月	9月	10月	11月	12月
100.0	**99.9**	**100.0**	**99.9**	**99.9**	**99.8**	**99.8**
100.0	99.9	100.0	99.9	99.9	99.8	99.8
100.1	100.0	100.3	100.2	100.0	99.9	99.6
99.8	99.9	100.0	99.7	100.0	99.9	99.8
100.1	99.9	99.7	99.9	99.7	99.7	99.9
99.9	**100.0**	**100.0**	**100.1**	**100.0**	**99.9**	**99.9**
100.0	100.2	100.3	100.1	100.1	100.1	100.0
99.8	100.0	100.0	100.2	99.9	99.8	99.8
99.7	99.9	99.6	100.1	99.8	99.7	99.6

6-21 平顶山市分月住宅

(上年同期=100)

项　目	年平均	1月	2月	3月	4月	5月
新建住宅	**95.7**	**95.1**	**94.6**	**94.2**	**93.8**	**93.6**
新建商品住宅	95.7	95.0	94.5	94.1	93.7	93.5
90平方米及以下	95.7	95.6	95.1	94.5	94.2	93.9
90－144平方米	95.4	94.6	93.9	93.7	93.3	93.1
144平方米以上	96.0	94.7	94.6	94.0	93.7	93.7
二手住宅	**95.7**	**95.9**	**95.1**	**94.5**	**94.2**	**94.0**
90平方米及以下	96.3	95.9	95.5	94.7	94.3	94.6
90-144平方米	95.4	96.4	95.2	94.7	94.4	93.7
144平方米以上	94.3	93.9	93.2	92.9	92.3	92.1

6-21 续表

(上月=100)

项　目	1月	2月	3月	4月	5月
新建住宅	**99.4**	**99.7**	**99.8**	**99.8**	**99.7**
新建商品住宅	99.4	99.7	99.7	99.8	99.7
90平方米及以下	99.5	99.9	99.7	99.7	99.6
90－144平方米	99.2	99.4	99.9	99.8	99.8
144平方米以上	99.7	100.1	99.7	99.8	99.9
二手住宅	**99.6**	**99.5**	**99.8**	**99.9**	**99.9**
90平方米及以下	99.7	99.7	99.6	99.8	100.2
90-144平方米	99.7	99.5	100.0	99.9	99.5
144平方米以上	99.4	99.2	99.8	99.8	99.9

销售价格指数(2015年)

6月	7月	8月	9月	10月	11月	12月
94.0	**95.2**	**96.0**	**97.1**	**97.7**	**98.4**	**99.0**
94.0	95.1	96.0	97.0	97.7	98.3	99.0
94.3	95.4	95.8	96.2	96.9	97.8	98.2
93.4	94.9	95.9	97.3	97.8	98.4	98.9
94.4	95.1	96.3	97.8	98.6	99.1	100.5
93.8	**94.9**	**96.0**	**96.7**	**97.4**	**97.7**	**98.2**
94.5	95.8	96.9	98.0	98.5	98.5	98.3
93.5	94.3	95.4	95.5	96.3	96.9	97.9
91.6	92.6	94.0	95.3	97.0	97.8	99.3

6月	7月	8月	9月	10月	11月	12月
99.9	**100.0**	**100.1**	**100.4**	**100.0**	**99.9**	**100.2**
99.9	100.0	100.1	100.4	100.0	99.9	100.2
100.0	100.0	99.9	99.9	100.0	100.0	100.1
99.8	100.0	100.2	100.7	100.0	100.0	100.1
99.8	100.1	100.3	100.8	100.2	99.8	100.4
99.8	**100.0**	**100.1**	**99.9**	**100.0**	**99.8**	**99.9**
99.9	100.1	100.1	100.2	99.9	99.7	99.2
99.7	99.9	100.0	99.3	100.0	99.8	100.6
99.5	99.9	100.0	100.6	100.5	100.4	100.3

6-22 郑州、洛阳、平顶山市

郑州市(以2010年价格为100)

项　　目	1月	2月	3月	4月	5月
新建住宅	**119.9**	**119.6**	**119.8**	**119.6**	**119.7**
新建商品住宅	120.4	120.1	120.3	120.1	120.2
90平方米及以下	123.2	123.0	123.0	122.9	123.1
90－144平方米	119.1	119.0	119.7	119.7	119.5
144平方米以上	118.2	117.6	117.5	116.9	116.9
二手住宅	**111.8**	**111.8**	**111.9**	**112.1**	**112.2**
90平方米及以下	114.2	114.3	114.4	114.6	114.7
90-144平方米	111.6	111.6	111.6	111.8	111.8
144平方米以上	108.6	108.4	108.5	108.7	108.9

6-22 续表 1

洛阳市(以2010年价格为100)

项　　目	1月	2月	3月	4月	5月
新建住宅	**110.6**	**109.9**	**109.7**	**109.2**	**109.1**
新建商品住宅	110.8	110.1	109.9	109.4	109.2
90平方米及以下	118.0	117.3	117.3	117.5	116.7
90－144平方米	107.9	106.9	106.5	106.1	106.0
144平方米以上	109.0	108.7	108.5	107.4	107.6
二手住宅	**108.3**	**108.0**	**107.6**	**107.3**	**107.1**
90平方米及以下	110.0	109.7	109.2	109.1	108.9
90-144平方米	107.4	107.0	106.6	106.2	105.9
144平方米以上	107.4	107.1	106.7	106.5	106.5

6-22 续表 2

平顶山市(以2010年价格为100)

项　　目	1月	2月	3月	4月	5月
新建住宅	**109.4**	**109.1**	**108.8**	**108.6**	**108.3**
新建商品住宅	109.5	109.2	109.0	108.7	108.4
90平方米及以下	111.7	111.5	111.2	110.8	110.4
90－144平方米	111.8	111.1	111.0	110.8	110.6
144平方米以上	103.0	103.1	102.7	102.5	102.4
二手住宅	**106.8**	**106.3**	**106.1**	**105.9**	**105.8**
90平方米及以下	111.7	111.4	111.0	110.8	110.9
90-144平方米	104.5	103.9	103.9	103.8	103.3
144平方米以上	94.3	93.5	93.3	93.1	93.0

住宅销售价格定基指数(2015年)

6月	7月	8月	9月	10月	11月	12月
120.2	**120.8**	**121.5**	**122.0**	**122.7**	**122.9**	**123.4**
120.8	121.3	122.0	122.5	123.3	123.5	124.0
123.6	124.2	125.0	125.7	126.5	126.6	127.2
120.2	120.3	121.0	121.7	122.2	122.6	123.0
117.6	118.5	119.3	119.3	120.3	120.4	120.9
112.4	**112.8**	**112.7**	**112.9**	**113.5**	**114.1**	**114.9**
115.1	115.4	115.5	115.8	116.4	117.1	117.9
112.0	112.4	112.3	112.5	113.2	113.8	114.4
109.0	109.6	109.2	109.2	109.6	110.2	111.1

6月	7月	8月	9月	10月	11月	12月
109.1	**109.0**	**109.0**	**108.9**	**108.8**	**108.6**	**108.4**
109.2	109.1	109.1	109.0	108.9	108.7	108.5
116.8	116.8	117.2	117.4	117.5	117.4	116.9
105.8	105.7	105.7	105.5	105.4	105.3	105.1
107.7	107.7	107.3	107.2	106.9	106.6	106.5
106.9	**107.0**	**107.0**	**107.1**	**107.1**	**107.0**	**106.8**
108.8	109.1	109.4	109.5	109.6	109.7	109.7
105.7	105.7	105.7	106.0	105.9	105.6	105.5
106.1	106.0	105.6	105.6	105.4	105.1	104.7

6月	7月	8月	9月	10月	11月	12月
108.2	**108.2**	**108.3**	**108.8**	**108.8**	**108.7**	**108.9**
108.3	108.3	108.4	108.9	108.9	108.9	109.0
110.4	110.3	110.2	110.1	110.1	110.1	110.2
110.4	110.3	110.6	111.4	111.4	111.3	111.5
102.2	102.2	102.6	103.4	103.6	103.4	103.8
105.6	**105.6**	**105.7**	**105.5**	**105.5**	**105.3**	**105.2**
110.9	111.0	111.2	111.4	111.3	111.0	110.2
103.0	102.9	102.9	102.2	102.2	102.0	102.6
92.6	92.5	92.5	93.1	93.6	94.0	94.2

主要统计指标解释

工业生产者出厂价格指数 是反映工业产品出厂价格水平变动趋势及变动程度的相对数。工业生产者出厂价格是指工业企业向商业（物资）部门或商业企业、其他生产单位、个人出售产品的价格，它是工业产品进入流通领域的最初价格，是制定工业产品批发价格和零售价格的基础。工业生产者出厂价格指数按轻重工业分类，可以分为轻工业出厂价格指数和重工业价格指数；按两大部类分类，可以分为生产资料出厂价格指数和生活资料价格指数。

工业生产者购进价格指数 是反映工业企业作为生产投入，而从物资交易市场或能源、原材料生产企业购买原材料、燃料及动力产品时，所支付的价格水平变动趋势和程度的统计指标，它是扣除工业企业物质消耗成本中的价格变动影响的重要依据。目前，编制的工业生产者购进价格指数所调查的产品包括燃料、动力类，黑色金属材料类，有色金属材料和电线类，化工原料类，木材及纸浆类，建筑材料及非金属矿类，其它工业原材料及半成品类，农副食品类，纺织原料类共九大类的产品。

国家统计局从 2011 年 1 月开始实施新的工业生产者价格统计调查制度方法。“工业品价格统计”改称为“工业生产者价格统计”，相应地将“工业品出厂价格指数”和“原材料、燃料、动力购进价格指数”分别改称为“工业生产者出厂价格指数”和“工业生产者购进价格指数”。

2012 年，按国家统计局的要求，新的国家标准《国民经济行业分类》（GB/T4754-2011）从 2012 年定报统一开始使用。2012 年工业生产者出厂和购进价格指数行业分类标准均按新的国民经济行业分类标准执行。

为适应分析的需要，在工业生产者出厂价格指数分类中增加了核心指数、高技术指数、能源类指数、初级产品、中间产品、最终产品等新的分类指数。

核心指数是指扣除农副食品加工产品、煤炭、石油、发电等能源类相关产品的其他产品价格变动总体情况的度量指标。

高技术指数是指核电、生物制品、部分药品及医疗器械、飞机制造、大部分通讯电子产品、部分仪表、机床等科技含量比较高的产品价格变动总体情况的度量指标。

能源指数是指煤炭开采、石油天然气开采及加工、核能发电、火力发电、风能发电等能源类产品价格变动总体情况的度量指标。

初级产品指数是指直接开采的产品及废旧物资回收直接粗加工的产品价格波动指数。

中间产品指数是指工业加工处理后可能重新投入生产环节的产品价格变动总体情况的度量指标。

最终产品指数是指工业加工处理后可能投入最终消费或者投资的产品价格变动总体情况的度量指标。

部分产品可以既是中间产品，又是最终产品。

固定资产投资价格指数 是反映全社会、国民经济各行业及各类工程固定资产投资中涉及的各类投资品和取费项目价格变动趋势和变动幅度的相对数。固定资产投资价格指数按构成分为：建筑安装工程投资价格指数，设备、工器具投资价格指数，其它费用投资价格指数。建筑安装工程投资价格指数主要有，人工费价格指数，材料费价格指数，机械使用费价格指数。材料费按使用材料的种类分为：钢材、木材、水泥、地方材料、化工材料、电料、其它材料共七大类。

住宅销售价格指数 住宅销售价格指数是综合反映住宅商品价格水平总体变化趋势和变化幅度的相对数。中国住宅销售价格指数由 70 个大中城市的新建住宅销售价格指数和二手住宅销售价格指数组成，河南只有郑州、洛阳、平顶山三市作为国家调查城市，开展住宅销售价格指数调查编制工作。

2011 年国家统计局对房地产价格统计调查方案进行了较大改革，调整了调查指标和数据采集方式，将房屋销售价格指数调整为新建住宅销售价格指数和二手住宅销售价格指数，新建住宅销售价格统计的数据来源由过去开发商填报改成了直接使用网签数据；采用国际通行的链式拉氏公式，编制定基住宅销售价格指数序列，对比基期5年调整一次，现行对比基期为2010年。

农产品价格

资料整理：贾世云

7-1 历年农产品生产者价格指数

(上年=100)

农产品名称	2001年	2005年	2010年	2011年	2012年	2013年	2014年	2015年
总 指 数		**100.7**	**112.5**	**111.5**	**102.9**	**102.6**	**97.5**	**100.7**
农业产品	**105.2**	**99.8**	**120.5**	**103.8**	**103.2**	**102.7**	**98.9**	**95.9**
粮食	121.0	96.5	111.3	105.9	103.3	106.2	104.3	94.3
小麦	124.3	97.4	110.5	102.9	101.9	108.0	105.3	98.3
稻谷	10.6	97.5	105.4	109.9	101.9	103.5	102.4	98.0
玉米	117.9	94.4	115.0	110.6	103.5	103.4	102.8	86.5
薯类	94.4	111.5	115.9	126.4	96.4	103.2	102.1	95.1
豆类	93.9	88.8	112.0	102.7	101.2	102.8	102.2	84.9
油料	94.8	97.0	118.1	108.6	106.5	99.8	91.1	98.8
花生	92.4	97.1	118.1	119.4	107.9	98.1	87.7	102.0
油菜籽	103.2	87.3	105.4	103.7	102.9	104.5	100.4	99.6
芝麻	101.6	105.0	103.0	101.0	95.3	102.4	108.1	96.1
棉花(籽棉)	85.0	100.4	141.8	107.2	92.6	102.9	83.3	96.4
烟草	114.9	104.3	103.9	117.1	112.3	105.6	105.4	105.2
蔬菜	101.6	111.3	138.4	80.3	106.9	94.5	99.8	100.9
水果	85.2	118.0	120.5	117.3	107.7	101.3	111.7	87.0
林业产品		**104.9**	**92.3**	**104.9**	**105.3**	**103.1**	**106.2**	**84.9**
牧业(畜产品)		**102.0**	**99.5**	**124.2**	**100.9**	**102.0**	**94.7**	**109.2**
牛	126.8	112.6	105.9	111.2	115.3	118.7	102.3	100.2
羊	112.8	116.7	110.2	113.6	115.9	110.9	101.1	88.0
猪	95.8	96.4	97.7	129.9	92.7	99.3	89.3	116.9
家禽		102.5	113.3	116.7	94.8	102.1	104.6	93.3
肉禽	109.5	98.8	102.4	116.7	94.5	103.5	104.3	95.6
禽蛋	118.7	104.9	105.9	110.7	95.9	103.0	112.1	94.2
渔业	**89.2**	**103.0**	**102.0**	**105.7**	**106.2**	**110.8**	**106.1**	**99.4**

7-2 分季度农产品生产者价格指数(2015年)

(以上年同期价格为100)

农产品名称	全年	一季度	二季度	三季度	四季度
总 指 数	**100.7**	**101.3**	**103.9**	**102.1**	**99.5**
农业产品	**95.9**	**101.1**	**102.7**	**96.8**	**92.4**
粮食	94.3	103.4	100.3	94.7	88.7
小麦	98.3	106.5	99.6	95.2	98.3
稻谷	98.0	108.2		100.0	95.9
玉米	86.5	97.2	102.8	89.3	79.4
薯类	95.1	92.0		97.0	103.2
豆类	84.9	99.8	102.3	95.8	81.9
油料	98.8	98.4	102.9	96.3	98.7
花生	102.0	98.1	101.9	97.6	101.5
油菜籽	99.6		99.6		100.0
芝麻	96.1	100.9	102.5	90.8	81.5
棉花(籽棉)	96.4	99.6			96.3
烟草	105.2			102.7	109.8
蔬菜	100.9	106.5	100.5	102.5	92.6
水果	87.0	90.0	103.1	104.3	87.1
林业产品	**84.9**	**116.2**	**101.0**	**99.1**	**79.6**
牧业(畜产品)	**109.2**	**100.8**	**106.0**	**114.8**	**114.2**
牛	100.2	96.7	101.4	100.8	91.8
羊	88.0	92.6	88.2	93.4	85.6
猪	116.9	102.2	111.8	127.0	122.6
家禽	93.3	102.1	88.9	89.5	95.9
肉禽	95.6	102.2	91.7	95.8	95.6
禽蛋	94.2	102.0	88.8	97.0	94.4
渔业	**99.4**	**96.0**	**103.1**	**102.0**	**97.9**

7-3 各月农产品集贸

农产品名称	1月	2月	3月	4月	5月
粮食类					
籼稻(中等)	2.60	2.60	2.60	2.60	2.60
粳稻(中等)	3.20	3.20	3.20	3.25	3.25
小麦(中等)	2.45	2.45	2.45	2.48	2.46
玉米(中等)	2.16	2.13	2.18	2.19	2.18
大豆(中等)	5.80	5.82	5.82	5.78	5.76
籼米(中等)	4.87	4.90	4.90	4.90	4.87
粳米(中等)	5.15	5.14	5.20	5.19	5.17
经济类					
棉花[籽棉](中准级)	7.70	7.60	7.60	7.30	7.20
花生仁(中等)	11.31	11.26	11.29	11.28	11.24
油菜籽(普通)	5.20	5.23	5.25	5.30	5.20
畜产品类					
活猪(中等)	13.09	12.39	12.11	13.21	13.88
仔猪(普通)	20.16	19.86	20.95	23.65	26.43
猪肉(去骨统肉)	21.90	21.07	20.40	21.40	22.00
活牛(中等)	26.26	26.00	25.94	25.86	25.61
牛肉(去骨统肉)	56.79	56.88	56.50	55.75	55.75
活羊(中等)	28.70	28.18	27.45	27.23	26.33
羊肉(去骨统肉)	66.00	66.86	65.89	65.79	65.39
活鸡(普通肉鸡)	14.42	15.22	14.68	14.59	14.13
鸡蛋(普通鲜蛋)	9.32	9.45	8.11	7.47	7.26
水产品类					
草鱼(1-2公斤)	14.00	14.82	14.23	14.18	14.25
鲤鱼(1-2公斤)	12.87	13.77	14.31	14.29	14.35
鲢鱼(1-2公斤)	8.00	8.54	8.01	8.23	8.07
带鱼(0.5-1公斤)	17.25	17.50	17.25	17.50	17.00
蔬菜类					
大白菜(中等)	1.16	1.97	2.44	2.83	2.22
黄瓜(中等)	6.11	7.89	5.27	3.43	2.57
西红柿(中等)	5.30	6.67	5.59	5.10	2.92
菜椒(中等)	7.27	9.00	6.46	7.22	4.51
四季豆(中等)	9.46	11.33	9.88	8.60	6.54
水果类					
红富士苹果(中等)	8.48	8.43	8.19	8.54	8.73
香蕉(中等)	5.57	6.63	5.44	4.82	5.03
橙子(中等)	7.92	8.50	8.65	9.40	8.20

市场平均价格(2015年)

单位：元/公斤

6月	7月	8月	9月	10月	11月	12月
2.60	2.60	2.66	2.40	2.40	2.50	2.52
3.20	3.20	3.30	3.20	3.20	3.20	3.10
2.33	2.32	2.28	2.17	2.07	2.09	2.11
2.19	2.22	2.13	1.85	1.58	1.68	1.74
5.72	5.75	5.73	5.70	5.24	4.95	4.96
4.86	4.96	4.80	4.81	4.76	4.78	4.80
5.14	5.15	5.15	5.15	5.09	5.11	5.10
7.20	7.20	6.80	6.70	7.00	6.50	6.33
11.13	11.29	11.14	10.94	10.63	10.79	10.86
5.10	4.70	4.60	4.30	4.30	4.30	4.40
14.85	17.06	18.24	17.57	16.56	15.98	16.18
27.78	31.15	33.90	32.85	32.15	31.60	30.56
22.97	25.60	27.87	27.03	26.40	25.13	24.83
24.48	24.36	24.18	24.08	24.18	24.83	24.50
55.63	55.96	55.50	55.54	55.95	56.25	55.96
25.14	24.55	24.33	24.27	23.80	23.60	23.50
65.04	64.68	64.98	65.50	64.71	64.71	64.71
13.93	13.96	14.30	14.23	12.85	14.18	13.91
6.84	7.36	9.54	8.88	7.65	7.78	8.01
14.23	13.80	13.70	13.22	13.08	12.89	12.50
14.29	14.59	14.03	13.23	12.75	12.70	12.40
8.50	8.36	8.43	8.21	8.17	7.94	7.89
16.75	17.00	16.50	17.00	17.50	17.67	17.67
2.50	2.65	2.55	2.13	1.40	1.26	1.04
2.14	3.05	3.59	2.93	3.07	6.66	6.25
2.14	3.19	3.90	4.72	4.54	5.47	5.79
3.23	3.45	3.34	3.63	3.60	4.50	5.66
4.91	4.75	6.06	6.07	5.53	8.19	8.71
8.39	8.29	7.98	7.84	7.70	7.61	7.43
4.59	3.99	3.74	3.72	3.32	3.53	3.72
8.50	7.67	7.67	9.00	8.50	8.38	7.50

主要统计指标解释

农产品生产者价格指数 是指农产品生产者第一手（直接）出售其产品时实际获得的单位产品价格，采取抽样调查和重点调查相结合的方法。农产品生产者价格指数是反映一定时期内，农产品生产者出售的农产品价格水平变动趋势及幅度的相对数。该指数可以客观反映农产品生产价格水平和结构变动情况，满足农业与国民经济核算需要。其中某代表品生产价格指数是通过对全部有出售该产品行为的调查单位的个体指数进行几何平均求得的，类价格指数是通过对其所属的类（或代表品）的价格指数进行加权平均求得的。季度累计价格指数的计算方法与分季指数的计算方法相同。

农产品集贸市场价格 是指农产品主产区集贸市场主要农产品的成交价格。

人民生活

资料整理：党元生　张亚男　孙晓亮　宗瑞生
马　超

8-1 居民家庭基本情况(2015年)

指　　标	单位	绝对数
一、基本情况		
户均常住人口	人	3.34
户均劳动力人数	人	2.21
平均每户家庭从业人口比重	%	66.2
平均每一从业人口负担人数	人	1.51
二、户主文化程度		
(一)未上过学	%	2.5
(二)小学	%	15.0
(三)初中	%	49.6
(四)高中	%	20.3
(五)大学专科	%	8.2
(六)大学本科	%	4.1
(七)研究生	%	0.3
三、常住从业人员就业类型		
1.雇主	%	2.1
2.公职人员	%	2.9
3.事业单位人员	%	6.6
4.国有企业雇员	%	4.4
5.其他雇员	%	36.5
6.农业自营	%	37.7
7.非农自营	%	9.8
四、常住从业人员从事主要行业		
1.第一产业	%	37.9
2.第二产业	%	21.4
3.第三产业	%	40.7

8-2 居民可支配收入(2015年)

指　　标	绝对数(元)	构成(%)
可支配收入	**17124.75**	**100.0**
一、工资性收入	**8796.05**	**51.4**
(一)工资	7826.70	45.7
(二)实物福利	11.66	0.1
(三)其他	957.69	5.6
二、经营净收入	**4069.12**	**23.8**
(一)第一产业经营净收入	1982.21	11.6
1.农业	1654.61	9.7
2.林业	53.46	0.3
3.牧业	256.18	1.5
4.渔业	17.95	0.1
(二)第二产业经营净收入	247.71	1.4
(三)第三产业经营净收入	1839.20	10.7
三、财产净收入	**937.96**	**5.5**
四、转移净收入	**3321.62**	**19.4**

8-3 居民现金可支配收入(2015年)

指　　标	绝对数(元)	构成(%)
现金收入	**18152.45**	**100.0**
一、现金工资性收入	**8784.39**	**48.4**
(一)工资	7826.70	43.1
(二)其他工资性收入	957.69	5.3
二、现金经营性收入	**5291.96**	**29.2**
(一)第一产业现金经营收入	2488.20	13.7
1.农业	1743.40	9.6
2.林业	54.51	0.3
3.牧业	650.49	3.6
4.渔业	39.80	0.2
(二)第二产业现金经营收入	361.45	2.0
(三)第三产业现金经营收入	2442.32	13.5
三、现金财产性收入	**485.26**	**2.7**
四、现金转移性收入	**3590.83**	**19.8**

8-4 居民生活消费支出(2015年)

指　　标	绝对数(元)	构成(%)
一、消费支出	**11835.13**	**100.0**
(一)食品烟酒	3373.71	28.5
(二)衣着	1141.86	9.6
(三)居住	2387.87	20.2
(四)生活用品及服务	910.58	7.7
(五)交通通信	1355.35	11.5
(六)教育文化娱乐	1337.23	11.3
(七)医疗保健	1023.09	8.6
(八)其他用品和服务	305.43	2.6

8-5 居民现金生活消费支出(2015年)

指　　标	绝对数(元)	构成(%)
一、现金消费支出	**10213.49**	**100.0**
(一)食品烟酒	3263.66	32.0
(二)衣着	1141.85	11.2
(三)居住	1063.80	10.4
(四)生活用品及服务	909.84	8.9
(五)交通通信	1355.07	13.3
(六)教育文化娱乐	1337.16	13.1
(七)医疗保健	837.70	8.2
(八)其他用品和服务	304.40	3.0

8-6 居民主要食品消费量(2015年)

指 标	单位	绝对量(公斤)
一、粮食消费量	**公斤**	**127.33**
1.小麦	公斤	84.47
2.稻谷	公斤	25.20
3.玉米	公斤	3.93
(二)薯类消费量	公斤	2.21
(三)豆类消费量	公斤	6.69
二、油脂类消费量	**公斤**	**8.46**
(一)植物油	公斤	8.40
(二)动物油	公斤	0.07
三、蔬菜及菜制品消费量	**公斤**	**80.83**
四、肉类	**公斤**	**16.06**
(一)猪肉	公斤	11.32
(二)牛肉	公斤	1.19
(三)羊肉	公斤	0.92
(四)其他肉类及制品	公斤	2.64
五、禽类	**公斤**	**5.07**
六、水产品	**公斤**	**3.74**
七、蛋类及蛋制品	**公斤**	**12.27**
八、奶和奶制品	**公斤**	**10.90**
九、干鲜瓜果类	**公斤**	**48.31**
十、糖果糕点类	**公斤**	**5.62**
十三、酒	**公斤**	**6.87**

8-7 居民每百户年末主要耐用消费品拥有量(2015年)

指 标	单位	绝对数
1.家用汽车	辆	17.43
2.摩托车	辆	47.37
3.助力车	台	88.83
4.洗衣机	台	95.46
5.电冰箱(柜)	台	85.81
6.微波炉	台	22.98
7.彩色电视机	台	115.14
8.其中：接入有线电视	台	69.16
9.空调	台	91.17
10.热水器	台	63.81
11.其中：太阳能热水器	台	37.84
12.消毒碗柜	台	2.68
13.洗碗机	台	0.76
14.排油烟机	台	31.03
15.固定电话	线	27.92
16.移动电话	部	222.93
17.其中：接入互联网	部	77.68
18.计算机	台	48.08
19.其中：接入互联网	台	38.21
20.摄像机	台	2.57
21.照相机	台	12.94
22.中高档乐器	架	1.49
23.健身器材	台	2.35
24.组合音响	套	2.87

8-8 历年城镇居民家庭基本情况

单位：户、人、元

年份	调查户数	家庭人口	平均每户就业人口	每一就业者负担人数	平均每人全年总收入	#平均每人生活费收入	#平均每人可支配收入	平均每人全年总支出
1978		4.65	2.08	2.24	315.86	291.00	315.00	
1980	948	4.60	2.16	2.13	365.12	341.60	365.00	
1981	1000	4.58	2.36	1.94	395.59	369.73	395.00	
1982	1020	4.51	2.39	1.89	429.50	402.23	429.00	
1983	1020	4.42	2.44	1.81	456.98	422.06	452.50	
1984	1542	4.29	2.37	1.81	501.46	466.82	497.49	
1985	1800	4.11	2.25	1.83	605.15	560.95	600.59	
1986	1781	4.02	2.21	1.82	728.57	667.55	724.21	705.56
1987	1781	3.91	2.18	1.79	818.29	744.25	814.20	775.24
1988	1860	3.80	2.15	1.77	950.99	862.12	946.10	992.56
1989	1862	3.70	2.10	1.76	1116.00	1015.01	1111.46	1078.03
1990	1860	3.60	2.09	1.72	1274.62	1152.95	1267.73	1188.91
1991	2040	3.49	2.01	1.73	1388.93	1249.50	1384.81	1355.56
1992	2200	3.47	2.03	1.71	1609.37	1459.15	1608.03	1532.10
1993	2200	3.43	2.00	1.72	1962.75	1792.88	1962.75	1870.02
1994	2200	3.37	1.90	1.77	2619.44	2398.35	2618.55	2598.42
1995	2200	3.34	1.89	1.77	3302.14	3029.47	3299.46	3161.27
1996	2400	3.33	1.89	1.76	3756.78	3450.11	3755.44	3586.22
1997	2440	3.29	1.92	1.71	4111.54	3713.47	4093.62	3945.82
1998	2440	3.24	1.85	1.75	4238.49	3797.27	4219.42	4073.45
1999	2440	3.21	1.82	1.77	4553.74	4077.48	4532.36	4320.88
2000	2820	3.23	1.66	1.94	4784.04	4303.74	4766.26	4486.47
2001	2920	3.18	1.60	1.98	5292.09	4781.95	5267.42	4894.74
2002	2551	3.07	1.52	2.02	6515.52		6245.40	5745.12
2003	2444	3.03	1.52	1.99	7245.00		6926.12	6465.61
2004	2414	3.00	1.53	1.96	8073.36		7704.90	6734.01
2005	2408	2.97	1.53	1.94	9145.98		8667.97	7830.68
2006	2459	2.94	1.53	1.92	10339.20		9810.26	8722.49
2007	2459	2.90	1.53	1.90	12082.99		11477.05	10039.21
2008	2399	2.88	1.44	2.00	13907.80		13231.11	11135.44
2009	2399	2.85	1.43	1.99	15408.04		14371.56	12902.14
2010	2400	2.84	1.46	1.95	17141.80		15930.26	13802.49
2011	2299	2.87	1.48	1.94	19526.92		18194.80	15477.17
2012	2298	2.85	1.50	1.90	21897.23		20442.62	17300.48
2013	2300	2.99	1.55	1.92	23686.53		22398.03	17837.95
2014	3263	3.17	1.80	1.76	25595.32		23672.06	20337.92
2015	3305	3.17	1.76	1.80	27484.28		25575.61	21339.12

注：本表1978年数据为估算数；1980数据为推算数。1981-1991年城镇居民可支配收入根据当年生活费收入测算。2014年为新口径(下同)。

8-9 历年城镇居民家庭平均每人消费支出

单位：元

年 份	平均每人消费支出	食品支出	衣着支出	居住支出	家庭设备用品服务	交通通信支出	娱乐教育文化服务	医疗保健支出	其它商品与服务
1978	274.00	163.00	43.00	12.00	20.00	5.20	14.00	2.90	13.90
1980	335.02	192.66	50.19	15.30	24.30	8.86	20.84	3.22	19.65
1981	363.23	205.18	54.88	16.91	26.74	10.04	25.31	3.68	20.49
1982	382.47	214.17	56.49	19.70	29.03	12.19	25.27	3.93	21.69
1983	405.00	232.07	57.97	19.92	28.55	13.64	28.31	3.83	20.71
1984	431.68	244.37	65.23	22.65	32.56	11.47	28.63	5.01	21.76
1985	556.72	277.74	80.90	33.76	55.15	12.19	62.50	7.69	26.79
1986	653.83	333.59	96.56	39.35	62.66	15.64	63.97	8.75	33.31
1987	711.27	379.57	100.18	41.09	66.80	16.52	57.22	9.68	40.21
1988	896.55	465.99	124.21	42.02	104.28	17.18	82.66	16.23	43.98
1989	963.97	533.19	131.09	44.17	86.31	16.88	86.84	18.96	46.53
1990	1067.67	585.27	156.43	54.19	91.90	19.33	86.93	23.24	50.38
1991	1199.95	644.26	191.31	59.16	92.98	23.95	101.38	29.61	57.30
1992	1342.58	716.99	221.79	67.88	108.89	27.53	102.65	38.92	57.93
1993	1609.24	798.78	260.17	96.38	148.94	49.29	136.80	50.01	68.89
1994	2155.15	1074.18	347.31	131.89	185.55	92.86	159.78	70.07	93.51
1995	2673.95	1338.93	437.45	159.31	220.24	114.35	200.18	96.67	106.82
1996	3009.35	1439.32	488.52	281.61	215.52	131.74	211.41	125.97	115.26
1997	3378.02	1506.25	491.33	352.46	256.77	171.60	299.00	159.64	140.97
1998	3415.65	1454.99	442.34	406.54	280.23	193.65	320.88	172.84	144.19
1999	3497.53	1427.65	431.79	421.31	288.55	217.00	337.76	208.14	165.32
2000	3830.71	1386.76	460.99	547.19	312.97	246.24	407.26	280.78	188.52
2001	4110.17	1424.90	484.16	650.25	333.24	299.89	427.88	298.74	191.10
2002	4504.68	1517.04	570.48	499.44	324.48	477.60	586.32	389.64	139.80
2003	4941.60	1662.30	602.64	566.30	345.68	533.86	629.91	443.27	157.63
2004	5294.19	1855.44	650.30	578.60	332.06	569.85	694.56	436.53	176.84
2005	6038.02	2067.51	806.39	651.98	376.27	636.57	805.08	472.31	221.91
2006	6685.18	2215.32	919.31	737.00	431.02	762.08	847.12	520.57	252.76
2007	7826.72	2707.44	1053.13	795.39	549.14	858.33	936.55	626.55	300.19
2008	8837.46	3079.82	1141.76	963.59	633.32	915.12	988.95	790.87	324.03
2009	9566.99	3272.75	1270.74	1004.37	684.79	1033.99	1048.14	875.52	376.70
2010	10838.49	3575.75	1444.63	1080.10	866.72	1374.76	1137.16	941.32	418.04
2011	12336.47	4212.76	1706.94	1087.08	977.52	1573.64	1373.94	919.83	484.76
2012	13732.96	4607.47	1885.99	1190.81	1145.42	1730.35	1525.33	1085.47	562.13
2013	14821.98	4913.87	1916.99	1315.28	1281.06	1768.28	1911.16	1054.54	660.81
2014	16184.46	4662.45	1823.36	3136.02	1389.25	1735.02	1721.92	1204.14	512.28
2015	17154.30	4818.75	1797.63	3391.14	1382.18	1874.12	1991.87	1365.49	533.12

注：本表1978年数据为估算数；1980年数据为推算数。

8-10 城镇居民家庭居住情况(2015年)

指　　标	计量单位	数值
家庭居住人口数	**人／户**	**3.17**
现住房总建筑面积	**平方米／人**	**38.35**
现住房房屋来源	**%**	**100.00**
1.租赁公房	%	1.07
2.租赁私房	%	4.29
3.自建住房	%	31.79
4.购买商品房	%	34.19
5.购买房改住房	%	19.39
6.购买保障性住房	%	2.17
7.拆迁安置房	%	4.26
8.继承或获赠住房	%	0.51
9.免费借用房	%	0.64
10.雇主提供免费住房	%	0.01
11.其他来源	%	1.68
本住户居住空间样式	**%**	**100.00**
1.单栋楼房	%	22.43
2.单栋平房	%	11.84
3.四居室及以上单元房	%	3.69
4.三居室单元房	%	34.11
5.二居室单元房	%	24.88
6.一居室单元房	%	1.47
7.筒子楼或连片平房	%	1.18
8.其他	%	0.41
住户主要饮用水来源情况	**%**	**100.00**
1.经过净化处理的自来水	%	89.15
2.受保护的井水和泉水	%	7.39
3.不受保护的井水和泉水	%	2.22
4.江河湖泊水	%	0.25
5.收集雨水	%	
6.桶装水	%	0.48
7.其他水源	%	0.52
住户厕所类型	**%**	**100.00**
1.水冲式卫生厕所	%	81.43
2.水冲式非卫生厕所	%	1.91
3.卫生旱厕	%	4.75
4.普通旱厕	%	9.86
5.无厕所	%	2.05
住户洗澡设施情况	**%**	**100.00**
1.统一供热水	%	3.61
2.家庭自装热水器	%	75.80
3.其他	%	5.96
4.无洗澡设施	%	14.63
住户主要取暖设备状况	**%**	**100.00**
1.由市政或小区集中供暖	%	21.86
2.自行供暖	%	48.83
3.无取暖设备	%	29.31
期末拥有房屋面积	**平方米／人**	**40.18**
1.自有现住房面积	平方米／人	36.47
2.出租住房面积	平方米／人	2.74
3.出租商用建筑物面积	平方米／人	0.26
4.偶尔居住房面积	平方米／人	0.24
5.空宅或其他用途房面积	平方米／人	0.46

8-11 城镇居民家庭人口情况(2015年)

单位：人

指　　标	城镇平均	按比例分组				
		城镇低收入户	城镇中低收入户	城镇中等收入户	城镇中高收入户	城镇高收入户
期内住户常住成员数	3.17	2.81	3.10	3.25	3.20	3.47
是否离退休人员	2.21	1.98	2.23	2.27	2.27	2.31
1.行政事业单位离退休	0.08	0.06	0.09	0.10	0.12	0.05
2.其他单位离退休	0.27	0.26	0.35	0.31	0.26	0.18
3.未退休	1.86	1.66	1.80	1.85	1.90	2.08
户均就业人数	1.76	1.56	1.68	1.66	1.88	2.00
1.雇主	0.05	0.06	0.05	0.05	0.03	0.04
2.公职人员	0.11	0.06	0.10	0.09	0.18	0.14
3.事业单位人员	0.25	0.30	0.22	0.21	0.27	0.24
4.国有企业雇员	0.18	0.18	0.24	0.19	0.17	0.09
5.其他雇员	0.84	0.77	0.77	0.88	0.86	0.92
6.农业自营	0.13	0.04	0.12	0.09	0.18	0.21
7.非农自营	0.21	0.15	0.17	0.16	0.19	0.36

8-12 城镇居民家庭人均收入(2015年)

单位：元

指 标	城镇平均	按比例分组				
		城镇低收入户	城镇中低收入户	城镇中等收入户	城镇中高收入户	城镇高收入户
可支配收入	**25575.61**	**11269.88**	**18493.02**	**24419.42**	**32210.50**	**51647.75**
工资性收入	15624.35	7976.73	13557.95	16356.44	18948.08	25538.47
工资	14589.88	6982.69	12654.94	15509.24	17883.15	24038.61
按月发放的工资	13515.09	6159.83	11743.60	14651.74	16506.12	22404.26
补发工资	133.96	51.12	90.27	109.24	207.03	272.23
不按月发放的奖金、津贴、过节费等	940.82	771.74	821.07	748.26	1170.00	1362.12
实物福利	22.28	13.37	29.85	13.73	21.94	36.69
其他	1012.19	980.67	873.16	833.47	1042.99	1463.17
住房公积金	280.62	54.56	127.11	232.99	417.07	754.97
辞退金						
自由职业劳动所得(如稿费、翻译费)	77.72	19.11	27.57	19.44	110.84	279.18
安家费						
股票期权	7.64		7.13		17.85	18.31
其他劳动所得	646.21	906.99	711.35	581.04	497.23	410.71
经营净收入	3539.44	1281.72	1431.13	2336.38	3354.84	11880.76
财产净收入	1990.31	691.94	1232.52	1727.82	2984.36	4274.67
利息净收入	87.62	-2.58	23.54	65.86	136.39	291.30
红利收入	162.58	44.76	107.46	91.81	244.26	422.18
储蓄性保险净收益	5.00	0.73	2.02	1.95	5.74	19.12
转让承包土地经营权租金净收入	23.87	34.20	21.49	17.62	26.23	16.95
出租房屋财产性收入	479.48	54.77	296.87	390.81	797.20	1144.37
出租机械、专利、版权等资产的收入	48.80	4.69	4.87	10.34	231.50	18.06
其他财产净收入	74.84	25.05	-24.89	107.59	128.95	189.74
房屋虚拟租金	1108.11	530.33	801.17	1041.84	1414.09	2172.97
转移净收入	4421.52	1319.49	2271.43	3998.79	6923.22	9953.86
转移性收入	5236.57	1788.69	2855.58	4763.89	7974.69	11426.29
养老金或离退休金	4163.42	1076.06	2110.85	3827.92	6882.98	9161.93
离退休金	4070.92	1015.38	2067.39	3758.09	6738.09	8980.35
(城镇)居民社会养老保险	29.60	12.44	34.71	14.31	57.59	36.13
新型农村养老保险	13.28	34.03	5.32	15.60	1.71	3.35
其他养老金	49.63	14.20	3.43	39.92	85.59	142.09
社会救济和补助	27.67	80.34	19.76	11.88	5.24	5.26
政策性生活补贴	45.15	13.19	8.25	6.99	35.04	210.18
报销医疗费	233.92	112.41	112.58	186.78	261.56	627.13
家庭外出从业人员寄回带回收入	356.09	287.84	323.16	338.52	322.35	571.53
赡养收入	212.00	100.69	130.62	199.14	257.90	464.78
其他经常转移收入	180.86	92.36	140.58	177.55	186.56	373.20
失业保险金	4.17	0.51	1.65		20.45	
经常性捐赠收入	8.22	2.08	4.49	7.30	23.29	6.70
经常性赔偿收入						
其他转移性收入	168.39	89.76	134.59	170.27	142.82	365.73
从政府和组织得到的实物产品和服务折价	5.47	2.30	0.67	2.77	17.97	6.29
现金政策性惠农补贴	11.98	23.50	9.11	12.33	5.09	6.00
转移性支出	815.05	469.19	584.15	765.10	1051.47	1472.43

8-13　城镇居民家庭人均支出(2015年)

单位：元

指　标	城镇平均	按比例分组				
		城镇低收入户	城镇中低收入户	城镇中等收入户	城镇中高收入户	城镇高收入户
总支出	**21339.12**	**12631.48**	**16717.36**	**20573.06**	**25358.81**	**37764.33**
消费支出	17154.30	9873.60	13888.90	16736.38	20181.47	30113.21
食品烟酒	4818.75	2912.88	4156.84	4935.47	5819.66	7388.33
衣着	1797.63	1002.72	1475.28	1805.48	2158.70	3056.42
居住	3391.14	1944.84	2846.00	3098.62	3978.73	6108.43
生活用品及服务	1382.18	797.44	1014.28	1346.12	1608.63	2599.14
交通通信	1874.12	890.25	1386.21	2038.59	2217.26	3477.53
教育文化娱乐	1991.87	1256.59	1683.68	1844.49	2354.70	3341.81
医疗保健	1365.49	834.88	977.28	1184.86	1430.43	2908.51
其他用品和服务	533.12	234.00	349.34	482.75	613.36	1233.05
生产经营费用支出	848.57	742.58	432.45	593.87	692.10	2135.47
财产性支出	39.84	24.20	63.22	31.43	22.48	61.33
生活贷款利息支出	19.97	18.05	18.43	9.17	12.27	48.48
住房贷款利息支出	16.59	16.19	15.42	8.95	10.43	36.21
其他生活贷款利息支出	3.38	1.86	3.01	0.22	1.84	12.26
其他财产性支出	19.86	6.15	44.79	22.27	10.21	12.85
转移性支出	814.00	469.19	579.76	764.79	1051.47	1472.41
个人所得税	29.99	4.47	16.66	26.74	29.93	92.98
社会保障支出	642.44	340.87	476.79	613.33	862.82	1128.09
个人缴纳的养老保险	421.47	223.20	298.03	410.49	576.18	739.58
个人缴纳的医疗保险	189.55	106.11	158.12	167.40	242.81	330.70
个人缴纳的失业保险	23.80	8.49	12.87	25.17	33.73	49.80
其他社会保障支出	7.62	3.06	7.77	10.27	10.09	8.02
外来从业人员寄给家人的支出	6.33	8.99		11.56	5.35	5.64
赡养支出	99.67	80.97	62.76	85.28	112.43	186.20
其他转移性支出	35.57	33.89	23.55	27.89	40.94	59.50
部分商业保险支出	56.68	30.20	49.26	35.07	77.76	112.20
意外伤害保险	8.36	8.31	11.90	5.54	10.70	4.27
商业医疗保险(含大病保险)	14.94	4.34	7.14	5.20	41.11	24.90
其他非储蓄性商业保险	9.04	3.08	5.89	6.86	8.83	25.90
其他储蓄性商业保险	24.35	14.47	24.34	17.48	17.11	57.14
购置资产及非经常性转移支出	1630.26	1317.23	1168.51	1513.78	1917.46	2601.09
购置资产支出	328.39	540.40	150.47	167.63	227.27	591.43
建造住房支出	69.34	108.11	29.21	130.56	17.91	47.01
购买住房支出	213.74	426.53	109.95	34.13	71.33	441.06
购建第一产业生产性固定资产	2.46	3.02	3.52	0.84	1.70	3.09
购建第二产业生产性固定资产支出	0.10	0.20		0.27		
购建第三产业生产性固定资产支出	41.63	2.53	7.80	1.82	130.14	100.27
购建其他资产支出	1.11			0.00	6.18	
非经常性转移支出	1301.87	776.83	1018.04	1346.16	1690.19	2009.66
博彩支出	7.14	4.60	6.70	4.34	15.95	5.11
婚丧嫁娶礼金支出	773.30	463.23	562.10	781.90	1056.31	1215.12
一次性赔偿支出	1.53	0.90	0.97	2.08	0.28	4.02
一次性馈赠支出	489.97	295.01	427.14	534.53	568.20	730.79
其他非经常性转移支出	29.93	13.09	21.13	23.31	49.44	54.62
借贷性支出	795.46	174.48	535.26	897.72	1416.07	1268.62
存入储蓄款	570.84	82.50	377.97	706.07	1062.03	849.66
借出款	4.17	5.14	0.19	4.47	9.54	1.82
归还借款	33.08	46.97	26.25	19.64	8.13	68.51
购买有价证券	0.56				3.09	
其他投资支出	0.27	0.17		1.06		0.09
归还住房贷款	163.05	35.70	80.39	164.16	303.67	313.36
归还汽车贷款	20.41	1.18	45.43		27.22	32.72
归还教育贷款	0.50	2.10				
归还其他贷款	2.14		3.85	2.31	2.39	2.42
其他借贷支出	0.44	0.72	1.17	0.01		0.04

8-14 城镇居民家庭人均购买生活消费品及服务现金支出(2015年)

单位：元

指　　标	城镇平均	按比例分组				
		城镇低收入户	城镇中低收入户	城镇中等收入户	城镇中高收入户	城镇高收入户
购买生活消费品及服务	**15075.26**	**8630.93**	**12313.37**	**14851.63**	**17368.15**	**26616.61**
食品烟酒	**4713.48**	**2792.20**	**4087.28**	**4872.67**	**5648.98**	**7275.09**
食品	2973.85	1943.73	2640.75	3060.51	3481.23	4334.96
谷物	392.83	305.97	360.60	405.46	426.19	517.53
小麦	0.32	0.51	0.10	0.28	0.16	0.59
面粉	71.49	64.94	65.58	79.05	68.15	84.04
稻谷	0.17	0.06	0.21	0.25	0.19	0.17
大米	100.56	73.45	93.51	108.11	108.62	133.09
玉米	3.76	2.14	2.69	3.74	4.53	6.94
小米	22.26	15.83	17.51	21.14	27.57	34.36
其他谷物	8.86	5.10	5.40	9.20	11.22	16.45
面粉制品	164.25	134.93	153.65	158.71	182.51	210.75
其他谷物制品	21.15	9.01	21.95	24.98	23.24	31.14
薯类	50.93	36.98	44.63	51.92	59.53	70.17
红薯	10.90	8.05	9.07	11.34	12.17	15.90
马铃薯	13.15	9.87	12.07	13.12	15.58	16.98
其他薯类及制品	26.87	19.07	23.48	27.47	31.78	37.28
豆类	52.98	38.36	50.52	54.69	61.34	66.99
大豆	3.79	1.99	3.36	3.68	4.93	5.96
其他豆类及制品	49.19	36.37	47.16	51.01	56.41	61.03
食用油	139.64	97.70	126.46	142.88	163.14	191.54
食用植物油	138.89	97.09	125.89	142.21	162.01	190.65
食用动物油	0.75	0.61	0.57	0.67	1.13	0.89
蔬菜和食用菌	391.28	248.64	353.96	411.66	460.68	556.91
鲜菜	336.11	219.61	308.94	356.60	390.69	463.91
干菜及制品	22.54	13.46	20.11	21.63	27.49	35.49
鲜菌	22.27	10.83	18.18	23.93	29.32	35.41
干菌及制品	10.35	4.74	6.73	9.49	13.18	22.09
肉类	607.65	378.96	535.03	623.88	705.73	928.85
猪肉	317.01	219.02	287.69	330.17	358.74	444.16
牛肉	98.27	43.69	72.77	105.91	128.45	173.93
羊肉	79.73	40.40	71.16	77.10	95.46	137.81
其他肉类及制品	112.63	75.86	103.41	110.70	123.08	172.94
禽类	129.66	86.83	119.06	136.85	147.51	180.56
鸡	81.89	51.99	77.42	89.62	92.65	111.59
鸭	13.99	10.40	12.23	15.87	12.96	20.75
鹅	0.96	0.95	0.67	0.92	1.30	1.03
其他禽类及制品	32.82	23.48	28.74	30.44	40.60	47.19
水产品	101.47	48.40	80.11	98.95	137.06	175.92
鱼类	64.90	35.54	54.33	66.33	81.22	104.47
虾类	20.68	6.24	12.74	19.66	31.95	42.61
蟹类	2.68	0.52	1.90	0.80	6.48	5.18
贝类	0.50	0.07	0.27	0.30	0.66	1.58
藻类	3.28	1.66	3.07	3.78	3.41	5.27
其他水产品及制品	9.44	4.36	7.81	8.08	13.35	16.82
蛋类	129.97	98.05	124.32	128.76	140.78	176.26
鲜蛋	121.22	93.24	116.18	120.11	131.03	161.61
蛋制品	8.75	4.82	8.14	8.65	9.75	14.65

8-14 续表 1

单位：元

指　　标	城镇平均	按比例分组				
		城镇低收入户	城镇中低收入户	城镇中等收入户	城镇中高收入户	城镇高收入户
奶类	249.46	138.42	205.08	258.21	299.85	414.28
鲜奶	102.69	50.92	72.16	98.70	139.56	188.86
酸奶	49.34	19.18	36.67	48.24	62.37	100.40
奶粉	53.94	41.53	52.50	62.71	60.39	55.97
其他奶制品	43.49	26.79	43.75	48.57	37.53	69.06
干鲜瓜果类	382.69	206.23	320.15	394.24	482.62	612.95
鲜瓜果	277.39	157.30	239.36	286.14	343.99	427.96
瓜果制品	22.49	10.48	18.19	20.35	30.50	40.67
坚果类	82.82	38.45	62.60	87.76	108.13	144.32
糖果糕点类	119.67	75.07	97.30	118.21	143.90	194.39
食糖	9.79	7.45	8.79	9.60	11.91	12.65
糖果	14.64	7.30	11.25	14.66	17.36	27.64
糕点	78.59	50.11	64.89	76.58	96.03	124.58
其他糖果糕点	16.64	10.21	12.37	17.36	18.60	29.51
其他食品	225.64	184.12	223.54	234.79	252.89	248.62
调味品	75.48	53.10	66.05	78.74	88.52	104.07
其他食品	150.15	131.02	157.49	156.04	164.36	144.55
饮料	146.86	97.49	132.09	155.15	148.37	231.50
茶叶	55.58	26.84	45.89	62.82	52.82	107.47
咖啡	2.51	0.29	0.93	2.87	4.37	5.53
其他固体饮料	4.78	2.76	3.39	6.16	7.72	4.64
瓶装饮用水	6.97	4.88	5.46	6.60	9.11	10.38
果汁饮料	20.40	14.32	18.67	22.16	16.39	34.63
其他液体饮料	56.62	48.40	57.76	54.53	57.95	68.85
烟酒	518.38	288.53	424.81	527.82	607.29	891.50
烟草	225.90	139.99	192.97	228.59	261.37	360.87
卷烟	225.60	139.97	192.89	227.96	260.86	360.51
烟丝、烟叶	0.30	0.02	0.09	0.63	0.51	0.36
酒类	292.48	148.54	231.84	299.23	345.92	530.63
啤酒	26.77	14.29	25.69	29.16	26.67	44.47
白酒	253.26	130.71	197.59	259.16	296.39	464.39
果酒	6.38	0.87	4.02	3.24	12.98	14.73
其他酒	6.08	2.67	4.53	7.66	9.88	7.04
饮食服务	1074.39	462.45	889.62	1129.20	1412.09	1817.13
食堂用餐	37.67	21.68	28.23	50.33	44.06	51.76
其他在外饮食	1034.51	438.52	859.15	1076.84	1366.29	1762.51
食品加工服务费	2.21	2.26	2.24	2.03	1.73	2.86
衣着	**1777.40**	**986.61**	**1461.63**	**1791.08**	**2121.94**	**3031.86**
衣类	1348.69	730.94	1110.58	1346.13	1630.22	2319.34
服装	1277.02	692.93	1057.03	1271.67	1544.32	2189.84
服装材料	6.41	2.46	6.19	9.02	8.48	6.95
其他衣类及配件	61.61	34.43	44.85	62.79	70.18	116.20
衣类加工服务费	3.65	1.12	2.52	2.65	7.23	6.36
鞋类	428.70	255.68	351.04	444.95	491.73	712.52
鞋	423.19	252.44	345.42	437.28	486.82	705.77
鞋类配件及加工服务费	5.51	3.24	5.62	7.66	4.90	6.74

8-14 续表 2

单位：元

指　标	城镇平均	按比例分组				
		城镇低收入户	城镇中低收入户	城镇中等收入户	城镇中高收入户	城镇高收入户
居住	**1533.30**	**879.22**	**1417.57**	**1332.22**	**1627.30**	**2863.75**
租赁房房租	132.29	58.22	91.19	148.43	149.85	264.03
租赁公房房租	5.84	1.78	2.13	7.11	15.92	4.02
租赁私房房租	126.45	56.43	89.06	141.32	133.93	260.02
住房维修及管理	695.93	339.19	704.50	512.21	664.16	1512.40
住房装潢	366.49	134.97	366.18	227.76	285.22	1001.49
住房维修	227.69	166.36	252.41	196.45	247.81	303.98
物业管理费	59.11	21.31	37.52	50.90	76.46	139.24
其他	42.64	16.56	48.39	37.09	54.67	67.69
水电燃料及其他	705.08	481.82	621.88	671.58	813.29	1087.31
水	76.66	39.67	61.12	69.48	102.67	135.27
电	351.99	254.28	313.54	344.73	404.32	506.63
燃料	183.41	150.29	183.22	184.14	186.85	229.65
柴						
草				0.01		
煤炭	27.67	30.17	31.02	24.23	26.02	25.43
沼气	0.04	0.07	0.07	0.02		
管道天然气	76.13	36.37	58.26	82.21	91.42	137.34
管道煤气	1.72	2.10	1.00	1.68	2.08	1.80
管道液化石油气	0.38	0.66	0.14	0.25	0.35	0.51
罐装液化石油气	67.51	77.18	83.93	62.56	51.61	53.91
汽油(生活燃料)	9.50	3.59	8.64	12.55	14.44	10.00
柴油(生活燃料)	0.16	0.00	0.03	0.02	0.56	0.33
其他油(生活燃料)	0.14	0.05	0.01	0.42	0.07	0.20
其他生活燃料	0.16	0.09	0.11	0.19	0.30	0.12
取暖费	63.91	15.90	30.57	61.01	101.54	146.07
其他	29.11	21.67	33.44	12.21	17.91	69.70
生活用品及服务	**1364.31**	**782.54**	**1000.38**	**1339.73**	**1585.47**	**2561.86**
家具及室内装饰品	301.60	196.77	199.63	317.65	270.59	625.81
家具	256.63	163.72	168.56	259.97	237.87	544.91
家具材料	6.76	2.93	7.69	2.73	6.32	17.16
室内装饰品	38.20	30.12	23.38	54.95	26.40	63.74
家用器具	360.17	192.04	251.57	354.90	432.41	699.10
耐用消费品	306.50	166.26	207.89	291.14	367.70	614.28
洗衣机	39.22	14.21	32.78	33.71	39.65	93.79
电冰箱(柜)	37.40	16.49	24.82	39.42	40.20	81.91
空调器	117.06	61.18	59.64	123.96	145.39	244.20
吸尘器	0.39	0.04		0.22	1.17	0.82
抽油烟机	9.85	5.56	6.88	4.54	8.85	28.95
微波炉	3.71	1.19	4.22	1.29	6.56	6.70
非太阳能热水器	20.65	6.58	8.55	13.79	28.78	59.48
太阳能热水器	8.45	10.95	3.96	6.94	9.52	11.86
燃气炉具	7.09	7.79	5.48	4.18	7.57	11.65
太阳能炉具	0.01	0.02	0.02			
洗碗机	0.49	0.50	0.41	1.17	0.24	
消毒碗柜	1.63	0.03	2.80	1.25	1.68	2.85
其他	60.54	41.72	58.33	60.66	78.07	72.07
小家电	53.67	25.78	43.68	63.76	64.71	84.83

8-14 续表 3

单位：元

指　　标	城镇平均	按比例分组				
		城镇低收入户	城镇中低收入户	城镇中等收入户	城镇中高收入户	城镇高收入户
家用纺织品	127.80	81.59	91.28	118.33	159.82	227.04
床上用品	105.15	71.96	77.75	94.83	128.80	182.03
窗帘门帘	10.82	4.01	3.19	11.70	11.62	30.28
其他家用纺织品	11.83	5.61	10.33	11.81	19.40	14.73
家庭日用杂品	340.86	211.10	292.25	319.40	390.40	581.58
洗涤及卫生用品	130.15	81.57	118.16	136.62	153.86	186.05
厨具、餐具、茶具	46.15	29.45	39.28	41.10	52.06	81.58
家用手工工具	2.92	1.39	2.02	2.50	4.13	5.74
其他	161.64	98.70	132.79	139.18	180.35	308.20
个人用品	183.16	82.85	141.33	179.03	237.68	339.96
化妆品	108.88	39.84	83.79	103.05	142.46	220.00
其他个人用品	74.28	43.01	57.54	75.99	95.23	119.96
家庭服务	50.73	18.20	24.32	50.40	94.58	88.36
家政服务	21.08	1.83	6.44	11.52	50.06	50.78
家庭设备修理费	29.65	16.36	17.89	38.89	44.51	37.58
交通通信	**1831.80**	**876.78**	**1355.23**	**2013.69**	**2134.93**	**3398.06**
交通	1088.19	455.30	719.85	1269.30	1209.10	2215.57
交通工具	564.37	208.52	349.04	765.18	523.41	1206.32
汽车	403.38	86.95	222.11	582.30	362.11	964.56
摩托车	11.44	16.78	3.99	11.45	12.66	12.59
自行车	15.54	7.41	17.66	13.93	10.63	32.84
电动自行车	92.32	53.76	91.96	115.68	91.57	122.10
其他交通工具	41.69	43.62	13.31	41.81	46.44	74.22
交通费	138.93	64.10	110.62	132.75	203.48	227.96
飞机	28.24	5.80	16.24	18.23	50.78	67.10
火车	36.81	12.95	25.41	33.70	60.00	67.13
长途汽车	28.94	20.89	27.88	28.58	34.26	37.10
市内公共交通	16.36	9.70	13.84	18.99	20.25	22.23
出租汽车费	13.19	7.25	9.52	17.94	16.57	17.39
其他交通费	15.39	7.50	17.72	15.31	21.62	17.01
交通工具用燃料	240.42	104.25	154.10	221.77	315.65	512.09
汽油	235.56	100.77	151.80	217.01	305.60	507.29
柴油	1.83	0.82	1.02	0.60	5.14	2.34
其他燃料和润滑剂	3.03	2.66	1.27	4.17	4.92	2.45
交通工具使用及维修	144.47	78.43	106.10	149.59	166.56	269.20
交通工具零配件和维修	86.63	53.50	68.26	76.84	99.17	162.57
停车费	8.25	1.54	7.80	10.32	10.25	14.17
车辆使用税费(含过桥过路费)	34.68	15.94	19.83	44.77	45.02	59.64
其他	14.91	7.45	10.21	17.67	12.11	32.83
通信	743.61	421.48	635.38	744.38	925.83	1182.49
通信工具	240.49	133.86	186.56	245.35	313.08	391.62
电话机	1.23	0.58	1.12	1.00	1.65	2.18
移动电话机	228.19	127.40	179.27	233.86	298.09	365.15
其他通信工具及零配件	11.07	5.88	6.17	10.50	13.34	24.29
通信服务	503.12	287.62	448.82	499.03	612.75	790.88
固定电话费	20.38	9.14	18.40	22.02	27.86	29.63
移动电话费	358.64	211.49	310.25	357.02	431.60	572.17
上网费	119.92	64.54	117.23	115.71	146.56	183.44
邮费	1.03	0.40	0.68	0.66	2.09	1.75
其他通信服务费	3.16	2.05	2.26	3.61	4.64	3.88

8-14 续表 4

单位：元

指　　标	城镇平均	按比例分组				
		城镇低收入户	城镇中低收入户	城镇中等收入户	城镇中高收入户	城镇高收入户
教育文化娱乐	**1978.69**	**1248.96**	**1676.88**	**1843.99**	**2323.49**	**3315.07**
教育	945.77	791.68	1049.86	899.70	988.08	1043.23
学前教育	133.46	93.34	105.76	146.78	113.45	241.08
教育用品	3.32	1.31	2.83	4.62	1.06	8.03
学杂费	41.54	30.14	43.09	61.28	35.86	37.35
培训费	18.21	5.01	7.53	17.18	23.22	49.51
赞助费	0.90	0.08	2.08	2.05		
一揽子教育服务(含食宿)	62.64	52.10	43.75	55.17	47.61	133.72
其他费用	6.84	4.71	6.47	6.48	5.70	12.48
小学教育	129.89	112.73	157.53	124.32	139.31	112.51
教育用品	8.69	8.13	8.72	10.11	6.36	10.33
学杂费	9.89	10.16	6.60	11.89	13.17	7.76
培训费	43.75	36.20	50.34	46.83	29.00	58.90
赞助费	1.93	1.43	6.11	0.74	0.39	
一揽子教育服务(含食宿)	40.31	33.46	64.18	29.67	55.56	12.44
其他费用	25.33	23.35	21.57	25.08	34.83	23.09
初中教育	132.44	139.94	114.26	109.64	136.27	173.04
教育用品	7.76	8.97	7.62	8.03	7.83	5.68
学杂费	13.45	22.29	10.68	2.22	21.59	9.22
培训费	28.40	14.11	27.36	13.48	43.01	54.61
赞助费	8.42	6.90	15.00	6.68	5.13	7.34
一揽子教育服务(含食宿)	55.43	74.85	41.98	58.27	36.86	63.03
其他费用	18.98	12.82	11.63	20.96	21.84	33.16
高中教育	143.63	129.51	222.37	131.60	95.96	122.57
教育用品	4.95	5.40	6.32	6.31	1.89	4.04
学杂费	26.27	23.48	43.97	28.61	14.62	15.32
培训费	21.83	6.17	24.01	18.57	16.32	53.47
赞助费	3.25	0.01	14.18	0.33		
一揽子教育服务(含食宿)	73.44	86.76	107.16	62.48	51.28	44.40
其他费用	13.90	7.69	26.73	15.30	11.85	5.35
中专职高教育	10.00	9.78	14.04	14.04	9.14	0.15
教育用品	0.15	0.59		0.02		
学杂费	4.74	4.02	10.44	6.73	0.41	
培训费	0.75			2.94	0.85	
一揽子教育服务(含食宿)	3.95	4.49	2.81	4.15	7.72	0.13
其他费用	0.41	0.68	0.79	0.20	0.15	0.02
大专及以上教育	300.09	259.23	372.76	252.14	346.15	267.14
教育用品	5.77	4.57	11.55	3.09	4.67	4.05
学杂费	77.45	67.55	104.27	46.47	79.17	92.70
培训费	1.68	1.04	0.09	2.21	1.24	4.78
一揽子教育服务(含食宿)	195.67	164.21	233.05	193.84	228.34	154.08
其他费用	19.53	21.87	23.80	6.53	32.72	11.53
成人教育	96.26	47.14	63.14	121.18	147.81	126.73
教育用品	4.54	0.36	7.58	2.16	6.66	7.24
培训费	62.15	21.79	32.32	87.36	106.86	81.98
其他费用	29.56	24.99	23.24	31.66	34.28	37.51

8-14 续表 5

单位：元

指　　标	城镇平均	按比例分组				
		城镇低收入户	城镇中低收入户	城镇中等收入户	城镇中高收入户	城镇高收入户
文化娱乐	1032.92	457.28	627.02	944.29	1335.41	2271.84
文娱耐用消费品	207.95	106.11	124.40	190.84	280.47	423.90
组合音响	1.33	0.01	0.15		0.02	8.36
彩色电视机	73.75	48.35	42.22	48.38	84.38	179.76
影碟机	0.09		0.07			0.44
摄像机	1.91		1.80		2.78	6.51
照相机	15.83	0.06	0.21	16.08	36.72	38.05
家用台式电脑	27.51	17.76	17.65	36.87	20.09	53.07
家用笔记本电脑	41.26	17.00	36.76	39.23	59.31	66.70
中高档乐器	4.89	3.43	1.73	3.22	10.42	7.50
健身器材	17.85	1.54	5.63	19.21	38.84	34.35
其他文娱耐用消费品	13.53	11.53	9.22	16.41	13.75	18.83
文娱耐用消费品的零配件及维修	10.01	6.41	8.96	11.43	14.16	10.31
其他文娱用品	165.56	106.04	148.92	161.66	209.33	235.32
书、报、杂志及音像制品	32.75	17.43	30.06	32.99	42.61	48.38
文具纸张	36.86	32.37	42.73	35.71	36.81	36.81
体育户外用品	16.23	3.00	8.02	12.08	25.00	43.76
游戏用品和玩具	29.20	22.42	26.50	32.56	29.27	39.02
园艺花卉及有关产品	9.96	3.35	5.97	9.68	16.22	18.98
宠物及有关产品	6.21	1.90	5.89	9.50	8.58	6.16
其他文娱用品及维修	34.36	25.57	29.75	29.14	50.84	42.22
文化娱乐服务	659.41	245.13	353.70	591.79	845.60	1612.62
团体旅游	475.27	156.58	229.66	422.36	618.86	1224.49
景点门票	33.14	11.85	20.19	31.83	54.31	61.70
体育健身活动	9.80	1.97	8.13	9.74	9.52	24.71
电影、话剧、演出票	14.32	2.33	7.76	11.06	21.90	37.77
有线电视费	70.38	41.26	57.96	70.17	82.36	119.51
其他文化娱乐服务	56.49	31.13	30.00	46.63	58.66	144.44
医疗保健	**1349.57**	**833.19**	**971.82**	**1178.18**	**1325.19**	**2947.53**
医疗器具及药品	490.80	315.97	360.85	436.68	572.90	924.15
药品	353.88	251.03	288.11	326.99	421.96	563.67
滋补保健品	91.71	28.55	38.29	76.45	105.09	271.01
医疗卫生器具	17.01	15.40	13.34	8.90	17.79	34.62
保健器具	28.20	20.98	21.11	24.35	28.05	54.86
医疗服务	858.77	517.22	610.96	741.50	752.29	2023.38
门诊医疗总费用	229.06	175.55	208.93	212.49	234.93	355.65
住院医疗总费用	629.72	341.67	402.03	529.01	517.37	1667.73
其他用品和服务	**526.71**	**231.41**	**342.59**	**480.07**	**600.86**	**1223.39**
其他用品	321.26	137.53	176.75	297.36	400.19	753.17
首饰及手表	241.86	90.06	108.53	226.59	308.85	610.92
其他杂项用品	79.40	47.46	68.22	70.77	91.34	142.25
其他服务	205.45	93.89	165.84	182.71	200.67	470.22
旅馆住宿费	23.30	5.51	13.69	18.63	29.00	64.15
美容美发洗浴	108.11	53.00	85.62	98.28	108.77	237.75
其他杂项服务	74.04	35.37	66.53	65.80	62.90	168.32

8-15 城镇居民家庭平均每人购买食品数量(2015年)

单位：千克、盒

指 标	城镇平均	按比例分组				
		最低收入户	更低户	低收入户	较低收入户	中间收入户
面粉	20.01	18.77	18.23	23.09	18.59	22.05
大米	18.35	14.31	17.36	20.21	19.35	22.36
食用植物油	9.60	7.82	8.90	9.99	10.55	11.75
鲜菜	92.49	66.53	88.66	96.66	105.80	116.96
猪肉	13.44	9.57	12.38	14.23	14.97	18.06
牛肉	1.88	0.82	1.43	2.11	2.42	3.24
羊肉	1.52	0.76	1.35	1.49	1.85	2.61
鸡	4.63	3.18	4.51	5.02	5.23	5.82
鸭	0.68	0.48	0.60	0.80	0.62	0.98
鱼类	4.15	2.51	3.66	4.27	5.14	6.08
虾类	0.48	0.17	0.31	0.52	0.67	0.97
鲜蛋	13.59	10.67	12.99	13.43	14.67	17.91
鲜奶	10.46	5.30	7.47	10.17	14.35	18.62
酸奶	5.11	2.16	3.78	4.62	6.36	10.79
奶粉	0.42	0.38	0.36	0.51	0.40	0.46
鲜瓜果	55.46	38.54	51.36	58.10	64.82	73.01
坚果类	4.18	2.45	3.49	4.39	5.17	6.43
糕点	4.35	3.02	3.62	4.31	5.08	6.67
茶叶	0.26	0.14	0.21	0.28	0.27	0.51
卷烟	18.57	14.33	17.42	19.02	20.70	23.68
啤酒	4.10	2.55	4.23	4.10	4.06	6.35
白酒	2.86	1.96	2.51	2.83	3.11	4.50
果酒	0.14	0.07	0.11	0.08	0.21	0.25

注：卷烟单位为盒。

8-16 城镇居民家庭购买非食品数量(2015年)

指　　标	计量单位	城镇平均	按比例分组				
			城镇低收入户	城镇中低收入户	城镇中等收入户	城镇中高收入户	城镇高收入户
鞋	双/人	3.19	2.86	3.05	3.07	3.28	3.92
水	吨/人	34.00	17.49	27.58	31.61	43.45	60.87
电	度/人	605.55	443.58	543.72	586.57	693.53	866.90
煤炭	千克/人	35.22	38.75	38.90	34.07	33.09	28.48
管道天然气	立方米/人	32.74	14.80	24.47	34.98	40.79	59.96
管道煤气	立方米/人	1.71	1.60	0.88	1.87	2.47	1.97
管道液化石油气	千克/人	0.11	0.12	0.05	0.06	0.15	0.17
罐装液化石油气	千克/人	10.46	11.21	12.51	9.58	9.59	8.50
洗衣机	台/百户	5.63	3.46	4.88	6.13	5.64	8.05
电冰箱(柜)	台/百户	4.60	2.27	2.78	4.68	4.62	8.62
空调器	台/百户	9.54	7.47	5.47	9.54	10.61	14.61
吸尘器	台/百户	0.29	0.13		0.32	0.58	0.44
抽油烟机	台/百户	2.45	1.87	1.49	2.37	1.30	5.18
微波炉	台/百户	1.71	0.88	1.95	1.02	2.46	2.26
非太阳能热水器	台/百户	3.73	1.11	2.00	4.39	4.95	6.19
太阳能热水器	台/百户	1.25	1.45	1.06	1.19	1.61	0.92
燃气炉具	套/百户	3.55	3.74	4.70	3.45	2.98	2.85
太阳能炉具	套/百户	0.03	0.08	0.07			
洗碗机	台/百户	0.42	0.31	0.34	1.17	0.26	
消毒碗柜	台/百户	0.60	0.16	0.73	0.35	0.55	1.23
汽车	辆/百户	1.45	0.76	0.98	2.16	0.91	2.46
摩托车	辆/百户	0.93	1.39	0.75	1.07	0.77	0.69
自行车	辆/百户	6.10	4.84	8.48	6.26	4.26	6.67
电动自行车	辆/百户	11.55	8.41	13.68	14.30	9.73	11.64
电话机	部/百户	1.47	1.31	1.38	1.22	1.39	2.04
移动电话机	部/百户	49.92	44.96	48.38	52.67	48.47	55.09
组合音响	台/百户	0.29	0.02	0.17		0.02	1.24
彩色电视机	台/百户	6.49	5.55	4.45	5.04	7.50	9.93
影碟机	台/百户	0.15	0.01	0.18			0.55
摄像机	台/百户	0.18		0.28		0.30	0.33
照相机	台/百户	1.23	0.01	0.02	1.37	2.57	2.17
家用台式电脑	台/百户	2.43	1.78	1.72	2.94	2.25	3.43
家用笔记本电脑	台/百户	2.81	1.35	3.35	3.23	2.90	3.23

8-17 城镇居民家庭平均每百户主要消费品年末拥有量(2015年)

指标	单位	城镇平均	按比例分组				
			城镇低收入户	城镇中低收入户	城镇中等收入户	城镇中高收入户	城镇高收入户
家用汽车	辆	24.09	14.88	23.26	26.77	23.76	31.78
摩托车	辆	25.57	39.93	28.32	25.04	21.18	13.42
助力车	台	90.28	91.28	101.54	96.22	89.38	73.00
洗衣机	台	98.58	94.72	100.85	99.33	98.50	99.46
电冰箱(柜)	台	94.02	84.21	95.40	97.09	96.59	96.80
微波炉	台	40.11	21.73	33.97	41.12	47.85	55.84
彩色电视机	台	118.23	113.89	120.30	115.87	117.57	123.52
其中：接入有线电视	台	90.78	72.24	94.01	91.82	95.55	100.26
空调	台	135.71	101.34	130.36	136.11	143.20	167.47
热水器	台	82.77	68.98	80.12	83.05	88.66	93.01
其中：太阳能热水器	台	35.94	39.06	37.90	34.50	39.40	28.81
消毒碗柜	台	5.43	1.15	5.66	6.79	5.69	7.83
洗碗机	台	1.14	0.84	0.58	2.51	1.10	0.67
排油烟机	台	61.33	39.08	59.39	61.20	68.71	78.21
固定电话	线	37.55	27.43	35.12	40.22	41.96	42.98
移动电话	部	225.30	221.66	243.22	226.77	224.40	210.46
其中：接入互联网	部	89.89	76.83	90.55	101.31	90.46	90.26
计算机	台	74.44	54.04	78.74	76.50	79.75	83.11
其中：接入互联网	台	60.61	45.27	67.21	62.31	64.10	64.12
摄像机	台	5.19	1.13	3.31	5.75	5.97	9.77
照相机	台	24.98	8.65	17.88	27.53	31.93	38.85
中高档乐器	架	3.04	1.31	1.66	3.28	3.77	5.18
健身器材	台	4.67	1.86	3.73	4.51	4.97	8.28
组合音响	套	4.46	3.31	2.70	5.12	4.50	6.65

8-18 历年农村居民收支

(指数以上年为100，按可比口径计算)　　单位：元

年份	农民家庭人均可支配收入	可支配收入指数	农民家庭人均生活消费支出	#食品
1978	104.71		81.70	
1979	133.56		110.83	67.32
1980	160.78		135.51	78.49
1981	215.57		165.57	89.08
1982	216.74		177.90	101.18
1983	272.00		196.35	113.71
1984	301.17		219.64	122.46
1985	328.78		260.19	145.83
1986	333.64	99.7	292.48	159.88
1987	377.72	110.1	309.90	164.03
1988	401.32	98.2	346.73	179.42
1989	457.06	102.5	390.05	199.99
1990	526.95	105.5	437.73	240.93
1991	539.29	102.3	454.68	242.83
1992	588.48	104.9	472.61	264.02
1993	695.85	109.0	564.93	334.52
1994	909.81	103.4	731.78	426.17
1995	1231.97	109.5	929.39	544.26
1996	1579.19	113.8	1206.43	670.89
1997	1733.89	107.4	1270.52	693.09
1998	1864.05	106.5	1240.30	700.78
1999	1948.36	106.4	1163.98	617.46
2000	1985.82	103.9	1315.83	654.13
2001	2097.86	104.9	1375.60	668.77
2002	2215.74	105.1	1451.51	697.02
2003	2235.68	99.6	1508.67	726.57
2004	2553.15	108.1	1664.09	808.27
2005	2870.58	107.5	1891.57	858.97
2006	3261.03	112.1	2229.28	911.48
2007	3851.60	112.2	2676.41	1017.43
2008	4454.24	107.2	3044.21	1165.81
2009	4806.95	107.5	3388.47	1220.36
2010	5523.73	111.0	3682.21	1371.17
2011	6604.03	112.7	4319.95	1559.74
2012	7524.94	111.3	5032.14	1701.75
2013	8475.34	109.5	5627.73	1938.47
2014	9966.07	109.4	7277.21	2153.81
2015	10852.86	107.6	7887.45	2301.27

注：2013年以前为纯收入口径。

8-19 农民家庭人口与劳动力状况

项　　目	单 位	2005年	2010年	2011年	2012年	2013年	2014年	2015年
调查户数	户	4200	4200	4200	4200	5032	3795	3806
调查户常住人口	人	17591	17007	17180	17154	19744	13312	13403
平均每户常住人口	人	4.19	4.05	4.09	4.08	3.91	3.51	3.52
整半劳动力	人	2.87	2.92	2.91	2.89	2.69	2.24	2.21
劳动力占常住人口比重	%	68.50	72.20	71.10	70.70	68.70	63.8	62.8
平均每个劳动力负担人口	人	1.46	1.39	1.41	1.41	1.46	1.57	1.59
平均每百个常住人口中								
学龄前人数	人	6.44	6.21	8.20	9.63	8.19	6.51	6.65
6-15岁人数	人	14.69	10.27	12.30	11.21	11.05	15.37	16.79
16-60岁人数	人	72.63	73.91	69.90	69.50	67.20	62.69	61.64
61岁及以上人数	人	6.24	9.66	9.60	9.49	13.30	15.43	14.91

8-20 农民家庭劳动力就业情况

项　　目	单位	2005年	2010年	2011年	2012年	2013年	2014年	2015年
每百个就业劳动力文化程度								
1.未上过学	人	6.65	5.26	5.23	5.14	3.21	4.07	4.00
2.小学	人	18.48	16.20	16.88	16.58	18.15	20.52	19.89
3.初中	人	61.23	60.90	60.83	60.93	61.51	58.94	59.75
4.高中	人	10.52	12.91	12.08	12.01	13.50	12.86	12.68
5.大学专科	人	2.11	2.78	2.40	2.47		2.71	2.63
6.大学本科	人	1.01	1.95	2.58	2.87	3.63	0.83	0.95
7.研究生							0.09	0.10
每百个就业劳动力从事的主要行业								
一产业就业劳动力	人	66.75	56.88	50.64	49.72	54.22	60.42	58.94
二产业就业劳动力	人	17.27	24.15	28.48	31.9	25.68	20.33	21.61
三产业就业劳动力	人	15.98	18.97	20.88	18.34	20.10	19.25	19.44

8-21 农民家庭居住情况

项 目	单 位	2005年	2010年	2011年	2012年	2013年	2014年	2015年
期末人均住房情况								
住房面积	平方米	27.21	34.69	37.24	38.46	35.18	42.94	43.60
#租用住房面积	平方米	0.04	0.09	0.33	0.50	0.06	0.31	0.42
住房价值	万元	0.58	1.12	1.84	1.96	2.21	2.88	3.10
主要建筑材料								
1.钢筋混凝土	%						12.12	14.29
2.砖混材料	%						61.55	61.13
3.砖瓦砖木	%						24.90	23.42
4.竹草土坯	%						1.03	0.78
5.其他	%						0.40	0.38
住宅外道路路面情况								
1.水泥或柏油路面	%	26.07	44.88	46.86	52.95	50.23	52.56	52.49
2.沙石或石板等硬质路面	%	8.93	11.95	14.00	13.57	12.94	12.63	15.79
3.其他	%	65.00	43.17	39.12	33.48	36.83	34.81	31.72
住户主要饮用水来源情况								
1.经过净化处理的自来水	%						26.60	33.84
2.受保护的井水和泉水	%						38.40	32.82
3.不受保护的井水和泉水	%						31.05	28.56
4.江河湖泊水	%						0.32	0.49
5.收集雨水	%							
6.桶装水	%							0.02
7.其他水源	%						3.64	4.28
住户厕所类型								
1.水冲式卫生厕所	%						6.52	4.76
2.水冲式非卫生厕所	%						1.05	1.44
3.卫生旱厕	%						14.28	21.28
4.普通旱厕	%						76.83	71.83
5.无厕所	%						1.32	0.69
住户主要取暖用能源状况								
1.柴草	%						11.10	13.03
2.煤炭	%						22.93	23.61
3.罐装液化石油气	%						3.25	3.04
4.管道液化石油气	%						0.03	
5.管道煤气	%							
6.管道天然气	%							0.18
7.电	%						16.48	18.36
8.燃料用油	%							
9.沼气	%						0.16	0.15
10.其他	%						2.87	2.16
11.无取暖行为	%						43.19	39.47
主要炊用能源状况								
1.柴草	%						30.30	30.64
2.煤炭	%						20.31	18.86
3.罐装液化石油气	%						24.85	28.57
4.管道液化石油气	%						0.26	0.66
5.管道煤气	%						0.03	
6.管道天然气	%						0.58	0.78
7.电	%						19.75	17.46
8.燃料用油	%							
9.沼气	%						1.66	1.75
10.其他	%						1.70	1.01
11.无炊用行为	%						0.55	0.28

8-22 农民家庭土地经营情况

项　　目	单 位	2005年	2010年	2011年	2012年	2013年	2014年	2015年
平均每百人土地经营情况								
期初实际经营土地面积	亩	158.88	172.61	164.47	170.15	178.83	198.67	201.45
耕地	亩	150.43	166.09	152.65	158.31	159.26	183.52	184.41
有效灌溉面积	亩	110.19	122.97	116.02	118.83	127.81	149.17	153.70
山地	亩	0.92	2.45	8.67	8.31	13.34	9.65	10.86
园地	亩	3.29	3.48	2.32	2.78	4.12	3.91	4.52
牧草地	亩	0.09	0.08	0.03	0.03	0.30		0.17
养殖水面	亩	4.15	0.52	0.79	0.71	1.81	1.59	1.49
期末实际经营的土地面积	亩	160.69	174.61	165.25	173.11	179.40	198.90	198.55
耕地	亩	151.65	168.00	153.39	162.25	159.99	185.11	183.81
有效灌溉面积	亩	110.62	125.20	115.82	121.09	127.90	150.32	151.97
山地	亩	0.92	2.38	8.73	7.80	13.28	8.30	8.78
园地	亩	3.30	3.40	2.31	2.31	4.38	3.97	4.47
牧草地	亩	0.09	0.08	0.03	0.03			0.05
养殖水面	亩	4.74	0.75	0.79	0.71	1.75	1.51	1.45
平均每百人土地种植情况								
粮食播种面积	亩	233.70	269.52	267.10	262.02	263.94	294.78	284.36
#小麦播种面积	亩	125.69	134.93	133.44	130.43	132.90	144.26	140.40
水稻播种面积	亩	11.69	15.69	14.63	15.70	20.08	24.26	22.88
玉米播种面积	亩	71.62	103.40	109.45	107.98	101.97	115.60	110.98
豆类播种面积	亩	19.56	12.86	7.99	6.88	7.91	9.28	8.44
薯类播种面积	亩	3.39	1.93	1.01	0.77	1.01	1.38	1.66
经济作物播种面积	亩	70.12	35.18	33.80	30.87	33.49	31.33	32.70
#棉花播种面积	亩	19.10	5.24	4.36	3.65	0.77	0.70	0.39
油料播种面积	亩	30.15	16.09	15.55	15.40	23.93	21.77	22.43
蔬菜播种面积	亩	12.45	7.98	7.78	7.47	5.50	5.19	5.54
果用瓜播种面积	亩	2.55	2.92	2.18	1.96	3.18	3.63	3.58

8-23 农民家庭生产经营情况

项目	单位	2005年	2010年	2011年	2012年	2013年	2014年	2015年
谷物产量	公斤/人	845.87	1170.43	1199.27	1249.96	1234.56	1412.60	1447.88
#小麦产量	公斤/人	461.33	599.19	601.87	595.32	607.57	718.72	692.56
稻谷产量	公斤/人	67.83	80.22	77.60	85.16	102.71	142.73	143.06
玉米产量	公斤/人	312.21	489.62	518.69	568.90	524.19	550.99	611.02
薯类产量	公斤/人	4.31	5.67	3.10	2.13	3.02	5.64	8.79
豆类产量	公斤/人	26.62	21.27	13.33	14.03	13.91	16.14	19.90
棉花产量	公斤/人	25.68	10.94	8.66	8.03	0.93	1.37	0.94
油料产量	公斤/人	50.23	34.45	38.85	43.58	65.56	61.60	65.33

8-24 农民家庭出售产品情况

项目	单位	2005年	2010年	2011年	2012年	2013年	2014年	2015年
出售粮食数量	公斤/人	367.21	540.63	634.06	670.84	709.73	843.98	897.57
#小麦	公斤/人	177.84	260.74	311.31	308.12	323.33	414.59	420.91
稻谷	公斤/人	40.70	43.55	46.58	41.75	59.72	93.81	121.88
玉米	公斤/人	133.44	222.44	264.77	309.77	309.62	333.87	354.13
薯类	公斤/人	0.31	2.08	1.37	0.92	0.98	1.92	4.03
豆类	公斤/人	13.61	11.49	9.12	9.78	14.34	10.36	15.89
出售棉花数量	公斤/人	17.96	4.42	1.66	3.90	0.66	0.20	0.42
出售油料数量	公斤/人	22.70	15.12	19.65	26.74	32.16	39.03	32.47
出售麻类数量	公斤/人	0.60	0.47	0.28	0.02	1.01	0.66	0.38
出售烟叶数量	公斤/人	3.11	4.12	4.84	6.47	4.98	2.22	4.30
出售蔬菜数量	公斤/人	116.79	126.29	127.39	146.68	112.71	105.41	144.62
出售水果数量	公斤/人	49.22	39.25	23.24	24.37	60.83	44.91	50.45
出售猪肉数量	公斤/人	39.54	47.95	44.68	49.23	43.38	50.56	54.21
出售牛肉数量	公斤/人	3.96	3.13	3.31	2.09	2.22	2.21	1.49
出售羊肉数量	公斤/人	1.36	1.18	1.22	1.12	1.94	2.94	3.10
出售家禽数量	公斤/人	4.59	6.84	9.61	5.87	1.87	2.71	6.72
出售蛋类数量	公斤/人	13.67	17.46	6.07	9.06	27.7	19.53	12.66
出售水产品数量	公斤/人	4.24	4.05	4.55	4.75	4.90	4.62	7.24

8-25 农民家庭主要食品消费量

项　　目	单　　位	2005年	2010年	2011年	2012年	2013年	2014年	2015年
粮食消费量	公斤/人	211.62	188.47	144.32	143.97	151.29	124.86	132.45
1.小麦	公斤/人	170.48	145.21	109.58	106.98	109.15	87.51	91.75
2.稻谷	公斤/人	19.58	20.84	18.18	20.03	22.83	22.78	24.19
3.玉米	公斤/人	16.86	15.51	11.07	10.90	12.09	6.10	5.98
薯类消费量	公斤/人	0.86	0.95	0.74	0.89	1.35	1.69	2.05
豆类消费量	公斤/人	2.93	1.87	1.73	1.71	3.81	4.60	4.87
油脂类消费量	公斤/人	4.36	4.85	6.59	6.91	6.62	8.42	7.61
1.植物油	公斤/人	4.25	4.79	6.51	6.85	6.53	8.31	7.53
2.动物油	公斤/人	0.11	0.05	0.08	0.06	0.09	0.11	0.08
蔬菜及菜制品消费量	公斤/人	100.75	88.03	68.63	70.46	63.65	68.71	67.72
肉类	公斤/人	8.68	12.42	10.84	10.91	12.93	12.34	12.79
1.猪肉	公斤/人	5.46	8.03	6.21	6.56	7.92	9.75	9.74
2.牛肉	公斤/人	0.83	0.34	0.27	0.26	0.37	0.49	0.66
3.羊肉	公斤/人	0.14	0.15	0.13	0.11	0.20	0.28	0.47
4.其他肉类及制品	公斤/人						1.81	1.92
禽类	公斤/人	1.57	2.28	2.53	2.27	2.69	3.64	3.88
水产品	公斤/人	1.30	1.50	1.79	1.74	1.91	2.40	2.53
蛋类及蛋制品	公斤/人	8.48	9.10	7.89	9.06	7.86	9.38	10.73
奶和奶制品	公斤/人	0.85	2.44	2.72	3.04	3.66	4.95	5.03
干鲜瓜果类	公斤/人	15.39	20.96	24.51	27.88	32.64	37.81	39.10
糖果糕点类	公斤/人						4.65	4.56
酒	公斤/人	5.97	6.24	5.72	6.14	6.43	7.10	6.71

8-26 农民家庭平均每百户主要耐用消费品年末拥有量

项　　目	单位	2005年	2010年	2011年	2012年	2013年	2014年	2015年
家用汽车	辆	0.33	1.76	4.62	5.07	8.99	10.13	11.99
摩托车	辆	39.14	54.88	53.52	51.31	66.58	70.01	65.18
助力车	辆						79.50	87.64
洗衣机	台	55.67	84.64	91.14	92.57	91.60	89.84	92.92
电冰箱(柜)	台	13.48	46.12	63.31	66.86	71.93	73.07	79.11
微波炉	台	0.67	5.12	5.64	5.29	10.51	10.04	8.99
彩色电视机	台	81.69	106.26	110.71	111.21	115.12	112.00	112.61
其中：接入有线电视	台	10.07	30.83	42.83	46.57	42.08	40.60	51.50
空调	台	5.19	22.86	33.24	37.24	46.22	48.05	54.78
热水器	台	3.24	16.26	27.74	32.48	40.90	41.55	48.32
其中：太阳能热水器	台						32.36	39.40
消毒碗柜	台						0.99	0.43
洗碗机	台						0.33	0.45
排油烟机	台	0.48	3.02	4.07	4.05	4.22	5.08	6.29
固定电话	部	51.33	34.26	25.50	26.33	18.92	28.14	20.06
移动电话	部	55.38	151.67	194.50	194.10	215.25	214.84	220.99
其中：接入互联网	部	1.69	13.45	23.69	26.05	46.30	54.31	67.71
计算机	台	0.57	7.50	16.19	20.21	22.90	24.42	26.56
其中：接入互联网	台	0.24	5.00	11.93	15.67	17.04	16.31	19.92
摄像机	架	0.31	0.69	0.62	0.79	0.55	0.59	0.44
照相机	架	2.14	2.83	2.33	2.67	3.51	3.10	3.10
中高档乐器	台	0.07	0.21	0.38	0.38	0.47	0.32	0.23
健身器材	台						0.48	0.45
组合音响	台						2.18	1.58

8-27 农民家庭平均每人总收入

单位：元

项　　目	2005年	2010年	2011年	2012年	2013年	2014年	2015年
总收入	**3945.67**	**7293.38**	**8724.61**	**9829.40**	**11344.74**	**12737.66**	**13666.79**
一、工资性收入	**853.95**	**1943.86**	**2523.77**	**2989.36**	**3581.56**	**3260.22**	**3728.36**
(一)工资						2395.50	2807.33
(二)实物福利						4.83	3.78
(三)其他						859.90	917.24
二、经营性收入	**2965.64**	**4968.63**	**5640.06**	**6196.90**	**6804.50**	**6868.04**	**7082.78**
(一)第一产业经营收入	2532.24	4099.02	4596.44	4928.92	5303.76	5348.70	5319.44
(1)农业	1801.64	2977.76	3262.22	3550.44	3874.40	4062.25	4055.98
(2)林业	34.24	51.45	71.11	79.50	87.25	132.97	105.12
(3)牧业	672.68	1041.67	1230.37	1256.72	1297.41	1105.70	1089.49
(4)渔业	23.68	28.14	32.74	42.26	44.71	47.78	68.86
(二)第二产业经营收入	129.81	241.37	272.61	302.02	355.16	396.39	392.19
(三)第三产业经营收入	303.59	628.24	771.01	965.96	1145.58	1122.95	1371.15
三、财产性收入	**35.85**	**59.29**	**108.14**	**135.49**	**160.30**	**152.85**	**161.11**
四、转移性收入	**90.24**	**321.59**	**452.65**	**507.66**	**798.37**	**2456.55**	**2694.55**
(四)家庭外出从业人员寄回带回收入						1687.60	1877.18

8-28 农民家庭平均每人总收入构成

单位：%

项　　目	2005年	2010年	2011年	2012年	2013年	2014年	2015年
总收入	**100.0**	**100.0**	**100.0**	**100.0**	**100.0**	**100.0**	**100.0**
一、工资性收入	**21.6**	**26.7**	**28.9**	**30.4**	**31.6**	**25.6**	**27.3**
(一)工资						18.8	20.5
(二)实物福利						0.0	0.0
(三)其他						6.8	6.7
二、经营性收入	**75.2**	**68.1**	**64.6**	**63.0**	**60.0**	**53.9**	**51.8**
(一)第一产业经营收入	64.2	56.2	52.7	50.1	46.8	42.0	38.9
(1)农业	45.7	40.8	37.4	36.1	34.2	31.9	29.7
(2)林业	0.9	0.7	0.8	0.8	0.8	1.0	0.8
(3)牧业	17.0	14.3	14.1	12.8	11.4	8.7	8.0
(4)渔业	0.6	0.4	0.4	0.4	0.4	0.4	0.5
(二)第二产业经营收入	3.3	3.3	3.1	3.1	3.1	3.1	2.9
(三)第三产业经营收入	7.7	8.6	8.8	9.8	10.1	8.8	10.0
三、财产性收入	**0.9**	**0.8**	**1.2**	**1.4**	**1.4**	**1.2**	**1.2**
四、转移性收入	**2.3**	**4.4**	**5.2**	**5.2**	**7.0**	**19.3**	**19.7**
(四)家庭外出从业人员寄回带回收入						13.2	13.7

8-29 农民家庭平均每人总支出

单位：元

项　　目	2005年	2010年	2011年	2012年	2013年	2014年	2015年
总支出	**3106.97**	**5767.35**	**6858.58**	**7852.11**	**8692.59**	**11750.66**	**12175.63**
一、消费支出	**1891.57**	**3682.21**	**4319.95**	**5032.14**	**5627.73**	**7277.21**	**7887.45**
二、生产经营费用支出	**944.69**	**1562.48**	**1838.03**	**2009.50**	**2250.28**	**2248.20**	**2339.18**
(一)第一产业经营费用支出	841.82	1320.02	1568.88	1679.80	1871.50	1879.97	1907.83
1.农业	470.37	723.59	828.19	875.35	1036.24	1144.39	1203.18
2.林业	3.89	2.36	9.56	13.34	17.60	20.72	15.34
3.牧业	357.09	586.91	722.91	779.26	797.35	695.25	651.39
4.渔业	10.49	7.15	8.22	11.85	10.03	19.61	37.92
(二)第二产业经营费用支出	40.72	91.66	98.25	105.28	107.07	106.04	109.46
(三)第三产业经营费用支出	62.15	150.80	170.90	224.42	271.72	262.18	321.89
三、财产性支出	**4.95**	**7.11**	**5.93**	**2.32**	**0.63**	**6.02**	**4.15**
四、转移性支出	**133.65**	**323.36**	**551.57**	**603.67**	**499.35**	**174.42**	**189.22**
五、部分商业保险支出						**30.08**	**33.12**
六、购置资产及非经常性转移支出						**1649.66**	**1484.28**
七、借贷性支出						**365.06**	**238.22**

8-30 农民家庭平均每人总支出构成

单位：%

项　　目	2005年	2010年	2011年	2012年	2013年	2014年	2015年
总支出	**100.0**	**100.0**	**100.0**	**100.0**	**100.0**	**100.0**	**100.0**
一、消费支出	**60.9**	**63.8**	**63.0**	**64.1**	**64.7**	**61.9**	**64.8**
二、生产经营费用支出	**30.4**	**27.1**	**26.8**	**25.6**	**25.9**	**19.1**	**19.2**
(一)第一产业经营费用支出	27.1	22.9	22.9	21.4	21.5	16.0	15.7
1.农业	15.1	12.5	12.1	11.1	11.9	9.7	9.9
2.林业	0.1	0.0	0.1	0.2	0.2	0.2	0.1
3.牧业	11.5	10.2	10.5	9.9	9.2	5.9	5.3
4.渔业	0.3	0.1	0.1	0.2	0.1	0.2	0.3
(二)第二产业经营费用支出	1.3	1.6	1.4	1.3	1.2	0.9	0.9
(三)第三产业经营费用支出	2.0	2.6	2.5	2.9	3.1	2.2	2.6
三、财产性支出	**0.2**	**0.1**	**0.1**	**0.0**	**0.0**	**0.1**	**0.0**
四、转移性支出	**4.3**	**5.6**	**8.0**	**7.7**	**5.7**	**1.5**	**1.6**
五、部分商业保险支出						**0.3**	**0.3**
六、购置资产及非经常性转移支出						**14.0**	**12.2**
七、借贷性支出						**3.1**	**2.0**

8-31 农民家庭平均每人生活消费支出

单位：元

项　　目	2005年	2010年	2011年	2012年	2013年	2014年	2015年
全年生活消费支出	**1891.57**	**3682.21**	**4319.95**	**5032.14**	**5627.73**	**7277.21**	**7887.45**
食品	858.97	1371.17	1559.74	1701.75	1938.47	2153.81	2301.27
衣着	132.36	261.52	362.82	424.12	481.78	600.71	655.17
居住	317.97	765.18	846.86	1060.70	1043.93	1542.58	1643.28
家庭设备、用品及服务	82.69	254.47	328.13	361.63	415.97	505.88	560.58
交通和通讯	159.73	401.44	427.86	525.11	632.88	859.57	970.34
文化、教育、娱乐用品及服务	177.66	250.47	278.20	343.83	391.27	757.83	851.38
医疗保健	123.41	287.83	399.71	468.81	603.73	731.37	768.98
其他商品和服务	38.76	90.14	116.62	146.21	119.70	125.45	136.45

8-32 农民家庭平均每人生活消费支出构成

单位：%

项　　目	2005年	2010年	2011年	2012年	2013年	2014年	2015年
全年生活消费支出	**100.0**	**100.0**	**100.0**	**100.0**	**100.0**	**100.0**	**100.0**
食品	45.4	37.2	36.1	33.8	34.4	29.6	29.2
衣着	7.0	7.1	8.4	8.4	8.6	8.3	8.3
居住	16.8	20.8	19.6	21.1	18.5	21.2	20.8
家庭设备、用品及服务	4.4	6.9	7.6	7.2	7.4	7.0	7.1
交通和通讯	8.4	10.9	9.9	10.4	11.2	11.8	12.3
文化、教育、娱乐用品及服务	9.4	6.8	6.4	6.8	7.0	10.4	10.8
医疗保健	6.5	7.8	9.3	9.3	10.7	10.1	9.7
其他商品和服务	2.0	2.4	2.7	2.9	2.1	1.7	1.7

8-33 农民家庭平均每人可支配收入

单位：元

项　　目	2005年	2010年	2011年	2012年	2013年	2014年	2015年
可支配收入	**2870.58**	**5523.73**	**6604.03**	**7524.94**	**8475.34**	**9966.07**	**10852.86**
一、工资性收入	**853.95**	**1943.86**	**2523.77**	**2989.36**	**3581.56**	**3260.22**	**3728.36**
(一)工资						2395.50	2807.33
(二)实物福利						4.83	3.78
(三)其他						859.90	917.24
二、经营净收入	**1913.66**	**3240.43**	**3601.12**	**3973.43**	**4285.38**	**4277.59**	**4462.22**
(一)第一产业经营净收入	1610.82	2658.12	2890.61	3102.46	3266.60	3275.99	3265.14
1.农业	1260.82	2154.11	2324.72	2558.07	2696.55	2762.36	2721.77
2.林业	30.22	49.00	61.47	66.12	69.11	110.22	89.28
3.牧业	306.82	434.27	480.25	448.27	466.69	375.66	423.76
4.渔业	12.96	20.74	24.17	30.00	34.25	27.75	30.34
(二)第二产业经营净收入	80.67	137.21	166.22	187.12	213.81	253.13	262.89
(三)第三产业经营净收入	222.17	445.10	544.29	683.86	804.97	748.48	934.18
三、财产净收入	**35.85**	**59.29**	**108.14**	**135.49**	**160.30**	**146.13**	**156.96**
四、转移净收入	**67.13**	**280.14**	**370.99**	**426.66**	**448.08**	**2282.13**	**2505.33**
五、家庭外出从业人员寄回带回收入						**1687.60**	**1877.18**

8-34 农民家庭平均每人可支配收入构成

单位：%

项　　目	2005年	2010年	2011年	2012年	2013年	2014年	2015年
可支配收入	**100.0**	**100.0**	**100.0**	**100.0**	**100.0**	**100.0**	**100.0**
一、工资性收入	**29.7**	**35.2**	**38.2**	**39.7**	**42.3**	**32.7**	**34.4**
(一)工资						24.0	25.9
(二)实物福利						0.0	0.0
(三)其他						8.6	8.5
二、经营净收入	**66.7**	**58.7**	**54.5**	**52.8**	**50.6**	**42.9**	**41.1**
(一)第一产业经营净收入	56.1	48.1	43.8	41.2	38.5	32.9	30.1
1.农业	43.9	39.0	35.2	34.0	31.8	27.7	25.1
2.林业	1.1	0.9	0.9	0.9	0.8	1.1	0.8
3.牧业	10.7	7.9	7.3	6.0	5.5	3.8	3.9
4.渔业	0.5	0.4	0.4	0.4	0.4	0.3	0.3
(二)第二产业经营净收入	2.8	2.5	2.5	2.5	2.5	2.5	2.4
(三)第三产业经营净收入	7.7	8.1	8.2	9.1	9.5	7.5	8.6
三、财产净收入	**1.2**	**1.1**	**1.6**	**1.8**	**1.9**	**1.5**	**1.4**
四、转移净收入	**2.3**	**5.1**	**5.6**	**5.7**	**5.3**	**22.9**	**23.1**
五、家庭外出从业人员寄回带回收入						**16.9**	**17.3**

8-35 农民家庭平均每人现金收入

单位：元

项目	2005年	2010年	2011年	2012年	2013年	2014年	2015年
现金可支配收入	**3015.69**	**5899.95**	**7318.12**	**8444.61**	**9965.44**	**11241.27**	**12311.29**
一、现金工资性收入	**850.94**	**1942.05**	**2522.46**	**2987.96**	**3578.33**	**3255.40**	**3724.58**
(一)工资						2395.50	2807.33
(二)其他工资性收入						859.90	917.24
二、现金经营净收入	**2046.46**	**3586.81**	**4267.34**	**4829.64**	**5430.25**	**5506.92**	**5878.51**
(一)第一产业现金经营净收入	1614.99	2717.20	3223.72	3561.76	3929.42	3987.58	4115.17
1.农业	918.61	1623.14	1895.03	2192.91	2515.38	2733.56	2874.50
2.林业	26.25	49.51	67.88	77.53	87.96	109.57	90.78
3.牧业	648.04	1016.82	1227.34	1249.08	1281.59	1097.04	1081.65
4.渔业	22.09	27.73	33.48	42.24	44.48	47.41	68.24
(二)第二产业现金经营净收入	128.95	241.37	272.61	301.93	355.16	396.39	392.19
(三)第三产业现金经营净收入	302.52	628.24	771.01	965.96	1145.67	1122.95	1371.15
三、现金财产净收入	**31.88**	**54.78**	**82.36**	**125.10**	**160.30**	**152.85**	**161.11**
四、现金转移净收入	**86.40**	**316.31**	**445.96**	**501.91**	**796.56**	**2326.10**	**2547.09**
五、家庭外出从业人员寄回带回收入						**1687.60**	**1877.18**

8-36 农民家庭平均每人现金收入构成

单位：%

项目	2005年	2010年	2011年	2012年	2013年	2014年	2015年
现金可支配收入	**100.0**	**100.0**	**100.0**	**100.0**	**100.0**	**100.0**	**100.0**
一、现金工资性收入	**28.2**	**32.9**	**34.5**	**35.4**	**35.9**	**29.0**	**30.3**
(一)工资						21.3	22.8
(二)其他工资性收入						7.6	7.5
二、现金经营净收入	**67.9**	**60.8**	**58.3**	**57.2**	**54.5**	**49.0**	**47.7**
(一)第一产业现金经营净收入	53.6	46.1	44.1	42.2	39.4	35.5	33.4
1.农业	30.5	27.5	25.9	26.0	25.2	24.3	23.3
2.林业	0.9	0.8	0.9	0.9	0.9	1.0	0.7
3.牧业	21.5	17.2	16.8	14.8	12.9	9.8	8.8
4.渔业	0.7	0.5	0.5	0.5	0.4	0.4	0.6
(二)第二产业现金经营净收入	4.3	4.1	3.7	3.6	3.6	3.5	3.2
(三)第三产业现金经营净收入	10.0	10.6	10.5	11.4	11.5	10.0	11.1
三、现金财产净收入	**1.1**	**0.9**	**1.1**	**1.5**	**1.6**	**1.4**	**1.3**
四、现金转移净收入	**2.9**	**5.4**	**6.1**	**5.9**	**8.0**	**20.7**	**20.7**
五、家庭外出从业人员寄回带回收入						**15.0**	**15.2**

8-37 农民家庭平均每人现金支出

单位：元

项　　目	2005年	2010年	2011年	2012年	2013年	2014年	2015年
现金支出	**2657.85**	**5767.35**	**6557.32**	**7585.54**	**8392.55**	**10567.03**	**10906.80**
一、现金消费支出	**1520.18**	**3682.21**	**4047.87**	**4779.64**	**5353.04**	**6113.69**	**6635.06**
二、生产经营现金费用支出	**868.03**	**1562.48**	**1811.58**	**1996.74**	**2224.97**	**2228.09**	**2322.74**
(一)第一产业经营现金费用支出	765.60	1320.02	1542.44	1667.06	1846.19	1859.87	1891.39
1.农业	451.87	723.59	818.56	872.97	1025.88	1133.91	1194.18
2.林业	3.89	2.36	9.56	13.34	17.60	20.70	15.34
3.牧业	299.39	586.91	706.09	768.90	782.53	687.21	643.95
4.渔业	10.45	7.15	8.22	11.85	9.94	18.05	37.92
(二)第二产业经营现金费用支出	40.60	91.66	98.25	105.28	107.07	106.04	109.46
(三)第三产业经营现金费用支出	61.84	150.80	170.89	224.41	271.72	262.18	321.89
三、现金财产性支出	**4.95**	**7.11**	**5.93**	**2.32**	**0.63**	**6.02**	**4.15**
四、现金转移性支出	**132.64**	**323.36**	**548.85**	**602.35**	**499.31**	**174.42**	**189.22**
五、部分商业保险支出						**30.08**	**33.12**
六、购置资产及非经常性转移支出						**1649.66**	**1484.28**
七、借贷性支出						**365.06**	**238.22**

8-38 农民家庭平均每人现金支出构成

单位：%

项　　目	2005年	2010年	2011年	2012年	2013年	2014年	2015年
现金支出	**100.0**	**100.0**	**100.0**	**100.0**	**100.0**	**100.0**	**100.0**
一、现金消费支出	**57.2**	**63.8**	**61.7**	**63.0**	**63.8**	**57.9**	**60.8**
二、生产经营现金费用支出	**32.7**	**27.1**	**27.6**	**26.3**	**26.5**	**21.1**	**21.3**
(一)第一产业经营现金费用支出	28.8	22.9	23.5	22.0	22.0	17.6	17.3
1.农业	17.0	12.5	12.5	11.5	12.2	10.7	10.9
2.林业	0.1	0.0	0.1	0.2	0.2	0.2	0.1
3.牧业	11.3	10.2	10.8	10.1	9.3	6.5	5.9
4.渔业	0.4	0.1	0.1	0.2	0.1	0.2	0.3
(二)第二产业经营现金费用支出	1.5	1.6	1.5	1.4	1.3	1.0	1.0
(三)第三产业经营现金费用支出	2.3	2.6	2.6	3.0	3.2	2.5	3.0
三、现金财产性支出	**0.2**	**0.1**	**0.1**	**0.0**	**0.0**	**0.1**	**0.0**
四、现金转移性支出	**5.0**	**5.6**	**8.4**	**7.9**	**5.9**	**1.7**	**1.7**
五、部分商业保险支出						**0.3**	**0.3**
六、购置资产及非经常性转移支出						**15.6**	**13.6**
七、借贷性支出						**3.5**	**2.2**

8-39 农民家庭平均每人生活消费现金支出

单位：元

项　　目	2005年	2010年	2011年	2012年	2013年	2014年	2015年
全年生活消费现金支出	**1520.20**	**3292.00**	**4047.87**	**4779.64**	**5353.04**	**6113.69**	**6635.06**
食品	533.67	1024.32	1323.43	1474.20	1707.13	1986.01	2135.59
衣着	131.94	261.44	362.78	424.10	481.66	600.52	655.16
居住	272.55	722.56	811.35	1035.81	1001.11	675.03	701.49
家庭设备、用品及服务	82.62	253.81	327.92	361.58	415.77	505.75	560.43
交通和通讯	159.73	401.44	427.86	525.11	632.87	859.54	970.31
文化、教育、娱乐用品及服务	177.66	250.47	278.20	343.83	391.22	757.78	851.38
医疗保健	123.41	287.83	399.71	468.81	603.73	603.66	624.34
其他商品和服务	38.59	90.14	116.62	146.21	119.55	125.39	136.37

8-40 农民家庭平均每人生活消费现金支出构成

单位：%

项　　目	2005年	2010年	2011年	2012年	2013年	2014年	2015年
全年生活消费现金支出	**100.0**	**100.0**	**100.0**	**100.0**	**100.0**	**100.0**	**100.0**
食品	35.1	31.1	32.7	30.8	31.9	32.5	32.2
衣着	8.7	7.9	9.0	8.9	9.0	9.8	9.9
居住	17.9	21.9	20.0	21.7	18.7	11.0	10.6
家庭设备、用品及服务	5.4	7.7	8.1	7.6	7.8	8.3	8.4
交通和通讯	10.5	12.2	10.6	11.0	11.8	14.1	14.6
文化、教育、娱乐用品及服务	11.7	7.6	6.9	7.2	7.3	12.4	12.8
医疗保健	8.1	8.7	9.9	9.8	11.3	9.9	9.4
其他商品和服务	2.5	2.7	2.9	3.1	2.2	2.1	2.1

8-41 按收入分组的农民家庭人口与劳动力状况(2015年)

项　目	单 位	低收入户	中低收入户	中等收入户	中高收入户	高收入户
调查户数	**户**	**761**	**762**	**762**	**760**	**762**
调查户常住人口	**人**	**3007**	**2917**	**2776**	**2564**	**2138**
平均每户常住人口	人	3.95	3.83	3.64	3.38	2.81
整半劳动力	人	2.33	2.28	2.28	2.22	2.16
劳动力占常住人口比重	%	59.01	59.62	62.56	65.76	77.01
平均每个劳动力负担人口	人	1.69	1.68	1.60	1.52	1.30
平均每百个常住人口中						
1.5岁及以下	人	7.91	7.42	6.93	5.36	3.29
2.6-15岁	人	18.69	19.35	17.22	16.54	9.43
3.16-19岁	人	5.23	5.53	5.02	5.20	4.19
4.20-24岁	人	5.90	5.53	6.60	5.93	6.48
5.25-29岁	人	7.16	7.21	8.19	7.51	7.62
6.30-34岁	人	5.09	5.00	4.65	4.03	3.67
7.35-40岁	人	6.58	5.95	6.23	5.90	3.72
8.41-50岁	人	15.57	16.97	17.04	19.40	21.68
9.51-60岁	人	11.42	12.31	14.27	16.14	24.10
10.61-65岁	人	5.84	6.56	6.56	7.45	7.86
11.66岁及以上	人	10.61	8.17	7.29	6.55	7.96

8-42 按收入分组的农民家庭劳动力就业情况(2015年)

项　目	单 位	低收入户	中低收入户	中等收入户	中高收入户	高收入户
每百个就业劳动力文化程度						
1.未上过学	人	5.58	4.83	4.15	3.91	3.52
2.小学	人	20.99	21.22	19.52	18.76	19.25
3.初中	人	59.96	60.44	59.69	59.15	55.25
4.高中	人	11.10	10.98	12.90	13.55	15.91
5.大学专科	人	1.86	1.84	3.22	3.38	3.83
6.大学本科	人	0.45	0.57	0.35	1.07	2.25
7.研究生		0.06	0.11	0.17	0.18	
每百个就业劳动力从事的主要行业						
一产业就业劳动力	人	68.94	63.09	55.56	51.63	49.96
二产业就业劳动力	人	19.57	20.16	23.90	23.42	21.63
三产业就业劳动力	人	11.49	16.75	20.54	24.95	28.41

8-43 按收入分组的农民家庭居住情况(2015年)

项　　目	单 位	低收入户	中低收入户	中等收入户	中高收入户	高收入户
期末人均住房情况						
住房面积	平方米	37.57	38.71	43.02	48.48	59.96
租用住房面积	平方米	0.02	0.20	0.27	0.47	3.32
住房价值	万元	2.48	2.67	3.17	3.46	4.77
主要建筑材料						
1.钢筋混凝土	%	11.56	14.84	14.70	12.13	16.80
2.砖混材料	%	57.72	60.21	62.32	64.67	61.93
3.砖瓦砖木	%	28.48	23.37	22.45	22.54	20.61
4.竹草土坯	%	1.58	1.18	0.39	0.53	0.53
5.其他	%	0.66	0.39	0.13	0.13	0.13
住宅外道路路面情况						
1.水泥或柏油路面	%	50.07	54.75	56.94	56.36	58.65
2.沙石或石板等硬质路面	%	15.08	15.63	15.88	15.17	13.00
3.其他	%	34.86	29.62	27.17	28.47	28.36
住户主要饮用水来源情况						
1.经过净化处理的自来水	%	31.70	30.20	32.95	34.36	33.87
2.受保护的井水和泉水	%	34.56	35.92	33.44	35.76	34.66
3.不受保护的井水和泉水	%	28.35	28.76	30.06	26.20	28.45
4.江河湖泊水	%	0.26	0.53	0.39	0.53	0.79
5.收集雨水	%					
6.桶装水	%	0.13				
7.其他水源	%	4.99	4.60	3.15	3.16	2.23
住户厕所类型						
1.水冲式卫生厕所	%	2.37	3.81	4.33	6.88	11.55
2.水冲式非卫生厕所	%	1.84	1.71	1.31	2.37	1.18
3.卫生旱厕	%	20.24	17.86	20.61	20.67	21.50
4.普通旱厕	%	74.64	75.71	73.25	69.07	64.85
5.无厕所	%	0.92	0.92	0.49	1.02	0.92
住户主要取暖用能源状况						
1.柴草	%	16.03	12.74	11.26	11.19	10.37
2.煤炭	%	22.60	24.16	26.65	25.21	23.60
3.罐装液化石油气	%	2.76	3.81	3.02	2.63	2.89
4.管道液化石油气	%					
5.管道煤气	%					
6.管道天然气	%		0.13	0.13	0.13	0.92
7.电	%	14.59	18.07	18.77	22.77	22.84
8.燃料用油	%					
9.沼气	%	0.13	0.13	0.26	0.13	
10.其他	%	1.58	1.97	1.97	1.84	2.63
11.无取暖行为	%	42.31	39.00	37.94	36.09	36.76
主要炊用能源状况						
1.柴草	%	37.06	29.94	27.17	25.26	23.89
2.煤炭	%	21.95	18.51	21.00	16.65	17.33
3.罐装液化石油气	%	23.92	30.80	27.83	29.49	30.72
4.管道液化石油气	%	1.31	0.79	0.53	1.19	0.39
5.管道煤气	%					
6.管道天然气	%		0.26	0.39	0.79	3.41
7.电	%	13.67	16.54	20.18	24.52	20.58
8.燃料用油	%					
9.沼气	%	0.92	1.97	1.31	1.19	2.23
10.其他	%	0.53	1.18	1.31	0.66	1.31
11.无炊用行为	%	0.66		0.26	0.26	0.13

8-44 按收入分组的农民家庭土地经营情况(2015年)

项　目	单 位	低收入户	中低收入户	中等收入户	中高收入户	高收入户
平均每百人土地经营情况						
期初实际经营土地面积	亩	167.91	178.00	185.33	197.21	273.68
1.耕地面积	亩	141.35	160.76	164.64	178.00	245.91
其中：有效灌溉面积	亩	111.44	130.41	144.51	152.27	201.78
2.林地面积	亩	23.67	12.69	14.06	12.00	16.72
3.园地面积	亩	1.80	2.43	3.52	5.49	9.50
4.牧草地面积	亩		0.10	0.22	0.55	0.05
5.养殖水面面积	亩	1.10	2.02	2.88	1.18	1.52
期末实际经营土地面积	亩	168.04	172.23	184.16	194.82	271.80
1.耕地面积	亩	143.03	157.31	166.09	176.78	246.00
其中：有效灌溉面积	亩	110.28	133.86	144.86	150.01	199.35
2.林地面积	亩	22.40	10.58	11.60	10.81	15.48
3.园地面积	亩	1.65	2.32	3.40	5.86	8.80
4.牧草地面积	亩			0.19	0.20	
5.养殖水面面积	亩	0.96	2.02	2.88	1.18	1.53
期内主要粮食播种面积	亩	213.96	245.81	274.28	277.92	368.01
1.小麦播种面积	亩	105.67	120.84	139.78	143.30	177.02
2.水稻播种面积	亩	11.04	17.68	17.70	15.99	39.38
3.玉米播种面积	亩	90.54	100.07	106.40	108.79	138.12
4.大豆播种面积	亩	5.98	5.29	7.13	7.97	10.48
5.薯类播种面积	亩	0.73	1.94	3.27	1.87	3.01
期内主要经济作物播种面积	亩	21.96	23.75	25.28	35.20	45.98
1.棉花播种面积	亩	0.18	0.20	0.27	0.29	0.76
2.油料作物播种面积	亩	15.27	16.41	18.31	25.10	25.25
4.蔬菜播种面积	亩	3.27	4.23	3.47	5.90	10.62
5.水果播种面积	亩	3.21	2.47	3.24	3.88	6.44

8-45 按收入分组的农民家庭生产经营情况(2015年)

项　　目	单 位	低收入户	中低收入户	中等收入户	中高收入户	高收入户
谷物产量	公斤/人	1038.53	1246.48	1394.04	1405.06	1959.67
#小麦产量	公斤/人	502.35	595.81	703.14	701.97	912.47
稻谷产量	公斤/人	55.91	104.06	94.41	94.19	271.56
玉米产量	公斤/人	480.27	545.57	595.93	608.56	773.57
薯类产量	公斤/人	1.94	10.67	18.92	9.29	18.18
豆类产量	公斤/人	12.95	12.42	18.09	22.39	27.58
棉花产量	公斤/人	0.22	0.30	0.58	0.93	2.22
油料产量	公斤/人	42.85	48.46	52.73	74.21	81.10

8-46 按收入分组的农民家庭出售产品情况(2015年)

项　　目	单　　位	低收入户	中低收入户	中等收入户	中高收入户	高收入户
出售粮食数量	公斤/人	615.80	771.02	849.91	852.34	1212.37
#小麦	公斤/人	282.57	368.12	415.27	440.64	542.19
稻谷	公斤/人	54.13	84.27	91.92	73.05	217.83
玉米	公斤/人	278.69	316.29	340.03	337.63	450.31
薯类	公斤/人	0.39	5.11	10.70	3.77	7.11
豆类	公斤/人	12.42	9.49	12.95	19.54	19.08
出售棉花数量	公斤/人	0.16	0.07	0.27	0.20	1.06
出售油料数量	公斤/人	26.40	25.35	28.01	35.71	39.68
出售麻类数量	公斤/人	0.49	0.09		0.33	0.50
出售烟叶数量	公斤/人	0.84	0.09	0.90		19.13
出售蔬菜数量	公斤/人	38.51	66.24	149.17	186.38	428.94
出售水果数量	公斤/人	18.62	21.50	42.64	68.80	123.47
出售猪肉数量	公斤/人	11.62	19.62	20.94	36.29	208.97
出售牛肉数量	公斤/人	0.96	0.44	0.43	0.45	7.59
出售羊肉数量	公斤/人	1.60	1.49	2.40	3.52	6.52
出售家禽总重量	公斤/人	11.31	0.44	13.18	5.75	2.59
出售蛋类数量	公斤/人	5.88	0.37	22.08	16.86	4.58
出售水产品数量	公斤/人	1.63	10.87	32.58	5.90	32.64

8-47 按收入分组的农民家庭主要食品消费量(2015年)

项 目	单 位	低收入户	中低收入户	中等收入户	中高收入户	高收入户
一、粮食消费量	**公斤/人**	**109.41**	**123.18**	**122.91**	**134.85**	**157.54**
1.小麦	公斤/人	77.04	85.59	85.76	95.13	105.06
2.稻谷	公斤/人	18.08	22.86	20.98	22.55	30.38
3.玉米	公斤/人	6.07	6.23	4.58	5.57	6.24
(二)薯类消费量	公斤/人	1.63	1.87	1.97	2.08	2.74
(三)豆类消费量	公斤/人	3.86	4.37	4.56	5.13	7.25
二、油脂类消费量	**公斤/人**	**6.40**	**6.80**	**7.20**	**7.85**	**9.61**
(一)植物油	公斤/人	6.32	6.71	7.14	7.78	9.54
(二)动物油	公斤/人	0.08	0.08	0.06	0.07	0.07
三、蔬菜及菜制品消费量	**公斤/人**	**53.89**	**61.80**	**62.80**	**69.42**	**87.48**
四、肉类	**公斤/人**	**9.68**	**11.36**	**12.34**	**13.45**	**17.42**
(一)猪肉	公斤/人	7.61	8.63	9.58	10.07	12.76
(二)牛肉	公斤/人	0.41	0.52	0.48	0.59	1.31
(三)羊肉	公斤/人	0.26	0.42	0.32	0.51	0.77
(四)其他肉类及制品	公斤/人	1.40	1.79	1.96	2.28	2.58
五、禽类	**公斤/人**	**3.03**	**3.34**	**3.72**	**3.90**	**4.82**
六、水产品	**公斤/人**	**2.12**	**2.27**	**2.33**	**2.48**	**3.36**
七、蛋类及蛋制品	**公斤/人**	**8.89**	**9.63**	**10.62**	**11.37**	**13.54**
八、奶和奶制品	**公斤/人**	**3.38**	**4.77**	**5.41**	**6.92**	**7.88**
九、干鲜瓜果类	**公斤/人**	**30.85**	**35.06**	**39.77**	**41.20**	**50.67**
十、糖果糕点类	**公斤/人**	**3.84**	**4.11**	**4.71**	**4.81**	**5.85**
十一、酒	**公斤/人**	**5.03**	**6.08**	**6.91**	**6.81**	**9.51**

8-48 按收入分组的农民家庭平均每百户主要耐用消费品年末拥有量(2015年)

项 目	单 位	低收入户	中低收入户	中等收入户	中高收入户	高收入户
1.家用汽车	台	8.41	12.61	12.60	11.32	17.59
2.摩托车	台	59.00	63.76	67.21	66.38	63.90
3.助力车	台	84.76	87.58	90.19	95.79	89.40
4.洗衣机	台	88.08	93.96	96.32	92.40	94.65
5.电冰箱(柜)	台	71.91	77.86	81.23	80.60	78.90
6.微波炉	台	6.44	7.09	8.53	9.87	14.31
7.彩色电视机	台	109.59	111.82	113.92	114.74	114.44
8.其中：接入有线电视	辆	45.30	43.33	50.64	56.56	58.39
9.空调	辆	38.77	51.87	56.71	65.84	72.47
10.热水器	辆	38.63	46.09	50.94	51.79	50.41
11.其中：太阳能热水器	部	33.25	37.16	41.35	42.71	38.86
12.消毒碗柜	部	0.26	0.26	0.26	0.53	1.31
13.洗碗机	部	0.39	0.66	0.39	0.66	0.39
14.排油烟机	台	2.89	7.35	7.09	9.61	13.13
15.固定电话	台	19.97	19.57	22.19	19.75	22.45
16.移动电话	台	209.89	215.89	224.94	227.73	229.11
17.其中：接入互联网	台	57.95	64.87	69.91	76.38	81.23
18.计算机	架	19.05	22.19	27.96	34.31	34.92
19.其中：接入互联网	台	13.67	17.33	20.74	26.48	27.44
20.摄像机	架	0.13	0.53	0.26	0.66	0.92
21.照相机	台	1.31	2.50	3.81	4.61	5.12
22.中高档乐器	台	0.13	0.53	0.53	0.26	0.26
23.健身器材	台	0.13	0.39	0.92	0.66	0.92
24.组合音响	台	0.92	1.84	2.36	1.98	1.18

8-49 农民家庭平均每户年末生产性固定资产原值

单位：元

指标名称	2005年	2010年	2011年	2012年	2013年	2014年	2015年
期末农业生产性固定资产原价							
1.农业固定资产原价	4353.48	5990.78	6671.64	7144.15	8626.47	7990.48	6848.49
①生产性用房及建筑物	675.79	1192.92	1484.85	1756.55	2053.01	2143.54	1525.05
②役畜	248.36	199.46	156.29	144.19	252.79	174.08	138.28
③农业设施						606.22	508.59
④农业机械	3039.92	3999.67	4440.13	4422.53	4903.67	4540.13	4392.50
2.林业固定资产原价	7.80	5.35	4.36	2.17	35.37	92.84	26.10
①生产性用房及建筑物	0.24	0.42	0.71	0.55	1.14	13.18	11.21
②机械设备	7.56	0.98			14.64	20.42	11.44
3.牧业固定资产原价	534.36	1221.65	1662.65	1786.03	2193.21	1761.52	749.67
①生产性用房及建筑物	261.52	618.31	908.97	1005.00	1185.15	995.62	342.67
②产品畜	259.07	547.07	619.12	634.28	959.20	699.58	369.29
4.渔业固定资产原价	15.07	14.82	21.69	25.01	27.88	39.53	31.31
5.农林牧渔服务业固定资产原价						108.94	36.05
期末非农产业固定资产原价							
1.采矿业	138.10	107.14	63.10	96.54	165.91	5.40	4.96
2.制造业	301.21	416.91	224.21	329.44	948.12	1269.54	353.13
3.电力、热力、燃气及水生产和供应业		54.76			631.76	263.52	475.98
4.建筑业	60.12	136.05	187.07	145.76	507.07	399.64	202.61
5.批发和零售业	169.58	370.48	764.02	863.24	1735.81	2220.21	2966.26
6.交通运输、仓储和邮政业	692.95	1193.25	1906.51	1850.72	1689.23	1611.82	1857.63
7.住宿和餐饮业	84.48	121.47	257.05	246.00	179.82	472.97	305.05
8.房地产业						19.82	3.54
9.租赁和商务服务业						55.68	49.85
10.居民服务、修理和其他服务业						519.82	705.27
11.其他行业	34.19	64.55	47.05	112.13	351.98	511.06	95.29

8-50 农民家庭平均每百户拥有主要生产性固定资产数量

指　　标	单 位	2005年	2010年	2011年	2012年	2013年	2014年	2015年
1.生产性用房及建筑物	平方米	1208.12	1490.96	1778.50	2060.18	1264.98	1349.85	805.81
2.大中型农用拖拉机	台	5.58	10.11	4.34	4.75	4.47	4.20	2.31
3.小型农用拖拉机	台	44.18	31.17	35.27	34.07	47.99	43.56	41.92
4.农用排灌动力机械	台	14.73	14.51	12.64	14.19	25.95	26.04	26.33
5.插秧机	台						0.08	0.73
6.收割机	台	1.82	2.20	1.43	1.27	1.20	1.66	1.44
7.脱粒机	台	6.51	7.15	9.16	10.35	10.02	10.30	12.44
8.役畜	头	12.92	5.57	6.95	9.08	4.19	3.21	30.05
9.产品畜	头	31.69	26.83	44.83	35.43	29.69	40.03	43.62

8-51 按收入分组的农民家庭平均每户年末生产性固定资产原值(2015年)

项　目	单位	低收入户	中低收入户	中等收入户	中高收入户	高收入户
期末农业生产性固定资产原价	--					
1.农业固定资产原价	元	7625.31	6953.88	7314.65	5956.77	6391.83
①生产性用房及建筑物	元	1937.40	1322.94	1842.69	1230.02	1292.35
②役畜	元	98.02	212.17	119.74	102.06	159.32
③农业设施	元	379.74	319.43	701.85	570.73	571.17
④农业机械	元	4864.34	4799.89	4541.03	3963.17	3794.39
2.林业固定资产原价	元	16.87	4.67		28.25	80.66
①生产性用房及建筑物	元				28.25	27.81
②机械设备	元	12.19				44.99
3.牧业固定资产原价	元	579.05	456.08	518.98	514.48	1678.82
①生产性用房及建筑物	元	267.42	233.72	397.30	145.46	669.04
②产品畜	元	188.50	222.36	112.40	344.43	978.19
4.渔业固定资产原价	元	26.46	46.99	30.21	35.24	17.64
5.农林牧渔服务业固定资产原价	元	9.20	8.83	40.24	16.72	105.17
期末非农产业固定资产原价	--					
1.采矿业	元			24.78		
2.制造业	元	126.02	97.18	87.92	121.88	1331.65
3.电力、热力、燃气及水生产和供应业	元		2357.60		22.03	
4.建筑业	元	187.29	91.64	185.31	194.99	353.70
5.批发和零售业	元	5233.72	2106.77	2526.50	645.61	4316.85
6.交通运输、仓储和邮政业	元	2403.09	1831.82	956.89	1164.44	2930.79
7.住宿和餐饮业	元	379.89	10.47	198.52	409.37	526.93
8.房地产业	元				17.71	
9.租赁和商务服务业	元	4.48	138.47	8.26	10.64	87.32
10.居民服务、修理和其他服务业	元	935.84	494.27	1104.50	192.51	798.88
11.其他行业	元	56.24	78.71	145.44	108.86	87.22

8-52 按收入分组的农民家庭平均每百户拥有主要生产性固定资产数量(2015年)

项　目	单位	低收入户	中低收入户	中等收入户	中高收入户	高收入户
1.生产性用房及建筑物	平方米	951.35	558.01	684.61	792.01	1042.91
2.大中型农用拖拉机	台	1.56	2.24	2.60	1.71	3.41
3.小型农用拖拉机	台	44.18	42.61	41.32	41.76	39.74
4.农用排灌动力机械	台	25.06	27.94	29.34	25.61	23.71
5.插秧机	台	0.31	0.98	0.65	0.72	1.01
6.收割机	台	2.22	1.31	1.36	0.82	1.49
7.脱粒机	台	12.99	12.73	13.42	12.95	10.10
8.役畜	头	2.36	35.44	60.03	3.27	49.11
9.产品畜	头	17.45	18.61	60.99	26.05	94.95

8-53 按收入分组的农民家庭平均每人总收入(2015年)

单位：元

项　　目	低收入户	中低收入户	中等收入户	中高收入户	高收入户
总收入	**6155.17**	**9235.23**	**12343.96**	**15863.75**	**29533.04**
一、工资性收入	**1394.97**	**2450.38**	**3680.04**	**4985.41**	**7366.48**
(一)工资	905.57	1666.32	2751.90	3967.47	5767.67
(二)实物福利	1.51	1.39	5.87	4.25	6.99
(三)其他	487.89	782.67	922.26	1013.69	1591.82
二、经营性收入	**3635.37**	**4584.81**	**5827.99**	**6931.57**	**17222.44**
(一)第一产业经营收入	3116.93	3848.05	4628.65	5368.39	11309.74
(1)农业	2619.58	3284.50	3758.73	4477.54	7041.75
(2)林业	64.44	58.28	73.18	95.56	279.99
(3)牧业	415.59	380.77	743.40	746.86	3877.32
(4)渔业	17.31	124.50	53.34	48.43	110.68
(二)第二产业经营收入	62.70	91.39	244.20	345.62	1520.92
(三)第三产业经营收入	455.74	645.37	955.13	1217.57	4391.77
三、财产性收入	**36.74**	**80.26**	**105.79**	**228.95**	**439.86**
四、转移性收入	**1088.10**	**2119.78**	**2730.15**	**3717.82**	**4504.26**
(四)家庭外出从业人员寄回带回收入	669.40	1580.37	2088.22	2734.97	2708.04

8-54 按收入分组的农民家庭平均每人总支出(2015年)

单位：元

项　　目	低收入户	中低收入户	中等收入户	中高收入户	高收入户
总支出	**8877.82**	**9619.55**	**11313.22**	**12762.72**	**20792.19**
一、消费支出	**5818.54**	**6621.81**	**7656.16**	**8533.24**	**12098.02**
二、生产经营费用支出	**1797.32**	**1482.16**	**1896.26**	**2071.17**	**5178.39**
(一)第一产业经营费用支出	1584.65	1311.84	1638.38	1645.43	3846.48
1.农业	1039.61	988.00	1078.59	1221.35	1870.71
2.林业	11.79	8.65	12.45	15.07	33.63
3.牧业	520.73	222.23	503.80	391.30	1926.49
4.渔业	12.51	92.96	43.53	17.71	15.65
(二)第二产业经营费用支出	16.33	18.75	64.94	77.35	462.39
(三)第三产业经营费用支出	196.34	151.58	192.94	348.39	869.52
三、财产性支出	**0.70**	**1.57**	**2.50**	**3.77**	**15.21**
三、转移性支出	**161.21**	**174.75**	**184.51**	**174.56**	**272.54**
四、部分商业保险支出	**14.53**	**22.99**	**34.03**	**32.81**	**72.68**
五、购置资产及非经常性转移支出	**969.02**	**1162.85**	**1280.46**	**1580.59**	**2808.02**
六、借贷性支出	**116.49**	**153.41**	**259.30**	**366.59**	**347.32**

8-55 按收入分组的农民家庭平均每人可支配收入(2015年)

单位：元

项　　目	低收入户	中低收入户	中等收入户	中高收入户	高收入户
可支配收入	**3899.44**	**7318.85**	**10017.09**	**13424.44**	**23616.76**
一、工资性收入	**1394.97**	**2450.38**	**3680.04**	**4985.41**	**7366.48**
(一)工资	905.57	1666.32	2751.90	3967.47	5767.67
(二)实物福利	1.51	1.39	5.87	4.25	6.99
(三)其他	487.89	782.67	922.26	1013.69	1591.82
二、经营净收入	**1541.55**	**2844.76**	**3688.12**	**4670.60**	**11593.92**
(一)第一产业经营净收入	1393.20	2405.11	2844.51	3591.31	7266.70
1.农业	1451.39	2174.32	2544.55	3136.19	5017.24
2.林业	52.37	49.55	60.73	79.92	244.42
3.牧业	-114.91	150.53	229.98	345.20	1910.43
4.渔业	4.35	30.71	9.25	30.01	94.61
(二)第二产业经营净收入	41.09	27.90	173.74	261.44	1017.98
(三)第三产业经营净收入	107.26	411.75	669.87	817.85	3309.24
三、财产净收入	**36.04**	**78.68**	**103.29**	**225.18**	**424.65**
四、转移净收入	**926.89**	**1945.03**	**2545.64**	**3543.25**	**4231.72**
五、家庭外出从业人员寄回带回收入	**669.40**	**1580.37**	**2088.22**	**2734.97**	**2708.04**

8-56 按收入分组的农民家庭平均每人现金可支配收入(2015年)

单位：元

项　　目	低收入户	中低收入户	中等收入户	中高收入户	高收入户
现金收入(未扣除生产费用)	**5210.83**	**8060.44**	**11075.07**	**14336.49**	**27436.70**
一、现金工资性收入	**1393.46**	**2448.99**	**3674.16**	**4981.16**	**7359.48**
(一)工资	905.57	1666.32	2751.90	3967.47	5767.67
(二)其他工资性收入	487.89	782.67	922.26	1013.69	1591.82
二、现金经营性收入	**2777.85**	**3503.71**	**4670.80**	**5593.47**	**15453.94**
(一)第一产业现金经营收入	2259.40	2766.95	3471.47	4030.28	9541.25
1.农业	1775.04	2219.61	2621.34	3163.89	5320.94
2.林业	55.89	47.04	63.95	79.51	248.64
3.牧业	411.25	376.01	733.94	739.21	3862.14
4.渔业	17.22	124.29	52.24	47.67	109.53
(二)第二产业现金经营收入	62.70	91.39	244.20	345.62	1520.92
(三)第三产业现金经营收入	455.74	645.37	955.13	1217.57	4391.77
三、现金财产性收入	**36.74**	**80.26**	**105.79**	**228.95**	**439.86**
四、现金转移性收入	**1002.79**	**2027.49**	**2624.32**	**3532.90**	**4183.41**
(四)家庭外出从业人员寄回带回收入	669.40	1580.37	2088.22	2734.97	2708.04

8-57 按收入分组的农民家庭平均每人现金支出(2015年)

单位：元

项　目	低收入户	中低收入户	中等收入户	中高收入户	高收入户
现金支出	**7915.47**	**8569.03**	**10117.94**	**11412.55**	**18789.39**
一、现金消费支出	**4868.26**	**5584.73**	**6473.68**	**7197.07**	**10129.63**
二、生产经营现金费用支出	**1785.25**	**1468.72**	**1883.45**	**2057.17**	**5143.98**
(一)第一产业经营现金费用支出	1572.58	1298.39	1625.57	1631.43	3812.07
1.农业	1032.22	981.15	1069.02	1212.99	1856.47
2.林业	11.79	8.65	12.45	15.07	33.63
3.牧业	516.06	215.64	500.57	385.66	1906.33
4.渔业	12.51	92.96	43.53	17.71	15.64
(二)第二产业经营现金费用支出	16.33	18.75	64.94	77.35	462.39
(三)第三产业经营现金费用支出	196.34	151.58	192.94	348.39	869.52
三、现金财产性支出	**0.70**	**1.57**	**2.50**	**3.77**	**15.21**
四、现金转移性支出	**161.21**	**174.75**	**184.51**	**174.56**	**272.54**
五、部分商业保险支出	**14.53**	**22.99**	**34.03**	**32.81**	**72.68**
六、购置资产及非经常性转移支出	**969.02**	**1162.85**	**1280.46**	**1580.59**	**2808.02**
七、借贷性支出	**116.49**	**153.41**	**259.30**	**366.59**	**347.32**

8-58 按收入分组的农民家庭平均每人生活消费支出(2015年)

单位：元

项　目	低收入户	中低收入户	中等收入户	中高收入户	高收入户
全年生活消费支出	**5818.54**	**6621.81**	**7656.16**	**8533.24**	**12098.02**
食品	1747.94	1949.08	2280.50	2460.17	3409.28
衣着	476.84	557.31	656.34	721.33	962.84
居住	1250.68	1362.02	1589.35	1744.81	2536.61
家庭设备、用品及服务	379.86	462.24	546.20	608.30	914.46
交通和通讯	634.16	693.09	931.84	1116.66	1704.35
文化、教育、娱乐用品及服务	656.48	822.11	878.01	939.58	1029.51
医疗保健	579.17	662.02	648.10	805.47	1299.14
其他商品和服务	93.42	113.93	125.81	136.90	241.84

8-59 按收入分组的农民家庭平均每人生活消费现金支出(2015年)

单位：元

项目	低收入户	中低收入户	中等收入户	中高收入户	高收入户
全年生活消费支出	**4868.26**	**5584.73**	**6473.68**	**7197.07**	**10129.63**
食品	1612.31	1780.99	2125.28	2296.60	3187.99
衣着	476.84	557.30	656.30	721.33	962.83
居住	519.74	582.10	664.08	754.95	1108.65
家庭设备、用品及服务	379.86	462.17	546.08	608.10	913.99
交通和通讯	634.14	692.99	931.84	1116.66	1704.33
文化、教育、娱乐用品及服务	656.48	822.11	878.01	939.58	1029.51
医疗保健	495.48	573.21	546.32	623.16	980.55
其他商品和服务	93.42	113.86	125.77	136.68	241.78

8-60 贫困地区农民家庭平均每人总收入

单位：元

项目	2000年	2005年	2009年	2010年	2011年	2012年	2013年	2014年	2015年
全年总收入(未扣除生产费用)	**2348.31**	**3151.89**	**5162.47**	**5577.39**	**6359.92**	**7317.40**	**9503.68**	**10924.61**	**11696.51**
工资性收入	**454.22**	**763.18**	**1557.56**	**1709.82**	**2168.13**	**2540.66**	**3412.98**	**2042.32**	**2424.47**
工资	88.77	76.43	124.84	135.15	148.12	175.24		1307.34	1477.61
实物福利	135.81	195.48	427.11	452.61	606.94	753.98		1.94	1.23
其他	229.64	491.27	1005.62	1122.07	1413.06	1611.45		733.04	945.64
经营性收入	**1788.70**	**2260.04**	**3335.36**	**3582.47**	**3834.99**	**4397.29**	**5236.71**	**6366.63**	**6374.38**
第一产业经营收入	**1553.94**	**1986.31**	**2853.06**	**3050.84**	**3267.28**	**3705.98**	**4307.72**	**5204.93**	**5097.82**
农业	1162.36	1457.49	2130.24	2310.89	2477.05	2787.05	3282.85	3905.19	3937.37
林业	43.22	52.85	102.20	107.30	119.43	132.73	120.55	158.77	155.42
牧业	343.27	467.94	600.59	613.46	654.92	763.36	882.62	1123.71	988.84
渔业	5.09	8.03	20.02	19.18	15.89	22.84	21.70	17.27	16.19
第二产业经营收入	**63.84**	**70.83**	**122.55**	**141.75**	**153.42**	**179.21**	**228.30**	**267.64**	**297.63**
第三产业经营收入	**170.92**	**202.90**	**359.75**	**389.88**	**414.29**	**512.11**	**700.69**	**894.05**	**978.93**
财产性收入	**12.21**	**28.58**	**41.75**	**28.86**	**64.04**	**56.6**	**87.65**	**77.49**	**96.63**
转移性收入	**93.18**	**100.09**	**227.80**	**256.24**	**292.76**	**322.85**	**766.34**	**2438.18**	**2801.02**
其中：家庭外出从业人员寄回带回收入								1821.81	2128.88

注：2007年以前为44个扶贫开发重点县数据，2008-2012年为31个国家级扶贫开发重点县数据，2013年以后为53个贫困县数据。2014年开始为新口径数据。

8-61 贫困地区农民家庭平均每人总支出

单位：元

项目	2000年	2005年	2009年	2010年	2011	2012年	2013年	2014年	2015年
全年总支出	**1771.76**	**2573.91**	**4248.55**	**4567.50**	**5420.41**	**6111.64**	**7506.79**	**10480.75**	**10646.53**
生产经营费用支出	**433.97**	**700.13**	**1130.16**	**1225.27**	**1326.27**	**1519.86**	**1727.40**	**2144.58**	**2106.26**
第一产业经营费用支出	**381.61**	**630.77**	**985.64**	**1058.27**	**1137.45**	**1281.00**	**1500.70**	**1841.02**	**1784.36**
农业	247.80	406.12	684.82	754.92	805.67	861.75	960.60	1164.09	1223.34
林业	2.21	7.52	12.49	13.39	19.87	25.2	19.59	20.32	18.91
牧业	130.42	215.07	280.81	282.58	307.55	384.49	503.50	652.95	538.66
渔业	1.18	2.06	7.52	7.38	4.36	9.55	4.05	3.66	3.46
第二产业经营费用支出	**15.98**	**24.74**	**53.30**	**63.71**	**66.81**	**82.83**	**55.73**	**65.73**	**81.19**
第三产业经营费用支出	**36.38**	**44.62**	**91.22**	**103.28**	**122.00**	**156.03**	**170.97**	**237.83**	**240.71**
部分商业保险支出								**16.93**	**13.41**
购置资产及非经常性转移支出								**1558.54**	**1368.04**
借贷性支出								**242.34**	**134.99**
消费支出	**1128.84**	**1694.82**	**2827.89**	**3088.58**	**3610.86**	**4043.22**	**5164.21**	**6357.58**	**6865.51**
食品烟酒	567.39	823.10	1213.64	1306.01	1543.56	1698.14	1884.19	1976.11	2157.17
衣着	76.86	109.15	198.35	224.72	289.99	334.42	429.52	499.70	539.16
居住	155.79	289.02	629.54	654.85	682.39	786.93	1025.41	1407.45	1482.22
生活用品及服务	49.08	73.14	153.24	178.58	214.80	258.78	397.40	493.66	502.32
交通通信	50.89	127.63	241.96	297.07	342.72	369.82	537.35	670.79	784.73
教育文化娱乐	128.04	160.65	181.30	175.69	182.99	202.39	323.94	615.69	658.09
医疗保健	54.67	84.82	162.47	196.00	273.86	297.76	435.14	551.95	598.70
其他用品和服务	46.12	27.31	47.39	55.67	80.55	94.97	131.27	142.24	143.11
财产性支出	**16.56**	**2.38**	**2.64**	**2.92**	**1.12**	**0.23**	**2.39**	**3.37**	**2.02**
转移性支出	**67.69**	**93.12**	**168.68**	**214.77**	**332.80**	**383.41**	**382.68**	**157.41**	**156.31**

注：2007年以前为44个扶贫开发重点县数据，2008-2012年为31个国家级扶贫开发重点县数据，2013年以后为53个贫困县数据。2014年开始为新口径数据。

8-62　贫困地区农民家庭平均每人可支配收入

单位：元

项　　目	2000年	2005年	2009年	2010年	2011年	2012年	2013年	2014年	2015年
全年可支配收入	**1749.31**	**2330.90**	**3895.51**	**4208.78**	**4867.38**	**5625.91**	**7165.17**	**8336.19**	**9176.02**
工资性收入	**454.22**	**763.18**	**1557.56**	**1709.82**	**2168.13**	**2540.66**	**3412.98**	**2042.32**	**2424.47**
工资								1307.34	1477.61
实物福利								1.94	1.23
其他								733.04	945.64
经营净收入	**1215.22**	**1472.65**	**2098.99**	**2254.07**	**2393.41**	**2751.21**	**3291.11**	**3939.62**	**4013.96**
第一产业经营净收入	**1050.51**	**1276.41**	**1776.49**	**1904.26**	**2031.55**	**2317.34**	**2660.26**	**3169.48**	**3163.01**
农业	835.46	994.33	1375.20	1485.23	1589.92	1839.96	2182.92	2575.73	2575.58
林业	40.30	44.58	88.52	93.01	98.37	106.15	100.52	135.18	135.90
牧业	171.22	231.70	301.03	314.56	331.87	358.34	359.64	445.28	439.04
渔业	3.53	5.80	11.74	11.46	11.38	12.89	17.17	13.29	12.49
第二产业经营净收入	**42.10**	**44.04**	**66.11**	**74.82**	**83.19**	**92.25**	**160.04**	**188.88**	**203.63**
第三产业经营净收入	**122.61**	**152.20**	**256.40**	**274.99**	**278.67**	**341.62**	**470.81**	**581.25**	**647.32**
财产净收入	**12.21**	**29.04**	**41.75**	**28.86**	**64.04**	**56.60**	**87.65**	**73.49**	**91.78**
转移净收入	**67.66**	**66.03**	**197.21**	**216.03**	**241.79**	**277.44**	**373.43**	**2280.77**	**2645.80**
其中：家庭外出从业人员寄回带回收入								1821.81	2128.88

注：2007年以前为44个扶贫开发重点县数据，2008-2012年为31个国家级扶贫开发重点县数据，2013年以后为53个贫困县数据。2014年以前为老口径(纯收入)，2014年开始为新口径(可支配收入)。

8-63　贫困地区农民家庭平均每人现金收入

单位：元

项　　目	2000年	2005年	2009年	2010年	2011年	2012年	2013年	2014年	2015年
全年现金收入(未扣除生产费用)	**1500.48**	**2237.64**	**3906.37**	**4234.55**	**5120.68**	**5865.65**	**8166.82**	**9482.11**	**10160.85**
现金工资性收入	**450.17**	**763.18**	**1556.05**	**1708.34**	**2164.99**	**2529.74**	**3410.97**	**2040.38**	**2423.25**
工资								1307.34	1477.61
其他工资性收入								733.04	945.64
现金经营性收入	**960.63**	**1358.43**	**2092.99**	**2250.75**	**2629.85**	**2966.97**	**3906.42**	**5021.91**	**4961.61**
第一产业现金经营收入	**739.87**	**1084.70**	**1611.88**	**1719.69**	**2064.93**	**2281.88**	**2977.37**	**3860.21**	**3685.05**
农业	452.32	598.97	946.83	1030.96	1262.61	1416.19	1983.22	2615.42	2564.01
林业	23.96	42.77	88.69	96.61	119.44	128.87	120.68	124.28	132.76
牧业	260.74	435.95	558.47	576.07	664.57	715.62	852.03	1103.53	972.46
渔业	2.85	7.01	17.89	16.04	18.31	21.21	21.44	16.99	15.83
第二产业现金经营收入	**58.11**	**70.83**	**122.16**	**141.18**	**152.14**	**172.98**	**228.30**	**267.64**	**297.63**
第三产业现金经营收入	**162.65**	**202.90**	**358.96**	**389.87**	**412.78**	**512.11**	**700.75**	**894.05**	**978.93**
现金财产性收入	**10.60**	**28.58**	**36.19**	**27.11**	**37.82**	**50.14**	**87.65**	**77.49**	**95.37**
现金转移性收入	**79.08**	**87.45**	**221.14**	**248.35**	**288.02**	**318.80**	**761.78**	**2342.34**	**2680.63**
家庭外出从业人员寄回带回收入								1821.81	2128.88

注：2007年以前为44个扶贫开发重点县数据，2008-2012年为31个国家级扶贫开发重点县数据，2013年以后为53个贫困县数据。2014年开始为新口径数据。

8-64 贫困地区农民家庭平均每人现金支出

单位：元

项　　目	2000年	2005年	2009年	2010年	2011年	2012年	2013年	2014年	2015年
全年现金支出	**1317.56**	**2033.84**	**3668.60**	**4056.58**	**4929.06**	**5585.29**	**7093.35**	**9425.51**	**9454.47**
生产经营现金费用支出	**339.65**	**562.10**	**968.22**	**1071.24**	**1212.54**	**1396.32**	**1666.02**	**2097.50**	**2078.91**
第一产业经营现金费用支出	**290.79**	**501.90**	**830.46**	**909.73**	**1033.78**	**1160.78**	**1439.51**	**1793.94**	**1757.01**
农业	210.30	345.09	591.59	655.81	723.03	763.9	925.97	1129.35	1208.24
林业	2.16	6.27	11.65	12.68	19.75	23.54	18.96	20.30	18.88
牧业	77.48	149.22	222.03	236.36	288.06	367.58	480.85	640.65	526.44
渔业	0.85	1.32	5.19	4.87	2.94	5.76	3.86	3.63	3.45
第二产业经营现金费用支出	**15.74**	**23.83**	**49.67**	**60.50**	**62.25**	**80.68**	**55.54**	**65.73**	**81.19**
第三产业经营现金费用支出	**33.12**	**36.37**	**88.09**	**101.01**	**116.51**	**154.86**	**95.04**	**237.83**	**240.71**
部分商业保险支出								**16.93**	**13.41**
购置资产及非经常性转移支出								**1558.54**	**1368.04**
借贷性支出								**242.34**	**134.99**
现金消费支出	**786.88**	**1294.62**	**2411.04**	**2643.34**	**3236.66**	**3641.54**	**4812.17**	**5349.43**	**5700.80**
食品烟酒	263.59	473.12	834.71	901.51	1210.76	1342.25	1606.25	1770.82	1929.50
衣着	73.87	109.15	198.31	224.72	289.54	334.42	429.17	499.61	539.04
居住	120.64	238.81	591.67	614.11	641.02	741.15	960.12	704.19	665.12
生活用品及服务	49.07	73.14	153.23	178.57	214.80	258.78	397.17	491.76	501.49
交通通信	50.89	127.63	241.96	297.07	342.72	369.82	537.15	670.67	784.73
教育文化娱乐	128.04	160.65	181.30	175.69	182.99	202.39	323.04	615.34	657.78
医疗保健	54.67	84.82	162.47	196.00	273.86	297.76	435.13	457.08	480.05
其他用品和服务	46.11	27.30	47.39	55.67	80.55	94.97	124.14	139.96	143.08
现金财产性支出	**6.67**	**2.38**	**2.64**	**2.92**	**1.12**	**0.23**	**2.39**	**3.37**	**2.02**
现金转移性支出	**66.42**	**91.38**	**167.58**	**213.13**	**329.38**	**382.39**	**382.67**	**157.41**	**156.31**

注：2007年以前为44个扶贫开发重点县数据，2008-2012年为31个国家级扶贫开发重点县数据，2013年以后为53个贫困县数据。2014年开始为新口径数据。

8-65 主要年份农村农户固定资产投资情况

单位：万元

指　标	2000年	2010年	2011年	2012年	2013年	2014年	2015年
农村投资总额	**2549526**	**7866446**	**8346299**	**8913847**	**8993980**	**7698843**	**7090634**
按投资来源分							
国内贷款	209704	35450	44385	474023	54509	52759	97688
自筹资金	3758	7732178	8215482	8790566	8876829	7576030	6922895
其他资金	2294758	98818	86432	75878	62642	70054	70051
按投资构成分							
建筑工程	1834257	6923459	7428206	7933324	7939924	6910537	6413649
安装工程	10741	7873	8342	8914	8498	8507	
设备工器具购置	604245	800540	843500	900298	975146	707069	595780
其他	100283	134574	66251	71311	70412	72730	81205
按投资方向分							
农林牧渔业	495605	850420	798706	791550	888041	783825	724561
采矿业							126
制造业	111632	40859	23234	49936	55055	60450	66211
电力煤气及水的生产和供应业		4006	3155	6525	6981	6617	7544
建筑业	19399	26340	25459	53287	52020	48081	45680
交通运输仓储和邮电业	170367	280767	281748	304515	328448	332508	312028
信息传输、计算机服务和软件							
批发和零售	28518	34536	30812	32054	39698	39798	40094
住宿和餐饮		2544	2611	2404	2671	2761	36945
金融业							
房地产业	1678599	6412652	6968693	7450197	7341969	6122039	5592884
租赁和商务服务业					27801	26775	28344
科学研究、技术服务和地质勘探业							
水利、环境和公共设施管理业					5160	5817	2935
居民服务和其他服务业		214322	211881	224379	246139	270173	233283
教育							
卫生、社会保障和社会福利业	36240						
文化、体育和娱乐业	137						
公共管理和社会组织	9029						

8-66 农村劳动力外出从业情况构成

单位：%

项　　目	2010年	2011年	2012年	2013年	2014年	2015年
一、年末就业状况	**100.0**	**100.0**	**100.0**	**100.0**	**100.0**	**100.0**
本地务农	51.2	51.4	48.1	40.8	40.1	40.1
本地非农自营	5.6	5.6	5.6	6.6	6.9	6.8
本地非农务工	8.9	10.0	11.5	18.2	18.5	19.7
外出从业	28.2	26.9	28.2	26.5	26.3	26.8
未从业及其他	6.1	6.1	6.6	7.9	8.2	6.6
二、外出从业地区（人）	**100.0**	**100.0**	**100.0**	**100.0**	**100.0**	**100.0**
1.本省	38.9	42.0	43.0	51.4	51.3	54.3
(1)乡外县内	49.5	39.3	39.9	43.7	42.2	46.4
(2)县外省内	50.5	60.7	60.1	56.3	57.8	53.6
2.省外	61.1	58.0	57.0	48.6	48.7	45.7
(1)东部地区	81.1	81.9	79.9	81.6	80.9	80.1
北京	12.2	9.8	10.0	12.5	13.1	11.1
上海	6.5	10.1	9.2	6.8	7.4	8.6
江苏	11.6	13.5	12.9	17.8	16.4	15.9
浙江	13.8	15.7	17.1	16.8	18.0	18.1
广东	40.4	33.4	34.3	30.2	30.3	32.2
(2)中部地区	10.2	9.8	9.1	7.8	9.4	9.6
(3)西部地区	8.4	7.8	10.5	10.2	9.0	9.8
(4)其他地区	0.3	0.5	0.5	0.4	0.7	0.5
三、外出从事行业	**100**	**100**	**100**	**100**	**100**	**100**
1.一产业	1.2	2.0	2.0	1.6	1.3	1.1
2.二产业	64.9	68.9	67.8	65.2	63.8	62.1
#制造业	54.7	53.4	52.5	44.2	46.9	45.6
#建筑业	40.7	42.5	43.8	51.3	49.6	50.3
3.三产业	33.9	29.0	30.2	33.2	34.9	36.8
#批发和零售业	7.5	5.3	4.9	23.5	24.2	26.6
#住宿和餐饮业	5.6	5.5	6.0	18.1	20.0	16.1
四、外出务工月均收入（元）	**1640**	**2108**	**2315**	**2858**	**2930**	**3123**
五、社会保障与福利情况						
外出从业的劳动关系	100.0	100.0	100.0	100.0	100.0	100.0
①无固定期限劳动合同工	14.3	15.0	14.5	14.3	17.0	17.0
②一年及以上劳动合同工	9.6	9.5	9.7	13.2	13.9	10.5
③一年以下劳动合同工	2.5	2.5	2.7	2.6	2.7	2.7
④没有劳动合同	61.4	68.1	68.3	64.8	59.1	62.6
⑤自营及其他	12.2	4.9	4.8	5.1	7.3	7.2

注：①2012年以前为全省42个县，2013年以后为全省92个县(区)。
②外出从业地区类型里“中部地区”不包含河南。
③外出从业不含本地非农自营和本地非农务工。

主要统计指标解释

一、住户收支与生活状况调查指标解释

从2013年度起，国家统计局对分别进行的城乡住户调查实施了一体化改革，规范了城乡划分范围，统一了城乡居民收入指标名称、分类和统计标准，建立了城乡统一的一体化住户调查，并据此采集全国居民有关数据。

（一）居民可支配收入

居民可支配收入指居民可用于最终消费支出和储蓄的总和，即居民可用于自由支配的收入。既包括现金收入，也包括实物收入。按照收入的来源，可支配收入包含四项，分别为：工资性收入、经营性净收入、转移性净收入和财产性净收入。

工资性收入　指就业人员通过各种途径得到的全部劳动报酬和各种福利，包括受雇于单位或个人、从事各种自由职业、兼职和零星劳动得到的全部劳动报酬和福利。

经营净收入　指住户或住户成员从事生产经营活动所获得的净收入，是全部经营收入中扣除经营费用、生产性固定资产折旧和生产税之后得到的净收入。计算公式具体为：

经营净收入=经营收入-经营费用-生产性固定资产折旧-生产税

财产净收入　指住户或住户成员将其所拥有的金融资产、住房等非金融资产和自然资源交由其他机构单位、住户或个人支配而获得的回报并扣除相关的费用之后得到的净收入。财产净收入包括利息净收入、红利收入、储蓄性保险净收益、转让承包土地经营权租金净收入、出租房屋净收入、出租其他资产净收入和自有住房折算净租金等。财产净收入不包括转让资产所有权的溢价所得。

转移净收入　计算公式为：转移净收入=转移性收入-转移性支出

转移性收入　指国家、单位、社会团体对住户的各种经常性转移支付和住户之间的经常性收入转移。包括养老金或退休金、社会救济和补助、政策性生产补贴、政策性生活补贴、救灾款、经常性捐赠和赔偿、报销医疗费、住户之间的赡养收入，本住户非常住成员寄回带回的收入等。转移性收入不包括住户之间的实物馈赠。

转移性支出　指居民家庭对国家、单位、住户或个人的经常性或义务性转移支付。包括缴纳的税款、各项社会保障支出、赡养支出、经常性捐赠和赔偿支出以及其他经常转移支出等。

（二）居民消费支出

居民消费支出是指居民用于满足家庭日常生活消费需要的全部支出，既包括现金消费支出，也包括实物消费支出。消费支出可划分为食品烟酒、衣着、居住、生活用品及服务、交通通信、教育文化娱乐、医疗保健以及其他用品及服务八大类。

食品烟酒　指用于各种食品和烟草、酒类的支出。

衣着　指与居民穿着有关的支出，包括服装、服装材料、鞋类、其他衣类及配件、衣着相关加工服务的支出。

居住　指与居住有关的支出，包括房租、水、电、燃料、物业管理等方面的支出，也包括自有住房折算租金。

生活用品及服务　指家庭及个人的各类生活品及家庭服务。包括家具及室内装饰品、家用器具、家用

纺织品、家庭日用杂品、个人用品和家庭服务。

交通通信 指用于交通和通信工具及相关的各种服务费、维修费和车辆保险等支出。

教育文化娱乐 指用于教育、文化和娱乐方面的支出。

医疗保健 指用于医疗和保健的药品、用品和服务的总费用。包括医疗器具及药品，以及医疗服务。

其他用品及服务 指无法直接归入上述各类支出的其他用品与服务支出。

二、2012年及以前的分城镇和农村住户调查指标解释

2012年及以前年份，中国的住户调查一直分城乡分别开展。由于分别调查，农村与城镇居民收入、支出等指标的统计口径有所不同，数据也不完全可比，城镇调查城镇居民可支配收入，农村调查农村居民纯收入。城镇居民收入与支出数据，指现金收入或现金支出，不包括实物收支；其中，计算城镇居民人均可支配收入和消费支出时，不包括自有住房折算租金，也不包括购建房支出。农村居民收入与支出数据，分为总收支和现金收支，即农村居民的总收支部分包括了自产自用的实物收支；其中，计算农村居民人均纯收入和消费支出时，也不包括自有住房折算租金，但农村居民居住消费支出中，包括了购建房支出。

为了保持历史数据的可比，本年鉴中2012年及以前年份的数据和指标解释仍保持了原城镇住户调查和农村住户调查方案的原貌。

（一）城镇住户调查主要收支指标解释

1．城镇居民家庭总收入

家庭总收入 指居民家庭中生活在一起的所有家庭成员在调查期得到的工薪收入、经营净收入、财产性收入、转移性收入的总和，不包括出售财物和借贷收入。收入的统计标准以实际发生的数额为准，无论收入是补发还是预发，只要是调查期得到的都应如实计算，不作分摊。

工薪收入 指就业人员通过各种途径得到的全部劳动报酬，包括所从事的主要职业的工资以及从事第二职业、其他兼职和零星劳动得到的其它劳动收入。

经营净收入 指家庭成员从事生产经营活动所获得的净收入。是全部生产经营收入中扣除生产成本和税金后所得的收入。如当期收入小于生产费用的开支，其差额记入“其他借贷支出 ”中。

财产性收入 指家庭拥有的动产（如银行存款、有价证券）、不动产（如房屋、车辆、土地、收藏品等）所获得的收入。包括出让财产使用权所获得的利息、租金、专利收入；财产营运所获得的红利收入、财产增值收益等。

利息收入 指资产所有者按预先约定的利率获得的高于存款本金以外的那部分收入。包括各类定期和活期存款利息、债券利息、储蓄性奖券和存款的“中奖”收入。利息与红利的差异：利息一般是预先约定的，与企业的经营状况无关，而红利的多少与企业的经营效益直接有关，一般不预先约定。利息收入是应得收入，包括银行代扣的利息所得税。

转移性收入 指国家、单位、社会团体对居民家庭的各种转移支付和居民家庭间的收入转移。包括政府对个人收入转移的离退休金、失业救济金、赔偿等；单位对个人收入转移的辞退金、保险索赔、住房公积金、家庭间的赠送和赡养等。

记账补贴 指居民家庭因承担记账工作从统计部门、工作单位和其它途径所得到的现金。不包括实物部分。

2．城镇居民可支配收入

可支配收入 指居民家庭可用于最终消费支出和其它非义务性支出以及储蓄的总和，即居民家庭可以用来自由支配的收入。它是家庭总收入扣除交纳的所得税、个人交纳的社会保障费以及调查户的记账补贴后的收入。计算公式为：

可支配收入=家庭总收入-交纳所得税-个人交纳的社会保障支出-记账补贴

3．城镇居民家庭总支出

家庭总支出 指家庭除借贷支出以外的全部实际支出。包括消费支出、购房建房支出、转移性支出、财产性支出、社会保障支出。支出统计是以实际购得的商品或服务的总价值填报，不论其付款方式是一次付清、分期付款，还是赊购，只要商品或服务已被消费就要按其总价值计量。如果采用分期付款或赊购形式，则要在借贷收入类相应的项目填入实付款与总的应付款的差额。

4．城镇居民消费支出

消费支出 指居民家庭用于满足家庭日常生活消费需要的全部支出，包括食品、衣着、居住、家庭设备及用品、交通通信、文教娱乐、医疗保健、其他等八大类。消费支出构成是按照商品或服务的用途进行分类，如果消费支出的目的与用途不一致时，必须按照用途归入相应类内。

服务性消费支出 指居民家庭用于本家庭支付社会提供的各种文化和生活方面的非商品性服务费用。不包括为别人付款的服务。服务消费与商品消费不同，其特点在于其劳动过程和消费过程在时间与空间上的统一。

财产性支出 指家庭购买或维护财产所支付的利息等有关费用。

社会保障支出 指居民家庭成员参加国家法律、法规规定的社会保障项目中由个人交纳的保障支出。不包括职工所在单位交纳的那部分社会保障金。

食品支出 指居民为摄取身体所需要的营养和满足某种嗜好而进食的各种消费品，包括在商店、集市、工作单位食堂和饮食业购买的主食、副食、烟草、酒、饮料以及干鲜瓜果、糖果、糕点、奶制品等。

衣着支出 指各种穿着用品及加工穿着品的各种材料，包括棉、麻、丝、毛和各种人造纤维、合成纤维纺织的各种布匹、呢绒、绸缎及其加工的服装，各种鞋、袜、帽及其他零星穿着用品等。

居住支出 指与居住有关的支出，包括住房、水、电、燃料方面的支出。其中的住房支出：指居民家庭用于住房的直接支出，包括房租、房屋维修支出、物业管理费、房屋装潢支出。不包括购建房支出，也不包括自有住房虚拟租金。

家庭设备及用品支出 指家庭各类日用消费品及家庭服务。包括日用耐用消费品、室内装饰品、床上用品、家庭日用杂品、家具、家庭服务。不含个人用品和服务。

交通通信支出 指用于交通和通信工具和相关的各种服务费、维修等支出。

交通 指购置交通工具及零配件、支付各种交通费、修理服务费、油料费等的支出。

通信 指家庭用于通信方面的全部支出。包括通信工具、电话费、邮费及其他通信费用。

文教娱乐支出 指居民家庭用于教育和文化娱乐方面的支出。

文化娱乐用品 指居民家庭用于购置家庭文娱用耐用消费品和其它文娱用品的支出。其中，购买家庭影院的根据其设备配置情况分别记为彩色电视机、影碟机、组合音响等。

文化娱乐服务 指和文化娱乐活动有关的各种服务费用。

教育支出 是指按一定的目的要求，对受教育者的德育、智育、体育、爱好、技能等诸方面施以影响的一种有计划的活动，与这一活动直接相关的支出即为教育支出。包括学费、教材费、家教费、赞助费、寄宿学生的住宿费等。

医疗保健支出 指用于医疗和保健的药品、用品和服务费用。包括医疗器具、保健用品、医药费、滋补保健品、医疗保健服务及其他医疗保健费用。实行医疗改革的单位，医疗基金（医保卡）支付的全部费用计入工资及补贴收入中，同时记入相应的医疗保健支出中。个人先现金支付然后到单位报销的医疗费在记入相应消费的同时，如果是在职职工则记入工资性收入，如果是离退休职工则记入离退休金中。

其他支出 指无法直接归入上述各类支出以外的个人用品和其他商品与服务支出。

其他商品 指七大类以外的个人用品和各种其他商品。

服务 指用于个人消费中的服务费，包括旅馆住宿费、理发洗澡费、美容费等。

（二）农村住户调查主要收支指标解释

1．农村居民总收入与总支出

总收入 指调查期内农村住户和住户成员从各种来源渠道得到的收入总和。按收入的性质划分为工资性收入、家庭经营收入、财产性收入和转移性收入。

工资性收入 指农村住户成员受雇于单位或个人，靠出卖劳动而获得的收入。

在非企业组织中劳动得到的收入 指农村住户成员在不具备企业性质的行政事业单位和各种组织中劳动得到的收入。包括村干部和民办教师的工资(奖金、补贴)，乡及以上行政、事业单位工作人员的工资(奖金、补贴)等。

在本地劳动得到的收入 指农村住户成员在住户所属乡(镇)地域范围内受雇于单位或个人，靠出卖劳动而获得的收入。

常住人口外出从业得到的收入 指农村住户成员到住户所属乡(镇)地域范围以外从业得到的收入。

家庭经营收入 指农村住户以家庭为生产经营单位进行生产筹划和管理而获得的收入。农村住户家庭经营活动按行业划分为农业、林业、牧业、渔业、工业、建筑业、交通运输业邮电业、批发和零贸易餐饮业、社会服务业、文教卫生业和其他家庭经营。

农业收入 指包括谷物种植业，豆类和薯类作物种植业，棉、麻等植物性纺织原料种植业，油料、糖料作物种植业，烟草种植业，药材种植业，蔬菜、瓜类作物种植业，饲料作物种植业，茶、桑、果树种植业。

种植业收入 是指农村住户当年从承包地和自营地上收获的粮食、经济作物、蔬菜、茶叶、水果、水生植物（如菱、藕等）等的主产品和副产品的全部收入。但生产用的绿肥和青饲料不作为收入，用来沤肥的副产品以及野生植物的采集和家庭兼营商品性手工业不作为种植业收入。

林业收入 是指农村住户当年采伐竹木收入、出售树苗和从人工栽培的竹林上不经砍伐而取得的各种林产品收入，如生漆、棕片、五倍籽、松脂、紫胶、竹笋、油桐籽、油茶籽、乌桕籽、核桃、各种林木子实，以及修剪竹木枝叶（荆条、柳条、蒲葵叶）等等；包括野生林木的采集产品收入；但不包括桑叶、茶叶、水果、花卉，它们算在种植业收入中。

畜牧业收入 是指农村住户当年出售、屠宰的畜禽、小动物和畜禽产品收入。包括家畜（仔畜、架子猪也包括在内）、家禽（包括幼禽）及其他小动物收入；也包括出售鹌鹑、鸽子等收入，按出售和屠宰的产品计算。畜禽的繁殖和增重，不计算收入；活的家畜、家禽及其他小动物的产品（如蛋类、羊毛、蜂蜜、蜂蜡等）收入，按全部产品计算；动物屠宰和死后的畜产品（如猪鬃、羊皮、蚕茧等）收入，按全部产品计算。牧区和半牧区农民出卖大牲畜的收入，应作为畜牧业收入；农户出售肉牛的收入和专门饲养大牲畜出售的收入应作为畜牧业收入，但变卖属于固定资产的役畜的现金收入，不能作为牧业收入，而应计算在出售财物收入中；包括野生动物的狩猎及其产品的采集收入。

渔业收入 是指农村住户当年捕捞天然水生的和人工养殖的鱼、虾、蟹、贝、藻类等淡水水产品和海水水产品的全部收入。包括养殖观赏鱼类的收入。

工业收入 是指农村住户的个体企业（有固定场所和生产设备、有专业生产劳动力，年内生产三个月以上）利用手工和机械进行自然资源开采，农副产品,工业品加工和修理以及从事手工业(手工业指依靠手工劳动，使用简单工具从事的工业性生产活动，包括各种制作、刺绣、编织、雕刻、加工等手工业。)所得全部产品收入，来料加工的产品，按加工费计算收入。自制自用的产品不计收入。

建筑业收入 是指农村住户成员当年从事房屋或建筑物的新建和维修以及设备安装所得到的劳动报酬，参加国家举办的基本建设工程所得到的收入。

交通运输业、邮电业收入 是指农村住户成员当年从事对本户以外的单位或个人进行货物运送、旅客运送及从事邮电行业活动的收入。

批零和零售贸易、餐饮业收入 是指从事批发贸易、零售商业和餐饮业活动的收入。

社会服务业 是指从事于日常生活及社会公共服务等服务活动的收入。包括从事社会服务业、金融保险业、房地产管理、旅馆、车店、理发、照相、洗染、缝纫、修理、导游等收入。

文教卫生业 指在文教卫生等单位从事有关活动的收入。如在教育、文化艺术事业、广播电视业从事有关活动的收入；在体育事业单位、体育设施管理单位、体育队、体育训练机构等从事体育活动的收入；在医疗、防治、检疫及其他卫生事业的收入等。

财产性收入 指金融资产或有形非生产性资产的所有者向其他机构单位提供资金或将有形非生产性资产供其支配，作为回报而从中获得的收入。

转移性收入 指农村住户和住户成员无需付出任何对应物而获得的货物、服务、资金或资产所有权等，不包括无偿提供的用于固定资本形成的资金。一般情况下，是指农村住户在二次分配中的所有收入。包括在外人口寄回和带回、农村外部亲友赠送、救济金、保险赔偿收入、退休金、土地征用补偿收入等。

总支出 是指农村住户全年用于生产、生活和再分配等方面的全部实际支出。包括家庭经营费用支出、购置生产性固定资产支出、税费支出、生活消费支出、转移性支出和财产性支出。

家庭经营费用支出 指农村住户以家庭为基本生产经营单位从事生产经营活动而消费的商品和服务、自产自用产品。所消费的未计算为住户收入的自产自用产品，不计算为费用支出；库存的化肥、农药也不计算为本期费用支出。

农业生产支出 指用于农业生产活动费用。如种籽、肥料、农药、小农具购置和修理、油料费、耕畜的饲料、饲草费、机耕费、排灌费、电费等，此外还包括家庭兼营商品性手工业等所支付的有关费用。

种植业生产支出 是指种植各种农作物所支付的生产费用。如种籽、肥料、农药、小农具购置和修理、油料费、耕畜的饲料、饲草费、机耕费、排灌费、电费等。

林业生产支出 是指经营林业生产而支付的费用。如树种、树苗、肥料、农药、电费及小型工具的购置维修等开支，但不包括林业的基本建设投资。

牧业生产支出 是指经营牧业生产所支付的费用。如购买仔畜（包括架子猪）、幼禽支出；肉用牛、羊的饲料、饲草支出；生猪、家禽等的饲料、燃料、防疫医疗费；电费和小型用具购置、维修等支出。但耕畜的饲料费应列为“种植业生产费用支出”。

渔业生产支出 是指养殖水生动物、培养海藻和捕捞生产过程中的开支。包括鱼苗、饵料、电费以及小型渔具和用具的购置、维修及油料费等支出。但不包括添置的固定资产支出。

工业生产支出 是指进行工业生产所支付的生产费用。包括工业生产耗用的原料、燃料、电费及小型工具的购置、维修等开支，还包括来料加工产品所耗用的燃料、电费，但不包括自产自用和来料加工产品所耗用的原材料。

建筑业生产支出 是指为了从事本户以外的房屋或建筑物的新建与维修以及设备安装而耗用的建筑材料、电器设备、燃料、电费以及小型工具的购置、维修等开支。

交通运输业生产支出 是指为从事对本户以外单位或个人进行货物运送和旅客运送所耗用燃料和小型工具的购置、维修等开支。

批零和零售贸易、餐饮业生产支出 是指从事批发贸易、零售商业、和餐饮业活动时所购买的生产用具支出、租用铺面支出、帮工工资支出、燃料支出、电费支出及其他费用开支。

社会服务业生产支出 指用于包括金融保险业、房地产管理、旅馆、车店、理发、照相、洗染、缝纫、修理、导游等日常生活及社会公共服务等服务活动的费用支出。

文教卫生业生产支出 指在文教卫生等单位从事有关活动的支出。如在教育、文化艺术事业、广播电视业从事有关活动的支出；在体育事业单位、体育设施管理单位、体育队、体育训练机构等从事体育活动的支出；在医疗、防治、检疫及其他卫生事业的支出等。

其他家庭生产经营支出 是指上述各项家庭经营费用支出以外的其他支出，包括各项劳务所支出的费用。

购置生产性固定资产支出 指农村住户用于建造和购置生产性固定资产所支出的费用。

税费支出：是指农村住户从事生产经营活动以现金和实物形式缴纳的各种税费。

消费支出 指农村住户用于物质生活和精神生活方面的消费支出。消费支出分为食品支出、衣着支出、居住支出、家庭设备及用品支出、交通通信支出、文教娱乐支出、医疗保健支出、其他支出。

食品支出 指农村居民年内消费各类食品支出。包括主食、副食、其他食品、在外饮食和食品加工费支出。

衣着支出 指农村住户用于各种穿着用品及加工穿着用品的材料支出。包括棉花、丝棉、化纤棉、驼毛、棉布、各种化纤布、绸、缎、呢绒、各类成衣、棉、毛、丝、麻纺织品，背心、汗衫、棉毛衫裤、卫生衫裤、袜子等针织品，毛线、毛线织品、各种鞋、帽等消费品及衣着的加工修理费(指农村住户为加工或修补服装、鞋帽等衣着所支付的服务费)。但不包括用各种布料做的床上用品，室内装饰品。

居住支出 指与农村住户居住有关的所有支出。包括新建(购)房屋、房屋维修、居住服务、租赁住房所付的租金、生活用水、生活用电、用于生活的燃料等支出。

家庭设备及用品支出 指农村住户消费的各种耐用消费品、其他家庭用品及用品的加工修理费用。

交通通信支出 指农村住户用于交通和通讯的工具、各种服务费、维修费用支出。

文教娱乐支出 指农村住户用于文化、教育、娱乐方面的支出。包括文化教育娱乐用品支出和文化教育娱乐服务支出。

医疗保健支出 指农村住户用于医疗和保健的药品、医疗器械和服务费用。包括医药卫生保健用品、医疗保健服务费和医疗卫生设备、用品加工修理费等。

其他支出 指上述各类支出以外的商品和服务支出。

财产性支出 为获得其他住户财产(包括无形资产)的使用权而支付的各种费用。

转移性支出 指农村住户和住户成员没有获得任何对应物而支出的货物、服务、资金或资产所有权等，不包括无偿提供的用于固定资本形成的资金。一般情况下，指农村住户在二次分配中的所有支出。

2．农村居民现金收入与支出

现金收入 指农村住户和住户成员在调查期内得到以现金形态表现的收入。按来源分成工资性收入、家庭经营现金收入、财产性收入、转移性收入。

现金支出 指农村住户在调查期内用于生产、生活和再分配所支付的现金。包括家庭经营费用支出、缴纳的税费、购买生产性固定资产、生活消费、财产性和转移性支出。

3．农村居民纯收入

纯收入 指农村住户当年从各个来源得到的总收入相应地扣除所发生的费用后的收入总和。纯收入主要用于再生产投入和当年生活消费支出，也可用于储蓄和各种非义务性支出。“农民人均纯收入”按人口平均的纯收入水平，反映的是一个地区或一个农户农村居民的平均收入水平。计算方法：

纯收入＝总收入-家庭经营费用支出-税费支出-生产性固定资产折旧-农村内部亲友赠送

九 县域经济

资料整理：赵　宝

9-1 各县(市)人口及从业人员(2015年)

县 市	年 末 总户数 (万户)	年 末 总人口 (万人)	年平均 总人口 (万人)	常 住 人 口 (万人)	#城镇	城 镇 化 率 (%)	从 业 人 员 (万人)	第一 产业	第二、 三产业	#乡村从业 人 员
郑州市										
中牟县	17.65	104.52	99.72	104.52	47.44	45.39	36.89	15.88	21.01	24.38
巩义市	21.34	83.60	83.40	82.40	43.14	52.35	49.34	10.72	38.62	33.37
荥阳市	17.56	61.58	61.56	61.58	31.74	51.54	47.12	9.94	37.18	32.19
新密市	20.95	80.37	80.35	80.37	42.55	52.94	52.68	8.63	44.06	33.27
新郑市	18.93	88.55	87.50	88.55	47.21	53.31	46.06	11.26	34.80	26.93
登封市	17.38	69.43	69.16	69.43	35.78	51.53	53.54	14.76	38.78	34.83
开封市										
杞县	38.28	112.30	112.01	91.08	30.54	33.53	67.68	36.16	31.52	60.04
通许县	18.22	64.22	64.05	52.71	17.66	33.50	40.51	20.02	20.49	33.18
尉氏县	26.87	96.26	95.98	86.57	29.06	33.57	75.76	30.66	45.10	52.38
兰考县	28.01	84.62	84.38	63.26	22.50	35.56	57.55	19.08	38.47	46.41
洛阳市										
孟津县	16.15	46.19	46.07	42.29	18.77	44.38	33.60	11.60	22.00	21.70
新安县	15.88	52.99	52.91	47.91	20.34	42.45	37.60	9.00	28.60	26.40
栾川县	10.78	33.94	33.86	35.10	15.63	44.53	26.40	8.60	17.80	17.90
嵩县	17.29	59.93	59.78	51.83	16.09	31.05	35.70	18.10	17.60	30.50
汝阳县	12.79	48.06	47.90	42.47	13.45	31.66	34.70	17.80	16.90	25.00
宜阳县	20.15	69.53	69.39	61.25	19.97	32.60	42.30	19.10	23.20	34.90
洛宁县	13.92	48.84	48.79	42.83	12.85	30.00	34.90	28.40	6.50	28.30
伊川县	25.46	83.00	82.75	78.27	31.31	40.00	53.10	21.50	31.60	43.10
偃师市	18.21	60.45	60.32	56.78	31.30	55.12	45.80	10.90	34.90	28.70
平顶山市										
宝丰县	16.54	53.08	52.93	49.64	19.13	38.55	34.45	19.27	15.17	27.95
叶县	23.43	90.46	90.44	77.99	26.00	33.34	53.70	32.48	21.23	48.13
鲁山县	24.40	94.76	94.50	78.52	26.13	33.28	52.67	25.72	26.96	46.08
郏县	20.28	63.56	63.36	57.45	21.54	37.49	39.78	22.89	16.89	34.02
舞钢市	10.46	34.45	34.34	32.01	17.19	53.69	21.59	10.28	11.32	15.91
汝州市	30.63	107.67	107.38	92.60	38.21	41.26	64.01	30.80	33.21	52.48
安阳市										
安阳县	32.23	100.76	100.50	85.97	37.01	43.05	63.41	25.90	37.51	51.72
汤阴县	15.02	50.33	50.20	43.79	19.04	43.48	30.67	13.98	16.69	25.19
滑县	44.82	136.71	136.31	110.70	30.08	27.17	79.92	32.98	46.93	67.87
内黄县	19.41	77.93	77.72	67.37	17.76	26.36	53.51	23.81	29.70	46.29
林州市	32.84	107.09	106.82	79.60	39.40	49.50	64.77	21.11	43.66	53.96
鹤壁市										
浚县	19.59	70.73	70.53	67.38	22.13	32.84	44.30	15.04	29.26	34.34
淇县	8.64	29.20	29.11	27.54	14.34	52.07	21.31	8.04	13.29	13.86

9-1 续表 1

县 市	年末总户数(万户)	年末总人口(万人)	年平均总人口(万人)	常住人口(万人)	#城镇	城镇化率(%)	从业人员(万人)	第一产业	第二、三产业	#乡村从业人员
新乡市										
新乡县	8.90	34.47	34.38	34.21	17.47	51.06	28.80	2.78	26.02	19.44
获嘉县	12.26	43.81	43.70	40.84	17.12	41.91	30.89	14.71	16.18	23.78
原阳县	18.82	74.17	73.97	65.76	20.15	30.64	40.06	19.53	20.54	35.03
延津县	14.09	50.06	49.93	46.67	15.50	33.21	30.04	13.27	16.77	23.24
封丘县	21.56	81.95	81.74	72.69	23.52	32.35	40.81	17.36	23.45	34.55
长垣县	27.54	86.31	86.09	75.10	31.47	41.91	54.74	7.59	47.15	32.13
卫辉市	15.47	51.98	51.84	49.60	20.38	41.08	26.16	11.67	14.49	21.49
辉县市	25.81	84.95	84.74	74.58	32.26	43.25	46.91	19.65	27.26	35.80
焦作市										
修武县	6.98	27.05	27.73	25.06	11.64	46.43	16.55	4.56	11.99	11.97
博爱县	10.39	39.99	39.90	37.35	18.68	50.01	23.76	9.23	14.53	16.65
武陟县	18.98	71.34	72.20	66.06	25.50	38.60	48.46	20.57	27.90	34.35
温县	14.28	45.28	45.15	41.71	18.82	45.12	34.95	13.70	21.26	24.01
沁阳市	11.92	49.34	49.23	43.91	25.27	57.56	33.88	10.58	23.30	24.92
孟州市	11.39	38.68	38.55	36.93	16.98	45.98	32.77	6.05	26.72	20.00
濮阳市										
清丰县	21.02	71.24	71.06	63.08	16.72	26.51	47.50	25.43	22.07	37.91
南乐县	14.86	53.67	53.53	47.57	13.95	29.32	37.38	15.51	21.87	24.84
范县	16.25	55.34	55.20	46.15	13.90	30.11	40.24	18.83	21.41	26.75
台前县	10.61	37.84	37.74	32.24	9.45	29.30	23.89	8.72	15.17	19.74
濮阳县	30.78	115.10	114.82	101.10	37.71	37.30	69.80	29.54	40.26	56.57
许昌市										
许昌县	27.24	89.78	89.56	77.62	29.02	37.39	42.15	18.55	23.60	31.62
鄢陵县	19.55	66.35	66.19	55.65	20.76	37.30	35.02	11.62	23.40	25.14
襄城县	27.10	86.62	86.42	67.68	24.81	36.66	49.75	39.77	9.98	43.18
禹州市	41.85	128.29	127.98	114.07	49.27	43.19	75.63	33.56	42.07	60.41
长葛市	19.55	77.59	77.40	68.11	34.18	50.18	51.10	12.40	38.70	34.64
漯河市										
舞阳县	17.50	61.47	61.34	55.61	22.56	40.56	38.45	19.17	19.28	32.13
临颍县	22.63	77.19	77.06	72.85	31.25	42.89	50.35	28.23	22.13	40.95
三门峡市										
渑池县	12.47	35.58	35.52	34.94	15.53	44.46	22.32	8.22	14.10	16.89
卢氏县	13.23	36.66	36.60	35.53	12.13	34.15	21.05	13.13	7.92	17.61
义马市	5.25	16.68	16.66	14.63	14.07	96.16	10.93	0.80	10.13	2.29
灵宝市	21.66	74.72	74.60	72.73	30.09	41.37	46.93	25.23	21.70	35.08
南阳市										
南召县	21.68	65.21	65.07	54.19	19.48	35.94	37.12	24.46	12.66	31.40
方城县	34.27	109.18	108.86	89.05	30.23	33.95	75.18	40.29	34.90	66.43
西峡县	15.65	46.96	46.86	43.70	19.77	45.24	42.06	4.77	37.29	29.14

9-1 续表 2

县 市	年末总户数(万户)	年末总人口(万人)	年平均总人口(万人)	常住人口(万人)	#城镇	城镇化率(%)	从业人员(万人)	第一产业	第二、三产业	#乡村从业人员
镇平县	28.62	103.37	103.11	84.46	31.00	36.71	58.48	24.56	33.92	47.77
内乡县	22.67	71.83	71.67	55.53	20.35	36.65	37.89	17.17	20.73	30.40
淅川县	20.72	71.50	71.33	66.16	25.47	38.50	40.50	19.90	20.60	31.68
社旗县	51.52	73.74	73.54	61.73	22.38	36.25	46.99	28.53	18.46	40.87
唐河县	40.91	144.64	144.36	121.19	45.48	37.53	76.31	38.50	37.81	64.33
新野县	22.57	83.34	83.21	61.01	22.41	36.73	52.44	25.79	26.65	42.73
桐柏县	15.40	47.74	47.61	38.01	15.75	41.45	27.38	10.33	17.06	21.31
邓州市	48.09	176.81	176.49	142.52	52.19	36.62	96.01	52.34	43.67	83.87
商丘市										
民权县	27.38	91.60	91.36	71.28	23.26	32.63	55.90	26.92	28.98	45.22
睢县	24.92	87.60	87.38	66.85	22.29	33.34	60.89	32.19	28.70	48.97
宁陵县	21.46	65.45	65.29	50.55	15.66	30.97	40.90	21.47	19.43	34.03
柘城县	32.18	102.89	102.62	68.21	22.25	32.62	59.43	29.51	29.92	43.52
虞城县	37.97	113.96	116.17	86.71	29.39	33.90	69.68	23.97	45.71	59.79
夏邑县	42.25	121.21	120.90	87.05	30.91	35.51	70.52	27.83	42.69	60.57
永城市	43.96	154.94	154.50	122.58	52.59	42.90	104.32	28.94	75.38	82.65
信阳市										
罗山县	22.55	76.12	75.90	51.21	19.71	38.48	44.51	19.32	25.19	38.31
光山县	28.89	84.55	84.33	59.95	21.58	35.99	50.48	22.51	27.97	42.37
新县	14.20	36.63	36.49	27.95	12.40	44.37	23.76	7.98	15.78	17.44
商城县	24.54	78.64	78.39	50.21	18.00	35.84	42.08	16.35	25.73	37.03
固始县	54.11	175.10	174.69	107.90	40.39	37.43	102.04	34.83	67.20	81.43
潢川县	27.60	86.26	86.02	64.99	30.59	47.07	48.97	29.32	19.65	40.33
淮滨县	24.19	76.70	76.47	56.57	20.48	36.20	47.62	22.32	25.30	38.91
息县	3.30	103.70	103.43	83.35	29.78	35.73	61.74	32.95	28.79	53.93
周口市										
扶沟县	19.87	76.10	75.91	59.89	21.05	35.15	46.53	22.32	24.21	38.10
西华县	28.63	96.66	96.43	75.30	26.35	34.99	58.17	26.02	32.15	52.76
商水县	32.95	123.80	123.50	89.52	28.94	32.33	77.45	38.49	38.97	66.18
沈丘县	35.34	130.56	130.25	95.85	33.91	35.38	77.29	40.04	37.24	55.06
郸城县	40.19	134.19	133.86	94.57	33.13	35.03	84.83	41.93	42.90	71.14
淮阳县	38.77	131.00	130.68	99.43	34.81	35.01	86.32	47.36	38.95	67.58
太康县	43.20	150.09	149.72	105.79	35.44	33.50	88.54	51.22	37.32	73.54
鹿邑县	33.42	121.42	121.09	88.92	33.66	37.85	78.99	18.86	60.13	67.67
项城市	38.23	124.38	124.08	100.15	43.82	43.75	74.11	28.89	45.22	48.10
驻马店市										
西平县	22.82	89.31	89.08	68.22	23.34	34.21	63.55	12.35	51.20	55.48
上蔡县	41.96	151.66	151.27	98.41	33.54	34.08	83.56	41.72	41.84	73.29
平舆县	26.73	100.62	100.36	71.73	26.36	36.74	64.21	31.25	32.96	54.51
正阳县	24.66	82.81	82.59	62.61	18.62	29.74	51.08	25.32	25.77	43.44
确山县	16.07	52.80	52.66	40.27	15.39	38.21	35.03	16.29	18.74	26.12
泌阳县	26.71	91.96	91.71	68.22	24.97	36.60	61.12	18.87	42.25	46.48
汝南县	22.49	85.42	85.20	65.41	22.32	34.13	55.15	31.89	23.25	48.24
遂平县	17.84	56.26	56.12	41.74	16.09	38.54	37.95	17.59	20.36	29.27
新蔡县	29.13	112.73	112.50	83.95	25.36	30.21	74.67	20.81	53.86	67.27

9-2 各县(市)生产总值

县 市	生产总值(亿元)	第一产业	第二产业	第三产业
郑州市				
中牟县	754.83	41.11	506.72	207.00
巩义市	625.50	11.26	387.01	227.23
荥阳市	588.26	30.50	366.67	191.09
新密市	642.13	20.10	352.54	269.49
新郑市	873.94	21.11	535.34	317.48
登封市	522.30	16.35	307.61	198.35
开封市				
杞县	265.65	76.96	90.53	98.16
通许县	214.14	47.45	86.40	80.29
尉氏县	311.21	51.26	165.20	94.75
兰考县	234.56	39.09	103.28	92.19
洛阳市				
孟津县	239.86	25.65	130.68	83.52
新安县	379.96	21.57	232.48	125.92
栾川县	152.19	14.64	86.20	51.35
嵩县	145.51	29.61	50.79	65.12
汝阳县	129.78	14.80	67.77	47.21
宜阳县	224.66	34.44	99.87	90.35
洛宁县	158.27	28.88	62.97	66.42
伊川县	301.49	26.77	164.72	110.00
偃师市	414.18	20.33	221.22	172.63
平顶山市				
宝丰县	246.63	20.32	137.44	88.87
叶县	201.62	40.98	107.03	53.61
鲁山县	140.76	27.73	48.83	64.20
郏县	149.30	22.47	86.03	40.80
舞钢市	118.16	11.80	57.13	49.23
汝州市	362.33	37.07	167.73	157.53
安阳市				
安阳县	340.24	30.86	184.67	124.70
汤阴县	164.00	23.51	90.45	50.04
滑县	211.30	65.62	77.95	67.72
内黄县	176.28	52.57	70.68	53.04
林州市	455.47	20.35	251.53	183.60
鹤壁市				
浚县	169.48	30.33	91.99	47.15
淇县	203.94	19.42	156.01	28.51

和指数(2015年)

人均生产总值(元)(按常住人口计算)	生产总值指数(%)(上年=100)				人均生产总值指数(%)
		第一产业	第二产业	第三产业	
75696	113.5	102.4	111.1	126.0	106.1
76095	108.0	104.6	107.6	109.6	107.5
95558	108.6	104.8	108.6	109.2	108.5
79914	109.5	105.0	108.6	111.8	109.2
99879	115.6	100.7	116.1	116.2	112.6
75519	108.7	104.8	107.1	113.5	107.8
29028	109.5	104.5	109.5	114.0	111.7
40430	109.0	104.3	109.1	112.1	112.7
35788	110.0	104.3	109.9	113.7	110.4
37185	110.1	104.3	110.1	113.0	112.7
56870	110.8	105.0	111.7	111.4	110.2
79525	112.1	104.7	112.5	112.6	111.6
43458	112.5	104.8	113.5	108.0	111.5
28165	111.1	105.1	112.0	112.8	110.3
30856	110.5	105.2	111.4	110.9	109.0
36766	109.3	104.9	109.6	110.9	108.7
37000	111.4	105.1	113.7	111.5	110.6
38620	110.9	104.1	111.6	111.5	109.5
73110	110.8	104.2	111.3	111.0	110.4
49703	102.2	104.7	97.2	115.9	102.1
25879	108.0	105.0	108.1	110.2	108.2
17935	106.0	104.5	104.2	108.9	106.1
25999	109.6	104.3	111.8	106.7	109.7
36935	115.6	104.5	119.8	107.9	115.4
38975	108.6	104.3	106.8	112.9	109.0
39699	102.6	103.3	100.6	108.3	102.2
37650	113.7	103.9	116.0	112.0	113.2
19079	109.1	104.2	110.2	113.0	109.4
26238	110.5	104.1	113.1	112.3	110.8
57448	108.0	103.3	106.7	112.2	107.5
25224	108.1	104.1	109.1	108.7	107.8
74261	108.5	103.7	108.5	112.1	109.3

9-2 续表 1

县 市	生产总值（亿元）	第一产业	第二产业	第三产业
新乡市				
新乡县	202.93	13.08	145.96	43.89
获嘉县	93.53	15.63	54.09	23.82
原阳县	116.85	26.86	54.21	35.79
延津县	117.30	25.92	58.88	32.50
封丘县	118.33	38.30	47.55	32.48
长垣县	271.77	32.69	138.10	100.98
卫辉市	96.55	23.06	21.68	51.81
辉县市	306.78	38.18	177.33	91.27
焦作市				
修武县	114.21	7.42	65.20	41.60
博爱县	224.78	18.60	144.15	62.03
武陟县	291.33	36.56	178.05	76.73
温县	244.17	27.42	155.17	61.58
沁阳市	352.10	19.91	228.49	103.70
孟州市	267.63	20.40	185.68	61.55
濮阳市				
清丰县	204.52	40.21	115.71	48.60
南乐县	156.57	31.27	87.67	37.63
范县	168.94	17.07	109.80	42.07
台前县	91.81	9.55	53.17	29.09
濮阳县	342.21	40.95	218.76	82.50
许昌市				
许昌县	345.95	30.30	214.79	100.86
鄢陵县	257.59	48.92	124.43	84.24
襄城县	303.01	33.93	158.09	111.00
禹州市	512.38	30.23	298.25	183.91
长葛市	494.22	25.14	363.74	105.35
漯河市				
舞阳县	158.25	25.10	87.09	46.06
临颍县	240.33	31.31	161.62	47.40
三门峡市				
渑池县	230.03	19.53	151.70	58.79
卢氏县	79.03	20.65	27.08	31.30
义马市	137.12	1.04	104.11	31.96
灵宝市	458.57	52.42	289.01	117.14
南阳市				
南召县	121.64	18.34	59.63	43.67
方城县	175.37	37.49	73.99	63.89
西峡县	219.47	28.09	127.12	64.27

人均生产总值(元)(按常住人口计算)	生产总值指数(%)(上年=100)	第一产业	第二产业	第三产业	人均生产总值指数(%)
59476	104.8	103.8	105.0	103.7	104.4
23001	108.5	104.4	102.4	133.0	107.9
17736	106.1	103.7	108.2	103.6	106.2
25036	108.5	104.5	110.5	107.3	108.8
16230	108.8	104.2	111.6	109.8	109.0
36020	110.6	104.3	111.1	112.3	110.0
19424	78.7	104.6	51.8	100.2	78.8
41286	105.0	104.6	106.4	101.7	104.5
44335	110.4	103.0	111.4	110.9	112.7
60348	108.7	103.6	109.9	106.2	108.2
43806	110.0	104.6	110.5	111.0	111.2
58688	110.5	104.9	110.9	111.2	109.9
79992	108.2	104.4	108.1	109.3	108.6
72675	108.8	104.4	108.9	109.9	108.2
32446	111.7	104.4	113.0	114.3	112.0
32914	111.8	104.5	113.1	113.7	109.8
36606	113.9	104.5	114.9	114.6	115.1
28542	112.7	104.7	113.2	114.4	112.2
33835	111.7	104.4	112.2	114.4	111.9
44709	105.8	103.1	104.0	113.7	105.2
46437	109.3	103.7	110.7	110.4	108.7
44916	108.6	103.8	108.0	111.8	108.1
45050	109.5	104.1	108.2	113.8	109.0
72776	111.7	104.2	112.4	111.0	111.2
28571	110.1	103.8	111.0	111.3	109.1
33090	108.2	103.7	108.4	111.1	107.4
65829	105.8	102.0	104.8	111.0	105.7
22240	108.3	105.6	108.8	109.1	108.2
93724	90.5	105.5	87.3	110.9	90.4
63044	103.2	105.7	102.1	107.1	103.1
22441	111.0	104.5	111.9	111.8	111.7
19708	111.6	104.6	113.4	113.8	112.4
50258	110.1	104.5	110.6	111.6	110.4

9-2 续表 2

县 市	生产总值（亿元）	第一产业	第二产业	第三产业
镇平县	215.07	30.36	103.63	81.08
内乡县	147.60	35.18	61.01	51.40
淅川县	194.63	35.54	98.83	60.27
社旗县	139.25	34.74	58.16	46.34
唐河县	263.02	70.50	107.45	85.07
新野县	237.40	43.52	118.22	75.66
桐柏县	138.14	20.95	73.13	44.06
邓州市	347.48	97.46	125.68	124.34
商丘市				
民权县	184.33	43.87	69.04	71.43
睢县	144.67	41.92	54.54	48.20
宁陵县	96.29	25.47	38.49	32.34
柘城县	168.63	42.53	59.63	66.47
虞城县	215.04	45.12	87.24	82.68
夏邑县	189.94	47.56	73.23	69.15
永城市	430.03	64.59	214.23	151.21
信阳市				
罗山县	160.06	45.69	56.87	57.50
光山县	166.54	47.35	64.95	54.24
新县	108.80	26.32	46.13	36.34
商城县	156.22	42.25	62.94	51.03
固始县	272.75	75.54	88.84	108.37
潢川县	208.60	58.31	74.41	75.87
淮滨县	140.37	35.80	59.38	45.20
息县	178.01	49.21	70.42	58.38
周口市				
扶沟县	151.67	38.15	72.95	40.57
西华县	192.58	52.27	90.68	49.63
商水县	206.44	59.62	84.40	62.42
沈丘县	214.95	43.22	98.00	73.73
郸城县	203.88	49.66	97.65	56.57
淮阳县	192.91	59.58	83.89	49.44
太康县	210.52	55.67	86.85	68.00
鹿邑县	259.50	48.63	122.43	88.44
项城市	259.77	42.53	124.96	92.28
驻马店市				
西平县	184.94	47.61	62.60	74.72
上蔡县	184.85	40.52	72.89	71.44
平舆县	175.80	37.74	75.66	62.40
正阳县	145.92	49.88	40.46	55.58
确山县	137.07	31.46	56.56	49.05
泌阳县	186.22	49.72	74.63	61.87
汝南县	163.23	45.88	61.41	55.93
遂平县	165.17	29.13	74.84	61.20
新蔡县	159.44	45.80	55.65	57.98

人均生产总值(元)(按常住人口计算)	生产总值指数(%)(上年=100)				人均生产总值指数(%)
		第一产业	第二产业	第三产业	
25479	110.5	104.3	111.1	112.1	110.7
26583	110.8	104.8	112.2	113.2	111.7
29424	110.3	104.3	110.9	113.2	111.2
22563	111.5	104.6	113.7	114.3	112.2
21743	108.2	104.5	107.9	112.5	109.4
38911	110.5	104.5	111.2	113.2	110.9
36362	107.5	104.7	105.0	116.0	108.6
24520	108.6	104.4	109.0	111.4	108.8
25718	109.3	104.5	110.0	111.9	109.9
21647	108.3	104.5	108.5	112.0	108.2
18950	108.6	104.3	108.9	111.4	109.2
24488	108.2	104.6	106.6	112.7	109.2
24498	109.3	104.5	108.7	113.7	110.8
21732	109.1	104.5	108.7	113.7	109.9
35295	108.7	104.4	107.8	114.4	109.0
30859	109.1	104.7	110.6	110.1	110.4
27657	109.7	104.7	110.5	112.5	110.1
38506	110.0	104.4	110.7	112.3	112.1
30472	108.6	104.4	109.1	110.8	110.5
25372	108.9	104.5	109.2	112.8	108.2
31779	109.3	104.6	110.8	111.0	110.2
24483	109.6	104.5	111.2	110.6	110.6
21645	108.7	104.4	108.9	111.7	107.4
25332	109.3	104.2	110.6	112.0	109.5
25580	106.6	104.4	105.0	112.7	107.0
23064	108.3	104.1	109.8	111.7	108.5
22430	109.6	104.9	110.6	111.4	109.3
21562	109.4	103.9	110.9	111.2	109.8
19405	108.2	104.4	109.7	110.6	108.0
19903	109.7	104.4	111.6	112.7	109.8
29204	109.0	104.3	109.4	111.9	108.8
25942	109.5	104.7	110.3	110.6	107.9
27101	110.2	104.6	109.2	115.6	110.7
18731	109.3	104.4	109.1	112.3	110.3
24518	108.9	104.7	108.6	112.2	108.9
23326	108.7	104.0	109.4	112.7	108.7
34047	108.7	104.4	108.6	111.6	107.0
27308	108.6	104.5	108.4	112.6	108.3
24985	108.3	104.5	109.5	109.9	107.8
39607	109.6	104.1	108.4	114.0	109.0
18986	109.1	104.3	108.1	114.4	108.6

9-3 各县(市)固定资产投资、建筑业及规模以上工业主要指标(2015年)

县　市	全社会固定资产投资(亿元)	#固定资产投资	#房地产开发	建筑业总产值(亿元)	工业增加值增速(%)	主营业务收入(亿元)	利税总额(亿元)
郑州市							
中牟县	339.39	327.75	31.48	30.70	17.8	439.54	45.03
巩义市	484.50	475.49	39.73	15.35	8.0	1859.64	144.80
荥阳市	493.41	483.24	66.72	70.10	9.5	1718.48	226.47
新密市	468.61	453.69	26.35	59.80	9.7	1436.23	224.18
新郑市	488.35	473.15	90.45	31.14	12.5	1317.45	277.52
登封市	418.11	404.77	11.72	17.10	9.5	1298.23	207.27
开封市							
杞县	189.82	183.46	3.78	6.85	10.8	399.00	47.20
通许县	152.57	146.19	7.50	17.07	10.6	308.60	20.40
尉氏县	240.81	235.47	18.23	11.62	11.4	781.40	127.80
兰考县	154.34	147.79	15.74	11.20	11.3	381.09	51.40
洛阳市							
孟津县	271.65	268.68	0.50	6.99	14.8	657.64	52.30
新安县	449.26	445.62	9.42	11.62	14.8	1011.08	28.20
栾川县	214.99	212.12	4.63	21.07	14.2	173.30	11.86
嵩县	211.04	206.35	0.07	3.27	14.5	122.11	4.99
汝阳县	161.00	159.29	4.21	4.46	15.2	89.57	0.81
宜阳县	278.53	273.66	8.89	9.78	10.5	330.29	25.74
洛宁县	207.52	203.02	23.88	11.37	14.5	274.94	20.68
伊川县	416.80	412.12	8.07	2.62	14.6	529.13	2.30
偃师市	295.42	289.09	6.27	7.40	13.3	1099.42	97.53
平顶山市							
宝丰县	218.72	216.00	7.58	1.67	-2.7	281.84	42.17
叶县	285.16	281.00	1.41	6.24	9.3	419.13	69.35
鲁山县	166.02	161.52	2.84	8.11	2.4	164.11	12.63
郏县	193.76	189.95	2.45	4.14	16.9	335.71	45.14
舞钢市	193.61	191.02	1.53	3.45	27.0	199.44	2.26
汝州市	286.38	282.78	6.49	4.17	9.8	291.16	26.03
安阳市							
安阳县	501.07	494.12	4.83	84.66	-0.5	674.37	52.49
汤阴县	108.39	106.17	8.97	13.61	18.1	391.78	36.61
滑县	153.50	148.56	14.43	33.08	11.6	309.33	31.60
内黄县	113.61	109.41	11.33	10.21	18.0	324.95	43.33
林州市	536.77	527.03	31.03	360.76	7.0	988.15	86.65
鹤壁市							
浚县	130.86	125.49	10.24	3.84	9.6	402.49	28.52
淇县	148.44	146.26	9.31	0.77	9.8	662.88	92.17

9-3 续表 1

县 市	全社会固定资产投资(亿元)	#固定资产投资	#房地产开发	建筑业总产值(亿元)	工业增加值增速(%)	主营业务收入(亿元)	利税总额(亿元)
新乡市							
新乡县	120.98	118.32	11.12	26.09	5.0	641.73	33.10
获嘉县	92.52	88.80	2.48	9.58	12.4	214.19	8.26
原阳县	141.93	137.22	9.62	9.67	8.8	147.03	5.73
延津县	92.96	88.43	5.72	6.36	12.4	243.76	12.40
封丘县	154.32	149.11	11.77	57.25	12.5	145.72	23.43
长垣县	288.05	282.96	11.96	161.07	11.7	519.58	62.51
卫辉市	90.95	87.37	5.92	11.79	-58.4	71.03	1.09
辉县市	286.20	280.36	16.32	6.43	7.0	809.69	29.42
焦作市							
修武县	155.15	152.14	2.66	2.61	13.5	339.40	19.60
博爱县	188.61	184.94	1.10	1.11	11.9	573.30	65.90
武陟县	304.42	300.07	2.86	2.79	12.4	853.60	68.90
温县	208.03	203.83	2.86	1.78	13.3	646.80	75.70
沁阳市	289.96	285.68	11.53	8.18	8.9	904.00	100.20
孟州市	297.62	293.40	0.58	4.06	10.8	822.10	95.70
濮阳市							
清丰县	231.84	228.03	11.94	1.02	14.4	507.69	113.20
南乐县	166.36	162.12	7.04	1.69	14.4	372.37	97.04
范县	160.83	157.41	4.21	2.02	17.9	525.80	100.30
台前县	72.56	71.37	4.53	6.36	13.9	235.54	15.54
濮阳县	312.22	307.55	7.19	14.37	13.9	1088.79	306.99
许昌市							
许昌县	267.36	260.77	13.68	8.37	3.2	639.14	155.44
鄢陵县	244.87	236.36	18.21	34.78	12.2	566.13	75.94
襄城县	244.80	241.82	5.33	2.17	8.2	486.20	66.07
禹州市	527.66	516.93	20.47	3.52	9.5	1378.61	175.37
长葛市	359.34	353.85	26.09	5.91	14.2	1786.58	195.56
漯河市							
舞阳县	180.11	175.09	7.47	1.51	11.1	351.01	44.77
临颍县	194.92	189.97	4.79	6.53	9.5	775.90	125.66
三门峡市							
渑池县	299.72	297.93	8.33	7.26	6.0	638.71	92.07
卢氏县	111.93	110.64	1.52	5.12	11.8	54.91	4.94
义马市	212.78	212.60	7.29	8.60	-13.4	560.56	-7.59
灵宝市	353.30	348.47	12.49	11.83	3.3	1511.46	158.29
南阳市							
南召县	155.03	153.00	3.24	11.85	13.7	257.90	26.91
方城县	196.48	187.68	15.43	11.74	15.0	261.97	28.46
西峡县	284.09	281.58	2.25	11.57	12.8	493.99	35.65

9-3 续表 2

县 市	全社会固定资产投资(亿元)	#固定资产投资	#房地产开发	建筑业总产值(亿元)	工业增加值增速(%)	主营业务收入(亿元)	利税总额(亿元)
镇平县	236.27	226.35	4.31	4.41	13.8	337.02	29.16
内乡县	208.07	201.61	2.16	18.60	15.2	222.91	14.22
淅川县	266.64	261.32	1.73	26.71	11.3	327.04	22.69
社旗县	151.17	146.29	6.06	16.85	15.3	223.76	17.17
唐河县	243.01	231.24	5.27	23.20	10.8	352.57	33.11
新野县	248.27	242.38	2.72	9.06	14.4	447.02	38.31
桐柏县	178.57	176.30	4.80	15.77	2.6	180.31	15.02
邓州市	291.04	280.74	10.16	41.05	11.1	398.48	23.64
商丘市							
民权县	187.65	181.75	18.86	37.70	9.7	305.98	20.25
睢县	177.78	170.55	27.87	20.74	9.5	178.09	13.73
宁陵县	93.59	89.33	9.93	8.15	8.9	199.63	12.05
柘城县	137.77	130.10	24.86	19.42	7.1	209.63	16.13
虞城县	188.45	181.16	15.39	13.59	9.9	393.65	25.72
夏邑县	194.94	187.31	29.96	23.58	9.5	277.39	23.38
永城市	310.18	307.13	44.63	48.66	9.2	864.64	35.49
信阳市							
罗山县	199.91	192.97	36.12	65.32	12.5	177.34	19.41
光山县	204.18	197.19	36.13	30.40	12.5	228.73	25.15
新县	137.86	134.88	13.65	29.42	12.8	161.52	23.00
商城县	165.35	159.20	10.80	32.53	10.0	176.06	16.71
固始县	270.86	260.98	27.67	32.71	11.6	262.73	20.47
潢川县	210.80	203.73	24.98	42.63	12.7	228.09	12.54
淮滨县	140.76	136.75	23.05	27.60	13.0	194.36	22.73
息县	209.26	202.90	30.29	51.08	9.5	243.60	21.87
周口市							
扶沟县	165.23	161.53	24.29	12.98	12.1	302.53	56.92
西华县	152.99	145.49	2.57	30.99	3.7	366.40	38.41
商水县	163.84	155.09	2.38	33.61	11.1	342.42	44.95
沈丘县	193.20	183.60	16.13	16.22	12.8	431.69	61.08
郸城县	168.52	157.51	6.40	19.63	12.1	459.72	33.62
淮阳县	142.36	133.71	21.73	15.00	12.2	293.60	50.95
太康县	158.20	146.00	13.53	61.40	12.9	423.10	59.09
鹿邑县	172.08	159.84	8.47	34.69	10.3	484.90	58.29
项城市	172.06	161.44	13.11	33.99	12.2	561.75	87.62
驻马店市							
西平县	132.03	119.88	15.16	27.92	10.6	184.34	11.62
上蔡县	127.94	119.36	15.00	16.75	10.5	267.09	30.74
平舆县	141.80	135.52	14.25	42.86	9.1	362.31	42.67
正阳县	117.68	112.02	12.31	21.52	9.7	149.72	12.98
确山县	122.94	120.04	23.51	76.73	9.5	200.49	28.21
泌阳县	138.76	132.18	18.80	30.69	9.3	353.28	39.69
汝南县	129.45	123.10	14.19	10.01	10.6	235.79	23.42
遂平县	145.83	141.60	25.15	20.04	9.2	266.62	19.64
新蔡县	129.18	121.57	16.53	22.57	9.8	182.37	16.56

9-4 各县(市)城镇从业人员和工资(2015年)

县 市	城镇单位年末从业人员(人)	城镇单位年平均从业人员(人)	城镇单位从业人员平均工资(元)	#在岗职工平均工资
郑州市				
中牟县	48994	48484	47959	47882
巩义市	85115	83226	40806	40930
荥阳市	98688	96358	40487	40532
新密市	109791	108328	40487	40884
新郑市	123069	117663	46475	46736
登封市	112609	109853	38910	38995
开封市				
杞县	63587	62651	41554	41884
通许县	42326	41536	41746	42136
尉氏县	52733	51962	43677	43879
兰考县	45120	44046	44627	44699
洛阳市				
孟津县	40132	40817	35500	35720
新安县	74083	73876	39168	39662
栾川县	30947	30339	43335	44439
嵩县	20537	20519	38695	39257
汝阳县	24682	22969	39950	40113
宜阳县	36152	35886	40170	41092
洛宁县	42647	42478	32342	32374
伊川县	37854	37423	37289	38343
偃师市	33377	33137	39030	39207
平顶山市				
宝丰县	26845	27259	39291	40805
叶县	35322	34409	36754	37465
鲁山县	34651	32455	42032	42182
郏县	31438	29612	38736	39480
舞钢市	43412	43358	36718	37264
汝州市	62584	62143	47234	47864
安阳市				
安阳县	78399	76645	36289	37237
汤阴县	43612	42408	37372	37559
滑县	67952	68828	34547	34777
内黄县	28825	28311	33275	33316
林州市	176763	170574	42619	42660
鹤壁市				
浚县	35880	34992	36705	37287
淇县	47277	46617	37967	38161

9-4 续表 1

县 市	城镇单位年末从业人员（人）	城镇单位年平均从业人员（人）	城镇单位从业人员平均工资（元）	#在岗职工平均工资
新乡市				
新乡县	68870	67866	37436	37841
获嘉县	40802	39445	33255	32945
原阳县	30483	30130	34279	34355
延津县	37212	37274	37382	37824
封丘县	40704	40282	38289	38299
长垣县	142488	137962	38787	38918
卫辉市	25848	25435	38130	38225
辉县市	72153	71248	39467	40936
焦作市				
修武县	31019	31015	37705	37753
博爱县	25101	25306	36877	36923
武陟县	69192	67269	39932	39953
温县	50503	49566	38070	38257
沁阳市	34360	34473	42028	42188
孟州市	78690	78084	42848	42813
濮阳市				
清丰县	35534	33530	38324	38730
南乐县	23143	22061	34936	35471
范县	31002	30506	35842	35984
台前县	19697	19337	33280	32636
濮阳县	68628	67864	34772	34797
许昌市				
许昌县	66098	65289	43459	43678
鄢陵县	53860	53445	38131	38152
襄城县	47091	46614	40752	40747
禹州市	53439	53771	42919	42813
长葛市	103011	102236	45092	45120
漯河市				
舞阳县	47817	47363	38186	38321
临颍县	60876	60914	38686	38620
三门峡市				
渑池县	27274	26159	45010	45010
卢氏县	15501	15196	47702	47851
义马市	70929	73411	40567	40655
灵宝市	60762	58998	39280	39616
南阳市				
南召县	38387	38387	42747	43206
方城县	49475	49475	40182	40829
西峡县	75046	75046	41461	41483

9-4 续表 2

县　市	城镇单位年末从业人员（人）	城镇单位年平均从业人员（人）	城镇单位从业人员平均工资（元）	#在岗职工平均工资
镇平县	68757	68757	44700	44931
内乡县	54462	54462	40243	42013
淅川县	64770	64770	43746	43625
社旗县	42599	42599	36122	36186
唐河县	83384	83384	39191	39094
新野县	53358	53358	35135	35514
桐柏县	35373	35373	31151	30939
邓州市	80714	78554	38620	40022
商丘市				
民权县	56914	56337	48903	50162
睢县	80701	76873	47572	47512
宁陵县	40781	39946	42032	42118
柘城县	59233	57811	45446	46470
虞城县	89458	81934	38503	38735
夏邑县	75344	72423	39113	39048
永城市	101584	96724	46427	47277
信阳市				
罗山县	40574	40613	40355	40581
光山县	52472	51484	35668	37455
新县	33752	33077	39357	39768
商城县	37994	37345	39318	39584
固始县	87053	85187	43318	43317
潢川县	64604	63945	37775	37813
淮滨县	58572	58644	40723	40860
息县	52828	52033	44477	44591
周口市				
扶沟县	36084	32553	38839	39107
西华县	52318	52163	38605	38692
商水县	64354	62883	41584	41725
沈丘县	76005	73431	37804	37843
郸城县	85241	82667	36653	36697
淮阳县	44036	44116	48321	48509
太康县	78049	77536	44565	44666
鹿邑县	64376	63381	42327	42409
项城市	76095	75301	38830	38949
驻马店市				
西平县	57212	55010	39700	39600
上蔡县	60425	59289	37577	37644
平舆县	56614	54597	36770	36928
正阳县	40790	40153	40319	40415
确山县	53283	51754	39210	39449
泌阳县	88921	87305	42852	42856
汝南县	38677	38062	37673	38136
遂平县	54068	52155	37567	37521
新蔡县	42091	41862	41005	40988

9-5 各县(市)农业增加值、城乡居民收入和社会消费品零售总额(2015年)

县 市	农林牧渔业增加值(万元)	#农 业	#牧 业	农村居民人均可支配收入(元)	城镇居民人均可支配收入(元)	社会消费品零售总额(亿元)
郑州市						
中牟县	233608	134796	73149	15349	24359	94.37
巩义市	119977	46703	55070	17985	26105	248.29
荥阳市	307827	164305	126312	16224	26652	222.77
新密市	205549	106998	67049	16242	26633	242.94
新郑市	195964	98849	92095	17054	26655	232.87
登封市	166579	83527	52974	14683	25689	191.73
开封市						
杞县	819643	444784	278100	10608	18322	86.90
通许县	490020	347605	120691	11024	19358	68.43
尉氏县	536207	342509	133156	10829	20662	99.29
兰考县	403157	230661	137721	9072	19651	83.22
洛阳市						
孟津县	264215	131692	102501	10570	23296	62.29
新安县	225486	147190	45821	12203	26637	91.50
栾川县	155040	110207	15430	9175	24979	57.89
嵩县	320114	166395	69186	9083	23141	69.53
汝阳县	161067	86341	17224	8410	21697	57.31
宜阳县	358763	246350	92966	8659	22870	77.55
洛宁县	318174	196617	59878	8323	22440	55.79
伊川县	280325	148223	112754	11086	24234	156.63
偃师市	217572	96309	104770	15286	25705	146.45
平顶山市						
宝丰县	207205	86912	103384	12468	21056	47.07
叶县	409828	178519	197699	9501	19651	64.83
鲁山县	286949	201829	57728	7278	18191	50.30
郏县	228713	131407	83112	9422	18621	47.54
舞钢市	120986	47668	61441	11551	22767	40.45
汝州市	391899	153417	174769	13060	22270	118.14
安阳市						
安阳县	304761	177448	71284	13310	23414	69.61
汤阴县	242819	177972	51473	11632	21740	33.69
滑县	686988	544250	102729	9079	20747	83.10
内黄县	542750	459066	53163	9374	18851	58.53
林州市	209986	86611	110403	15706	24841	105.58
鹤壁市						
浚县	317549	172668	126174	13266	19661	45.40
淇县	200505	50044	137827	13446	22136	40.03

9-5 续表 1

县 市	农林牧渔业增加值(万元)	#农 业	#牧 业	农村居民人均可支配收入(元)	城镇居民人均可支配收入(元)	社会消费品零售总额(亿元)
新乡市						
新乡县	133825	77062	49778	14783	24253	36.33
获嘉县	160739	98123	51890	11887	18330	36.14
原阳县	276133	159836	94426	9901	18606	34.24
延津县	264321	183282	61024	12413	19828	38.19
封丘县	388431	222898	130351	8412	18937	33.52
长垣县	334021	234266	75028	14950	21633	68.00
卫辉市	236204	116340	104527	11957	19834	42.29
辉县市	393128	227801	153457	12930	24524	95.92
焦作市						
修武县	76525	34815	35465	13135	24197	41.90
博爱县	191247	141134	38735	13142	24223	56.43
武陟县	372369	254712	100718	13840	24455	87.56
温县	277031	207744	64832	13793	24137	68.52
沁阳市	207167	140820	56512	14689	25149	86.29
孟州市	207996	147483	53520	14378	25098	73.01
濮阳市						
清丰县	411710	277876	114298	11201	20183	67.70
南乐县	317820	170299	122268	10399	20233	51.69
范县	171110	69126	86121	7805	17633	57.96
台前县	97013	86554	4358	7434	17142	32.22
濮阳县	416131	256133	138305	10205	22266	137.57
许昌市						
许昌县	310322	192892	97538	13421	23658	78.11
鄢陵县	525092	295185	158189	13474	23445	66.80
襄城县	344796	185346	143687	12534	22235	67.60
禹州市	303700	168281	122124	13838	25478	185.89
长葛市	253673	112665	113212	13612	23828	136.40
漯河市						
舞阳县	255813	141531	105316	7916	18863	77.55
临颍县	320866	181089	128363	12599	21381	88.53
三门峡市						
渑池县	196208	118619	68356	12483	25725	48.70
卢氏县	207188	170757	21001	7409	21284	36.50
义马市	10582	5221	4374	14031	23397	35.00
灵宝市	528347	465337	45388	12793	24158	139.60
南阳市						
南召县	184698	106355	37436	8789	22008	84.47
方城县	389993	287370	69567	9891	22663	107.04
西峡县	282166	199243	48819	12981	25015	75.16

9-5 续表 2

县 市	农林牧渔业增加值(万元)	#农 业	#牧 业	农村居民人均可支配收入(元)	城镇居民人均可支配收入(元)	社会消费品零售总额(亿元)
镇平县	309099	226457	60799	11080	22508	141.76
内乡县	353339	197717	140741	10442	23186	86.01
淅川县	356419	216124	106860	9130	24267	93.83
社旗县	352547	241205	97145	8918	21043	63.27
唐河县	711554	459722	230569	11080	22871	141.65
新野县	441489	277841	145912	12986	23984	112.62
桐柏县	211998	128815	44520	8670	22427	79.46
邓州市	1008708	689305	272030	11827	23014	140.90
商丘市						
民权县	452840	290875	119196	8463	20640	57.56
睢县	422559	326674	83497	8453	21320	56.81
宁陵县	256457	188510	56983	8417	18757	38.97
柘城县	437753	296628	115009	8574	19899	63.23
虞城县	460434	337754	98949	8795	21846	65.07
夏邑县	480690	342490	113886	8698	22388	70.25
永城市	659394	461859	161183	11097	25102	146.96
信阳市						
罗山县	461865	318004	80219	9719	21770	63.39
光山县	483368	339871	91554	9854	21747	75.58
新县	264562	143384	30401	9880	21718	40.35
商城县	431846	247801	93728	9544	21729	59.78
固始县	763192	478834	204993	10535	21715	154.00
潢川县	585779	361380	158614	10682	21865	86.43
淮滨县	374566	235860	92503	8837	21139	58.78
息县	513112	371049	75912	8907	21588	82.13
周口市						
扶沟县	391339	301933	68552	8789	19665	59.22
西华县	541927	374888	122904	8258	20157	93.02
商水县	606031	446887	119935	8272	20270	70.62
沈丘县	435907	298036	122115	8395	20445	87.76
郸城县	507221	390893	91701	8716	20721	80.89
淮阳县	607387	389502	155323	8032	20311	101.82
太康县	571431	376614	158091	8776	19915	108.75
鹿邑县	517648	306477	166522	10101	21163	110.72
项城市	427559	323293	88879	9677	21165	120.44
驻马店市						
西平县	495697	302460	165331	9907	20564	90.09
上蔡县	421915	249638	145994	8867	20955	76.79
平舆县	393087	246740	121312	9233	21496	72.49
正阳县	519402	285247	201205	8958	19116	58.90
确山县	327505	175782	120127	8958	21111	50.47
泌阳县	517820	317332	166208	9098	21444	67.52
汝南县	477708	260936	161098	9279	19419	66.21
遂平县	303419	152399	130287	9728	21550	61.24
新蔡县	472227	245811	199122	9384	19972	55.91

9-6 各县(市)农业生产条件(2015年)

县 市	农用机械总动力(万千瓦)	农村用电量(万千瓦时)	化肥施用折纯量(吨)	农药使用量(吨)	农用塑料薄膜使用量(吨)
郑州市					
中牟县	75.00	17230.24	37435	1033	3019
巩义市	59.53	137784.80	28460	316	104
荥阳市	85.65	33028.57	30040	580	861
新密市	106.01	42700.79	25790	270	711
新郑市	91.36	43094.26	35463	661	566
登封市	69.30	45750.97	25238	338	216
开封市					
杞县	225.50	15900.45	70223	1526	2463
通许县	96.64	4704.89	36334	1807	1974
尉氏县	145.38	21751.70	42822	916	2156
兰考县	98.70	24699.72	73855	782	996
洛阳市					
孟津县	39.66	21811.56	18470	447	399
新安县	47.20	6229.90	22111	521	535
栾川县	28.34	30895.87	8255	77	99
嵩县	59.28	11627.69	24975	463	305
汝阳县	42.60	20280.02	17313	521	501
宜阳县	60.11	20485.34	46049	953	878
洛宁县	45.80	8198.00	22917	430	672
伊川县	73.77	34684.77	25237	338	522
偃师市	85.47	30396.19	25181	524	237
平顶山市					
宝丰县	47.82	16085.10	52270	451	324
叶县	69.86	18514.63	106048	807	997
鲁山县	43.02	26932.18	44844	561	306
郏县	55.99	11894.84	46178	751	862
舞钢市	29.30	5305.09	19652	1039	354
汝州市	148.26	31795.43	99557	723	817
安阳市					
安阳县	94.78	86345.69	51575	1264	184
汤阴县	62.16	60114.16	45039	591	545
滑县	267.43	47939.48	235146	1957	3936
内黄县	118.08	36327.77	82627	1531	16072
林州市	61.42	60741.92	41333	360	41
鹤壁市					
浚县	164.90	5052.91	52298	739	965
淇县	31.82	5156.59	7426	325	10

9-6 续表 1

县 市	农用机械总动力(万千瓦)	农村用电量(万千瓦时)	化肥施用折纯量(吨)	农药使用量(吨)	农用塑料薄膜使用量(吨)
新乡市					
新乡县	49.20	182493.25	29136	568	79
获嘉县	75.13	15374.11	40648	456	86
原阳县	130.79	56425.84	51771	839	710
延津县	93.98	15323.52	111731	1052	95
封丘县	116.00	12417.64	74162	2301	245
长垣县	116.23	59003.46	69815	1286	599
卫辉市	63.55	21107.03	55854	1001	644
辉县市	83.03	257595.43	85211	970	691
焦作市					
修武县	39.30	8494.88	12927	326	99
博爱县	32.37	11697.56	29842	486	601
武陟县	120.25	17247.25	54105	1370	340
温县	58.61	28588.02	23227	453	233
沁阳市	58.30	40601.89	31514	728	281
孟州市	49.07	24250.59	28789	934	718
濮阳市					
清丰县	86.32	12782.89	64398	645	620
南乐县	84.39	28908.00	59635	668	3295
范县	71.40	17298.04	34736	491	194
台前县	42.03	11733.08	11563	215	225
濮阳县	140.83	7824.65	90865	1756	398
许昌市					
许昌县	81.94	19267.77	48861	1057	421
鄢陵县	79.64	7735.18	37205	857	872
襄城县	80.86	13548.50	51029	758	665
禹州市	85.86	23766.40	106509	541	768
长葛市	59.63	28494.93	44775	749	489
漯河市					
舞阳县	67.98	9895.86	35039	693	405
临颍县	104.42	22314.82	52787	939	1757
三门峡市					
渑池县	37.47	5555.43	20778	321	866
卢氏县	23.38	2904.13	13886	214	779
义马市	3.16	2078.53	1073	48	88
灵宝市	71.47	15068.73	38193	1485	1019
南阳市					
南召县	38.58	4269.96	17039	441	890
方城县	127.07	12568.94	92306	1778	4140
西峡县	16.82	25052.43	29104	428	2645

9-6 续表 2

县 市	农用机械总动力(万千瓦)	农 村用电量(万千瓦时)	化肥施用折纯量(吨)	农 药使用量(吨)	农用塑料薄膜使用量(吨)
镇平县	106.97	16024.97	47174	920	973
内乡县	80.25	20166.78	29953	523	899
淅川县	59.29	28080.88	49310	760	1195
社旗县	101.17	6712.35	66174	1429	1301
唐河县	238.48	20559.43	111714	3640	2401
新野县	156.11	24124.19	108658	3189	7447
桐柏县	86.94	7425.56	42350	450	816
邓州市	198.34	23442.95	189962	3776	3773
商丘市					
民权县	126.28	17163.60	57014	2485	2015
睢县	119.51	8635.79	57152	950	817
宁陵县	99.51	15395.23	52783	1314	1083
柘城县	122.52	13621.52	54965	874	251
虞城县	178.10	44407.50	134355	4971	2422
夏邑县	176.21	52002.88	127952	1692	1095
永城市	181.12	40082.68	126537	2050	2500
信阳市					
罗山县	85.00	9998.24	35328	647	685
光山县	46.24	28938.28	39376	881	428
新县	24.43	6368.00	9476	385	162
商城县	40.35	1744.50	22800	600	660
固始县	118.07	29015.00	101382	2894	3121
潢川县	48.14	29171.69	65550	548	2526
淮滨县	77.42	16925.60	88932	1128	2686
息县	128.32	17884.00	64099	1748	1172
周口市					
扶沟县	112.41	16069.55	63419	2058	3938
西华县	130.58	12706.92	105059	3033	2130
商水县	128.67	17036.40	68493	1041	1275
沈丘县	94.60	21648.60	107181	1429	1783
郸城县	165.55	15311.30	74898	2142	1986
淮阳县	125.52	25743.00	115849	3281	3888
太康县	186.98	15997.85	116761	2682	2647
鹿邑县	130.83	14273.79	93819	1194	712
项城市	94.61	28965.00	49398	1534	1192
驻马店市					
西平县	133.43	33383.77	69988	325	1262
上蔡县	163.58	23368.14	92325	848	916
平舆县	169.97	8773.89	58422	527	971
正阳县	218.70	6860.36	121418	304	1057
确山县	112.89	14047.18	71915	991	2258
泌阳县	166.49	8598.63	62121	350	2136
汝南县	141.37	9569.98	88475	899	1067
遂平县	102.51	7726.37	62443	545	487
新蔡县	167.95	9006.00	71070	1220	1706

9-7 各县(市)主要农作物播种面积(2015年)

县市	总播种面积(千公顷)	#粮食					#棉花	#油料
			#谷物			#豆类		
				#小麦	#玉米			
郑州市								
中牟县	70.67	31.24	28.63	12.75	15.88	1.25	0.96	9.58
巩义市	48.38	43.10	41.36	22.51	18.58	0.59	0.85	2.80
荥阳市	75.08	61.23	58.71	32.14	26.18	1.01	0.16	3.81
新密市	66.61	56.98	52.91	27.92	24.91	2.21	0.04	3.38
新郑市	67.56	53.13	50.84	26.71	24.03	0.96	0.02	7.77
登封市	58.91	51.04	45.25	24.69	20.47	3.01	0.33	3.86
开封市								
杞县	207.54	113.66	104.19	65.52	38.66	4.49	4.22	24.25
通许县	129.72	63.13	60.14	39.72	20.42	1.45	1.64	8.33
尉氏县	148.94	102.99	93.55	63.72	29.82	4.79	4.67	18.55
兰考县	123.74	93.79	90.05	57.36	32.42	1.88	3.24	17.28
洛阳市								
孟津县	67.58	54.54	52.87	27.87	24.11	0.50	0.68	1.59
新安县	62.74	47.85	42.97	22.58	19.79	2.37	0.10	1.96
栾川县	22.63	11.93	10.69	4.18	6.50	0.98	0.02	0.74
嵩县	75.48	51.86	43.23	23.28	19.78	3.79	0.24	5.01
汝阳县	56.43	43.59	37.60	19.69	17.41	2.06	0.20	3.76
宜阳县	131.37	87.40	75.72	41.39	29.85	6.69	1.49	17.93
洛宁县	80.13	61.70	49.04	30.27	16.00	9.51	0.07	5.65
伊川县	95.71	79.19	69.39	38.47	24.27	2.84	0.93	4.77
偃师市	55.75	44.41	43.10	22.44	20.23	0.71	0.12	1.59
平顶山市								
宝丰县	63.73	47.39	46.76	24.33	22.42	0.24	0.14	7.20
叶县	141.66	111.37	106.46	55.95	50.51	3.10	0.21	12.61
鲁山县	72.97	58.50	55.35	29.45	25.02	0.84		8.59
郏县	82.83	58.10	47.82	29.86	17.95	3.47	1.05	5.96
舞钢市	37.57	31.78	29.97	15.88	14.09	1.31	0.20	2.27
汝州市	116.50	95.52	90.21	45.43	44.66	1.28	0.82	9.78
安阳市								
安阳县	122.96	106.44	105.53	49.07	55.30	0.41	1.04	2.42
汤阴县	84.62	68.67	66.96	35.30	31.49	0.98	0.65	2.81
滑县	262.84	188.57	186.84	114.88	71.59	0.65	2.20	26.67
内黄县	150.73	85.95	84.83	57.02	27.81	0.20	0.86	22.54
林州市	88.28	80.30	72.71	34.21	34.74	2.99	0.35	3.27
鹤壁市								
浚县	117.21	100.92	100.41	54.09	46.21	0.24	0.28	9.72
淇县	44.22	42.41	41.87	20.71	21.11	0.06	0.11	0.47

9-7 续表 1

县 市	总播种面积（千公顷）	#粮食	#谷物	#小麦	#玉米	#豆类	#棉花	#油料
新乡市								
新乡县	44.04	36.20	35.94	18.62	16.90	0.26	0.49	2.83
获嘉县	56.97	49.16	48.70	20.98	22.67	0.42	0.40	0.07
原阳县	133.94	116.54	108.66	62.95	25.52	7.43	0.54	9.99
延津县	109.57	70.93	69.06	46.02	23.05	0.44	0.46	29.08
封丘县	139.64	96.41	89.00	53.81	30.73	3.08	1.33	14.15
长垣县	123.49	96.06	91.39	53.03	35.71	3.39	0.33	15.45
卫辉市	68.29	56.52	56.12	29.19	26.78	0.04	0.79	3.31
辉县市	107.26	89.54	88.10	44.06	43.62	0.15	0.01	7.14
焦作市								
修武县	31.63	30.06	29.26	15.12	14.12	0.69	0.01	0.18
博爱县	34.72	24.68	23.93	12.21	11.67	0.45	0.04	0.71
武陟县	88.48	67.83	65.73	35.56	24.46	1.52	0.12	8.33
温县	54.36	38.96	38.25	21.60	16.65	0.12	0.59	3.14
沁阳市	56.32	45.48	44.30	22.04	22.26	0.67	0.13	1.13
孟州市	55.02	41.73	41.37	21.76	19.61	0.14	0.51	3.34
濮阳市								
清丰县	115.05	77.37	75.08	48.75	26.29	1.30	0.21	15.16
南乐县	83.63	62.68	60.28	34.42	25.82	0.60	0.70	6.50
范县	60.31	55.84	53.47	27.50	8.86	2.11	0.10	1.67
台前县	37.53	35.06	31.82	17.58	13.84	3.23	0.16	0.67
濮阳县	173.46	141.99	133.65	79.29	33.32	6.33	1.76	8.77
许昌市								
许昌县	140.85	102.88	92.43	51.67	40.55	7.67	1.34	14.71
鄢陵县	119.04	76.18	75.71	41.15	34.55	0.30	0.11	0.43
襄城县	119.90	86.76	67.99	41.85	26.13	3.09	0.42	4.41
禹州市	131.44	97.46	84.84	44.57	40.26	3.22	1.57	5.10
长葛市	88.34	77.98	76.25	37.68	38.57	1.19	0.02	2.92
漯河市								
舞阳县	99.26	83.84	80.12	41.21	38.92	0.99	1.00	4.34
临颍县	120.05	75.87	68.96	41.13	27.84	3.52	4.03	1.11
三门峡市								
渑池县	68.90	44.52	34.28	22.50	10.86	7.75	0.14	8.16
卢氏县	46.33	32.32	26.29	14.13	12.07	5.15		0.33
义马市	3.27	2.34	2.09	0.94	1.13	0.10	0.04	0.19
灵宝市	80.06	55.94	48.04	26.33	21.71	6.17	1.10	3.80
南阳市								
南召县	63.02	37.56	32.89	16.57	8.93	1.60		12.60
方城县	214.58	127.12	108.60	65.89	42.38	12.58	0.81	53.00
西峡县	40.94	24.53	20.82	10.92	7.87	1.33		2.74

9-7 续表 2

县 市	总播种面积（千公顷）	#粮食	#谷物	#小麦	#玉米	#豆类	#棉花	#油料
镇平县	136.57	98.41	94.31	51.04	42.60	2.24	1.50	22.90
内乡县	107.63	65.22	58.93	29.43	28.71	0.32	0.78	20.58
淅川县	133.93	64.30	55.58	34.26	17.64	4.56	0.31	43.53
社旗县	139.16	92.41	76.30	52.85	23.45	10.37	2.68	21.22
唐河县	295.21	230.23	211.52	135.91	70.76	7.98	2.45	28.39
新野县	132.63	79.08	74.67	51.00	23.66	2.57	2.10	26.95
桐柏县	74.74	45.08	39.44	20.36	2.42	4.31	0.07	21.53
邓州市	342.09	215.50	196.35	136.99	58.36	15.21	6.09	65.74
商丘市								
民权县	152.28	98.40	93.92	68.33	25.25	2.27	4.07	22.75
睢县	141.95	97.28	90.59	58.26	32.33	4.53	3.36	12.32
宁陵县	102.05	68.60	64.96	43.07	21.89	1.89	0.44	20.49
柘城县	135.97	108.09	106.84	62.76	44.08	0.69	1.36	1.37
虞城县	204.03	129.13	122.73	72.85	49.80	2.40	4.21	12.58
夏邑县	183.09	155.81	145.34	79.92	65.37	6.59	0.61	5.88
永城市	239.96	203.60	171.55	106.43	65.13	30.20	0.08	1.27
信阳市								
罗山县	148.42	98.49	94.74	27.33	0.11	2.08	0.10	32.49
光山县	133.18	75.89	72.56	19.17		2.03	0.15	36.82
新县	28.16	15.05	13.79	1.20	0.05	0.23	0.03	9.87
商城县	77.41	46.57	43.94	11.88	0.09	1.81	0.07	21.89
固始县	240.39	155.78	153.83	39.69	3.60	0.70	0.15	46.74
潢川县	144.53	100.70	99.52	36.86	0.13	0.63	0.03	23.29
淮滨县	135.23	101.28	93.67	53.79	5.36	2.73	0.20	20.07
息县	195.13	163.27	157.75	90.81	17.90	2.51	0.43	15.52
周口市								
扶沟县	141.84	90.08	79.23	59.83	18.77	10.60	8.04	7.54
西华县	174.61	119.51	107.97	68.01	39.96	9.64	1.17	9.76
商水县	210.19	153.76	131.97	73.87	57.95	18.77	0.80	14.94
沈丘县	171.31	135.32	122.74	67.73	55.00	8.01	0.40	10.71
郸城县	206.54	152.19	129.14	82.01	47.12	11.61	1.06	8.83
淮阳县	231.52	149.77	134.22	78.55	55.67	7.93	4.87	28.48
太康县	236.79	173.98	161.56	100.70	60.86	9.32	1.89	7.21
鹿邑县	170.61	132.75	116.83	68.99	47.76	14.37	3.08	6.47
项城市	173.12	125.57	105.15	69.68	35.47	18.30	0.65	16.65
驻马店市								
西平县	167.11	138.47	138.13	68.12	70.00	0.24		11.54
上蔡县	203.58	166.06	157.49	87.86	69.62	7.64	0.72	19.66
平舆县	168.00	123.19	113.49	70.32	43.17	6.89	0.25	26.16
正阳县	243.13	144.75	141.53	104.32	20.95	2.07	0.17	87.76
确山县	132.40	92.66	90.42	48.25	36.92	0.25	0.06	27.77
泌阳县	172.86	112.01	105.64	60.03	42.06	2.01	1.26	46.18
汝南县	178.56	119.91	115.45	72.51	40.52	3.39	0.44	37.30
遂平县	127.13	99.67	96.87	48.76	47.79	1.10	0.05	16.56
新蔡县	189.74	138.78	132.82	80.93	46.42	2.58	2.53	27.46

9-8 各县(市)主要农作物产量(2015年)

县 市	粮食产量 (吨)	#谷物	#小麦	#玉米	#豆类	棉花产量 (吨)	油料产量 (吨)	园林水果产量 (吨)
郑州市								
中牟县	192390	177869	77808	100061	3121	1000	47218	17861
巩义市	169313	162363	93994	68026	385	769	5265	31102
荥阳市	336385	325803	179695	145121	1046	150	10079	42982
新密市	218755	210345	116828	93237	2449	42	10591	21091
新郑市	279357	269999	144100	125532	2379	27	28813	86793
登封市	194368	164885	91958	72850	4556	298	5277	25035
开封市								
杞县	672450	633979	416771	217208	12448	4993	120632	28476
通许县	392307	377483	257419	120064	4790	1988	40079	89736
尉氏县	609195	568023	402627	165396	16296	5046	91957	127066
兰考县	539413	520098	347872	170380	5624	3810	73636	195433
洛阳市								
孟津县	260044	243233	148525	90305	679	501	4323	55513
新安县	211542	190542	107343	81714	3941	228	5014	71443
栾川县	48068	44874	18030	26844	1582	18	1260	9532
嵩县	217388	192615	103351	88930	5211	234	9013	84640
汝阳县	188115	160091	87720	70721	2229	241	9200	10373
宜阳县	397590	350097	200923	133712	9332	1415	75668	131994
洛宁县	257739	239994	138962	94517	7945	95	5649	369595
伊川县	389641	343757	196245	124244	2190	986	11639	12313
偃师市	270623	265261	133588	130590	1349	299	3868	90569
平顶山市								
宝丰县	237057	235511	136076	99435	285	146	19636	8495
叶县	623691	589928	320017	269911	12896	174	36602	12008
鲁山县	214674	204396	110237	89018	1613		21617	32216
郏县	325897	279082	173278	105804	8732	1130	18329	11711
舞钢市	162580	157347	89360	67987	2969	184	6292	10969
汝州市	479803	458906	246900	211642	2201	789	34673	36537
安阳市								
安阳县	676884	670057	314492	351665	1427	1346	6201	36075
汤阴县	450136	442030	240061	201292	3218	1031	10746	46148
滑县	1482054	1471367	893996	574020	2360	2227	110630	164141
内黄县	529170	522255	362411	159844	595	946	108145	341770
林州市	378209	340563	135599	191298	7360	610	4705	86189
鹤壁市								
浚县	759999	757517	417843	339096	515	274	30374	28106
淇县	307108	302697	154440	148100	69	66	1688	4378

9-8 续表 1

县 市	粮食产量（吨）	#谷物	#小麦	#玉米	#豆类	棉花产量（吨）	油料产量（吨）	园林水果产量（吨）
新乡市								
新乡县	276539	275826	148703	125504	713	519	15032	6440
获嘉县	336632	334793	157830	138303	1575	405	179	15621
原阳县	753746	732041	420940	171234	19624	389	47587	34146
延津县	462808	455379	329858	125521	1475	504	138890	29926
封丘县	659494	624159	422029	181035	6919	1430	58551	16885
长垣县	656442	636665	404704	208224	8390	390	56819	22056
卫辉市	377495	376623	204692	171367	57	831	13042	47276
辉县市	592790	588902	303816	284100	382	16	20746	29446
焦作市								
修武县	215133	212692	109664	103007	1708	8	608	7333
博爱县	191122	187317	98995	88109	1400	43	1450	20507
武陟县	535754	524746	289320	188584	4878	120	38376	14296
温县	310744	306763	177543	129220	219	500	14166	21057
沁阳市	344378	337969	174668	163296	2214	122	3846	38438
孟州市	310194	308545	168912	139633	463	518	13304	66577
濮阳市								
清丰县	576085	566431	373498	192791	2617	199	67629	38032
南乐县	469967	449548	268662	180727	2408	710	33519	163655
范县	361115	353987	180745	49613	5260	99	8639	4455
台前县	205272	195602	120089	72515	4609	207	2681	209
濮阳县	956629	917302	562277	222430	21539	1746	40117	42852
许昌市								
许昌县	689015	657190	389456	267301	14722	1397	55363	3486
鄢陵县	551690	549258	314722	234536	1241	114	1736	24913
襄城县	563241	473835	316232	157603	7482	406	14149	25698
禹州市	558474	498887	280978	217909	5798	1267	11386	16450
长葛市	553459	545558	285561	259997	3821	15	9848	4782
漯河市								
舞阳县	556163	541709	300755	240954	2086	1067	12263	16347
临颍县	529692	508811	319392	189419	5815	2996	2832	1725
三门峡市								
渑池县	192937	157479	108437	46378	15062	90	20381	181146
卢氏县	123950	101841	61886	39787	14735		617	83084
义马市	9833	9242	4576	4647	116	20	304	735
灵宝市	233771	212827	119013	93814	11346	840	8438	1506417
南阳市								
南召县	189220	170499	69698	47065	2891		62288	14052
方城县	634030	583516	353529	228714	22322	805	261806	44077
西峡县	100800	86459	38091	34989	2687		8140	504964

9-8 续表 2

县 市	粮食产量(吨)	#谷物	#小麦	#玉米	#豆类	棉花产量(吨)	油料产量(吨)	园林水果产量(吨)
镇平县	525046	509902	283860	222330	4681	1053	75176	8822
内乡县	329770	293693	157650	130531	525	719	82153	54172
淅川县	261498	236598	136028	73925	11092	281	129085	61039
社旗县	547747	488334	332514	155820	23500	2340	90030	5360
唐河县	1316000	1223224	891213	301968	13163	2228	119511	87749
新野县	521295	506137	378214	127923	6308	2202	121280	13058
桐柏县	247010	235537	90930	11858	4854	66	71856	17341
邓州市	1240329	1177629	846890	324529	37223	5485	257396	29358
商丘市								
民权县	677886	650560	500200	148372	14076	3942	91717	291056
睢县	653395	633467	426887	206580	8828	3600	59225	52317
宁陵县	467442	455180	316540	138640	5816	428	97203	249620
柘城县	754843	748985	473323	275662	2293	1317	5360	24626
虞城县	880918	860938	543108	317220	7200	4082	53841	438050
夏邑县	1068485	1036962	599708	436933	19508	597	21500	298455
永城市	1338547	1243068	803615	439453	77029	75	4516	278098
信阳市								
罗山县	738295	734497	117670	320	1865	80	75749	7718
光山县	594098	587600	82242		1296	103	89273	5822
新县	121732	119127	4251	366	150	23	33280	3305
商城县	336318	333745	49387	379	1169	52	60291	11130
固始县	1215788	1205395	186642	22828	2580	142	126974	28885
潢川县	706745	704894	160799	558	380	22	72701	7024
淮滨县	594239	581184	276556	18826	1285	200	65760	29025
息县	984909	969994	486600	72969	2250	411	39534	20497
周口市								
扶沟县	596342	565818	456587	103861	29020	8345	38303	27537
西华县	752356	723657	519056	204601	17263	1170	42735	177149
商水县	1052440	967088	563862	402621	63978	832	52405	47284
沈丘县	911418	859952	517233	342719	24634	410	42679	94813
郸城县	1002572	909047	626053	282994	21405	1088	31375	17826
淮阳县	1001855	943671	599546	344125	16988	5001	145570	28584
太康县	1155642	1117272	768724	348548	24434	1954	34691	36159
鹿邑县	933461	865847	536601	328937	52723	3245	18431	10517
项城市	832891	778026	531902	246124	39382	664	41200	47620
驻马店市								
西平县	959102	958098	516908	441190	459		57450	14433
上蔡县	1065233	1037906	654814	383071	20193	706	52119	7475
平舆县	795128	764665	515845	248787	16581	238	61086	8739
正阳县	863751	851599	653757	99102	4968	154	381336	10644
确山县	550697	535676	319255	184719	785	58	106130	6190
泌阳县	627265	597014	360570	218223	3885	1040	156690	33890
汝南县	774206	757227	522686	219855	8834	516	184752	10090
遂平县	624917	610686	355083	253859	3279	45	56252	21880
新蔡县	845135	822884	546608	243700	6534	2638	89285	22073

9-9 各县(市)牧渔业生产情况(2015年)

县 市	肉类产量 (吨)	#猪肉	#牛肉	#羊肉	大牲畜年底头数 (头)	猪年底头数 (万头)	禽蛋产量 (吨)	水产品产量 (吨)
郑州市								
中牟县	41324	29180	4358	2468	55078	26.30	21974	58396
巩义市	26245	22246	900	317	7613	19.46	11088	5085
荥阳市	48322	33945	3977	669	22241	24.37	77095	19850
新密市	22105	14251	1235	297	17718	19.67	29448	880
新郑市	52974	34942	1004	636	21312	36.74	46543	430
登封市	26770	18146	3925	757	34789	20.54	22311	2120
开封市								
杞县	107718	70303	19783	6877	135817	67.81	87909	3400
通许县	64259	53948	3469	1830	49510	52.22	30285	1803
尉氏县	85701	60040	11908	5990	99550	63.31	95990	19998
兰考县	50696	31006	9588	3201	97899	31.75	35568	9821
洛阳市								
孟津县	22866	17280	3320	445	63803	18.52	13761	17584
新安县	22781	14574	2578	1150	31059	14.80	14121	8242
栾川县	7834	5214	1474	275	12536	5.91	5544	645
嵩县	32452	18065	10372	1300	114878	18.72	14449	3867
汝阳县	12448	9544	1373	310	18573	9.23	3895	260
宜阳县	49712	33047	10406	1506	121144	27.57	19632	3240
洛宁县	28045	9339	13324	1259	113651	9.31	18393	3690
伊川县	47062	34182	8731	475	112979	32.40	25041	595
偃师市	31177	25641	1334	147	44576	24.92	19602	310
平顶山市								
宝丰县	47755	35554	5144	867	84596	38.58	20500	724
叶县	110290	71064	18055	6057	61035	64.02	34485	15901
鲁山县	29028	20683	3573	1405	25349	22.27	18915	11756
郏县	43465	26249	6147	1801	55101	20.09	12195	765
舞钢市	49296	35793	1338	788	27327	34.16	3880	4580
汝州市	97329	63626	15667	1567	238255	60.09	66177	3053
安阳市								
安阳县	33182	20806	2637	569	43904	21.04	48490	5200
汤阴县	37148	8800	1227	467	21112	8.90	34495	1922
滑县	49166	26898	4300	3803	43569	22.99	86816	670
内黄县	47437	33120	784	3096	7746	33.49	45886	611
林州市	73586	70164	335	155	4268	70.96	52454	3500
鹤壁市								
浚县	87847	41420	1625	3074	13193	42.41	41650	3402
淇县	111335	31487	540	341	11067	28.75	43490	5430

9-9 续表 1

县 市	肉类产量 (吨)	#猪肉	#牛肉	#羊肉	大牲畜年底头数 (头)	猪年底头数 (万头)	禽蛋产量 (吨)	水产品产量 (吨)
新乡市								
新乡县	17227	9399	2618	293	20696	10.22	30921	4000
获嘉县	30339	18970	2412	603	5677	17.55	26762	5300
原阳县	36912	21465	4646	2424	94489	21.44	39838	5330
延津县	31382	17890	4103	1562	27102	17.45	33510	19675
封丘县	81555	59383	9159	3755	60367	40.54	33547	14116
长垣县	40108	24089	5255	2481	33857	23.31	23726	4921
卫辉市	54622	41605	5334	564	130440	50.70	75500	5285
辉县市	87248	74282	3333	861	31451	72.11	69513	690
焦作市								
修武县	23979	16059	1030	342	8624	15.50	10535	400
博爱县	14232	12027	288	213	4926	10.40	6178	252
武陟县	64047	39571	6392	1409	63651	40.14	57889	9420
温县	18223	13310	1884	340	11110	14.92	38010	
沁阳市	20424	13402	2807	783	10830	14.07	18635	280
孟州市	30181	23377	374	622	11609	28.09	13420	3120
濮阳市								
清丰县	60403	32514	2607	1353	26248	28.06	71063	1260
南乐县	74989	35040	13136	650	166723	40.08	69664	2140
范县	28333	14025	1832	3220	34080	13.25	34841	26903
台前县	14364	5829	592	1149	8201	4.66	43744	1015
濮阳县	73690	40931	2096	5372	24406	40.14	69299	5968
许昌市								
许昌县	62131	51144	4118	1323	15286	33.59	43408	1579
鄢陵县	89131	64062	14011	1833	95721	56.17	47175	6050
襄城县	81355	61634	7343	2473	102876	55.66	45622	8650
禹州市	82225	61791	4214	4997	38913	53.17	37065	1710
长葛市	76632	61595	2895	1426	22314	45.81	58793	1519
漯河市								
舞阳县	67096	58023	2539	1544	31799	47.61	19309	4447
临颍县	77502	64419	3655	788	24706	55.90	39236	1695
三门峡市								
渑池县	37886	25872	8300	1051	94959	24.28	25258	5000
卢氏县	9728	4451	4156	351	60576	4.17	3669	1970
义马市	4107	3669	82	53	415	3.99	454	150
灵宝市	29751	21526	4537	994	84589	21.69	12267	7685
南阳市								
南召县	24325	16123	3923	1808	54576	14.87	13180	8500
方城县	41746	29655	4225	2665	35944	26.92	20797	6450
西峡县	29574	20099	4714	2583	46394	18.41	13181	5275

9-9 续表 2

县 市	肉类产量 (吨)	#猪肉	#牛肉	#羊肉	大牲畜年底头数 (头)	猪年底头数 (万头)	禽蛋产量 (吨)	水产品产量 (吨)
镇平县	34299	22351	3860	1725	62153	21.08	27369	6166
内乡县	95329	70863	11228	7005	98507	66.39	25727	6400
淅川县	57675	33863	14697	2756	132077	33.93	30100	29244
社旗县	67755	45108	12550	1920	104548	46.06	21600	6012
唐河县	115199	71685	25736	3696	318525	65.47	54040	16600
新野县	49277	23609	13388	2788	118156	22.68	26111	6520
桐柏县	27744	17153	5514	1401	59121	16.20	14102	12020
邓州市	150050	91242	36282	7118	269344	89.76	72447	12552
商丘市								
民权县	60439	32744	12917	6308	107056	24.94	43570	21650
睢县	55216	34971	7343	4225	7500	32.69	30707	4980
宁陵县	40620	32504	3632	2435	41028	26.56	13358	3955
柘城县	66752	41773	14588	4181	80150	36.57	18671	5580
虞城县	45890	24239	6591	4100	151723	20.52	27024	14505
夏邑县	83626	66925	6943	3626	102115	67.19	38846	6081
永城市	91927	41620	18042	9971	97954	39.87	52527	17700
信阳市								
罗山县	48815	36640	2790	424	48858	30.54	16673	31000
光山县	47768	16688	5424	257	97070	16.81	25715	29889
新县	21799	12310	3235	364	54858	11.07	8856	5000
商城县	44152	16018	2633	1479	47724	15.93	22192	34500
固始县	154756	80900	2121	4063	41802	60.11	87130	48364
潢川县	146502	67148	2087	566	69098	50.12	64472	45500
淮滨县	53791	16899	6778	1460	57779	17.58	12897	13060
息县	64880	45745	5193	1198	48017	41.09	16281	17750
周口市								
扶沟县	49306	36400	6092	872	50225	34.10	13950	4997
西华县	87001	64650	5732	3286	60446	61.00	30750	3521
商水县	92189	63700	8389	4403	63212	62.30	34080	3760
沈丘县	90287	56000	11469	6759	69875	49.99	39200	7041
郸城县	68214	43380	8325	3856	52880	46.00	27990	5837
淮阳县	105115	64000	11069	6335	96177	55.00	31260	26266
太康县	106677	65894	12950	6905	70614	66.74	52580	3258
鹿邑县	76598	54659	7424	2867	87836	54.76	33531	6209
项城市	66010	43600	8115	1866	61466	46.50	27140	5368
驻马店市								
西平县	109645	84725	1085	2153	17987	80.59	61698	6840
上蔡县	79214	60495	6004	2056	44959	61.59	52034	8199
平舆县	77896	59772	6210	3054	63934	51.55	24819	8835
正阳县	95721	88967	895	500	26030	95.18	20889	11810
确山县	70141	46345	15450	2563	162886	51.67	18922	13078
泌阳县	100786	57324	33483	3160	401345	37.90	25713	18774
汝南县	86411	62551	8955	4293	60615	62.67	23797	37300
遂平县	77147	59120	6720	1330	40885	59.31	63239	6952
新蔡县	110701	62644	25221	3500	223783	62.08	45139	13761

9-10 各县(市)财政、金融主要指标(2015年)

单位：万元

县 市	一般公共预算收入	一般公共预算支出	#教育	#农林水事务	金融机构存款余额	金融机构贷款余额
郑州市						
中牟县	360516	582856	95066	85153	3923008	1910307
巩义市	347335	504288	76542	47719	3209004	1823956
荥阳市	316038	407939	79275	34534	2672954	1470658
新密市	303097	484005	75202	92887	3370326	1723939
新郑市	600369	703274	96416	102237	4930243	3469376
登封市	262810	411552	79453	72431	2842208	1195482
开封市						
杞县	120167	375018	65354	56555	1496822	728848
通许县	75218	235292	36137	42715	1091534	530248
尉氏县	154266	400719	85722	64562	1628048	857397
兰考县	127311	438602	93260	85416	1460485	858046
洛阳市						
孟津县	130741	253910	46742	55946	1228660	605402
新安县	173269	287823	75459	36330	1630910	966813
栾川县	172000	273366	59692	45470	1384167	633848
嵩县	57758	267589	67829	59980	1040942	394648
汝阳县	77646	218626	50122	44731	851246	383366
宜阳县	97568	285598	64506	53937	1128921	591380
洛宁县	74184	244095	52479	55869	923927	319620
伊川县	170369	321687	66473	46428	3116034	1727962
偃师市	159098	279937	72161	49024	2458958	1167196
平顶山市						
宝丰县	82835	201601	35517	30948	1235272	904942
叶县	70367	284464	49116	52809	1476865	583620
鲁山县	70843	305505	66438	50300	1685123	831134
郏县	71001	220598	44671	37893	1127791	614751
舞钢市	88031	172507	29626	28570	1143457	847434
汝州市	206616	451946	91222	63823	2172876	1479787
安阳市						
安阳县	97599	304899	72717	55285	2836097	1076761
汤阴县	101894	229360	55075	41001	979069	566365
滑县	93574	505337	92517	96040	2303254	985993
内黄县	56551	248951	64500	44294	1151494	424527
林州市	153238	391572	88133	55704	3873309	1371691
鹤壁市						
浚县	60121	259744	48045	44354	1116863	958943
淇县	75964	185968	30866	24001	925552	1080812

9-10 续表 1

单位：万元

县 市	一般公共预算收入	一般公共预算支出	#教育	#农林水事务	金融机构存款余额	金融机构贷款余额
新乡市						
新乡县	72351	155615	34565	18005	1282326	992301
获嘉县	40763	155338	36435	23238	902523	291651
原阳县	65220	244452	43805	46877	1081281	576045
延津县	65749	183766	43954	30304	762336	288448
封丘县	39175	291999	53934	62304	1324801	288390
长垣县	153499	395590	88716	54567	2911041	1604661
卫辉市	80809	218510	42174	32364	1113621	569065
辉县市	240033	375962	81669	57004	2268885	1331285
焦作市						
修武县	98156	162185	32020	22089	826504	497437
博爱县	69031	152795	24187	21399	974928	643739
武陟县	106939	255637	50524	33545	1345307	809785
温县	63256	175842	29905	26495	1066436	623564
沁阳市	124399	230574	36433	22978	1403640	836803
孟州市	111339	189825	29818	23620	1130978	651549
濮阳市						
清丰县	57500	254651	51159	47049	1033351	367121
南乐县	40558	221143	42892	38477	864835	298308
范县	57734	267485	38114	64852	994997	352224
台前县	33170	183228	42504	31355	804556	351792
濮阳县	100869	410788	94907	71585	1737131	899658
许昌市						
许昌县	113619	295266	65647	51021	1984194	1287546
鄢陵县	98175	287133	61989	42406	1402623	1196555
襄城县	126363	284053	82891	48887	1958064	1315631
禹州市	320609	525586	99036	54220	2734427	1806192
长葛市	195866	342368	99557	45102	2328345	1686380
漯河市						
舞阳县	79974	247899	45970	47140	1149279	335184
临颍县	104164	313618	59502	52960	1447604	653563
三门峡市						
渑池县	197708	285376	70836	50209	1190563	612298
卢氏县	56312	210499	41077	33767	951045	356261
义马市	127808	152827	32581	4698	1121929	849815
灵宝市	182688	353464	71561	48189	2461565	1641867
南阳市						
南召县	56008	259151	68511	41941	1063945	540767
方城县	86610	364740	80420	68745	1447515	875085
西峡县	111569	282698	67859	44238	1519388	1088657

9-10 续表 2

单位：万元

县 市	一般公共预算收入	一般公共预算支出	#教育	#农林水事务	金融机构存款余额	金融机构贷款余额
镇平县	79566	331829	69103	53756	2061731	891265
内乡县	72728	309496	69225	66591	1347920	937108
淅川县	77815	374964	72211	70841	1731945	894856
社旗县	55363	249976	57428	39971	1098007	607807
唐河县	81273	431354	72465	79109	2233808	718007
新野县	63958	269396	56868	44282	1587419	925823
桐柏县	76876	226066	45772	37962	1049142	493014
邓州市	127738	624086	110690	108674	2728971	1371333
商丘市						
民权县	78522	335335	67303	59202	1435814	868673
睢县	54806	300667	45290	54489	1437521	579317
宁陵县	40009	251826	61550	37807	1007466	503150
柘城县	62638	356976	76428	65824	1458176	572017
虞城县	79046	388119	76730	78039	1871151	841664
夏邑县	65178	408699	92928	69022	2109853	727817
永城市	335186	673260	120845	87848	3498859	2456711
信阳市						
罗山县	50939	286122	57074	54911	2006549	791674
光山县	51256	317250	96924	55915	1944603	823545
新县	38163	214383	48098	41189	1027892	491887
商城县	45805	303460	85399	52015	1701437	662011
固始县	111356	630948	110695	102142	3455100	1544335
潢川县	54993	313901	73828	57858	1840105	1767740
淮滨县	41288	290638	66552	50020	1485075	587912
息县	41999	327562	88625	49789	2151868	619844
周口市						
扶沟县	61934	305568	70683	51445	1482818	583835
西华县	61634	311866	68281	46498	1619539	531727
商水县	63853	410290	91586	60191	1917514	464743
沈丘县	115830	436006	122118	56879	2136568	1022523
郸城县	88183	456961	114656	72742	1949066	652653
淮阳县	67962	431925	91434	66021	2063496	518247
太康县	90861	482016	95900	69701	2143965	686776
鹿邑县	103661	426789	97795	53160	1956066	963391
项城市	93955	398325	89195	42726	2298804	563669
驻马店市						
西平县	69355	321010	56597	48187	1858835	804118
上蔡县	56563	433874	94866	63071	2550233	939451
平舆县	65663	334847	69572	45156	1996984	606909
正阳县	48363	336716	61720	57063	1730189	696687
确山县	63421	239748	48804	44904	1456611	506868
泌阳县	72000	371012	79219	74912	1536278	544700
汝南县	56025	288919	67628	58863	1637899	606329
遂平县	66977	236575	49906	39058	1350681	815423
新蔡县	61644	473031	96979	62348	2030039	621598

9-11 各县(市)教育主要指标(2015年)

县市	在校学生数(人)		小学在校生巩固率(%)	初中在校生巩固率(%)	高中阶段毛入学率(%)
	小学	普通中学			
郑州市					
中牟县	95813	40003	99.1	90.2	54.1
巩义市	51340	37595	98.3	98.3	69.0
荥阳市	44652	30878	105.5	107.0	108.5
新密市	67439	46097	91.0	98.0	90.5
新郑市	77015	46607	108.4	93.5	224.0
登封市	78439	57320	108.8	184.8	146.4
开封市					
杞县	92644	57937	67.0	112.6	40.6
通许县	55417	36539	68.8	94.7	68.3
尉氏县	88223	41974	82.5	96.1	54.5
兰考县	73884	50494	84.2	97.7	58.3
洛阳市					
孟津县	30313	27595	88.7	96.1	114.8
新安县	38846	33135	84.1	97.4	116.2
栾川县	27758	19172	94.9	99.5	77.3
嵩县	57455	33829	90.5	93.6	64.6
汝阳县	49862	31076	89.4	92.5	39.2
宜阳县	52331	39623	94.3	94.9	53.0
洛宁县	40050	25050	95.2	97.6	34.4
伊川县	83327	47562	83.8	88.5	49.9
偃师市	38241	30632	69.6	83.2	56.4
平顶山市					
宝丰县	54132	23885	103.9	98.1	68.0
叶县	70036	35926	82.3	98.6	62.2
鲁山县	106602	41244	106.1	89.9	74.1
郏县	62457	28331	108.2	98.4	40.3
舞钢市	26689	14678	69.3	94.7	89.1
汝州市	115529	50616	88.0	87.4	67.9
安阳市					
安阳县	96588	51191	90.4	105.7	66.3
汤阴县	51042	26630	80.1	100.4	59.9
滑县	136583	63127	90.0	89.1	70.7
内黄县	76416	37277	106.3	104.3	45.7
林州市	101212	55912	91.2	98.6	69.0
鹤壁市					
浚县	65123	42025	89.8	102.1	45.0
淇县	26802	16533	77.7	96.2	40.8

9-11 续表 1

县　市	在校学生数(人)		小学在校生巩固率(%)	初中在校生巩固率(%)	高中阶段毛入学率(%)
	小学	普通中学			
新乡市					
新乡县	31658	20549	93.3	96.4	52.1
获嘉县	39231	24509	89.0	102.0	55.0
原阳县	70824	41863	92.2	94.0	53.0
延津县	51620	32524	90.2	103.0	72.7
封丘县	76116	41872	78.5	104.1	60.0
长垣县	92728	58660	103.0	102.8	81.4
卫辉市	59172	22677	52.6	101.0	70.0
辉县市	89630	40756	90.7	93.6	80.5
焦作市					
修武县	20444	16804	83.9	96.1	64.0
博爱县	30043	22286	84.4	98.0	61.2
武陟县	50140	44615	76.3	100.3	63.2
温县	29565	28122	87.3	105.0	78.4
沁阳市	32806	29933	95.8	109.1	82.5
孟州市	19515	16829	93.9	104.5	61.2
濮阳市					
清丰县	60171	25473	65.5	96.2	38.4
南乐县	50015	32721	77.2	121.1	53.1
范县	48171	32164	88.0	101.5	43.9
台前县	36700	21493	54.3	103.0	63.3
濮阳县	95481	42430	67.2	95.5	46.1
许昌市					
许昌县	60930	35993	82.0	112.1	47.7
鄢陵县	55774	26387	72.9	98.6	57.1
襄城县	70065	42450	83.6	104.3	81.6
禹州市	105231	57816	83.8	102.0	59.4
长葛市	66321	36202	86.9	91.0	78.3
漯河市					
舞阳县	40088	21725	92.5	88.4	55.2
临颍县	52132	36219	72.2	100.5	59.7
三门峡市					
渑池县	30349	21359	93.3	104.7	56.0
卢氏县	19195	21820	80.5	101.9	64.3
义马市	9939	5453	92.9	99.1	54.7
灵宝市	48280	36400	82.7	102.4	90.8
南阳市					
南召县	66517	36482	81.3	96.2	54.0
方城县	123231	45322	87.9	78.5	47.1
西峡县	46514	35631	76.6	107.0	82.1

9-11 续表 2

县 市	在校学生数(人)		小学在校生巩固率(%)	初中在校生巩固率(%)	高中阶段毛入学率(%)
	小学	普通中学			
镇平县	102062	48214	89.5	99.4	55.1
内乡县	73944	38129	97.5	93.0	76.3
淅川县	67195	45130	84.4	89.7	50.1
社旗县	68163	32735	85.9	91.6	43.5
唐河县	125404	46878	85.7	88.5	38.1
新野县	80328	32667	85.8	81.2	49.6
桐柏县	50258	22691	70.9	85.4	65.6
邓州市	180047	82593	81.8	104.1	54.4
商丘市					
民权县	70139	49640	72.6	98.6	100.0
睢县	63296	48925	72.5	85.6	67.9
宁陵县	55400	29830	62.7	103.5	38.8
柘城县	70521	55593	56.5	103.3	59.6
虞城县	96391	73442	77.4	104.9	56.2
夏邑县	81118	60134	54.6	95.9	59.2
永城市	148609	70395	70.6	91.0	66.3
信阳市					
罗山县	59422	37462	74.8	99.4	108.2
光山县	68814	60443	76.4	97.8	73.3
新县	28817	23375	80.8	109.4	91.8
商城县	53915	49676	63.5	98.9	78.5
固始县	128225	95677	82.5	94.5	92.2
潢川县	57107	42267	59.1	98.1	64.2
淮滨县	57982	45192	69.9	97.5	63.0
息县	91917	50119	76.6	105.5	41.8
周口市					
扶沟县	50916	48047	70.2	102.4	66.1
西华县	64750	48809	63.7	92.9	51.5
商水县	103130	78798	70.1	98.9	47.0
沈丘县	100933	72574	66.7	89.9	53.8
郸城县	118831	94983	66.6	94.8	64.1
淮阳县	102924	86658	68.8	90.7	55.0
太康县	129525	82894	68.2	90.0	48.0
鹿邑县	90773	67806	56.4	98.9	38.1
项城市	92214	76207	59.1	99.4	77.6
驻马店市					
西平县	47172	42747	66.4	110.2	49.2
上蔡县	119607	84720	75.3	94.1	46.2
平舆县	76885	52082	59.6	104.4	58.8
正阳县	76248	40129	68.5	99.0	64.0
确山县	51309	35770	78.2	103.6	50.6
泌阳县	80617	50028	63.8	94.0	76.2
汝南县	62177	43487	68.2	116.4	73.0
遂平县	41846	25588	72.6	98.6	85.2
新蔡县	95410	59228	73.2	98.1	51.0

9-12 各县(市)卫生主要指标(2015年)

县 市	卫生机构床位数(张)	卫生技术人员(人)	执业医师(人)	助理医师(人)	注册护士(人)
郑州市					
中牟县	3135	2771	734	266	1195
巩义市	3205	4640	1301	499	1999
荥阳市	2480	3132	698	357	1239
新密市	4052	3928	1125	323	1748
新郑市	3549	3634	1103	326	1495
登封市	3144	3157	828	337	1370
开封市					
杞县	3194	3480	764	846	1072
通许县	2240	2402	478	329	1025
尉氏县	2804	2755	660	422	1107
兰考县	4752	4323	917	610	1661
洛阳市					
孟津县	1859	1974	483	338	567
新安县	1958	1666	462	231	576
栾川县	1782	1683	427	182	740
嵩县	2073	1694	473	275	579
汝阳县	1717	1675	424	213	625
宜阳县	2488	2532	629	452	888
洛宁县	2396	1766	416	329	663
伊川县	2597	2845	687	485	1009
偃师市	2666	2933	1036	360	1060
平顶山市					
宝丰县	2457	2487	672	566	829
叶县	2717	2814	598	612	779
鲁山县	2972	2717	581	456	1024
郏县	2460	2674	624	415	926
舞钢市	1393	1478	489	145	543
汝州市	5471	4165	993	575	1287
安阳市					
安阳县	2430	2124	589	810	380
汤阴县	1351	1672	332	444	326
滑县	4759	4862	1175	1051	1848
内黄县	2420	2512	543	486	806
林州市	3718	3609	1175	735	995
鹤壁市					
浚县	2317	1686	472	417	418
淇县	1910	1593	455	146	686

9-12 续表 1

县 市	卫生机构床位数(张)	卫生技术人员(人)	执业医师(人)	助理医师(人)	注册护士(人)
新乡市					
新乡县	926	1210	343	291	340
获嘉县	2050	1726	456	183	609
原阳县	2612	2583	667	242	1095
延津县	2154	1829	474	278	627
封丘县	3005	2427	538	384	836
长垣县	3354	4763	1255	756	1899
卫辉市	3852	3641	1056	207	1843
辉县市	2809	3064	872	440	999
焦作市					
修武县	1166	1392	424	312	382
博爱县	2041	1402	476	327	290
武陟县	3127	2762	714	497	987
温县	2197	1958	541	215	716
沁阳市	1712	2355	900	379	632
孟州市	1740	1654	497	185	621
濮阳市					
清丰县	1712	1725	396	303	507
南乐县	1918	1587	332	234	563
范县	1810	1786	400	228	591
台前县	1391	1762	417	209	609
濮阳县	3113	2931	688	685	780
许昌市					
许昌县	1853	2238	589	411	743
鄢陵县	2639	2796	713	543	883
襄城县	2469	2565	545	309	946
禹州市	3840	5109	1427	955	1618
长葛市	1975	3381	953	543	1108
漯河市					
舞阳县	2229	2385	511	278	921
临颍县	2473	2491	577	251	1030
三门峡市					
渑池县	1767	1565	332	176	566
卢氏县	1616	1629	434	314	436
义马市	1537	1628	460	94	753
灵宝市	2671	2681	865	426	803
南阳市					
南召县	1853	2633	513	397	929
方城县	2984	2661	628	446	924
西峡县	2378	2095	497	158	941

9-12 续表 2

县 市	卫生机构床位数（张）	卫生技术人员（人）	执业医师（人）	助理医师（人）	注册护士（人）
镇平县	2604	2355	598	484	554
内乡县	2191	1671	404	264	499
淅川县	2191	2273	538	254	754
社旗县	2168	1911	326	385	619
唐河县	2717	3323	806	358	1366
新野县	1728	2443	537	383	789
桐柏县	1449	1621	309	227	449
邓州市	5236	4659	988	586	1779
商丘市					
民权县	3019	2481	683	422	866
睢县	3195	3474	657	441	1186
宁陵县	2036	3172	603	499	723
柘城县	4534	4198	953	749	1394
虞城县	2604	4118	788	1303	840
夏邑县	3102	3726	782	558	1222
永城市	5983	5697	1165	727	2052
信阳市					
罗山县	2071	2016	562	198	771
光山县	2232	2014	595	189	655
新县	699	963	257	114	313
商城县	1820	1678	512	230	553
固始县	4138	3978	926	410	1416
潢川县	1804	1821	433	316	538
淮滨县	1899	1830	391	359	626
息县	1823	2013	456	313	659
周口市					
扶沟县	2511	2536	620	490	835
西华县	2684	3197	758	401	893
商水县	2924	2856	771	523	886
沈丘县	3377	3608	816	736	866
郸城县	3973	4341	846	600	1602
淮阳县	3222	4190	781	710	1284
太康县	5254	4329	1123	770	1420
鹿邑县	4628	3808	800	900	1114
项城市	3107	2930	718	417	1109
驻马店市					
西平县	3018	2627	678	368	960
上蔡县	3616	2725	603	360	891
平舆县	3010	3667	833	717	1481
正阳县	2341	2548	655	389	763
确山县	2307	2201	518	305	859
泌阳县	2625	2500	651	417	824
汝南县	2119	2450	571	368	881
遂平县	2904	2520	620	309	971
新蔡县	2308	3275	623	1043	755

9-13 各县(市)社会保险和低保参保人数(2015年)

单位：人

县市	城镇基本养老保险参保人数	城镇基本医疗保险参保人数	城镇居民最低生活保障人数	农村居民最低生活保障人数	新型农村合作医疗参保人数	新型农村社会养老保险参保人数
郑州市						
中牟县	1145467	94078	1136	8515	442585	264001
巩义市	111320	113400	1754	14208	660958	383196
荥阳市	92900	118720	1049	18173	554795	321167
新密市	106847	141610	1185	17098	658991	410979
新郑市	89326	252601	2498	11107	475634	340165
登封市	64398	66137	4046	28435	529731	368500
开封市						
杞县		27305	5264	44164	1009662	499855
通许县	10135	48254	5469	28485	551887	297813
尉氏县	46473	54663	3716	42641	831628	445043
兰考县	46755	70717	6494	41020	762469	411028
洛阳市						
孟津县	30127	49349	3639	15685	406461	270790
新安县	45208	75282	5894	8635	444792	250515
栾川县	25675	56362	1619	12786	275053	186873
嵩县	27955	53031	8535	25308	530318	319496
汝阳县	32449	55114	8025	18531	442823	242389
宜阳县	36730	67854	1874	19003	600660	373700
洛宁县	24293	61789	6865	25070	429743	197963
伊川县	44756	103176	7515	31430	708897	341870
偃师市	44764	79949	2157	23665	522469	335670
平顶山市						
宝丰县	30938	65136	6177	18694	447243	279215
叶县	38801	67999	7026	40428	692172	464272
鲁山县	33420	80106	6740	39347	830508	463459
郏县	28953	66663	5691	25836	540924	349787
舞钢市	53740	94002	5575	12442	220939	142739
汝州市	54450	110000	7409	63331	915440	540128
安阳市						
安阳县	105605	121087	1877	29212	803801	521509
汤阴县	43247	73166	2977	17221	398576	263721
滑县	60821	116184	5959	57240	1223889	725217
内黄县	26799	47149	2371	31532	752475	461928
林州市	69477	169152	5210	53020	846399	589333
鹤壁市						
浚县	37300	65700	6310	34109	631059	289000
淇县	33100	52600	2598	10607	239785	106900

9-13 续表 1

单位：人

县 市	城镇基本养老保险参保人数	城镇基本医疗保险参保人数	城镇居民最低生活保障人数	农村居民最低生活保障人数	新型农村合作医疗参保人数	新型农村社会养老保险参保人数
新乡市						
新乡县	47809	70592	853	11614	327204	183129
获嘉县	31155	76276	3637	13701	362649	213507
原阳县	34663	63800	5548	26909	505010	206541
延津县	31697	79532	10449	20539	406059	238891
封丘县	27389	55375	6427	42361	702852	460925
长垣县	45136	96000	13761	30852	765117	471378
卫辉市	48942	105600	6638	12827	364368	217066
辉县市	74694	134852	775	15599	703295	450173
焦作市						
修武县	137339	40916	2454	11477	208617	119538
博爱县	209372	71915	3331	13716	330295	209372
武陟县	45789	75011	2864	22983	636962	349572
温县	46093	63284	3025	13226	390992	248647
沁阳市	47678	85673	4717	16499	390340	228000
孟州市	221148	56322	2300	13000	321619	221148
濮阳市						
清丰县	35073	85977	3699	32077	652731	335263
南乐县	32976	45700	1942	23502	501652	275800
范县	33903	54000	2812	40831	499671	285563
台前县	16279	48950	1266	19707	353947	163548
濮阳县	41137	87400	6722	52580	1061869	625623
许昌市						
许昌县	35882	50570	4175	8545	974165	481922
鄢陵县	27371	36324	9439	21943	626976	374321
襄城县	29814	53608	2296	20321	746428	505814
禹州市	78429	120411	7817	25695	1035348	707374
长葛市	64987	71617	1372	6227	624910	405752
漯河市						
舞阳县	32601	99667	3635	40873	525653	308947
临颍县	13417	115392	2947	45882	644033	329038
三门峡市						
渑池县	45582	101169	4327	14563	265079	146118
卢氏县	18366	42046	3269	19690	331300	203702
义马市	62423	45100	7582		47611	29217
灵宝市	50928	108140	2901	27874	622278	426239
南阳市						
南召县	31680	60133	6597	25682	570173	324000
方城县	57756	95025	13561	59074	975372	565651
西峡县	60289	86729	4768	19020	408543	215781

9-13 续表 2

单位：人

县 市	城镇基本养老保险参保人数	城镇基本医疗保险参保人数	城镇居民最低生活保障人数	农村居民最低生活保障人数	新型农村合作医疗参保人数	新型农村社会养老保险参保人数
镇平县	53412	105622	5721	41099	908533	562008
内乡县	48061	85300	4404	25281	629710	355806
淅川县	61745	109917	6784	40380	631373	302224
社旗县	54166	92423	8846	31057	659643	339784
唐河县	60671	112972	11789	59816	1218514	657789
新野县	60470	94784	12920	29506	649449	408227
桐柏县	43367	81152	16876	23502	370971	195733
邓州市	31795	165360	19223	59808	1510100	925000
商丘市						
民权县	37689	85230	8218	39346	835825	556360
睢县	31258	65749	4679	40967	756346	452000
宁陵县	26982	49163	9742	32456	581219	293686
柘城县	28500	223600	10506	54366	892291	559130
虞城县	38710	113882	8662	49853	1048872	471230
夏邑县	39514	127281	10845	52484	1048259	731000
永城市	82225	167151	6795	62155	1292577	827717
信阳市						
罗山县	32573	109755	13118	29979	633971	409577
光山县	40463	119246	10563	34480	725800	392216
新县	17374	34845	11889	16934	277949	270534
商城县	31020	85399	8113	29258	655727	408034
固始县	129800	101872	17695	67255	1466383	1341234
潢川县	56300	130400	8885	33345	694600	377705
淮滨县	32898	114650	10285	29610	613000	358221
息县	29928	107152	13520	54005	908306	437324
周口市						
扶沟县	23536	45156	8782	37698	637185	423963
西华县	26655	98172	8157	46715	817902	429464
商水县	29806	105100	12245	60738	1061505	598680
沈丘县	24418	154600	8555	55452	1106012	663001
郸城县	41507	117210	12247	65578	1268685	642616
淮阳县	33000	150000	16694	72026	1227938	741351
太康县	34247	148765	14731	70637	1366983	740986
鹿邑县	33416	106660	11583	55669	1115656	560353
项城市	70200	226563	6174	25644	1066361	677560
驻马店市						
西平县	5757	81000	14388	32050	713000	512688
上蔡县	719000	32000	10844	69387	1207000	712000
平舆县	22364	131467	15867	39564	799876	548876
正阳县	31184	115206	19886	43291	720314	443970
确山县	22087	117711	4980	21000	438194	280000
泌阳县	38181	121583	6558	37464	737848	489452
汝南县	31152	106538	17142	52106	690652	500652
遂平县	26152	78665	9073	21722	447626	317000
新蔡县	372977	81682	27538	52000	941023	499180

9-14 各市区主要统计指标(2015年)

单位：亿元

区	常住人口(万人)	#城镇	城镇化率(%)	生产总值	第一产业	第二产业	第三产业	人均生产总值(元)
郑州市								
中原区	99.90	90.12	90.21	547.06	1.36	215.05	330.65	55015
二七区	78.14	69.67	89.16	464.43	0.46	86.25	377.72	60012
管城区	75.60	64.26	85.00	621.26	1.12	326.52	293.61	82608
金水区	174.16	158.47	90.99	1187.18	1.62	104.13	1081.43	68727
上街区	13.68	12.44	90.95	120.45	0.44	76.97	43.04	88263
惠济区	28.60	20.33	71.10	106.49	5.93	46.18	54.38	37432
开封市								
龙亭区	41.24	33.13	80.33	149.32	8.04	61.69	79.59	36824
顺河区	24.13	20.97	86.89	84.26	3.52	34.03	46.71	35257
鼓楼区	14.95	14.24	95.22	64.58	1.74	13.37	49.47	43516
禹王台区	13.47	10.57	78.45	66.43	3.61	24.76	38.05	49516
祥符区	66.85	22.24	33.27	216.17	52.22	78.14	85.80	32094
洛阳市								
老城区	19.27	17.88	92.80	68.43	1.60	16.46	50.38	35683
西工区	35.95	33.54	93.29	288.11	0.30	102.63	185.18	80409
瀍河区	19.07	17.81	93.41	85.91	0.65	31.26	54.00	45168
涧西区	64.36	60.31	93.70	416.92	1.09	216.72	199.11	65415
吉利区	6.93	4.72	68.17	86.44	1.48	55.10	29.86	125022
洛龙区	69.99	42.89	61.28	229.69	5.75	76.03	147.91	33252
平顶山市								
新华区	40.55	37.21	91.76	200.71	2.51	111.76	86.45	49625
卫东区	31.60	30.47	96.40	113.20	0.99	48.33	63.89	35859
石龙区	5.66	4.84	85.51	44.89	0.36	35.37	9.16	79365
湛河区	29.98	23.35	77.88	107.99	2.84	54.38	50.76	36055
安阳市								
文峰区	47.62	36.21	76.03	147.30	4.25	46.28	96.77	31065
北关区	27.30	23.90	87.55	105.29	1.28	23.13	80.89	38770
殷都区	26.64	23.14	86.88	131.73	1.21	69.81	60.72	49600
龙安区	22.71	13.18	58.05	139.91	2.08	111.87	25.96	61809
鹤壁市								
鹤山区	12.86	10.90	84.74	87.71	3.46	65.36	18.89	68323
山城区	23.80	20.60	86.54	107.76	2.42	81.58	23.76	45377
淇滨区	29.02	21.43	73.84	148.36	6.22	73.31	68.84	51263

9-14 续表 1

单位：亿元

区	常住人口（万人）	#城镇	城镇化率（%）	生产总值	第一产业	第二产业	第三产业	人均生产总值（元）
新乡市								
红旗区	42.89	40.76	95.03	320.25	2.21	164.09	153.95	75728
卫滨区	21.02	21.02	100.00	104.73	1.32	21.72	81.69	50666
凤泉区	15.44	8.77	56.77	84.85	3.03	33.87	47.95	55169
牧野区	33.30	31.94	95.92	142.28	2.49	69.82	69.96	42822
焦作市								
解放区	30.15	29.14	96.68	105.99	0.26	14.33	91.40	35237
中站区	10.57	6.73	63.62	55.92	0.57	36.80	18.55	53203
马村区	14.00	8.79	62.79	44.52	1.26	25.87	17.39	31304
山阳区	47.67	32.54	68.27	225.43	4.70	117.23	103.50	48944
濮阳市								
华龙区	70.86	53.96	76.15	364.30	18.43	166.08	179.79	51681
许昌市								
魏都区	51.02	48.49	95.04	258.12	1.19	122.47	134.46	50741
漯河市								
源汇区	33.82	21.40	63.29	132.88	7.92	58.42	66.54	39549
郾城区	50.95	26.27	51.57	180.42	20.21	102.20	58.00	35564
召陵区	49.27	23.31	47.31	280.72	21.23	215.43	44.06	57359
三门峡市								
湖滨区	32.14	29.03	90.31	185.12	4.67	81.15	99.30	57589
陕州区	34.68	14.93	43.05	161.27	20.17	74.93	66.17	46323
南阳市								
宛城区	90.59	53.46	59.02	307.56	28.07	138.78	140.70	34012
卧龙区	93.99	55.84	59.41	359.36	21.40	123.41	214.55	38329
商丘市								
梁园区	88.15	44.48	50.46	191.66	29.24	85.77	76.65	22374
睢阳区	86.01	37.29	43.35	192.73	37.13	75.51	80.09	22481
信阳市								
浉河区	66.52	43.14	64.86	243.38	33.34	89.63	120.41	36795
平桥区	71.35	37.98	53.23	252.63	39.62	138.49	74.52	36123
周口市								
川汇区	71.50	42.41	59.31	195.78	8.57	96.71	90.50	27391
驻马店市								
驿城区	95.03	60.78	63.96	304.26	27.02	145.83	131.42	32436

9-14 续表 2

单位：亿元

区	全社会固定资产投资	规模以上工业利税	社会消费品零售总额	城镇居民人均可支配收入(元)	农村居民人均可支配收入(元)	一般公共预算收入	一般公共预算支出
郑州市							
中原区	273.24	17.92	176.65	32069	18231	28.78	23.37
二七区	407.56	11.36	393.59	33208	19340	30.69	28.07
管城区	300.02	99.21	259.08	31488	20589	22.96	25.08
金水区	468.33	4.57	673.22	36871	20643	55.11	47.79
上街区	139.49	18.90	47.63	36097	17857	12.03	16.29
惠济区	168.84	2.95	108.14	27041	20079	12.51	13.92
开封市							
龙亭区	38.71	0.60	39.75	24402	11863	6.45	11.52
顺河区	37.85	8.40	54.55	22963	11372	1.32	5.30
鼓楼区	44.55	-0.20	114.66	24837	12076	1.75	3.40
禹王台区	49.24	3.15	46.60	23100	11677	1.86	4.07
祥符区	189.41	44.30	68.68	19567	10169	8.52	26.50
洛阳市							
老城区	69.74	1.38	72.75	28568	11980	5.85	9.46
西工区	166.30	13.66	277.62	32982	13368	15.38	16.19
瀍河区	81.55	0.50	80.01	29663	13765	5.27	7.49
涧西区	198.70	42.47	205.24	29670	15790	21.14	21.08
吉利区	37.67	46.24	22.22	33723	12958	4.90	6.83
洛龙区	237.28	61.51	176.74	29192	12095	16.85	25.54
平顶山市							
新华区	125.02	0.22	126.60	26832	13962	7.27	7.54
卫东区	81.27	10.08	139.04	27253	14925	5.51	7.48
石龙区	8.23	-0.83	5.99	16086	13052	2.00	5.27
湛河区	41.97	23.03	50.18	27218	14493	6.36	8.62
安阳市							
文峰区	130.73	2.58	71.88	29162	16004	7.64	9.35
北关区	78.68	0.55	87.21	26151	16131	5.70	7.66
殷都区	47.24	0.01	51.90	29301	16149	3.55	7.06
龙安区	76.62	55.86	39.25	25085	13449	4.70	7.48
鹤壁市							
鹤山区	65.14	6.52	17.35	23635	12262	2.02	6.28
山城区	118.33	6.44	32.89	24856	13079	5.64	9.68
淇滨区	105.61	2.07	48.00	26706	12040	10.27	14.86

9-14　续表 3

单位：亿元

区	全社会固定资产投资	规模以上工业利税	社会消费品零售总额	城镇居民人均可支配收入(元)	农村居民人均可支配收入(元)	一般公共预算收入	一般公共预算支出
新乡市							
红旗区	130.83	62.82	86.69	27317	13761	7.41	9.41
卫滨区	80.22	2.02	149.80	27189	——	3.35	4.95
凤泉区	39.37	5.15	15.00	24192	12311	3.23	4.19
牧野区	147.75	14.65	74.80	27836	14774	5.58	7.40
焦作市							
解放区	104.61	1.00	85.31	26367	——	6.71	8.37
中站区	58.55	3.70	7.85	21298	12671	3.82	5.98
马村区	53.73	3.30	15.62	21346	12687	2.79	5.46
山阳区	105.94	38.10	102.24	26350	13378	5.24	6.85
濮阳市							
华龙区	168.02	-58.81	123.54	27258	12275	12.02	13.64
许昌市							
魏都区	147.63	42.49	151.83	26518	11379	9.20	11.53
漯河市							
源汇区	130.32	25.22	104.50	27401	14645	5.65	13.02
郾城区	171.85	49.77	88.28	26369	14204	6.22	19.00
召陵区	250.07	130.85	57.88	25024	13761	3.34	16.27
三门峡市							
湖滨区	111.01	6.37	95.40	24390	11969	7.26	8.82
陕州区	276.81	7.49	41.60	22661	10043		
南阳市							
宛城区	296.44	29.59	133.24	27110	12615	7.97	24.80
卧龙区	234.53	21.02	312.70	27316	12460	9.67	29.66
商丘市							
梁园区	130.48	11.06	183.79	24736	9264	9.01	29.08
睢阳区	188.01	12.65	107.50	23995	9289	8.89	33.39
信阳市							
浉河区	240.64	17.79	143.55	23645	12205	10.35	24.30
平桥区	305.67	36.79	118.29	23556	10737	6.57	27.52
周口市							
川汇区	128.05	41.08	121.57	22324	11741	3.89	12.25
驻马店市							
驿城区	178.17	24.99	147.45	24619	9450	10.39	26.68

城市经济

资料整理：赵　宝

10-1 城市社会经济主要指标

本表价值量指标均按当年价格计算。

指　　标	2014	2015
土地面积(万平方公里)	1.59	1.59
年末城镇失业人员(登记数)(万人)	22.80	20.24
生产总值(亿元)	11124.58	11843.16
第一产业	451.09	460.73
第二产业	5322.25	5408.69
第三产业	5351.23	5973.74
公共财政预算收入(亿元)	1434.20	1641.84
公共财政预算支出(亿元)	2037.32	2450.13
规模以上工业企业主营业务收入(亿元)	19221.68	20494.98
利润总额(亿元)	858.76	813.07
限额以上批零贸易业商品销售总额(亿元)	6428.84	8336.09
当年实际使用外资金额(万美元)	689722	714156
居民人民币储蓄存款余额(亿元)	9873.02	11577.45
在校学生数(万人)		
#普通高等学校	155.96	157.57
普通中学	136.62	140.95
小学	188.70	196.00
医院、卫生院个数(个)	970	983
医院、卫生院床位数(万张)	18.31	19.21
医生(万人)	8.05	7.64

10-2 省辖市市区社会经济

本表价值量指标均按当年价格计算。

指　　标	郑　州	开　封	洛　阳	平顶山	安　阳	鹤　壁	新　乡
年底(末)户籍人口(万人)	343.70	87.47	201.10	110.40	115.55	63.97	105.24
从业人员期末人数(城镇)(万人)	140.75	28.56	40.74	32.24	19.40	15.16	22.74
在岗职工平均人数(万人)	130.39	23.48	37.80	31.51	18.42	14.51	19.47
行政区域土地面积(平方公里)	1010.00	565.00	879.00	443.00	534.00	679.00	431.00
#建成区面积	438.00	129.00	209.00	73.00	81.00	64.00	115.00
生产总值(亿元)	4080.36	580.75	1323.14	470.70	511.70	343.83	652.11
#第二产业	1770.47	212.00	578.38	258.18	245.81	220.25	289.50
第三产业	2279.60	299.62	725.06	205.90	256.92	111.49	353.55
公共财政收入(亿元)	723.88	60.58	175.43	58.91	59.36	39.25	68.81
公共财政支出(亿元)	796.62	119.41	234.49	95.76	105.55	70.37	108.83
规模以上工业法人企业							
主营业务收入(亿元)	5620.42	800.30	2398.55	757.59	946.08	928.39	1364.36
利润总额(亿元)	289.49	45.49	46.01	16.94	4.45	10.37	65.67
社会用电量(亿千瓦小时)	381.66		160.07		157.74	36.40	57.11
#工业用电	246.84		128.72		138.21	28.75	35.68
城乡居民生活用电	50.31		12.78		9.53	2.81	8.19
限额以上批零贸易业商品							
销售总额(亿元)	3436.75	130.89	882.96	392.27	343.87	89.12	357.91
当年实际使用外资金额(万美元)	291435		135145	5867	28061	57463	40148
居民人民币储蓄存款余额(亿元)	4323.19	431.68	1195.70	563.61	483.19	193.85	497.01
在岗职工工资总额(亿元)	749.86	104.16	201.31	147.69	85.03	59.01	90.90
在校学生数(万人)							
普通高等学校	60.15	8.93	12.95	5.52	7.29	1.21	14.15
中等职业学校	20.70	2.95	6.84	2.86	2.06	1.82	1.79
普通中学	26.46	6.29	11.79	5.88	7.24	4.89	6.79
小学	37.60	7.28	16.46	9.51	12.45	5.67	9.62
医院、卫生院个数(个)	173.00	69.00	98.00	74.00	42.00	30.00	53.00
医院、卫生院床位数(万张)	5.54	1.07	1.86	0.95	0.89	0.36	0.99
医生(万人)	1.87	0.35	0.83	0.39	0.41	0.21	0.34

主要指标(2015年)

焦　作	濮　阳	许　昌	漯　河	三门峡	南　阳	商　丘	信　阳	周　口	驻马店
98.47	70.66	41.52	134.67	29.31	188.19	181.86	153.30	59.95	84.31
21.45	23.15	12.29	22.31	6.81	30.61	19.80	20.33	12.74	21.51
18.44	21.43	11.41	21.48	5.81	27.49	17.33	18.77	11.61	19.10
578.00	263.00	97.00	1116.00	185.00	2135.00	1697.00	3604.00	333.00	1365.00
115.00	56.00	90.00	66.00	33.00	149.00	63.00	89.00	68.00	75.00
431.85	364.30	258.12	593.82	185.12	666.91	384.39	496.01	195.78	304.26
194.23	166.08	122.47	376.05	81.15	262.19	161.28	228.11	96.71	145.83
230.83	179.79	134.46	168.39	99.30	355.25	156.74	194.93	90.50	131.42
57.80	50.02	53.09	49.87	24.49	68.13	39.17	47.45	25.63	39.98
92.01	84.93	76.12	107.75	50.31	143.46	110.22	106.39	67.77	80.15
1008.89	631.60	699.81	1772.10	493.64	749.19	647.56	769.76	367.47	539.29
21.92	-9.17	50.93	152.87	14.29	-2.61	15.27	36.97	33.71	20.48
	47.52	27.83	33.98	17.38	63.69	75.72		14.47	43.89
	37.93	18.06	21.48	14.81	34.05	55.62		7.47	31.91
	4.48	4.72	5.90	2.40	25.74	10.00		2.88	4.38
177.95	210.79	193.82	238.87	143.23	470.24	500.20	327.80	163.85	275.58
17995	18815	15900	59643	8190	14166	11459		9869	
397.36	406.45	311.71	371.56	174.46	707.05	458.96	505.61	226.64	329.40
79.30	106.46	53.52	91.99	31.01	133.50	73.28	79.56	60.89	78.14
9.59	0.84	3.54	2.65	1.30	7.24	8.04	6.13	4.61	3.43
3.07	1.96	1.44	2.24	1.24	3.91	2.66	1.51	3.52	1.76
5.75	9.26	3.34	8.10	2.14	13.28	11.00	8.38	4.10	6.26
6.89	8.71	4.38	10.52	2.50	22.85	14.91	12.19	5.60	8.86
37.00	40.00	33.00	58.00	22.00	93.00	50.00	57.00	31.00	23.00
0.75	0.81	0.51	0.84	0.44	1.81	0.74	0.62	0.43	0.61
0.35	0.34	0.23	0.43	0.16	0.70	0.33	0.26	0.23	0.22

10-3 城市建设基本情况

指　　标	2005	2010	2013	2014	2015
城市个数(个)	38	38	38	38	38
城区面积(平方公里)		4101	4658	4663	4810
建成区面积(平方公里)	1572	2014	2289	2375	2503
年底供水综合生产能力(万立方米/日)	1027	1010	1047	1084	1121
全年供水总量(万立方米)	183436	179122	188710	191001	196709
#生活用水量		76986	82258	87246	87545
平均每人每天生活用水量(升)	147.1	109.1	105.3	107.4	111.0
用水普及率(%)	91.9	91.0	92.2	93.0	93.1
公共交通标准运营车辆(标台)	12514	18912	22790	25257	27355
出租汽车数(辆)			59966	60935	61555
煤气家庭用量(万立方米)	12735	15420	3374	2590	1553
天然气家庭用量(万立方米)	18649	48243	94825	96766	109376
液化石油气家庭用量(吨)	198629	201931	190221	186581	179752
燃气普及率(%)		73.4	82.0	83.8	86.0
集中供热面积(万平方米)	5361	10737	15151	18993	22375
道路长度(千米)	7090	9413	11235	11627	12318
道路面积(万平方米)	15653	21767	26843	28017	29915
排水管道长度(千米)	10201	14733	18297	19348	20467
建成区绿化覆盖面积(公顷)	50822	73652	86076	90995	94345
建成区绿化覆盖率(%)	32.3	36.5	37.6	38.3	37.7
公园个数(个)	272	262	290	306	327
公园绿地面积(公顷)		18361	22226	23834	25201
人均公园绿地面积(平方米)		8.7	9.6	9.9	10.2
生活垃圾清运量(万吨)	754	694	805	833	892
生活垃圾无害化处理率(%)	58.1	82.5	90.0	92.8	96.0
城市污水排放量(亿吨)		14.74	16.77	16.95	19.47
城市污水处理量(亿吨)		12.91	15.24	15.68	18.22
城市污水处理厂集中处理率(%)			89.3	91.0	93.1

10-4 城市市政公用设施水平情况(2015年)

市	人口密度(人/平方公里)	人均日生活用水量(升)	用水普及率(%)	燃气普及率(%)	建成区供水管道密度(公里/平方公里)	人均城市道路面积(平方米)	建成区排水管道密度(公里/平方公里)	污水处理率(%)
全　省	**5155**	**111**	**93**	**86**	**9**	**12**	**8**	**94**
郑州市	15055	97	100	92	7	7	9	96
巩义市	9019	82	95	90	6	10	7	85
荥阳市	6162	125	93	94	10	21	12	86
新密市	2021	160	92	93	10	18	5	88
新郑市	7044	122	72	98	11	17	7	90
登封市	3574	80	87	50	6	17	9	91
开封市	5601	112	91	97	11	15	7	94
洛阳市	7278	117	97	76	8	10	8	94
偃师市	8800	103	95	80	11	8	5	93
平顶山市	3620	108	98	90	17	13	7	95
舞钢市	1804	112	98	75	9	20	12	92
汝州市	2377	83	42	43	8	12	8	99
安阳市	4735	161	100	98	10	14	11	98
林州市	5292	109	98	99	11	14	10	91
鹤壁市	3602	112	97	94	8	16	7	93
新乡市	5473	128	99	99	7	14	7	90
卫辉市	3249	158	100	70	8	11	6	100
辉县市	1873	139	93	91	19	13	12	90
焦作市	5564	117	100	95	9	16	8	90
沁阳市	4232	65	93	92	9	26	12	56
孟州市	1345	85	98	92	14	19	16	85
濮阳市	3384	140	94	96	5	14	8	93
许昌市	5196	122	97	89	7	12	6	97
禹州市	8228	113	85	67	4	9	8	100
长葛市	2547	88	87	83	3	20	10	99
漯河市	5283	144	91	78	7	15	8	96
三门峡市	7134	122	90	77	6	9	6	74
义马市	1580	71	90	90	5	16	4	77
灵宝市	6397	95	97	86	6	11	6	92
南阳市	2506	94	76	72	10	14	9	98
邓州市	9125	68	81	77	17	13	11	92
商丘市	9364	104	67	80	9	10	7	91
永城市	5044	134	91	79	8	15	10	95
信阳市	2065	144	98	91	15	17	4	90
周口市	3808	138	100	93	5	22	9	93
项城市	5025	99	100	63	8	12	11	88
驻马店市	2539	115	87	74	7	24	10	93
济源市	6108	134	100	100	9	18	10	97

10-4 续表

市	人均公园绿地面积(平方米)	建成区绿化覆盖率(%)	建成区绿地率(%)	生活垃圾无害化处理率(%)	建成区面积(平方公里)	年底实有运营车辆(辆)
全 省	**10.2**	**37.7**	**33.3**	**96.0**	**2503**	**25258**
郑州市	7.1	40.3	35.3	100.0	438	6221
巩义市	14.7	41.4	37.5	100.0	31	161
荥阳市	11.0	37.6	29.5	100.0	23	291
新密市	12.9	33.4	27.1	100.0	25	351
新郑市	11.6	36.4	31.4	100.0	32	552
登封市	11.0	38.7	34.6	90.4	24	73
开封市	9.1	32.4	29.8	100.0	129	786
洛阳市	9.2	39.3	33.3	92.4	209	2196
偃师市	8.7	36.7	33.8	100.0	19	76
平顶山市	10.4	40.7	34.2	92.9	73	708
舞钢市	12.2	40.6	36.5	100.0	16	96
汝州市	14.8	36.3	31.3	92.6	36	87
安阳市	10.6	40.1	34.4	100.0	81	682
林州市	10.4	38.7	34.6	100.0	23	131
鹤壁市	14.6	39.6	35.4	92.9	64	355
新乡市	10.5	40.0	37.1	100.0	115	1082
卫辉市	7.7	35.3	29.4	100.0	21	10
辉县市	7.1	35.4	31.2	100.0	22	28
焦作市	11.1	40.0	34.7	97.5	111	696
沁阳市	8.2	24.7	16.8	94.1	20	42
孟州市	10.9	38.4	33.6	92.3	16	54
濮阳市	14.3	38.1	33.2	99.1	56	602
许昌市	10.5	38.4	33.8	96.5	90	850
禹州市	7.6	30.3	25.4	66.3	45	224
长葛市	14.7	34.4	27.5	91.8	26	86
漯河市	14.6	36.3	29.7	97.7	66	1044
三门峡市	11.3	29.9	27.6	90.2	56	262
义马市	11.1	33.0	27.4	75.4	18	42
灵宝市	10.6	36.1	31.0	98.3	22	33
南阳市	16.7	25.6	28.4	85.3	149	551
邓州市	7.8	36.1	35.4	91.6	33	87
商丘市	6.9	41.8	36.8	90.5	63	1331
永城市	12.6	39.9	35.5	93.7	42	184
信阳市	14.1	42.5	37.0	97.0	89	306
周口市	11.3	39.4	32.8	98.1	68	526
项城市	11.3	39.5	36.4	100.0	33	218
驻马店市	11.1	40.4	34.5	92.5	75	642
济源市	12.3	42.0	39.3	100.0	45	275

10-5 城市供、排水情况(2015年)

市	综合生产能力(万立方米/日)	供水管道长度(公里)	供水总量(万立方米)				用水人口(万人)	污水排放量(万立方米)
				生产运营用水	公共服务用水	居民家庭用水		
全省	**1121**	**21338**	**196710**	**66672**	**19715**	**73182**	**2308.6**	**194710**
郑州市	187	2997	35181	3877	5757	17381	661.0	48077
巩义市	12	175	1736	426	337	567	30.9	1218
荥阳市	4	227	1224	456	118	545	14.5	1224
新密市	11	253	1309	184	290	559	14.5	1113
新郑市	6	334	1099	147	177	594	17.3	2107
登封市	4	140	1083	313	256	279	18.2	991
开封市	64	1363	10594	4074	810	3219	98.1	9369
洛阳市	86	1685	16168	4193	3094	6942	235.1	15979
偃师市	8	204	1051	207	59	596	17.5	900
平顶山市	61	1217	10190	4145	174	3461	91.8	9795
舞钢市	14	141	1558	974	90	400	12.0	1200
汝州市	9	279	1052	487	105	303	13.5	1083
安阳市	76	790	9995	4304	1069	3178	72.4	7050
林州市	6	251	1187	108	97	682	19.6	929
鹤壁市	28	528	4147	1697	24	1820	45.4	2903
新乡市	62	813	13392	7058		3541	75.9	10714
卫辉市	6	173	1917	820	233	611	14.6	1594
辉县市	10	410	2032	727	381	648	20.3	2021
焦作市	57	1050	8272	3303	594	2708	77.8	10052
沁阳市	8	168	606	132	59	259	13.4	424
孟州市	7	216	988	419	193	273	15.0	850
濮阳市	36	283	5863	2750	552	1952	49.0	5480
许昌市	39	602	5034	1847	397	1778	49.0	4027
禹州市	8	202	2194	461	90	1420	36.5	1909
长葛市	14	83	1443	440	180	361	16.8	1290
漯河市	33	473	9948	5699	816	1687	51.3	7200
三门峡市	19	340	3286	707	135	1967	47.1	2946
义马市	15	85	1551	1020	43	366	15.9	1088
灵宝市	8	122	2230	1435	141	484	18.0	1818
南阳市	72	1431	9793	4033	1235	2837	122.2	7974
邓州市	14	569	1412	428	203	528	29.6	1035
商丘市	37	566	4335	949	138	2318	64.7	8135
永城市	14	322	3261	1163	295	1516	37.4	3130
信阳市	27	1308	4279	927	382	2376	52.5	3930
周口市	19	358	4309	573	519	1400	38.1	3835
项城市	9	275	2966	1477	122	970	30.2	2298
驻马店市	23	505	6605	3265	201	1513	41.0	5614
济源市	10	403	3419	1447	349	1144	30.5	3408

10-6 城市天然气、石油液化气供应情况(2015年)

市	天然气					液化气		
	供气管道长度(公里)	供气总量合计(万立方米)	#居民家庭	用气人口(万人)	天然气汽车加气站(座)	供气总量合计(吨)	#居民家庭	用气人口(万人)
全　省	**19732.29**	**332808**	**109378**	**1590.52**	**130**	**217382**	**179752**	**527.43**
郑州市	5495.00	106895	34280	513.43	14	61615	43166	95.12
巩义市	120.37	6864	2461	23.14		3504	1850	6.03
荥阳市	179.00	1325	682	10.10	1	2049	1632	4.56
新密市	249.01	2890	1310	11.98	2	723	717	2.80
新郑市	219.94	4386	1483	16.00	3	2460	1745	7.60
登封市	106.65	2769	172	6.50	2	1354	1110	4.00
开封市	1359.57	11695	3431	79.76	16	11100	10095	24.30
洛阳市	333.03	22306	3606	153.10	10	20316	18200	31.20
偃师市	32.64	1376	1270	10.35	1	1149	1145	4.46
平顶山市	399.44	9321	3000	85.00	10			
舞钢市	49.40	892	472	9.20	2			
汝州市						2717	710	3.00
安阳市	1683.00	23477	6158	60.65	3	6890	3250	7.18
林州市	566.37	2343	1941	16.98	2	1252	1245	3.00
鹤壁市	349.60	3832	2095	40.00		1436	1436	4.30
新乡市	1269.40	14891	9145	72.30	8	1100	1100	3.20
卫辉市	71.41	1069	720	6.87	2	962	959	3.40
辉县市	185.00	4280	1328	9.98	3	3257	3248	9.74
焦作市	1479.49	17922	6135	74.10				
沁阳市	303.30	1656	367	5.00		2015	2015	8.17
孟州市	170.00	1202	1199	14.00		6943	6910	17.30
濮阳市	387.99	6252	4100	50.00		5642	5156	18.95
许昌市	218.24	6236	3330	27.40	4	5440	4100	10.00
禹州市	133.85	4110	1490	9.80	2	8500	8500	23.55
长葛市	76.02	9250	370	6.00	2	3323	3018	17.91
漯河市	311.60	2468	1538	20.30	3	2595	2583	5.00
三门峡市	204.86	11265	517	22.20	3			
义马市	92.00	549	373	10.90				
灵宝市	81.00	161	160	7.50		1650	1560	8.41
南阳市	411.58	6991	3279	59.30	10	17758	17723	56.87
邓州市	20.53	284	191	3.60	4	4121	3997	24.60
商丘市	721.89	6971	1381	30.07	5	14036	11981	47.00
永城市	232.00	1209	522	14.91	2	3930	3370	17.60
信阳市	597.47	10995	3977	28.22	8	9540	7490	20.48
周口市	495.29	7518	1254	19.42	4	4000	4000	16.18
项城市	218.35	1190	684	8.98	1	2385	2130	10.00
驻马店市	591.00	6016	2747	23.95		3270	3260	11.00
济源市	317.00	9952	2211	29.53	3	350	350	0.52

10-7 城市道路、园林和绿化情况(2015年)

市	道路长度(公里)	道路面积(万平方米)	道路照明灯盏数(盏)	安装路灯的道路长度(公里)	绿化覆盖面积(公顷)	#建成区	园林绿地面积(公顷)	公园绿地面积(公顷)	公园个数(个)
全　省	**12318.33**	**29915**	**863653**	**9856**	**102700**	**94345**	**89952**	**25201**	**327**
郑州市	1808.95	4720	93551	1675	19374	17654	16369	4720	83
巩义市	110.15	325	15440	83	1300	1263	1178	478	2
荥阳市	149.43	336	9533	133	883	882	691	172	3
新密市	103.00	277	11508	102	838	834	685	204	2
新郑市	126.36	405	8703	116	1150	1149	1002	281	5
登封市	169.51	357	14540	131	930	909	824	232	9
开封市	596.09	1611	35551	448	5169	4184	4569	978	14
洛阳市	741.37	2370	74906	640	8239	8226	6971	2227	14
偃师市	89.11	145	7660	75	695	690	648	161	4
平顶山市	334.43	1230	45890	308	3213	2986	2679	978	14
舞钢市	124.03	241	3296	70	706	665	626	150	2
汝州市	165.74	402	8363	137	1310	1309	1131	479	11
安阳市	459.19	1020	29712	459	3291	3245	2796	765	11
林州市	155.12	286	19997	153	926	886	833	209	2
鹤壁市	334.38	755	19630	321	2542	2541	2280	688	9
新乡市	465.35	1110	30273	424	4593	4592	4261	805	16
卫辉市	86.56	167	7821	71	761	759	632	112	1
辉县市	127.35	285	8966	91	784	774	691	156	5
焦作市	444.40	1248	23119	417	4449	4448	3862	862	14
沁阳市	176.59	379	8254	108	489	484	330	118	3
孟州市	89.50	296	14127	86	601	599	527	166	2
濮阳市	271.95	723	21631	271	2223	2131	2067	743	9
许昌市	308.10	628	38497	290	3457	3452	3148	530	5
禹州市	139.23	407	21905	130	1516	1373	1238	325	4
长葛市	176.79	380	10121	154	887	877	717	283	3
漯河市	360.95	847	23291	321	2520	2396	1962	825	13
三门峡市	247.81	487	28355	222	1686	1676	1555	591	7
义马市	134.90	288	3853	55	613	583	502	197	4
灵宝市	85.00	210	5036	80	801	801	705	196	1
南阳市	1468.61	2189	33428	469	6390	3825	6439	2675	9
邓州市	200.52	470	18947	148	1529	1190	1350	285	3
商丘市	400.63	944	35436	336	2654	2630	2332	669	9
永城市	252.81	634	11200	232	1759	1660	1526	518	9
信阳市	420.02	891	28397	395	5065	3779	4481	758	5
周口市	251.24	820	35165	248	3013	2681	2716	432	5
项城市	172.59	353	5312	112	1310	1290	1192	341	3
驻马店市	349.79	1118	23239	130	3045	3034	2639	520	4
济源市	220.78	562	29000	215	1990	1890	1799	375	8

10-8 城市市容环境卫生情况(2015年)

市	排水管道长度(公里)	污水处理总量(万立方米)	道路清扫保洁面积(万平方米)	生活垃圾		公共厕所(座)	市容环卫专用车辆设备总数(辆)
				清运量(万吨)	无害化处理量(万吨)		
全　省	**20467**	**182194**	**29490**	**891.83**	**856.09**	**7540**	**5682**
郑州市	3812	46173	4720	206.96	206.96	966	2355
巩义市	207	1030	318	9.58	9.58	37	43
荥阳市	288	1051	450	7.92	7.92	50	62
新密市	126	978	322	9.94	9.93	56	80
新郑市	227	1897	190	8.40	8.40	104	78
登封市	221	901	345	7.72	6.98	48	18
开封市	963	8817	1925	31.62	31.62	872	277
洛阳市	1637	14981	2851	71.39	65.93	575	316
偃师市	101	833	200	8.44	8.44	35	21
平顶山市	514	9296	1090	30.30	28.14	400	141
舞钢市	199	1102	148	5.30	5.30	75	45
汝州市	283	1074	372	9.50	8.80	44	46
安阳市	886	6889	1020	54.51	54.51	421	228
林州市	227	841	414	9.69	9.69	43	37
鹤壁市	424	2696	695	15.96	14.82	76	45
新乡市	848	9643	1090	38.43	38.43	290	102
卫辉市	134	1594	249	7.95	7.95	21	23
辉县市	252	1819	188	7.85	7.85	46	28
焦作市	912	9071	1591	27.88	27.19	173	128
沁阳市	244	238	249	4.78	4.50	27	24
孟州市	244	720	289	4.46	4.11	17	18
濮阳市	456	5080	668	21.90	21.70	141	172
许昌市	531	3906	550	23.33	22.52	261	119
禹州市	345	1900	545	13.45	8.92	50	86
长葛市	244	1280	170	7.14	6.55	29	50
漯河市	499	6930	714	22.00	21.50	333	100
三门峡市	311	2166	389	15.86	14.31	165	61
义马市	64	837	227	5.68	4.28	30	29
灵宝市	140	1668	181	8.10	7.96	45	17
南阳市	1415	7793	2249	49.23	41.98	660	367
邓州市	359	947	520	13.30	12.18	90	90
商丘市	421	7435	882	28.17	25.49	302	82
永城市	428	2979	570	14.71	13.78	111	39
信阳市	349	3537	671	27.11	26.30	366	127
周口市	631	3569	612	14.86	14.57	123	54
项城市	366	2031	470	10.59	10.59	58	32
驻马店市	730	5193	849	18.86	17.45	289	78
济源市	432	3299	507	18.96	18.96	111	64

主要统计指标解释

城区面积

包括：市本级(1)街道办事处所辖地域；(2)城市公共设施、居住设施和市政公用设施等连接到的其他镇（乡）地域；（3）常住人口在3000人以上独立的工矿区、开发区、科研单位、大专院校等特殊区域。

建成区面积

城市行政区内实际已成片开发建设、市政公用设施和公共设施基本具备的区域。对核心城市，它包括集中连片的部分以及分散的若干个已经成片建设起来，市政公用设施和公共设施基本具备的地区；对一城多镇来说，它包括由几个连片开发建设起来的，市政公用设施和公共设施基本具备的地区组成。因此建成区范围，一般是指建成区外轮廓线所能包括的地区，也就是这个城市实际建设用地所达到的范围。

供水总量 指报告期供水企业（单位）供出的全部水量。包括有效供水量和漏损水量。

有效供水量指水厂将水供出厂外后，各类用户实际使用到的水量。包括售水量和免费供水量。

城市燃气 指符合《城镇燃气设计规范》的规定，供城市生产和生活作燃料使用的天然气、人工煤气和液化石油气等气体能源的统称。

供气总量 指报告期燃气企业（单位）向用户供应的燃气数量。包括销售量和损失量

集中供热面积 指从一个或多个热源通过热网向城市的热用户供给生产和生活热能，供热企业（单位）向城市各类房屋建筑物、构筑物及其附属设施供热的全部建筑面积。

道路长度 指道路长度和与道路相通的桥梁、隧道的长度，按车行道中心线计算。

道路面积 指道路实际铺装面积和与道路相通的广场、桥梁、隧道的铺装面积（统计时，将人行道面积单独统计）。

人行道面积按道路两侧面积相加计算，包括步行街和广场，不含人车混行的道路。

排水管道长度 指所有排水总管、干管、支管、检查井及连接井进出口等长度之和。计算时应按单管计算，即在同一条街道上如有两条或两条以上并排的排水管道时，应按每条排水管道的长度相加计算。

污水排放总量 指生活污水、工业废水的排放总量，包括从排水管道和排水沟（渠）排出的污水量。

污水处理量 指污水处理厂（或污水处理装置）实际处理的污水量。包括物理处理量、生物处理量和化学处理量。

其中处理本市（县）外，指污水处理厂作为区域设施，不仅处理本市（县）的污水，还处理本市（县）以外其他市、县或乡镇等的污水。这部分污水处理量单独统计，并在计算本市（县）的污水处理率时扣除。

公园绿地面积 城市中向公众开放的、以游憩为主要功能，有一定的游憩设施和服务设施，同时兼有健全生态、美化景观、防灾减灾等综合作用的绿化用地。它是城市建设用地、城市绿地系统和城市市政公用设施的重要组成部分。

生活垃圾清运量 指报告期内收集和运送到各生活垃圾处理厂(场)和生活垃圾最终消纳点的生活垃圾数量。生活垃圾指城市日常生活或为城市日常生活提供服务的活动中产生的固体废物以及法律行政规定的视为城市生活垃圾的固体废物。包括：居民生活垃圾、商业垃圾、集市贸易市场垃圾、街道清扫垃圾、公共场所垃圾和机关、学校、厂矿等单位的生活垃圾。

生活垃圾处理量 指报告期内简易处理场和各种生活垃圾无害化处理场（厂）处理生活垃圾总量。生活垃圾简易处理量指生活垃圾简易处理场所处理的生活垃圾总量。生活垃圾无害化处理量指生活垃圾无害化处理场（厂）所处理的生活垃圾总量。

十一 中原经济

资料整理：别壮丽

11-1 中原经济区

项目名称	2011年			
	全国	中原经济区	河南省	中原经济占全国%
行政区域土地面积(万平方公里)	960.0	28.9	16.7	3.0
市级区划数(个)	332	29	17	8.7
县级区划数(个)	2853	277	159	9.7
年末总人口(万人)	134735.0	17900.2	10489.0	13.3
常住人口(万人)	134735.0	15977.1	9388.0	11.9
城镇人口(万人)	69079.0	6434.7	3811.5	9.3
乡村人口(万人)	65652.0	9589.8	5576.5	14.6
城镇化率(%)	51.3	40.3	40.6	-11.0
地区生产总值(亿元)	473104.0	41922.0	26931.0	8.9
第一产业增加值(亿元)	47486.2	5680.1	3512.2	12.0
第二产业增加值（亿元)	220412.8	23603.9	15427.1	10.7
工业(亿元)	188470.2	21367.0	13949.3	11.3
第三产业增加值(亿元)	205205.0	12638.1	7991.7	6.2
服务业增加值比重(%)	43.4	30.1	29.7	-13.2
人均地区生产总值(元)	35198.0	23419.9	28661.0	66.5
地方财政一般预算收入(亿元)	103874.4	2699.5	1721.8	2.6
地方财政一般预算支出(亿元)	109247.8	6441.4	4248.8	5.9
年末金融机构人民币各项存款余额(亿元)	809368.0	42475.7	26646.2	5.2
居民人民币储蓄存款余额(亿元)	353536.0	24532.7	14726.4	6.9
年末金融机构人民币各项贷款余额(亿元)	547947.0	26197.8	17506.2	4.8
全社会用电量(亿千瓦小时)	47000.9	4583.2	2822.6	9.8
全社会固定资产投资(亿元)	311485.1	26714.9	17770.5	8.6
社会消费品零售总额(亿元)	183918.6	14695.8	9453.7	8.0
货物进出口总额(亿美元)	36418.6	525.4	326.4	1.4
年末耕地总资源(千公顷)	121715.9	14017.7	7926.4	11.5

注：城镇化率、服务业增加值比重“占全国比重(%)”计算的是中原经济区与全国的差距。

主要经济指标

2012年				2013年			
全国	中原经济区	河南省	中原经济占全国%	全国	中原经济区	河南省	中原经济占全国%
960.0	28.9	16.7	3.0	960.0	28.9	16.7	3.0
333	29	17	8.7	333	29	17	8.7
2852	277	159	9.7	2852	279	159	9.8
135404.0	17988.6	10543.0	13.3	136072.0	18109.0	10601.0	13.3
135404.0	16019.2	9406.0	11.8	136072.0	16065.9	9413.0	11.8
71182.0	6693.6	3991.0	9.4	73111.0	7040.4	4122.7	9.6
64222.0	9374.4	5415.0	14.6	62961.0	9100.9	5290.3	14.5
52.6	41.8	42.4	-10.8	53.7	43.8	43.8	-9.9
518942.1	46220.0	29599.3	8.9	568845.0	49997.5	32156.0	8.8
52373.6	6119.8	3769.5	11.7	56957.0	6593.1	4059.0	11.6
235162.0	25623.5	16672.2	10.9	249684.0	27180.7	17806.0	10.9
199670.7	23125.3	15017.6	11.6	210689.0	24444.1	15961.0	11.6
231406.5	14476.9	9157.6	6.3	262204.0	16222.7	10290.0	6.2
44.6	31.3	30.9	-13.3	46.1	32.4	32.0	-13.6
38459.0	25694.0	31499.0	66.8	41805.0	27609.2	34174.0	66.0
117253.5	3149.3	2040.3	2.7	129209.6	3665.4	2415.0	2.8
125953.0	7639.7	5006.4	6.1	140212.1	8528.9	5582.0	6.1
917555.0	50135.4	31648.5	5.5	1043847.0	58752.2	37592.0	5.6
411003.0	29222.7	17639.7	7.1	466502.0	33472.2	20232.0	7.2
629910.0	30642.1	20031.4	4.9	718961.0	35836.3	23511.0	5.0
49762.6	4773.8	2926.2	9.6	53223.0	5336.9	3109.0	10.0
374694.7	32834.9	21450.0	8.8	446294.1	40761.4	25188.1	9.1
210307.0	16971.8	10915.6	8.1	237809.9	19321.1	12427.0	8.1
38671.2	734.2	517.5	1.9	41589.9	833.7	599.5	2.0
121715.9	14046.7	7926.4	11.5	121715.9	14012.8	7926.4	11.5

11-1 续表 1

项目名称	2011年			
	全国	中原经济区	河南省	中原经济占全国%
粮食播种面积(千公顷)	110573.0	17922.7	9859.9	16.2
小麦(千公顷)	24270.0	9269.1	5323.3	38.2
玉米(千公顷)	33542.0	5777.9	3025.0	17.2
粮食总产量(万吨)	57120.8	10084.0	5542.5	17.7
小麦(万吨)	11740.1	5498.5	3123.0	46.8
玉米(万吨)	19278.1	3407.9	1696.5	17.7
猪当年出栏头数(万头)	66170.3	8678.1	5361.2	13.1
肉类总产量(万吨)	7957.8	1063.2	641.7	13.4
猪肉(万吨)	5053.1	665.2	406.4	13.2
禽蛋产量(万吨)	2811.4	708.0	390.5	25.2
公路客运量(全社会)(万人)	3286220.0	302324.7	184213.0	9.2
公路货运量(全社会)(万吨)	2820100.0	396410.6	220122.0	14.1
民用航空客运量(万人)	29317.0	1223.6	1074.1	4.2
民用航空货(邮)运量(万吨)	557.5	10.9	10.4	2.0
公路里程(万公里)	410.6	39.3	24.8	9.6
等级公路里程(万公里)	345.3	29.0	19.1	8.4
高速公路里程(公里)	84900.0	8372.1	5196.0	9.9
民用汽车拥有量(万辆)	9356.3	970.4	582.1	10.4
邮电业务总量(亿元)	13333.5	904.7	581.4	6.8
移动电话年末用户数(万户)	98625.3	8879.3	5062.0	9.0
互联网宽带接入用户数(万户)	15000.1	1277.7	784.5	8.5
城镇新增就业人员数(万人)	1221.0	231.4	141.1	19.0
中等职业教育在校生人数(万人)	813.9	267.3	184.7	32.8
城镇居民人均可支配收入(元)	21809.8	18107.4	18195.0	83.0
农村居民人均纯收入(元)	6977.3	6586.0	6604.0	94.4

注：城镇化率、服务业增加值比重“占全国比重(%)”计算的是中原经济区与全国的差距。

2012年				2013年			
全国	中原经济区	河南省	中原经济占全国%	全国	中原经济区	河南省	中原经济占全国%
111204.6	18049.3	9985.2	16.2	111956.0	18113.1	10081.8	16.2
24268.3	9228.6	5340.0	38.0	24117.0	9209.6	5366.7	38.2
35029.8	5965.7	3100.0	17.0	36318.0	6133.3	3203.3	16.9
58958.0	10287.9	5638.6	17.4	60193.8	10312.5	5714.0	17.1
12102.3	5646.7	3177.4	46.7	12192.6	5654.3	3226.5	46.4
20561.4	3491.9	1747.8	17.0	21848.9	3554.3	1796.5	16.3
69789.5	9217.6	5711.3	13.2	71557.3	9625.3	5996.9	13.5
8387.2	1120.3	677.4	13.4	8535.0	1155.0	699.1	13.5
5342.7	705.1	432.5	13.2	5493.0	776.8	454.1	14.1
2861.2	728.1	404.2	25.4	2876.1	739.4	410.2	25.7
3557010.0	327721.1	197785.0	9.2	3706404.4	352863.2	213900.0	9.5
3188475.0	450988.0	251772.0	14.1	3536018.8	511155.8	282970.0	14.5
31936.0	1449.2	1268.9	4.5	35397.0	1615.2	1412.9	4.6
545.0	15.9	15.3	2.9	561.3	26.4	25.8	4.7
423.8	40.1	25.0	9.5	435.6	40.7	25.0	9.4
361.0	29.6	19.4	8.2	375.6	30.4	19.7	8.1
96200.0	9093.7	5830.0	9.5	104438.0	9335.2	5860.0	8.9
10933.1	1139.3	645.9	10.4	12670.1	1304.8	746.9	10.3
15019.2	1027.2	661.4	6.8	18432.2	1117.2	726.0	6.1
111215.5	9825.2	5787.6	8.8	122911.3	11981.6	7200.2	9.7
17518.3	1482.6	927.6	8.5	18890.9	1762.8	1096.4	9.3
1266.0	232.6	142.7	18.4	1310.0	288.4	143.1	22.0
2113.7	251.9	173.5	11.9	1922.9	218.5	147.2	11.4
24564.7	20404.2	20442.6	83.1	26955.1	22367.5	22398.0	83.0
7916.6	7459.3	7524.9	94.2	8895.9	8425.5	8475.3	94.7

11-1 续表 2

项目名称	2014年			
	全国	中原经济区	河南省	中原经济占全国%
行政区域土地面积(万平方公里)	960.0	28.9	16.7	3.0
市级区划数(个)	333	29	17	8.7
县级区划数(个)	2854	279	158	9.8
年末总人口(万人)	136782.0	18263.0	10662.0	13.4
常住人口(万人)	136782.0	16174.5	9436.0	11.8
城镇人口(万人)	74916.0	7721.7	4819.0	10.3
乡村人口(万人)	61866.0	9678.9	5843.0	15.6
城镇化率(%)	54.8	44.3	45.2	-10.5
地区生产总值(亿元)	636138.7	53701.0	34938.2	8.4
第一产业增加值(亿元)	58336.1	6786.5	4160.0	11.6
第二产业增加值 (亿元)	271764.5	27271.1	17816.6	10.0
工业(亿元)	228122.9	25204.9	16727.9	11.0
第三产业增加值(亿元)	306038.2	19643.4	12961.7	6.4
服务业增加值比重(%)	48.1	36.6	37.1	-11.5
人均地区生产总值(元)	46629.0	29404.4	37072.0	63.1
地方财政一般预算收入(亿元)	140370.0	4069.4	2739.3	2.9
地方财政一般预算支出(亿元)	151785.6	9217.0	6028.7	6.1
年末金融机构人民币各项存款余额(亿元)	1138645.0	63350.0	39805.4	5.6
居民人民币储蓄存款余额(亿元)	507831.0	37916.0	22960.9	7.5
年末金融机构人民币各项贷款余额(亿元)	816770.0	41402.8	27228.3	5.1
全社会用电量(亿千瓦小时)	55232.7	4932.9	2919.6	8.9
全社会固定资产投资(亿元)	512020.7	46984.6	30782.2	9.2
社会消费品零售总额(亿元)	271896.1	21845.7	14005.0	8.0
货物进出口总额(亿美元)	43015.3	891.8	650.3	2.1
年末耕地总资源(千公顷)	121715.9	14012.8	7926.4	11.5

注：城镇化率、服务业增加值比重“占全国比重(%)”计算的是中原经济区与全国的差距。

2015年			
全国	中原经济区	河南省	中原经济占全国%
960.0	28.9	16.7	3.0
334	29	17	8.7
2850	278	158	9.8
137462.0	18571.4	10722.0	13.5
137462.0	16271.9	9480.0	11.8
77116.0	7618.1	5023.0	9.9
60346.0	8961.5	5699.0	14.9
56.1	46.8	46.9	-9.3
685505.8	56840.9	37002.2	8.3
60870.5	6923.5	4209.6	11.4
280560.3	27974.7	17917.4	10.0
235183.5	24318.6	15823.3	10.3
344075.0	21958.2	14875.2	6.4
50.2	38.6	40.2	-11.6
49992.0	30606.9	39123.0	61.2
152269.0	4398.4	3016.1	2.9
175878.0	9776.1	6799.2	5.6
1541203.7	73676.0	47629.9	4.8
546077.9	43278.1	26048.5	7.9
939540.2	47079.6	31432.6	5.0
56383.7	4929.0	3248.0	8.7
562000.0	53706.0	35660.3	9.6
300931.0	24485.2	15740.4	8.1
39530.3	958.9	4600.2	2.4
121715.9	14012.8	7926.4	11.5

11-1 续表 3

项目名称	2014年			
	全国	中原经济区	河南省	中原经济占全国%
粮食播种面积(千公顷)	112723.0	18271.5	10209.8	16.2
小麦(千公顷)	24069.0	9259.7	5406.7	38.5
玉米(千公顷)	37123.0	6266.3	3283.9	16.9
粮食总产量(万吨)	60702.6	10496.9	5772.3	17.3
小麦(万吨)	12620.8	5846.4	3329.0	46.3
玉米(万吨)	21564.6	3534.5	1732.1	16.4
猪当年出栏头数(万头)	73510.4	10102.4	6310.0	13.7
肉类总产量(万吨)	8706.7	1189.7	719.0	13.7
猪肉(万吨)	5671.4	771.9	478.0	13.6
禽蛋产量(万吨)	2893.9	751.1	404.0	26.0
公路客运量(全社会)(万人)	1908198.0	195901.8	128279.0	10.3
公路货运量(全社会)(万吨)	3332838.0	425193.3	179680.0	12.8
民用航空客运量(万人)	39195.0	1844.5	1693.6	4.7
民用航空货(邮)运量(万吨)	594.1	37.6	37.3	6.3
公路里程(万公里)	446.4	41.6	25.0	9.3
等级公路里程(万公里)	390.1	32.2	19.8	8.3
高速公路里程(公里)	111900.0	9621.4	5859.0	8.6
民用汽车拥有量(万辆)	14598.1	1447.9	896.0	9.9
邮电业务总量(亿元)	21834.4	1438.1	1011.1	6.6
移动电话年末用户数(万户)	128609.3	12846.3	7713.0	10.0
互联网宽带接入用户数(万户)	40546.1	6477.2	5672.1	16.0
城镇新增就业人员数(万人)	1322.0	222.6	144.2	16.8
中等职业教育在校生人数(万人)	1416.3	184.3	117.4	13.0
城镇居民人均可支配收入(元)	29381.0	23882.0	23672.0	81.3
农村居民人均纯收入(元)	9892.0	9437.0	9966.1	95.4

注：城镇化率、服务业增加值比重“占全国比重(%)”计算的是中原经济区与全国的差距。

2015年			
全国	中原经济区	河南省	中原经济占全国%
113343.0	19011.6	10267.2	16.8
24141.0	9044.1	5425.7	37.5
38119.0	6328.3	3343.9	16.6
62143.9	11297.0	6067.1	18.2
13018.5	6417.8	3501.0	49.3
22463.2	3947.4	1853.7	17.6
70825.0	9928.1	6171.2	14.0
8625.0	1191.0	711.1	13.8
5486.5	766.4	468.0	14.0
2999.2	767.8	410.0	25.6
1943271.0	177723.7	131788.0	9.1
4175886.0	438261.0	191572.0	10.5
43618.0	2026.9	1860.7	4.6
629.3	42.0	40.6	6.7
457.7	39.2	25.1	8.6
457.7	33.9	25.1	7.4
123500.0	9673.0	6305.0	7.8
16284.5	1639.3	1342.1	10.1
28425.0	1650.1	1317.3	5.8
130574.0	12838.5	7975.1	9.8
21337.0	7499.0	6626.9	35.1
1312.0	358.1	144.5	27.3
1656.7	173.1	104.0	10.4
31790.0	24709.4	25575.6	77.8
11421.7	10430.7	10852.9	91.3

全国及分省（市、区）指标

资料整理：各有关处

12-1　全国及各省市区生产总值(2015年)

地　区	生产总值(亿元)	第一产业	第二产业	第三产业	生产总值增速(上年=100)	第一产业	第二产业	第三产业
全　国	**685506**	**60871**	**280560**	**344075**	**6.8**	**3.9**	**6.1**	**8.3**
北　京	23015	140	4543	18332	6.9	-10.8	3.3	8.1
天　津	16538	209	7704	8625	9.3	2.5	9.2	9.6
河　北	29806	3439	14387	11980	6.8	2.6	4.7	11.2
山　西	12766	783	5194	6789	3.1	1.0	-1.2	10.0
内蒙古	17832	1617	9001	7214	7.7	3.0	8.0	8.1
辽　宁	28669	2384	13042	13243	3.0	3.8	-0.3	7.2
吉　林	14063	1596	7006	5461	6.3	4.8	5.2	8.4
黑龙江	15084	2634	4798	7652	5.7	5.2	1.4	10.4
上　海	25123	110	7991	17023	6.9	-13.6	1.2	10.6
江　苏	70116	3986	32044	34086	8.5	3.3	8.3	9.4
浙　江	42886	1833	19712	21342	8.0	1.5	5.3	11.3
安　徽	22006	2457	10947	8602	8.7	4.2	8.3	10.8
福　建	25980	2118	13065	10797	9.0	3.7	7.4	12.3
江　西	16724	1773	8412	6539	9.1	3.9	9.4	10.1
山　东	63002	4979	29486	28537	8.0	4.2	7.4	9.5
河　南	**37002**	**4210**	**17917**	**14875**	**8.3**	**4.4**	**7.7**	**10.9**
湖　北	29550	3310	13504	12737	8.9	4.5	8.3	10.7
湖　南	28902	3332	12811	12760	8.5	3.6	7.3	11.2
广　东	72813	3346	32614	36853	8.0	3.3	7.0	9.5
广　西	16803	2565	7718	6520	8.1	3.9	8.2	9.6
海　南	3703	855	876	1972	7.8	5.4	6.5	9.6
重　庆	15717	1150	7069	7498	11.0	4.7	11.3	11.5
四　川	30053	3677	13248	13128	7.9	3.7	7.5	9.5
贵　州	10503	1641	4148	4714	10.7	6.5	11.4	11.1
云　南	13619	2056	5416	6147	8.7	5.9	8.6	9.6
西　藏	1026	98	376	552	11.0	3.7	15.7	8.9
陕　西	18022	1598	9082	7342	7.9	5.1	6.6	10.5
甘　肃	6790	954	2495	3341	8.1	5.4	7.4	9.7
青　海	2417	209	1207	1001	8.2	5.1	8.4	8.6
宁　夏	2912	238	1380	1294	8.0	4.6	8.5	7.9
新　疆	9325	1559	3596	4169	8.8	5.9	7.3	12.2
河南为全国%	**5.4**	**6.9**	**6.4**	**4.3**				
河南居全国位次	**5**	**2**	**5**	**7**	**13**	**13**	**14**	**8**

注：生产总值按当年价格计算，生产总值指数按可比价格计算。

12-2 全国及各省市区主要农产品产量(2015年)

单位：万吨

地 区	粮 食	棉 花	油 料	园林水果	肉类	奶类	禽蛋
全 国	**62143.92**	**560.34**	**3536.98**	**27377.83**	**8625.00**	**3870.30**	**2999.22**
北 京	62.64	0.01	0.57	87.94	36.40	57.20	19.58
天 津	181.75	2.56	0.42	62.69	45.80	68.00	20.20
河 北	3363.81	37.34	151.54	2117.19	462.50	480.90	373.59
山 西	1259.57	1.45	15.30	842.57	85.60	92.70	87.24
内蒙古	2827.01	0.02	193.58	296.74	245.70	812.20	56.40
辽 宁	2002.50	0.02	46.12	882.02	429.40	142.60	276.50
吉 林	3647.04		76.42	208.97	261.10	52.80	107.29
黑龙江	6323.96		18.34	213.46	228.70	574.40	99.92
上 海	112.08	0.04	1.18	61.54	20.30	27.70	4.89
江 苏	3561.34	11.69	143.11	914.78	369.40	59.60	196.23
浙 江	752.23	1.99	31.35	740.86	131.10	16.50	33.30
安 徽	3538.12	23.37	227.85	1029.80	419.40	30.60	134.66
福 建	661.10	0.01	30.67	837.05	216.60	15.40	25.51
江 西	2148.71	11.52	123.96	663.42	336.50	13.00	49.28
山 东	4712.70	53.69	324.10	3218.61	774.00	284.90	423.90
河 南	**6067.10**	**12.64**	**599.74**	**2665.10**	**711.10**	**352.30**	**410.00**
湖 北	2703.28	29.76	339.60	966.26	433.30	16.90	165.29
湖 南	3002.93	14.46	242.89	981.04	540.10	9.70	101.50
广 东	1358.13		110.34	1648.53	424.20	12.90	33.84
广 西	1524.75	0.25	64.68	1720.02	417.30	10.10	22.88
海 南	183.99		11.26	405.93	78.00	0.20	4.38
重 庆	1154.89		59.87	375.95	213.80	5.40	45.36
四 川	3442.80	0.98	307.55	934.19	706.80	67.50	146.65
贵 州	1180.00	0.12	101.34	224.90	201.90	6.20	17.33
云 南	1876.36	0.01	65.92	729.33	378.30	62.50	25.98
西 藏	100.63		6.40	1.49	28.00	35.00	0.48
陕 西	1226.79	3.86	62.66	1930.90	116.20	189.90	58.06
甘 肃	1171.13	4.25	71.57	678.99	96.30	39.90	15.29
青 海	102.72		30.48	3.62	34.70	32.70	2.26
宁 夏	372.60		15.25	298.94	29.20	136.50	8.78
新 疆	1521.26	350.30	62.88	1635.02	153.20	163.80	32.64
河南为全国%	**9.8**	**2.3**	**17.0**	**9.7**	**8.2**	**9.1**	**13.7**
河南居全国位次	**2**	**7**	**1**	**2**	**2**	**4**	**2**

12-3 全国及各省市区分城乡居民消费、商品零售、农资价格指数(2015年)

(上年=100)

地 区	居民消费价格总指数			商品零售价格总指数			农业生产资料价格指数
	全省(市、区)	城市	农村	全省(市、区)	城市	农村	
全 国	**101.4**	**101.5**	**101.3**	**100.1**	**100.0**	**100.3**	**100.4**
北 京	101.8	101.8		98.5	98.5		
天 津	101.7	101.7		100.3	100.3		
河 北	100.9	101.1	100.5	100.2	100.3	100.0	99.8
山 西	100.6	100.6	100.7	99.3	99.0	99.7	99.6
内蒙古	101.1	101.1	101.1	100.5	100.6	100.2	98.7
辽 宁	101.4	101.4	101.4	100.5	100.5	100.4	99.5
吉 林	101.7	101.7	101.6	99.8	99.8	100.0	100.2
黑龙江	101.1	101.1	101.1	100.1	100.1	100.2	101.3
上 海	102.4	102.4		101.1	101.1		
江 苏	101.7	101.7	101.5	100.6	100.6	100.6	99.6
浙 江	101.4	101.4	101.4	99.9	99.8	100.2	100.9
安 徽	101.3	101.3	101.3	99.7	99.6	99.9	101.6
福 建	101.7	101.7	101.7	99.9	99.9	100.0	101.4
江 西	101.5	101.5	101.5	100.5	100.4	100.6	101.4
山 东	101.2	101.4	100.9	100.2	100.2	100.2	99.3
河 南	**101.3**	**101.3**	**101.2**	**99.8**	**99.6**	**100.0**	**100.3**
湖 北	101.5	101.4	101.7	100.5	100.4	100.7	100.4
湖 南	101.4	101.5	101.1	99.9	99.7	100.0	104.1
广 东	101.5	101.6	101.3	99.6	99.5	100.2	101.2
广 西	101.5	101.5	101.5	100.1	100.1	100.1	100.9
海 南	101.0	101.2	100.5	99.8	99.9	98.6	101.6
重 庆	101.3	101.3		100.2	100.2		
四 川	101.5	101.4	101.6	100.2	99.9	101.0	101.5
贵 州	101.8	102.0	101.5	100.1	100.1	100.3	103.1
云 南	101.9	102.2	101.3	100.8	100.9	100.6	101.1
西 藏	102.0	102.1	101.8	101.4	101.4	101.3	99.7
陕 西	101.0	100.9	101.1	99.8	99.8	100.0	100.6
甘 肃	101.6	101.4	101.8	101.0	100.8	101.5	98.6
青 海	102.6	102.8	102.2	101.0	100.8	101.5	100.8
宁 夏	101.1	101.2	101.0	100.1	100.1	99.9	98.7
新 疆	100.6	100.5	100.6	99.6	99.5	99.8	98.6
河南居全国位次	**20**	**21**	**17**	**26**	**23**	**21**	**16**

12-3 续表

(上年=100)

地 区	居民消费价格总指数	食品	烟酒及用品	衣着	家庭设备及维修服务	医疗保健和个人用品	交通和通讯	娱乐教育文化用品及服务	居住
全 国	**101.4**	**102.3**	**102.1**	**102.7**	**101.0**	**102.0**	**98.3**	**101.4**	**100.7**
北 京	101.8	101.6	102.0	103.6	99.9	100.2	102.8	100.8	102.6
天 津	101.7	101.7	101.9	103.0	101.0	99.8	97.4	104.2	102.6
河 北	100.9	100.8	101.7	103.1	101.0	102.7	98.3	101.1	99.9
山 西	100.6	100.4	102.6	102.2	100.1	101.8	97.3	101.7	100.2
内蒙古	101.1	101.4	103.7	102.8	100.9	102.3	98.0	101.4	99.7
辽 宁	101.4	102.5	103.0	102.0	100.5	101.5	99.0	101.1	100.3
吉 林	101.7	102.0	103.1	103.2	100.4	103.0	98.9	100.4	101.5
黑龙江	101.1	101.1	102.1	101.6	100.8	102.7	99.0	101.3	100.7
上 海	102.4	102.9	104.2	107.8	102.9	99.3	97.6	100.3	104.6
江 苏	101.7	103.0	101.9	103.0	102.8	101.6	97.3	101.8	100.9
浙 江	101.4	103.3	103.3	101.8	100.9	102.7	96.0	101.4	100.8
安 徽	101.3	102.3	101.9	101.4	100.7	104.1	98.1	101.4	99.6
福 建	101.7	102.3	102.3	102.9	100.8	104.5	98.3	101.2	101.3
江 西	101.5	103.3	103.0	103.2	101.0	101.4	98.8	101.1	98.5
山 东	101.2	101.2	101.8	103.5	101.7	101.6	98.4	101.9	100.8
河 南	**101.3**	**101.8**	**101.1**	**102.3**	**100.5**	**102.4**	**97.9**	**102.1**	**101.0**
湖 北	101.5	102.2	102.6	102.7	100.6	101.7	100.2	101.3	100.6
湖 南	101.4	103.0	102.4	102.2	100.9	101.9	98.1	101.4	99.2
广 东	101.5	103.5	101.7	102.3	100.9	101.8	97.9	101.4	100.0
广 西	101.5	102.6	101.3	105.0	100.8	101.8	98.5	101.3	99.6
海 南	101.0	102.9	101.8	103.7	100.6	103.2	96.0	102.8	97.7
重 庆	101.3	101.8	99.1	102.8	100.0	102.6	98.0	101.2	101.2
四 川	101.5	102.9	100.1	101.4	100.4	102.1	99.3	101.1	100.5
贵 州	101.8	102.6	103.2	100.8	101.3	100.7	100.6	103.4	100.6
云 南	101.9	103.4	103.9	102.0	101.0	102.5	98.3	101.1	100.6
西 藏	102.0	103.1	103.6	102.4	101.5	101.4	98.5	101.4	100.7
陕 西	101.0	100.9	102.4	102.3	99.8	102.0	99.7	101.5	100.2
甘 肃	101.6	101.7	103.1	103.1	101.6	101.6	98.6	100.6	101.9
青 海	102.6	102.5	101.4	105.1	101.4	102.3	100.4	103.1	103.2
宁 夏	101.1	100.4	102.6	102.8	101.4	101.0	98.6	105.7	100.3
新 疆	100.6	99.2	102.0	103.4	100.6	101.5	99.3	100.9	102.0
河南居全国位次	**20**	**19**	**29**	**21**	**25**	**10**	**24**	**6**	**10**

12-4 全国及各省市区主要价格指数(2015年)

(上年=100)

地 区	固定资产投资价格指数	工业生产者出厂价格指数	工业生产者购进价格指数
全 国	**98.2**	**94.8**	**93.9**
北 京	97.6	96.9	93.7
天 津	99.9	90.3	92.4
河 北	98.0	89.1	90.3
山 西	98.2	87.7	93.1
内蒙古	98.0	94.0	95.9
辽 宁	97.9	93.9	93.5
吉 林	97.6	95.3	96.6
黑龙江	99.0	86.0	88.2
上 海	97.0	96.1	90.6
江 苏	96.2	95.3	92.1
浙 江	97.4	96.4	94.5
安 徽	96.9	93.9	93.5
福 建	98.3	97.0	96.1
江 西	96.8	93.7	93.6
山 东	97.7	95.2	95.0
河 南	**97.6**	**95.4**	**95.4**
湖 北	99.4	96.7	92.8
湖 南	100.4	96.3	94.5
广 东	99.0	96.8	95.3
广 西	98.8	97.0	95.7
海 南	99.4	89.8	88.5
重 庆	98.2	97.2	97.1
四 川	97.9	96.4	96.7
贵 州	98.4	96.1	97.5
云 南	99.1	94.9	96.9
西 藏		93.2	
陕 西	98.8	90.8	95.2
甘 肃	97.7	87.0	87.0
青 海	98.2	93.1	97.7
宁 夏	97.5	93.7	92.1
新 疆	98.3	82.4	84.3
河南居全国位次	**22**	**12**	**10**

12-5 全国及各省市区分月

(上年同期=100)

地 区	全年	1月	2月	3月	4月	5月
全 国	**94.8**	**95.7**	**95.2**	**95.4**	**95.4**	**95.4**
北 京	96.9	98.3	97.2	96.9	97.0	97.5
天 津	90.3	90.7	90.3	90.1	90.5	90.8
河 北	89.1	90.6	89.9	90.4	90.1	89.8
山 西	87.7	90.3	89.3	89.4	89.5	88.5
内蒙古	94.0	95.7	95.3	95.0	94.8	94.4
辽 宁	93.9	95.3	94.6	94.7	94.4	94.8
吉 林	95.3	96.5	95.9	96.2	96.3	95.8
黑龙江	86.0	86.0	83.6	85.3	85.9	86.6
上 海	96.1	96.7	96.4	96.5	96.5	96.6
江 苏	95.3	96.3	95.8	96.1	96.3	96.2
浙 江	96.4	97.2	97.0	97.2	97.1	97.0
安 徽	93.9	94.6	94.3	94.9	94.8	94.6
福 建	97.0	97.6	97.5	97.5	97.3	97.2
江 西	93.7	95.1	94.0	94.9	94.9	94.8
山 东	95.2	96.1	95.5	95.7	95.9	95.9
河 南	**95.4**	**96.4**	**96.2**	**96.2**	**96.5**	**96.0**
湖 北	96.7	96.5	96.4	96.7	96.9	96.7
湖 南	96.3	97.2	96.7	97.1	97.2	97.1
广 东	96.8	97.1	96.9	97.1	96.9	97.0
广 西	97.0	97.8	97.6	97.9	98.1	97.8
海 南	89.8	88.0	86.9	88.7	87.9	90.4
重 庆	97.2	98.0	97.8	97.6	97.4	97.2
四 川	96.4	97.0	96.8	96.8	96.6	96.6
贵 州	96.1	98.6	97.9	98.0	98.0	96.9
云 南	94.9	96.6	96.0	96.0	96.3	95.7
西 藏	93.2	94.2	93.5	92.2	92.7	93.8
陕 西	90.8	92.5	91.5	91.8	90.8	91.5
甘 肃	87.0	90.2	89.1	89.9	88.0	89.1
青 海	93.1	94.8	93.7	94.9	95.9	94.5
宁 夏	93.7	93.4	93.8	94.3	94.3	94.4
新 疆	82.4	85.2	80.9	82.2	82.7	83.9
河南居全国位次	**12**					

工业生产者出厂价格指数(2015年)

6月	7月	8月	9月	10月	11月	12月
95.2	**94.6**	**94.1**	**94.1**	**94.1**	**94.1**	**94.1**
97.2	97.0	96.6	96.4	96.3	96.2	95.8
90.6	89.8	89.3	90.0	90.3	90.6	90.7
89.4	88.4	88.0	88.3	88.3	87.9	87.8
87.9	87.5	86.5	86.4	86.2	85.4	84.5
94.1	93.8	93.5	93.5	93.1	92.4	92.2
94.5	93.9	92.9	92.8	93.0	93.2	93.3
95.6	95.4	94.8	94.4	94.1	94.3	94.3
87.7	86.7	85.5	84.6	85.3	87.0	88.4
96.6	95.9	95.1	95.3	95.4	95.8	96.1
95.9	95.3	94.5	94.4	94.3	94.4	94.4
96.6	96.1	95.6	95.7	95.8	95.8	95.6
94.3	93.8	93.4	93.6	93.3	92.9	92.8
97.1	96.6	96.4	96.8	96.7	96.7	96.8
94.1	93.2	92.9	92.7	93.0	92.6	92.4
95.7	95.1	94.6	94.4	94.4	94.2	94.5
95.7	**95.1**	**94.5**	**94.4**	**94.5**	**94.3**	**94.3**
96.9	96.6	96.6	96.5	96.7	96.9	96.6
96.8	96.1	95.8	95.7	95.5	95.2	95.2
97.0	96.6	96.3	96.5	96.6	96.7	96.9
97.3	96.8	96.6	96.3	96.4	95.7	95.5
91.5	90.9	89.6	90.0	90.3	91.5	92.1
97.4	97.3	97.0	96.8	96.6	96.4	96.3
96.3	96.4	96.2	96.1	96.2	96.1	96.0
96.2	95.5	95.1	94.4	94.5	94.4	93.8
96.2	94.9	94.0	93.8	93.4	92.6	93.0
94.1	93.0	92.6	92.6	93.1	92.7	93.7
90.6	90.8	90.1	90.1	90.6	90.4	88.9
88.3	86.7	84.2	83.4	84.7	85.2	84.8
94.4	93.2	92.2	91.3	90.8	90.7	91.1
94.2	94.0	93.3	93.1	93.2	93.0	93.9
84.7	82.7	80.7	79.8	80.7	82.3	83.0

12-6 全国及各省市区分月

(上年同期=100)

地 区	全年	1月	2月	3月	4月	5月
全 国	**93.9**	**94.8**	**94.1**	**94.3**	**94.5**	**94.5**
北 京	93.7	94.3	92.7	93.3	93.6	93.7
天 津	92.4	93.4	92.6	93.0	93.0	93.1
河 北	90.3	90.6	90.2	90.6	90.7	90.5
山 西	93.1	94.4	94.1	94.2	94.0	93.9
内蒙古	95.9	96.5	96.5	96.2	96.2	96.1
辽 宁	93.5	95.0	94.2	94.1	94.2	93.9
吉 林	96.6	96.5	95.7	96.4	96.8	97.0
黑龙江	88.2	88.7	86.4	87.5	87.7	87.6
上 海	90.6	91.4	90.4	90.8	90.1	91.3
江 苏	92.1	93.1	92.1	92.6	92.8	92.9
浙 江	94.5	95.8	95.2	95.4	95.5	95.6
安 徽	93.5	94.5	93.8	94.0	94.3	94.3
福 建	96.1	96.7	96.3	96.2	96.8	96.7
江 西	93.6	94.6	93.7	94.1	94.3	94.3
山 东	95.0	96.0	95.4	95.7	95.8	95.8
河 南	**95.4**	**96.4**	**95.8**	**96.0**	**96.2**	**96.2**
湖 北	92.8	93.7	93.3	93.4	93.5	93.9
湖 南	94.5	95.4	94.8	94.6	95.0	95.2
广 东	95.3	96.5	95.9	95.6	95.8	95.8
广 西	95.7	96.9	96.7	96.3	96.3	96.0
海 南	88.5	90.0	87.6	87.6	88.3	88.7
重 庆	97.1	97.7	97.6	97.3	97.4	97.4
四 川	96.7	96.9	96.7	97.0	97.3	97.2
贵 州	97.5	99.3	99.1	98.8	98.3	98.2
云 南	96.9	99.3	98.5	98.3	98.0	97.6
西 藏						
陕 西	95.2	95.3	94.8	94.9	95.4	95.7
甘 肃	87.0	90.4	87.1	87.3	88.5	88.3
青 海	97.7	98.2	98.4	99.0	99.1	99.8
宁 夏	92.1	93.0	92.7	92.6	92.8	92.9
新 疆	84.3	88.3	84.2	83.0	84.1	84.8
河南居全国位次	**10**					

工业生产者购进价格指数(2015年)

6月	7月	8月	9月	10月	11月	12月
94.4	**93.9**	**93.4**	**93.2**	**93.1**	**93.1**	**93.2**
94.1	94.1	93.6	93.1	93.6	94.1	94.4
92.9	92.2	91.8	91.6	91.5	91.8	91.7
90.8	90.4	90.0	90.0	89.8	89.7	89.8
93.6	93.0	92.9	92.6	92.1	91.7	90.9
96.0	96.1	95.8	95.8	95.7	95.4	94.8
93.8	93.3	92.8	92.6	92.5	92.8	93.2
97.0	96.6	96.2	96.5	96.2	96.9	97.2
88.6	88.0	87.5	88.1	88.3	89.8	90.6
91.5	90.3	89.6	90.2	90.7	90.3	90.2
92.6	92.1	91.5	91.1	91.4	91.4	91.5
95.2	94.5	93.7	93.2	93.3	93.2	93.1
93.7	93.4	92.9	93.0	92.8	92.2	92.4
96.4	96.0	95.6	95.6	95.7	95.6	95.7
94.2	93.5	92.9	92.9	92.9	93.0	93.1
95.7	95.3	94.7	94.2	94.0	94.0	93.9
95.8	**95.6**	**94.9**	**94.5**	**94.5**	**94.4**	**94.3**
94.1	93.3	92.4	91.3	91.3	91.3	91.4
95.3	94.8	94.1	93.5	93.5	93.7	93.5
95.7	95.2	95.0	94.8	94.5	94.4	94.7
95.8	95.7	95.4	94.9	94.9	94.5	94.5
88.2	87.6	87.7	87.7	87.8	88.9	92.3
97.5	97.3	96.8	96.7	96.5	96.3	96.2
97.1	96.7	96.9	96.4	96.3	95.8	95.8
97.1	97.1	96.8	96.5	96.4	96.1	95.9
97.5	97.2	95.6	95.7	95.4	95.0	94.5
95.9	95.4	95.0	94.9	94.7	94.5	95.1
87.4	87.5	84.9	84.8	85.3	85.6	86.4
98.9	98.3	98.0	97.0	96.4	95.6	94.2
92.9	92.5	91.8	91.8	90.8	90.5	90.4
84.7	84.9	83.2	82.3	82.6	84.1	85.5

12-7 全国70个大中城市住宅销售价格指数(2015年)

(上年=100)

地　区	新建住宅销售价格指数	#新建商品住宅销售价格指数	二手住宅交易价格指数
北　京	101.2	101.5	108.2
天　津	98.4	98.1	99.1
石家庄	98.0	98.0	99.0
太　原	97.2	97.1	97.4
呼和浩特	93.9	93.7	96.8
沈　阳	93.7	93.7	98.3
大　连	93.9	93.8	96.9
长　春	95.6	95.5	96.6
哈尔滨	96.1	96.0	96.5
上　海	103.0	103.5	104.0
南　京	100.2	100.1	100.9
杭　州	96.5	96.4	98.6
宁　波	97.9	97.8	96.6
合　肥	98.3	98.1	98.9
福　州	95.4	95.4	97.3
厦　门	101.1	101.1	99.3
南　昌	96.4	96.2	98.3
济　南	96.8	96.8	96.6
青　岛	93.3	92.9	95.8
郑　州	**99.8**	**99.8**	**100.0**
武　汉	98.5	98.5	98.4
长　沙	94.2	94.1	97.4
广　州	100.0	99.9	103.2
深　圳	120.3	120.6	120.0
南　宁	96.9	96.8	99.3
海　口	95.5	95.4	93.9
重　庆	95.0	94.9	97.1
成　都	95.9	95.9	96.3
贵　阳	97.1	96.8	98.1
昆　明	95.6	94.7	94.8
西　安	96.2	95.8	93.3
兰　州	96.4	96.3	96.9
西　宁	94.9	94.9	98.2
银　川	95.0	94.7	95.6
乌鲁木齐	95.4	95.3	99.5

注：年度数据是根据国家各月反馈数据进行简单平均计算得出。新建商品住宅不包含保障性住房。

12-7 续表

(上年=100)

地 区	新建住宅销售价格指数	#新建商品住宅销售价格指数	二手住宅交易价格指数
唐 山	96.0	95.7	96.8
秦皇岛	94.3	93.7	95.0
包 头	94.1	93.1	95.1
丹 东	92.1	92.0	94.0
锦 州	92.5	92.5	90.9
吉 林	95.7	95.5	96.0
牡丹江	96.8	96.7	90.3
无 锡	96.4	95.8	96.9
扬 州	95.2	95.0	97.9
徐 州	96.7	96.5	96.3
温 州	98.1	97.9	96.2
金 华	96.7	96.7	96.2
蚌 埠	93.2	93.0	93.7
安 庆	95.6	95.3	95.9
泉 州	93.3	93.0	95.9
九 江	95.2	95.0	98.2
赣 州	95.9	95.9	96.8
烟 台	94.5	94.4	94.6
济 宁	95.8	95.7	95.6
洛 阳	**94.9**	**94.9**	**95.7**
平顶山	**95.7**	**95.7**	**95.7**
宜 昌	95.4	95.4	96.6
襄 樊	94.1	94.0	96.2
岳 阳	96.6	94.4	96.3
常 德	95.1	95.0	97.2
惠 州	93.7	93.7	95.2
湛 江	92.3	92.3	94.2
韶 关	92.9	92.8	95.9
桂 林	92.9	92.7	93.9
北 海	95.2	95.1	96.1
三 亚	95.8	95.8	98.0
泸 州	93.6	93.4	98.5
南 充	93.6	93.6	96.6
遵 义	95.6	95.0	97.5
大 理	95.8	95.4	94.0

12-8 全国及各省市区固定资产投资价格指数(2015年)

(上年=100)

地区	固定资产投资价格指数	建筑安装工程	设备、工器具	其它费用
全国	**98.2**	**97.3**	**99.3**	**100.7**
北京	97.6	94.4	99.5	100.5
天津	99.9	99.6	99.3	101.2
河北	98.0	97.1	99.3	100.4
山西	98.2	97.7	99.3	99.3
内蒙古	98.0	97.3	99.3	100.6
辽宁	97.9	97.0	99.3	101.1
吉林	97.6	96.3	99.3	100.1
黑龙江	99.0	98.7	99.2	101.9
上海	97.0	94.9	99.8	100.6
江苏	96.2	93.4	99.5	101.8
浙江	97.4	95.4	99.2	100.9
安徽	96.9	95.5	99.3	100.8
福建	98.3	97.6	99.5	100.1
江西	96.8	95.4	99.2	101.1
山东	97.7	96.6	99.2	100.9
河南	**97.6**	**96.5**	**99.0**	**100.5**
湖北	99.4	99.1	99.5	101.2
湖南	100.4	100.3	99.9	101.7
广东	99.0	98.4	99.4	101.1
广西	98.8	98.0	99.8	100.4
海南	99.4	99.2	99.3	100.3
重庆	98.2	97.5	99.4	100.8
四川	97.9	96.4	99.7	100.2
贵州	98.4	98.1	99.5	99.4
云南	99.1	98.7	98.8	101.0
西藏				
陕西	98.8	98.4	99.1	100.7
甘肃	97.7	97.5	97.9	99.6
青海	98.2	97.7	99.5	100.9
宁夏	97.5	96.9	99.1	100.1
新疆	98.3	97.6	99.1	102.6
河南居全国位次	**22**	**22**	**28**	**19**

12-9 全国及各省市区人均可支配收入和消费支出(2015年)

单位：元

地 区	全体居民		城镇常住居民		农村常住居民	
	可支配收入	人均消费支出	可支配收入	人均消费支出	可支配收入	人均消费支出
全 国	**21966.19**	**15712.41**	**31194.83**	**21392.36**	**11421.71**	**9222.59**
北 京	48457.99	33802.77	52859.17	36642.00	20568.72	15811.22
天 津	31291.36	24162.46	34101.35	26229.52	18481.63	14739.44
河 北	18118.09	13030.69	26152.16	17586.62	11050.51	9022.84
山 西	17853.67	11729.05	25827.72	15818.61	9453.91	7421.16
内蒙古	22310.09	17178.53	30594.10	21876.47	10775.89	10637.39
辽 宁	24575.58	17199.80	31125.73	21556.72	12056.87	8872.84
吉 林	18683.65	13763.91	24900.86	17972.62	11326.17	8783.31
黑龙江	18592.65	13402.54	24202.62	17152.07	11095.22	8391.48
上 海	49867.17	34783.55	52961.86	36946.12	23205.20	16152.29
江 苏	29538.86	20555.56	37173.48	24966.04	16256.70	12882.55
浙 江	35537.09	24116.88	43714.48	28661.27	21125.00	16107.72
安 徽	18362.57	12840.11	26935.76	17233.53	10820.73	8975.21
福 建	25404.36	18850.19	33275.34	23520.19	13792.70	11960.79
江 西	18437.11	12403.37	26500.12	16731.81	11139.08	8485.59
山 东	22703.19	14578.36	31545.27	19853.77	12930.37	8747.63
河 南	**17124.75**	**11835.13**	**25575.61**	**17154.30**	**10852.86**	**7887.45**
湖 北	20025.56	14316.50	27051.47	18192.28	11843.89	9803.15
湖 南	19317.48	14267.34	28838.07	19501.37	10992.55	9690.64
广 东	27858.86	20975.70	34757.16	25673.08	13360.44	11103.03
广 西	16873.42	11401.00	26415.87	16321.16	9466.58	7581.98
海 南	18978.96	13575.02	26356.42	18448.35	10857.55	8210.25
重 庆	20110.10	15139.54	27238.84	19742.29	10504.71	8937.71
四 川	17220.96	13632.10	26205.25	19276.85	10247.35	9250.65
贵 州	13696.61	10413.75	24579.64	16914.20	7386.87	6644.93
云 南	15222.57	11005.41	26373.23	17674.99	8242.08	6830.14
西 藏	12254.30	8245.76	25456.63	17022.01	8243.68	5579.71
陕 西	17394.98	13087.22	26420.21	18463.87	8688.91	7900.71
甘 肃	13466.59	10950.76	23767.08	17450.86	6936.21	6829.79
青 海	15812.69	13611.34	24542.35	19200.65	7933.41	8566.49
宁 夏	17329.09	13815.63	25186.01	18983.88	9118.69	8414.87
新 疆	16859.11	12867.40	26274.66	19414.74	9425.08	7697.95

《河南调查年鉴-2016》只读光盘介绍

《河南调查年鉴-2016》只读光盘是一张信息高度密集的资料载体。该光盘全面反映河南省经济社会发展情况的抽样调查资料，收录了全省和市、县（区）2015年经济和社会发展有关方面大量的调查统计数据，以及历史重要年份的全省主要调查统计数据。

光盘的主要内容分为12个部分，即1.综合；2.农业；3.畜牧业；4.规下工业和规下服务业；5.消费价格；6.生产价格；7.农产品价格；8.人民生活；9. 县域经济；10.城市经济；11. 中原经济；12. 全国及分省（市、区）指标。主要篇末附有《主要统计指标解释》。

《河南调查年鉴-2016》光盘（CD-ROM）操作简便、功能实用，浏览时可实现各部分内容之间的切换，并附有Html文件。

本光盘所有资料的浏览查阅和计算加工，未经许可不得用于营业性用途，否则必追究其法律责任。